부동산 경매의 고수를 만들어 주는

부동산 경매와 유치권의 이해

저자 변호사 김재용
　　법무사 강두경

❖ 유치권의 이론과 실무
❖ 유치권의 해결과 투자를 위한 건물소유권
　귀속의 문제
❖ 아파트 등 집합건물의 경매에서의
　관리비의 문제

법률정보센타

머리말 : 본서의 집필동기와 목적

1. 부동산경매에서의 유치권의 역할

 부동산경매에서 유치권이 많이 등장하는데 그 유치권은 경매목적물의 가격을 떨어뜨리는 주범의 역할을 합니다. 왜냐하면 경매에서 유치권이 신고된 물건이 있는 경우 그 유치권이 성립이 인정되면 매수인은 유치권에서 신고된 공사비를 지급하지 아니하면 해당 부동산을 인도받을 수 없기 때문에 매수인으로서는 경매 낙찰가를 법원에 납부하고도 다시금 유치권자가 채권액으로 신고한 금액을 내주어야 하기 때문에 이를 고려하여 입찰하게 되고 결국 낙찰가는 떨어질 수밖에 없는 상태가 됩니다. 하지만 유치권이 신고되어 있다고 하여도 그 유치권이 허위의 유치권이라면 입찰자는 저가에 목적물을 낙찰받는 행운을 누리게 됩니다.
 그렇지만 모든 유치권은 민법 제320조에 근거한 유치권이지만 유치권에 대한 정확한 분석과 법리의 체계를 세우는 일이 어려워 실제 경매에서 유치권이 있는 물건을 입찰하려는 사람들에게 매우 곤혹스러운 상황을 만드는 것도 현실입니다. 이하에서 구체적인 출판동기와 장점을 적어봅니다.

2. 유치권의 이론과 실무

 필자는 법무사로서 유치권에 관한 송무업무를 좀 다루어 보았으며, 부동산 경매를 위한 강의도 하게 되어서 유치권 부분에 대한 강의교재도 만들게 되었고, 이를 더욱 보완하여 본서를 만들게 되었습니다.
 처음 강의교재를 만들기 위하여 대법원 홈페이지 종합법률서비스에서 유치권과 관련된 판례들을 검색하여 출력하고 수 없이 읽으면서 유치권의 법리를 세우려고 노력하였고, 시중의 서점에서 유치권을 정리한 책들을 구입하여 다른 사람들은 어떻게 정리하고 있는 지를 살폈으며, 그러는 과정에서 부동산 경매 상의 허위의 유치권을 분석하여 무력화시키는 법리를 쉽고 체계적으로 세우는 것이 어렵다는 사실도 깨닫게 되었습니다. 내가 어렵다면 다른 사람도 어려운 것은 마찬가지라고 봅니다. 그래서 <u>유치권이 관한 일반적인 이론과 판례들을 접목하여 이 책을 집필하게 되었으며, 특히 유치권의 개념정립이라는 부분에 유치권에 관한 민법의 조문체계를 해설하면서 채권과 목적물 간의 견련성이라는 주제를 정확하게 해설하려고 노력하습니다. 독자들이 이 부분만을 읽어도 유치권의 체계가 보일 것이라고 자신합니다. 다음으로 대법원의 판례들과 하급심의 판례들에 대한 해설을 각기 목차를 만들어서 실었으며, 소개된 판례들의 경우도 판례별로 각 주제로 목차를 달아서 목차만 보고도 어떤 내용인지를 유추할 수 있도록 노력하였습니다. 이런 점은 분명히 유치권에 관한 다른 저자의 책들과 구별되는 점일 것입니다. 따라서 판례만 나열하는 책이 되지 않도록 노력하였으며, 또한 판례들을 이해할 수 있는 길잡이가 되도록 하였고 판례의 어떤 부분을 중요시 하고 활용할 수 있는지를 제시하려고 노력하였습니다.</u> 혹자들은 판례를 너무 많이 실었다고 불평하는 분들도 있겠지만 법률문제에서 법조문과 판례를 빼고 나면 무엇이 남는지를 묻고 싶습니다. 문제는 그 많은 판례들을 어떻게 쓸모있는 도구가 되도록 만들어주는 능력이 있느냐 입니다. 그래서 본서의 체계가 민법교과서와 같은 체계를 가지게 되었으며, 그래서 다른 저자들이 잘 다루지 않는 유치물의 사용수익의 문제, 과실수취의 문제등도 깊이 있게 다루었습니다.

따라서 민법에 대한 지식이 없는 사람도 본서를 정독하다면 부동산 경매에 입찰하고자 할 때 허위의 유치권인지 아닌지를 분석할 수 기본적인 유치권의 법리를 터득할 수 있으리라 보며, 법조 실무에 계시는 분들도 본서를 통하여 유치권 관련 경매 컨설팅이든 소송이든 무엇에 집중하여야 할지를 알게 되리라 봅니다. 다만 민법에 대한 지식이 전혀 없는 사람이 이 책을 한 번 읽으면 부동산 경매상의 유치권을 단박에 이해할 수 있다는 거짓말은 할 수 없으며, 적어도 유치권의 개념정립 부분을 3회 이상을 정독하면 눈과 귀가 열릴 것이라고 자신합니다. 그 만큼 유치권의 개념정립 부분은 필자의 고민이 녹아 들어간 부분이며, 강의를 하면서 어떻게 하면 유치권의 법리체계를 수강생들에게 전수할 수 있을까를 고민하며 적은 부분입니다. 필자가 보기에 공인중개사 시험에 합격할 정도이면 읽기에 무난하리라고 봅니다.

3. 유치권의 해결과 투자를 위한 건물소유권 귀속의 문제

건축공사를 하면서 실질적인 건축주가 자본의 부족으로 인하여 토지소유자나 기타 채권자의 명의로 건축허가를 받고, 건축하는 예는 간간히 있으며, 이런 경우 해당 건축물의 소유권이 누구에게 있는 지는 부동산 경매투자자만이 아니고 은행의 대출담당자, 해당 건물을 매수하려는 투자자 기타 건축관련 종사자들에 중요한 문제가 됩니다.

따라서 이런 경우 대법원은 어떤 판단을 내리고 있는 가를 공부하여 향후 소유권과 관련하여 발생할 수 있는 문제를 대처하는 방법을 찾아보며, 또한 건축행위를 하다가 중단된 경우를 보게 되는데, 이런 경우 중단된 건축물이 누구의 소유인가는 쉽게 판단이 서지 않는데, 이에 대한 판례의 분석을 통하여 정당한 소유권의 귀속주체를 파악함으로써 중단된 건축물의 인수나 투자에 대한 판단자료를 제공하려고 노력하였습니다. 그리고 이 부분에 대하여 학계와 법조계의 일부 논문이 나와 있지만, 실상 판례가 답을 내려주기 전에는 어떠한 언급도 부담스러운 분야입니다. 그만큼 판단이 어렵다는 말이며, 결국 말에 대한 책임이 따른 다는 말이기도 합니다. 따라서 필자의 경우도 성격이 소심한 탓도 있겠지만, 판례를 해설하는 수준이상의 언근은 피하고 있음을 이해해 주기를 바랍니다. 특히 건축공사가 중단된 건물이 방치된 것을 볼 때 저것을 인수하여 개발하면 좋은 부동산상품이 되겠다는 생각을 부동산개발에 관여한 사람들은 거의 할 것으로 보이며, 필자도 이런 생각을 해보았으며, 이에 대한 해답의 한 가지를 제시하는 심정으로 제2장을 넣었고, 관련판례의 해설을 달았습니다.

4. 아파트 등 집합건물의 경매에서의 관리비의 문제

본장은 제3장 아파트 등 집합건물의 경매에서의 관리비의 문제라는 제목으로 본서에 들어간 내용이며, 이 부분은 유치권과는 관련이 없습니다. 그러나 아파트 등에 입찰을 준비하는 독자들을 위하여 입찰을 받고도 체납된 관리비로 인하여 곤욕을 치루는 경우를 알게 되었으며, 다들 잘하겠지만 혹시 모르는 독자 즉 경매의 입찰을 준비하는 분들을 위한 배려의 차원에서 출판사의 양해를 얻어서 이 부분을 실어 넣습니다. 일반 상가건물의 경우도 항시 입찰을 준비할 때 체납된 관리비를 체크하는 것은 당연한 일이라고 봅니다.

5. 결어

아무쪼록 허위의 유치권을 통하여 부당이득을 누리려는 사람들이 줄어들어 부동산 경매시장이 공정성을 회복하여 채권자와 채무자 그 외 그 부동산에 입찰을 하려는 사람들이 억울한 일을 당하지 않기를 바라며, 참고할 만한 책을 집필하신 분들의 노력에 깊은 감사를 전하며, 특히 "유치권·법정지상권 119"를 저술하신 신창용법무사님께 지면을 통하여 감사를 전합니다. 또 본서의 공저자이자 필자의 선배인 김재용변호사님께 감사를 드리며, 독자들의 가장과 일터에 주님과 성모님의 자비로는 은혜가 있기를 기원합니다. 그리고 이 책을 만들 수 있도록 좋은 환경을 만들어 주시고, 언제나 본인의 삶에 대한 전권을 쥐고 계시는 나의 모친인 성모마리아님께 깊이 고개 숙여 순종을 표합니다. 끝으로 본서는 필자가 직접 타자를 치고 교정을 보아서 혹 오타나 맞춤법에 어긋나는 표현이 있을지라도 독자님들의 넓은 아량으로 이해해 주시기를 바라며, 본서를 출판해주신 법률정보센타의 안재회 사장님과 한세윤 팀장님께 깊은 감사를 드립니다.

저자 변호사 김재용
법무사 강두경.

목 차

제1장 유치권의 이론과 실무

Ⅰ. 유치권(留置權)의 개념정립

1. 민법 제320조의 분석과 이해 ·· 3
   - 가. 민법 제320조의 내용 ··· 3
   - 나. 민법 제320조의 조문의 분석 ··· 4
     - (1) 타인의 부동산을 적법하게 점유한 자는 ···················· 4
     - (2) 그 부동산에 관하여 생긴 채권이 있는 경우 ·············· 5
2. 민법 제203조의 분석과 이해 ·· 6
   - 가. 민법 제203조의 조문의 내용 ··· 6
   - 나. 필요비의 근거인 보존과 유익비의 근거인 개량 ············ 7
   - 다. 부동산 경매에서 통상의 필요비를 청구하지 못하는 경우 ······ 8
3. 민법 제626조의 분석과 이해 ·· 8
   - 가. 민법 제626조 상의 필요비와 유익비의 기본적인 개념 ···· 8
   - 나. 판례가 말하는 유익비의 개념 ··· 9
     - (1) 객관적 가치의 증가 ·· 9
     - (2) 정리 ··· 10
     - (3) 건물의 객관적 가치가 증가되었다는 것의 의미 ········ 10
   - 다. 임차인이 주장할 수 있는 유익비의 범위 ····················· 11
4. 공사도급계약에 기한 공사비청구채권과 유치권 ···················· 12
   - 가. 서설 ·· 12
   - 나. 완성된 건축물과 공사대금채권 간의 견련관계 ············ 12

다. 공사비채권의 범위 ··· 14
5. 결어: 유치권의 개념요약 ··· 15
6. 유치권의 인정근거 ·· 16

Ⅱ. 유치권의 법적 성질

1. 유치권은 법정담보물권이다 ·· 17
2. 유치권은 물권으로서 절대성을 가진다 ··· 19
3. 유치권에 의하여는 우선변제를 받을 수 없다 ···································· 19
4. 유치권은 담보물권으로서 부종성을 가진다 ······································ 20
   가. 서설 ··· 20
   나. 공사대금채권은 단기 3년이 소멸시효기간이다 ······························ 20
5. 유치권은 수반성을 가진다 ·· 21
[사례용 판례주제 1] 유치권의 양도, 이전의 방법 ································· 21
6. 유치권은 불가분성을 가진다 ·· 22
7. 유치권자의 출입금지가처분이 피담보채권에 대한 시효중단여부 ·· 23
   가. 시효중단 사유로서의 가압류(대판 2006다24568)·가처분 ················ 23
   나. 보전소송과 본안소송 간의 소송물의 일치여부 ······························ 24
   다. 소결 ··· 25

Ⅲ. 유치권의 성립요건

1. 서설 ··· 25
2. 유치권의 목적물은 타인의 건물 또는 토지 이어야 한다. ·················· 26
[사례용 판례주제 2] 가등기된 토지를 이전받은 경우 토지의 타인성 여부 ·········· 27
[사례용 판례주제 3] 수급인이 공사한 건물에 대한 수급인의 유치권
                     행사가 부인된 경우 ·· 28

[사례용 판례주제 4] 독립한 건물이 되지 못하는 정착물에 대한
          유치권의 성립여부 ··· 32

❖ 유치권 경매 [사례 1번] ·· 35

3. 그 건물 또는 토지를 적법하게 점유하고 있어야 한다. ············ 37
   가. 서설 ·· 37

❖ 유치권 경매 [사례 2번] ·· 38

   나. 점유의 주체는 채권자이어야 한다 ························· 40
       (1) 직접점유, 간접점유 ································· 40

[사례용 판례주제 5] 강제경매개시결정의 기입등기의 경료 후에 점유한
          유치권의 효력 ·· 41

       (2) 공동점유의 문제 ····································· 45

[사례용 판례주제 6] 공동점유에 의한 유치권 행사의 가부 및 자력구제권의
          행사요건 ··· 45

[사례용 판례주제 7] 공동점유에 의한 유치권 행사의 가부 ··············· 49

       (3) 점유의 주체와 관련하여 문제되는 사항들 ············ 54
   다. 점유의 적합성이 있어야 한다 ···························· 55
       (1) 점유의 개념 ·· 55
       (2) 점유여부의 적합성을 인정한 판례들 ················· 55

❖ 유치권 경매 〔사례 3번〕 ··· 58

       (3) 점유물이 인도된 경우의 점유적합성 판단기준 ········ 68
       (4) 목적물의 일부에 대한 점유 ························· 69

[사례용 판례주제 8] 목적물의 일부점유에 의한 유치권의 성부 ········· 70

   라. 점유는 계속되어야 한다 ·································· 73
       (1) 서설 ··· 73
       (2) 자력구제권(자력탈환권)의 내용과 행사방법 ·········· 74

[사례용 판례주제 9] 자력탈환권의 행사의 시간적 한계 ·· 75
[사례용 판례주제 10] 위법한 강제집행에 대한 자력탈환권의 행사와
　　　　　　　　　　 시간적 한계 ·· 77
　　　　　　(3) 점유물반환청구권(점유회수청구권) ·· 80
[사례용 판례주제 11] 점유를 침탈당한 자의 보호방법 ··· 81
[사례용 판례주제 12] 점유회수의 소에서 판단할 사항 ··· 82
　　　　　　(4) 점유의 승계와 유치권의 주장 ·· 85
[사례용 판례주제 13] 피담보채권의 이전 없는 점유만의 승계 ································ 85
　　　　마. 점유의 시작과 유지는 적법해야 한다 ·· 87
[사례용 판례주제 14] 법률상 당연 무효인 점유의 효력 ·· 88
[사례용 판례주제 15] 중대한 과실있는 불법점유 ·· 89
　　　　바. 물건의 점유와 채권과는 관련 있음을 요하지 않는다 ···················· 89
　　4. 채권은 그 건물이나 토지에 관하여 생긴 것이어야 한다 ················ 90
　　　　가. 채권 즉 피담보채권의 성격 ·· 91
　　　　나. 피담보채권의 발생원인으로서의 직접관련성, ································· 91
　　　　다. 피담보채권이 목적물의 반환청구권과 동일한 법률관계나
　　　　　　 사실관계로부터 발생한 경우 ·· 93
[사례용 판례주제 16] 명의신탁약정에 기한 부당이득반환청구채권과
　　　　　　　　　　 유치권의 성부 ·· 93
[사례용 판례주제 17] 공사업자의 지연손해금청구채권과 유치권 ···························· 95
　　5. 피담보채권은 변제기에 있어야 한다 ·· 97
　　　　가. 서설 ·· 97
　　　　나. 변제기를 판단하는 기준 ·· 97
[사례용 판례주제 18] 토지임차인의 지상물매수청구권과 유치권 ··························· 98
　　6. 유치권을 배제하는 특약(합의)이 없어야 한다. ·································· 100

가. 서설 ·· 100
　나. 임차인의 원상회복 약정과 유치권 ··· 100
　다. 유치권 포기의 의사표시의 효력 ·· 100
　라. 유치권행사배제약관의 효력 ·· 101
　마. 임차인이 임대인에게 한 가건물 증여의 의사표시 ······························· 101

Ⅳ. 점유권에 기한 유치권

1. 점유자의 비용상환청구권 ·· 102
　가. 의의 ·· 102
　나. 민법 제203조의 비용상환청구권의 내용 ·· 102
2. 점유물보존비 기타 필요비에 기한 유치권 행사의 경우 ························· 103
❖ 민법상의 과실 ··· 104
3. 개량비 기타 유익비에 기한 유치권 행사의 경우 ···································· 105
[사례용 판례주제 19] 민법 제203조 제2항의 적용범위 ····························· 105
[사례용 판례주제 20] 점유자의 토지개량비 청구사건 ······························· 106
[사례용 판례주제 21] 황지인 토지의 개답비용과 유치권 ························· 107

Ⅴ. 임차권에 기한 유치권

1. 임차권에 기한 비용상환청구권의 발생근거 ·· 110
2. 필요비의 경우와 유치권 ·· 111
　가. 임차인의 필요비 상환청구권 ·· 111
　나. 임대인의 수선의무의 범위 ·· 112
[사례용 판례주제 22] 임대인의 수선의무와 면책특약의 효력 ··················· 112
3. 유익비의 경우와 유치권 (판례를 통한 유익비의 인정여부 검토) ··········· 115

가. 서설 ··· 115
나. 대법원이 인정하는 유익비의 개념 ··· 116
다. 임차인의 유익비청구의 대상이 되는 시설의 요건 ···························· 117
라. 주거용 임차건물에서의 임차인이 부속한 시설들의 내용 ·············· 117

❖ 유치권 경매 [사례 4번] ·· 117

❖ 특강 : 주거용건물의 보수·개량 목록 ··· 119

❖ 유치권경매 [사례 5번] ·· 125

[사례용 판례주제 23] 사용대차한 부동산에 객관적 가치를 증가시키는 시설 ······· 127
[사례용 판례주제 24] 임차건물의 객관적 가치를 증가시키는 시설 ······················ 131
[사례용 판례주제 25] 임차한 토지에 설치한 옹벽과 형질변경 ······························ 134
[사례용 판례주제 26] 삼계탕집을 운영하기 위한 시설과 유익비의 성립여부 ······· 136
[사례용 판례주제 27] 카페영업을 위한 시설과 유익비의 성립여부 ······················ 140
[사례용 판례주제 28] 음식점 영업을 위한 시설들과 유익비의 성립여부 ············· 142
[사례용 판례주제 29] 구분건물의 경계를 설정하는 칸막이 공사와
 유익비의 성립여부 ··· 144
[사례용 판례주제 30] 음식점 영업을 위하여 내부시설을 개수하고, 시설물을
 설치한 경우의 유익비의 성립여부 ································· 147
[사례용 판례주제 31] 임차건물의 객관적가치를 증가시키는 시설과 감가상각 ······· 148
[사례용 판례주제 32] 고깃집을 운영하기 위한 닥트 등의 시설들과
 유익비의 성립여부 ··· 151

❖ 유치권 경매 [사례 6번] ·· 154

4. 민법 제646조의 임차인의 부속물매수청구권 ······································· 157
  가. 서설 ··· 157
  나. 판례가 정의하는 부속물의 개념 ··· 157
  다. 임차인의 부속물매수청구의 대상이 되는 부속물의 요건 ············ 158

라. 민법 제 646조(임차인의 부속물매수청구권)의 조문 해석 ············ 158

[사례용 판례주제 33] 부속물매수청구를 인정한 사례 ························· 159

[사례용 판례주제 34] 유리출입문, 새시 등은 부속물매수청구의
대상이라는 사례 ··· 162

[사례용 판례주제 35] 건물의 부속물 설치에 소요된 공사비채권과
유치권의 성부 ··· 166

❖ 부속물과 구별되는 종물 ··· 167

❖ 부합의 법리 ·· 169

Ⅵ. 공사도급계약에 기한 공사수급인의 유치권

1. 서설 ··· 171
2. 논의의 방향 (채권과 목적물 간의 견련성과 관련하여) ····················· 172
   가. 신축건물인 경우의 견련성 ··· 172
      (1) 문제의 제기 ··· 172
      (2) 공사대금채권과 목적물 간의 견련성의 핵심 ······················· 173
   나. 기존 건물인 경우의 견련성 ·· 173
      (1) 문제의 제기 ··· 173
      (2) 공사대금채권과 목적물 간의 견련성의 핵심 ······················· 173
      (3) 점유에 대한 점검은 철두철미하게 ·· 174
   다. 소결 ·· 174

❖ 유치권 경매 [사례 7번] ·· 175

3. 건축도급공사에서 수급인의 유치권 ··· 177

[사례용 판례주제 36] 공사도급계약에 기한 수급인의 유치권 ············ 178

❖ 유치권 경매 [사례 8번] ·· 181

[사례용 판례주제 37] 설계대행, 철거공사, 가설공사 등과 유치권의 성부 ············ 183

[사례용 판례주제 38] 지상건물철거공사와 유치권의 성부 ·················· 188
[사례용 판례주제 39] 콘크리트기초파일 항타공사와 토지에 대한
              유치권의 성부 ·· 192
[사례용 판례주제 40] 부당한 점유와 사용이익의 반환여부 ················ 195
❖ 유치권 경매 [사례 9번] ·· 201
4. 건축도급공사에서 하수급인의 유치권 ······································ 205
[사례용 판례주제 41] 하수급인의 유치권과 유치권의 불가분성 ·········· 205
[사례용 판례주제 42] 줄눈 시공과 내부 돌계단 시공을 한
              하수급인의 유치권 ······································ 211
[사례용 판례주제 43] 불법점유에 기한 하수급인의 유치권의 부정한 사례 ·········· 214
[사례용 판례주제 44] 최고가매수신고인이 정해진 후의 하수급인의
              유치권 신고 ·· 223
[사례용 판례주제 45] 하수급인은 원수급인의 유치권을 원용,
              주장할 수 있다 ·· 226
❖ 유치권 경매 [사례 10번] ·· 227

Ⅶ. 유치권의 효력

1. 유치적 효력 ·· 231
  가. 의의 ·· 231
  나. 민사집행법 제95조 제5항의 적용 ······································ 231
  다. 유치권의 항변의 인용에 따른 재판상의 처리 ························ 232
2. 경매신청권과 간이변제충당권 ·· 232
  가. 경매신청권 ·· 232
    (1) 의의 ·· 232
    (2) 유치권에 기한 경매신청의 방식과 첨부서류 ···················· 233

　　　　(3) 유치권에 기한 경매에서의 소멸주의의 채용여부 ·············· 233
[사례용 판례주제 46] 형식적 경매인 공유물분할을 위한 경매의
　　　　　　　　　　성격과 소멸주의의 수용여부 ······················· 234
　　나. 간이변제충당권 ··· 237
3. 유치권자의 과실수취권 ·· 237
　　가. 의의 ·· 237
　　나. 과실수취권의 인정근거 ··· 237
　　다. 수취할 수 있는 과실의 범위 ······································· 238
　　라. 유치물의 소유권과 유치권자의 과실수취권과의 관계 ········· 238
[사례용 판례주제 47] 유치권자의 과실수취권 ····························· 238
　　마. 과실수취권의 한계 ·· 241
　　　　(1) 문제의 제기 ·· 241
　　　　(2) 수급인인 건설회사가 수취할 수 있는 과실수취권 ········ 241
　　　　(3) 유치물의 소유권과 유치권자의 과실수취권과의 관계성 ······ 242
4. 유치권자의 비용상환청구권 ··· 242
5. 유치권자의 의무 ··· 243
　　가. 선관의무 ·· 243
　　나. 채무자의 동의 없는 사용, 대여, 담보제공의 금지 ············· 244
　　　　(1) 서설 ·· 244
　　　　(2) 채무자의 승낙 없는 임대차의 효력 ·························· 244
　　　　(3) 채무자의 승낙 없는 유치물의 사용의 예 ··················· 245
　　　　(4) 채무자의 동의 없는 사용 등의 금지에서 "채무자"의
　　　　　　범위의 문제 ·· 245
　　다. 유치권자의 민법 제324조 위반행위의 효과 ···················· 247
6. 유치권자의 유치물인 주택에 대한 거주행위(보존행위) ··············· 247
　　가. 보존행위로서 거주행위와 차임상당의 반환의무 ················ 247
　　나. 보존행위 중의 유익비 지출에 대한 유치권행사 가능성 ········ 248

VIII. 유치권의 소멸과 한계

1. 유치권의 소멸사유 ·· 249
   가. 물권, 담보물권 일반의 소멸사유 ································· 249
   나. 채무자 등의 유치권 소멸청구 ······································ 250
   다. 채무자 등에 의한 다른 담보의 제공 ··························· 250
      (1) 담보력의 상당성 평가 ··· 250
      (2) 담보로서의 공탁의 가능성 ····································· 251
   라. 유치권자의 점유의 상실 ··· 251
2. 유치권의 한계 ·· 252
[사례용 판례주제 48] 경매개시결정 기입등기 후에 점유이전에 의한 유치권 ······· 252
[사례용 판례주제 49] 경매개시 가능성이 농후한 경우의 유치권 신고의 효력 ······ 254
[사례용 판례주제 50] 대지사용권이 없는 건물에 대한 유치권의 효력 ················· 255
[사례용 판례주제 51] 신의칙에 의한 유치권의 부정 ·· 256

IX. 유치권의 행사와 불법행위의 성립여부

1. 불법행위의 개념과 유치권 ·· 258
[사례용 판례주제 52] 적법한 유치권의 행사와 불법행위의 성부 ························· 258

X. 법원의 현황조사보고서와 매각물건명세서

1. 현황조사명령 ·· 260
2. 법원의 현황조사명령의 내용 중 유치권에 대한 사항 ············ 260
3. 집행관의 현황조사 ·· 261
   가. 집행관의 조사권한 ··· 261
   나. 현황조사보고서 ·· 261

다. 집행관의 현황조사시 주의의무 ·· 261
[사례용 판례주제 53] 집행관의 주의의무 위반여부와 '시티빌리지'와
　　　　　　　　　 '씨티빌리지'는 다르다는 사건 ······························ 262
4. 매각물건명세서 ·· 266
　　가. 매각물건명세서의 작성권자 ·· 266
　　나. 매각물건명세서의 작성한계 ·· 266
　　다. 매각물건명세서의 기재사항 ·· 267
　　　　(1) 기본적인 기재사항 ·· 267
　　　　(2) 기재항목의 누락, 잘못된 기재 등에 대한 책임 ···················· 267
　　라. 매각물건명세서의 효력 ·· 267
5. 매각허가에 대한 이의신청 ··· 268
6. 최고가매수신고인 결정 후의 유치권신고에 대한 대응 ······················· 269
7. 매각허가결정에 대한 즉시항고 ·· 269
[서식례] 법원의 현황조사명령서 ·· 270

XI. 인도명령에 의한 허위 유치권자의 식별

1. 인도명령의 의의 ·· 272
2. 인도명령의 당사자 ·· 272
　　가. 신청권자 ·· 272
　　나. 상대방 ··· 272
3. 점유자에 대한 심문에 의한 허위유치권의 판단 ································· 272
4. 인도명령에 대한 즉시항고 ··· 273

XII. 허위유치권에 대한 형사적 대응

1. 경매, 입찰방해죄 등과 관련된 범죄 ··· 273
　　가. 경매입찰 방해의 죄 ··· 273

12 목 차

    나. 강제집행면탈죄 ·· 274
    다. 협박죄 ··· 274
        (1) 협박죄의 의의 ··· 274
        (2) 권리행사와 협박죄 ······································· 275
    라. 사기죄 ··· 276
        (1) 사기죄의 형법상의 규정 ······························· 276
        (2) 사기죄의 의의 ··· 276
        (3) 사기에 의한 권리행사의 예 ·························· 276
2. 주거침입죄 ·· 277
    가. 서설 ·· 277
    나. 주거침입죄와의 관련 판례 ································· 278
    다. 주거침입죄에 대한 위법성의 조각 ····················· 278
    라. 소결 ·· 279
[사례용 판례주제 54] 주거침입죄의 성부 ····················· 279

XIII. 상사유치권

1. 의의 ··· 282
2. 성립요건 ·· 282
    가. 상인간의 상행위로 인하여 채권이 발생해야 한다 ·········· 282
    나. 그리고 그 채권은 변제기가 있어야 한다. ············ 283
    다. 채무자에 대한 상행위로 인하여 채무자소유의
        물건·유가증권을 점유해야한다 ··························· 284
    라. 유치권 배제의 특약이 없어야 한다 ···················· 284
3. 효력 ··· 284
  ❖ 유치권에 대한 민법조문 ·· 285

부 록

◆ 유치권의 진위여부에 대한 판단자료 수집방법 ················· 287

제2장 유치권의 해결과 투자를 위한 건물소유권 귀속의 문제

Ⅰ. 서설

1. 논의의 출발점 ················· 295
2. 유치권과의 관련성 ················· 296
3. 건물의 미완성 상태에서의 소유권의 귀속의 문제 ················· 297

Ⅱ. 완성된 건물의 소유권 귀속에 대한 판례와 해설

[사례용 판례주제 1] 도급인과 수급인 간의 특약에 의한 소유권의 귀속여부 ······ 297

[사례용 판례주제 2] 수급인 명의로 보존등기한 경우의 소유권 귀속 ················· 299

[사례용 판례주제 3] 원도급계약상의 특약의 효력에 대한 하수급인이 승인여부 ················· 301

[사례용 판례주제 4] 채권담보목적으로 건축허가명의를 채권자로 한 경우의 소유권의 귀속 ················· 304

[사례용 판례주제 5] 도급인에게 소유권을 귀속시키는 약정과 건물의 인도여부, 대금지급여부와의 관련성 ················· 308

[사례용 판례주제 6] 도급인과 수급인 간에 소유권에 관한 특약이 없는

14 목   차

　　　　　　　　　　건물의 소유권 귀속 ································· 310

[사례용 판례주제 7] 담보목적 범위 내의 채권자명의의 소유권보존등기의
　　　　　　　　　　법적인 의미 ····································· 315

[사례용 판례주제 8] 건축허가서의 사법상 효력 및 건축허가가 타인의
　　　　　　　　　　명의로 된 경우 건물 소유권의 귀속 ················· 320

[사례용 판례주제 9] 수인이 공동주택을 건축하기로 한 경우 전유부분의
　　　　　　　　　　소유권 귀속관계의 결정기준 ······················ 325

[사례용 판례주제 10] 집합건물의 전유부분의 소유권의 귀속관계를
　　　　　　　　　　결정하는 기준 ·································· 329

Ⅲ. 미완성된 건물의 소유권 귀속에 대한 판례와 해설

[사례용 판례주제 1] 30% 정도 건축된 건물을 인수하여 완성한 경우
　　　　　　　　　　그 건물의 원시적인 소유권의 귀속주체 ············· 331

[사례용 판례주제 2] 미완성 아파트를 인수하여 완공한 경우의 소유권의
　　　　　　　　　　귀속주체를 정하는 기준 ·························· 333

[사례용 판례주제 3] 미완성 건물이라도 독립한 건물인 경우
　　　　　　　　　　소유권의 귀속주체 ······························ 335

[사례용 판례주제 4] 50%의 공정을 마친 건물을 인수하여 완공한 경우의
　　　　　　　　　　소유권의 원시적 귀속주체 ······················· 337

[사례용 판례주제 5] 70%의 공정을 마친 미완성 건물을 인수하여 완성한
　　　　　　　　　　경우의 소유권의 귀속주체 ······················· 339

[사례용 판례주제 6] 토지에 부합하지 않는 건물의 요건 ················ 342

[사례용 판례주제 7] 지하층 부분만으로도 독립된 건물이 되기 위한 요건 ········ 344

[사례용 판례주제 8] 미완성 건물을 양수받아 건축허가의 내용과 동일하다고
　　　　　　　　　　인정될 정도로 건물을 축조한 경우 그 건물의 원시취득자 ··· 347

[사례용 판례주제 9] 독립된 건물로 볼 수 없는 미완성 건물을 완성한
경우의 소유권 귀속주체 ·· 352

제3장 아파트 등 집합건물의 경매에서의 관리비의 문제

Ⅰ. 서설 ··· 357

Ⅱ. 아파트 등의 관리비에 관한 규정체계 ···················· 358

1. 집합건물의 소유 및 관리에 관한 법률 ································ 358
2. 주택법 ··· 358
3. 주택법 시행령 ·· 360

Ⅲ. 특별승계인에게 승계되는 관리비에 법원의 입장

1. 대법원의 기본적인 입장 ·· 362
   가. 전소유자의 체납관리비를 양수인에게 승계시키는
       관리규약의 효력 ·· 362
   나. 전 입주자의 체납관리비 중 공용부분에 관하여는
       승계된다. ·· 362
2. 체납관리비 중 승계되는 공용부분의 관리비의 범위 ········ 363
3. 연체료의 승계여부 ·· 364
4. 공용부분 공용부분의 관리비 항목에 대한 의정부지법의 판단 ····· 364
   가. 인정사실 ·· 364

나. 원고의 주장 ·· 365
　　다. 의정부지법의 판단 ·· 365
　　마. 위 의정부지법에서 공용부분의 관리비로 인정한 부분 ················ 366
5. 관리비의 항목에 따른 전유부분관리비와 공용부분
　관리비의 구별 ·· 367

Ⅳ. 기타의 관련문제

1. 체납된 관리비의 소멸시효의 문제 ··· 367
2. 점포의 사용, 수익이 없는 단순한 점유만을 하는 경우의
　관리비 문제 ·· 368
　　가. 원심에서 인정한 사실 ·· 368
　　나. 원심의 판단 ··· 369
　　다. 대법원의 판단 ·· 369
　　라. 소결 ··· 370
3. 관리비에 관한 관리단 규약 등이 존재하지 않는 경우의
　관리비청구 ·· 370
4. 시장번영회의 의하여 실시된 단전조치의 문제 ································ 371
　　가. 사실관계 ·· 371
　　나. 대법원의 판단 ·· 372
5. 집합건물법 제18조의 특별승계인의 범위의 문제 ···························· 373
　　가. 집합건물법 제18조의 특별승계인에 낙찰자(매수인)의 포함여부 ·· 373
　　나. 체납관리비에 대한 중간승계인의 책임 ··································· 373

[서식례] 기일입찰표, 위임장 ·· 375

[서식례] 권리신고 겸 배당요구신청서 ····································· 377

[서식례] 유치권 권리 신고서 ·· 379

[서식례] 부동산인도명령신청 ·· 380

[서식례] 부동산강제경매신청서 ··· 382

[서식례] 부동산 임의 경매 신청서 ··· 384

[서식례] 유치권에 기한 경매신청 ·· 388

[서식례] 부동산경매예납금 계산기준표 ··································· 391

부 록

◆ 부동산등에 대한 경매절차 처리지침(재민 2004-3) ··············· 393

  [별지 1] 기간입찰봉투에 흠이 있는 경우의 처리기준 ············ 413

  [별지 2] 첨부서류 등에 흠이 있는 경우의 처리기준 ·············· 415

  [별지 3] 기일입찰표의 유·무효처리기준(중요함) ·················· 416

  [별지 4] 기간입찰표의 유·무효처리기준 ····························· 418

  [별지 5] 보증서의 무효사유 ··· 420

● 전국지방법원 관할구역 및 전화번호 현황 ●

  1. 서울지방법원 ·· 421
  2. 인천지방법원 ·· 421
  3. 수원지방법원 ·· 421

4. 춘천지방법원 (강원도) ··· 422
5. 대전지방법원 (대전광역시, 충청남도) ·················· 422
6. 청주지방법원 (충청북도) ····································· 422
7. 제주지방법원 ·· 423
8. 대구지방법원 (대구광역시, 경상북도) ·················· 423
9. 부산지방법원 ·· 423
10. 울산지방법원 ·· 423
11. 창원지방법원 (경상남도) ··································· 424
12. 광주지방법원 (광주광역시, 전라남도) ················ 424
13. 전주지방법원 (전라북도) ··································· 424

제1장

유치권의 이론과 실무

I. 유치권의 개념정립
II. 유치권의 법적성질
III. 유치권의 성립요건
IV. 점유권에 기한 유치권
V. 임차권에 기한 유치권
VI. 공사도급계약에 기한 유치권
VII. 유치권의 효력
VIII. 유치권의 소멸과 한계
IX. 유치권의 행사와 불법행위의 성립 여부
X. 법원의 현황조사보고서와 매각물건명세서
XI. 인도명령에 의한 허위유치권의 식별
XII. 허위유치권에 대한 형사적 대응
XIII. 상사유치권

제1장 유치권의 이론과 실무

I. 유치권(留置權)의 개념정립

1. 민법 제320조의 분석과 이해

가. 민법 제320조의 내용

일반적으로 부동산경매에서 유치권이라 함은, 타인의 부동산인 건물이나 토지에 관하여 발생한 채권을 가지고 있는 자가 그 건물이나 토지를 점유하고 있는 경우, 자신의 채권의 변제를 받을 때까지 그 건물이나 토지에 대하여 건축주(임대인)나 매수인의 인도나 명도청구에 대하여 거부할 수 있는 권리라고 이해되고 있다. 따라서 유치권의 개념은 아주 쉽게 접근할 수 있지만, 실제 부동산 경매에서 이렇게 쉽게 이해되어지는 그 유치권이 성립되는지의 여부를 판단하는 일은 무척이나 어렵다. 그 이유는 민법 제320조의 충분한 분석을 통하여 유치권에 대한 체계적인 법리를 세우고 있지 않기 때문인데, 이제 민법 제320조를 필두로 하여 그 체계를 세워보고자 한다.

민법 제320조를 보면, 유치권의 내용이라는 제목 하에 제1항에서 『타인의 물건 또는 유가증권을 점유한 자는 그 물건이나 유가증권에 관하여 생긴 채권이 변제기이 있는 경우에는 변제를 받을 때까지 그 물건 또는 유가증권을 유치할 권리가 있다』라고 규정하고, 제2항에서는 『전항의 규정은 그 점유가 불법행위로 인한 경우에 적용하지 아니한다』라고 정하고 있다. 다만 본서는 부동산의 경매에 대한 것이므로 물건이나 유가증권을 부동산으로 대체하여 해설하며, 또한 유치권의 개념을 정립하기 위한 부분이므로 깊이 있는 내용은 각 구성요건 파트에서 자세하게 다룬다.

나. 민법 제320조의 조문의 분석

우선 제320조 제1항의 조문을 분리해 보면, ㉠ 타인의 부동산을 점유한 자는, ㉡ 그 부동산에 관하여 생긴 채권이 있는 경우, ㉢ 그 채권이 변제기에 있을 때에는 그 부동산을 유치할 권리가 있다고 규정하고 있어서 제320조 제1항을 세 부분으로 분리하여 살펴 볼 필요가 있다. 먼저 타인의 부동산을 점유한 자이다.

(1) 타인의 부동산을 적법하게 점유한 자는

『타인의 부동산을 점유한 자는』라는 부분의 의미는 타인의 부동산을 사실상 지배하는 자인데, 사실상 지배한다는 부분은 뒤에서 후술하는 점유의 적합성에서 따져보기로 하고, 여기서는 일단 제320조 제2항과의 연관성을 살펴본다. 제320조 제2항에서는 『전항의 규정은 그 점유가 불법행위로 인한 경우에 적용하지 아니한다』라고 구정하고 있다. 따라서 이를 『타인의 부동산을 점유한 자는』과 연결하여 보면 『타인의 부동산을 적법하게 점유한 자는』이라고 풀이하여 쓸 수가 있다.

따라서 유치권을 주장하는 자는『타인의 부동산을 적법하게 점유한 자는』이어야 하며, 이런 자가 유치권의 주체가 된다.

여기서 적법하게 점유한다는 말은 해당 부동산의 소유자(채무자를 포함한다)의 허락 또는 묵시적 승낙 하에 점유하는 자라고 해석된다. 따라서 소유자의 허락이 있어야 하므로 폭력에 의한 갈취나 사기에 의한 편취 또는 사취에 의한 점유는 일차적으로 적법한 점유라고 할 수 없다. 그리고 몰래하는 점유를 민법에서는 은비의 점유라고 하는데, 이는 공연하지 않은 점유라서 역시 불법점유에 속한다. 이런 은비의 점유의 경우 유치권을 주장하는 자는 집이나 건물이 비어 있어서 점유를 개시했다고 항변하지만 이는 소유자의 허락이 있는 것도 아니므로 설령 점유를 개시할 때 폭력을 쓰지도 않았고 또한 소유자를 속이지도 않았지만 이는 은비의 점유로서 공연한 점유에 반하여 불법점유가 된다.

따라서 이렇게 불법적인 요소가 없는 점유만이 적법한 점유라는 판단을 받을 수 있으며, 위에서 『타인의 부동산을 적법하게 점유한 자는』이라고 간단하게 적었지만 그 속뜻은 참으로 깊다. 따라서 점유물의 타인성, 점유한다는 의미와 함께 좀 더 자세한 내용은 점유의 적합성 부분에서 다룬다. 다음으로 볼 것은 『그 부동산에 관하여 생긴 채권이 있는 경우』이다.

(2) 그 부동산에 관하여 생긴 채권이 있는 경우

민법 제320조에서는 『그 물건이나 유가증권에 관하여 생긴 채권』이라고 규정되어 있는데, 이를 『그 부동산에 관하여 생긴 채권』이라고 풀이하여 쓸 수가 있는데, 이 말에 대하여 대법원은 2005다16942 판결에서 "민법 제320조 제1항에서 '그 물건에 관하여 생긴 채권'은 유치권 제도 본래의 취지인 공평의 원칙에 특별히 반하지 않는 한 '채권이 목적물 자체로부터 발생한 경우'는 물론이고 '채권이 목적물의 반환청구권과 동일한 법률관계나 사실관계로부터 발생한 경우'도 포함한다"고 판시하고 있다.

따라서 판례가 말하는 "채권이 목적물 자체로부터 발생한 경우"란 점유자가 타인 소유의 부동산을 점유하고 있으면서 그 부동산에 대하여 직접적으로 노동 또는 가공의 행위를 하여서 비용상환청구권이 생겼을 때, 그 비용상환청구권이라는 채권은 타인 소유의 부동산 자체로부터 직접 발생한 것이라고 말할 수 있으며, 이런 경우에 채권과 목적물 사이에 견련관계가 있다고 말한다. 특히 공사대금채권에 기한 유치권의 경우 채권과 목적물 간의 견련성을 판단할 때 항시 "채권이 목적물 자체로부터 발생한 경우"를 떠올릴 수 있어야 한다. 그만큼 채권이 목적물 자체로부터 직접 발생한 경우란 문구는 중요하다. 다만, 민법 제320조는 어떤 경우에 그 부동산에 관하여 직접적으로 노동 또는 가공의 행위를 하고 구체적인 금전채권이 발생하는지 또는 어떤 경우에 채권이 목적물 자체로부터 직접 발생하는 지를 규정하고 있지는 않고 있다.

따라서 『그 부동산에 관하여 생긴 채권』을 알기 위해서는 해당 부동산을 점유하고 있으면서, 그 점유하는 부동산으로부터 금전채권이 발생하는 근거를 규정한 다른 민법조문의 도움이 필요하며, 여기에는 점유권에 기한 비용상환청구를 규정한 민법 제203조, 임차권에 기한 비용상환청구를 규정한 제626조, 그리고 공사도급에 기한 공사비청구를 규정한 제665조 등이 있다. 이외에도 우리 민법은 타인의 부동산에 대한 점유를 적법한 것으로 예정한 제도(전세권, 지상권 등)가 많이 있지만, 부동산 경매에서 유치권이 발생하는 예가 주로 임차권에 기한 경우와 공사도급계약에 기한 경우로 나눌 수 있으므로 이 부분에 중점을 두어 살펴본다. 참고로 학설과 판례는 『그 물건에 관하여 생긴 채권』을 풀이하기를 물건과 채권과의 견련성(견련관계)이라고 말하며, 이러한 견련성을 확대하여 채권이 목적물의 반환청구권과 동일한 법률관계 또는 사실관계로부터 발생한 경우까지 포함하여 해석하며 이를 통칭 2원설이라고 하는데, 여기서는 『그 물건에 관하여 생긴 채권』의 의미를 파악하는 단계이므로 민법 제203조, 제626조, 그리고 도급에 관한 제665조 등을 검토한다.

2. 민법 제203조의 분석과 이해

가. 민법 제203조의 조문의 내용

민법 제203조는 점유자의 상환청구권이라는 제목 하에 제1항에서 『점유자가 점유물을 반환할 때에는 회복자에 대하여 점유물을 보존하기 위하여 지출한 금액 기타 필요비의 상환을 청구할 수 있다. 그러나 점유자가 과실을 취득한 경우에는 통상의 필요비는 청구하지 못한다』라고 규정하고, 동조 제2항에서는 『점유자가 점유물을 개량하기 위하여 지출한 금액 기타 유익비에 관하여는 그 가액의 증가가 현존한 경우에 한하여 회복자의 선택에 좇아 그 지출금액이나 증가액의 상환을 청구할 수 있다』라고 규정하고 있는데, 이는 점유자가 점유 중인 부동산에 관하여 생긴 금전채권의 내용과 상환청구가 가능함을 규정하고 있으며, 결국 민법 제203조 상의 필요비와 유익비는 민법 제320조의 그 부동산에 관하여 생긴 채권에 해당되며, 점유자는 민법 제320조에 근거하여 유치권을 행사할 수가 있다.

나. 필요비의 근거인 보존과 유익비의 근거인 개량

민법 제203조를 보면 『점유물을 보존하기 위하여 지출한 금액 기타 필요비』라는 말과 『점유물을 개량하기 위하여 지출한 금액 기타 유익비』라는 말이 나오는데, 이를 통하여 필요비의 핵심요소는 점유물의 보존이고, 유익비의 핵심요소는 점유물의 개량임을 알 수 있다. 보존(保存)이라 말의 사전적 의미는 잘 보호하고 간수한다는 뜻이므로 이는 곧 점유물의 현상유지(주거용 건물은 주거용으로 보존하고, 사무실용 건물은 그 사무실의 객관적 용도에 맞게 보존하는 것을 의미함)를 잘하기 위한 것이고, 이렇게 현상유지를 잘하기 위하여 쓰여진 비용이 곧 필요비임을 알 수 있고, 개량(改良)이란 말의 사전적 의미는 나쁜 점을 보완하여 더 좋게 고친다는 뜻이므로 객관적으로 편리하고 좋게 보완하는데 들어간 비용이 곧 유익비임을 알 수 있다. 〔유익비의 개념에 대하여는 임차권에 기한 유치권의 부분에서 판례를 통하여 유익비를 분석하고 그 개념을 다시금 정리한다〕

따라서 민법 제203조를 통하여 점유자가 해당 부동산에 대하여 유치권을 행사하기 위하여 『그 부동산에 관하여 생긴 채권』이라고 주장할 수 있는 것은 필요비와 유익비에 한정됨도 알 수 있다. 즉 점유자가 상환청구를 할 수 있는 채권에 한하여 유치권을 행사할 수 있기 때문이다. 그리고 한 발 더 나아가면 민법 제203조 제1항 단서를 통하여 점유자가 점유물로부터 과실(건물의 경우는 사용이익)을 취득한 경우는 통상의 필요비는 청구할 수 없음도 알 수 있다.

다. 부동산 경매에서 통상의 필요비를 청구하지 못하는 경우

부동산 경매에서 임차권에 기한 유치권자가 통상의 필요비를 『그 부동산에 관하여 생긴 채권』으로 청구하지 못하는 경우를 알기 위해서는 민법 제203조 제1항 단서 규정을 유추해석할 필요가 있다. 즉 부동산경매에서 임차인이 월차임(월세)를 납부하고 있는 경우 그 부동산이 경매를 당하게 되면 대부분 월차임을 임대인에게 납부하지 않는다. 왜냐하면 임차보증금의 상환도 보장받지 못하는데, 누가 월차임(월세)을 내겠는가. 따라서 해당 부동산을 점유하면서도 월차임을 납부하지 않고 있다는 말은 곧 해당 부동산의 사용이익을 향유하고 있다는 뜻이고, 따라서 과실을 취득한 경우에 해당되므로 통상의 필요비는 청구할 수 없게 된다. 다시 말하면 통상의 필요비를 근거로 하여서는 유치권을 행사할 수 없다는 뜻이 된다.

그래서 상업용 건물에는 대부분 월차임이 있기 때문에 위 민법 제203조 제1항은 중요하게 쓰여진다. 여기서 통상의 필요비라는 말은 임차한 목적물을 객관적인 통상의 용도대로 사용수익할 수 있는 상태를 유지하는데 소요되는 수선비와 같은 의미이며 그래서 대수선과 대비되는 말이고, 대수선의 경우에 들어간 비용은 대부분 유익비에 포함되어서 청구 가능하므로 별도로 논하지는 않겠다. 다음으로 민법 제626조를 본다.

3. 민법 제626조의 분석과 이해

가. 민법 제626조 상의 필요비와 유익비의 기본적인 개념

민법 제626조는 임차인의 상환청구권이라는 제목 하에 제1항은 『임차인이 임차물의 보존에 관한 필요비를 지출한 때에는 임대인에 대하여 그 상환을 청구할 수 있다』라고 규정하고 있으며, 제2항에서는 『임차인이 유익비를 지출한 경우에는 임대인은 임대차종료시에 그 가액의 증가가 현존한 때에 한하여 임차인이 지출한 금액이나 그 증가액을 상환하야야 한다. 이 경우에 법원은 임대인의 청구에 의하여 상당한 상환기간을 허여할 수 있다』라고 규정하고 있다.

따라서 제626조는 필요비의 경우는 임차물의 보존에 관한 필요비라는 말을 하여 필요비의 근거는 임차물의 보존행위에 투입된 비용이라고 밝히고 있지만, 유익비에 대하여는 별도의 개념요소을 두고 있지 않고 있으며, 따라서 법조문의 통일적 해석이란 관점에서 봤을 때 민법 제626조의 유익비라는 말 속에는 제203조의 개량이라는 뜻이 들어간 것임을 유추하여 알 수 있다. 다만 민법 제626조 상의 유익비의 개념요소가 개량이라고 하여도 그것을 적용하여 해석하는 것은 법률의 해석에 관한 최종권한을 갖고 있는 법원의 판단인 판례를 통하여 구체화된 유익비의 개념을 알아야 실제 부동산 경매에서 활용할 수 있는 지식이 되므로 다음은 판례가 바라보는 유익비를 본다.

나. 판례가 말하는 유익비의 개념

(1) 객관적 가치의 증가

판례(대판 93다25738)에서는 유익비의 개념에 대하여 "유익비라 함은 임차인이 임차물의 객관적 가치를 증가시키기 위하여 투입한 비용"이라고 말하는 것도 있으며, 또 다른 판례(대판 2001다64572)에서는 "이 사건 건물에 부합되어 건물의 객관적 가치를 증가시키기 위하여 지출한 비용"이라고도 말하고 있다. 그리고 학자들도 유익비에 대하여 임차인이 임차물의 객관적 가치를 증가시키기 위하여 투입한 비용이라고 정의하고 있다. 그리고 "이 사건 건물에 부합되어"라는 말뜻을 이해하는 것이 남아 있는데, 부합이란 말은 여러 개의 물건이 결합하여 하나의 물건이 되었다는 뜻이므로 결국 비용을 투입하여 시설한 것은 본체가 되는 부동산의 구성부분이 되었다는 뜻이며, 독립한 물건이 아니라는 뜻이 내포되어 있다. 따라서 이는 부속물과 구별되는 중요한 개념요소이다.

(2) 정리

따라서 판례가 정의하는 유익비의 개념을 정리하면 "유익비라 함은 임차인이 임차건물의 객관적 가치를 증가시키기 위하여 임차건물에 부합되어 구성부분이 되도록 하는 시설을 설치하는데 투입된 비용"이라고 할 수 있으며, 앞의 판례처럼 "유익비라 함은 임차인이 임차물의 객관적 가치를 증가시키기 위하여 투입한 비용"이라고 간략하게 정의해도 된다. 다만, 이러한 판례의 유익비 개념을 떠받치는 핵심적인 개념요소는 "개량"이며, 이를 바탕으로 해석하면 유익비란 임차인이 임차물을 구조적으로 개량하였고 그 결과 임차물 자체의 객관적인 가치를 증가시키기 위하여 투입되었다고 판단되는 비용을 말한다, 그러면 이제 남은 것은 어떤 경우에 객관적 가치가 증가되었다고 볼 것인가이다.

(3) 건물의 객관적 가치가 증가되었다는 것의 의미

여기서 이해의 편의를 위하여 "임차건물의 객관적 가치의 증가"란 말 뜻을 생각해 보면 이는 곧 그 임차건물을 누가 어떤 목적으로 사용해도 객관적인 편익(편리한 이익)을 가져다 준 다는 뜻이며, 이렇게 되려면 누구라도 그 임차건물을 본래의 건축된 용도대로 사용했을 때에 종전보다는 구조적, 실질적으로 개량되어서 편리하고 유익하다는 평가를 내릴 수 있을 때, 비로소 그 임차건물은 객관적 가치가 증가되었다 라는 평가를 받을 수 있으며, 이런 평가를 받아야만 유치권을 주장할 수 있는 유익비가 된다고 하겠다.

그래서 판례는 특히 상가 건물에서 임차인의 특수한 영업상의 목적을 위한 시설은 유익비가 되지 않는다고 판시하고 있으며, 이는 주거용건물의 경우에도 그대로 적용된다. 예컨대, 상가건물의 경우 식당을 하던 자리에 슈퍼마켓이 입점할 수 있으며, 그런 경우 식당을 위한 시설은 슈퍼마켓에는 전혀 도움이 되지 않기 때문이다. 따라서 특정임차인의 자신의 특수한 영업상 또는 주거상이 목적을 위한 시설은 결국 그 자신만의 편익을 위한 것이므로 이는 주관적 가치나 편익을 위한 것에 불과하고 따라서 객관적인 가치의 증가와는 거리가 멀기 때문에 유익비에 포함되지 않는 다는 것을 알 수 있다.

그러나 임차인이 임차한 건물이 4층 상가건물이고 원래 엘리베이터가 없었지만, 임차인이 자력으로 이 상가에 엘리베이터를 설치하였다면 이는 곧 누구에게도 편리하고 유익한 이익을 주기 때문에 유익비라고 평가받기에 충분할 것이다.

다. 임차인이 주장할 수 있는 유익비의 범위

이상에서 살펴본 바와 같이 제626조 제2항 상의 유익비란 임차인이 임차물을 구조적으로 개량하였고 그 결과 임차물 자체의 객관적인 가치를 증가시키기 위하여 투입되었다고 판단되는 비용임을 알 수 있는데, 제626조 제2항은 그 후단부에서 비록 임차인이 임차물을 개량하게 위하여 비용을 투입하였다고 하여도 그 청구할 수 있는 범위를 한정하고 있다.

무슨 말이냐 하면 임차인이 지출한 유익비에 대하여는 『임대차종료시에 그 가액의 증가가 현존한 때에 한하여』유익비를 청구할 수 있다는 말이다. 이 말은 곧 설령 임차인이 임대차 기간 중에 임차물을 개량하기 위하여 유익비를 지출하였다고 하더라도 그 가액의 증가 곧 가치의 증가가 임대차종료시까지 지속되어 현존해야만 유익비를 청구할 수 있다는 말이며, 또한 유익비를 청구한다고 하여도 청구한 대로 다 받을 수 있는 것이 아니라 임대인의 선택에 따라 『임차인이 지출한 금액이나 그 가치의 증가액』을 임차인은 상환받을 수 있다는 뜻이다.

통상적으로 임차인이 임차목적물에 개량하는 비용을 투입한 시점과 임대차종료시는 많게는 몇 년 작게는 1-2년 정도의 시간이 소요됩니다. 따라서 이 말은 감가상각이 이루어진다는 말이며, 이는 곧 임차인이 투입한 비용과 임대차종료시의 가치의 증가액과는 많은 차이가 있다는 말이기도 하다. 또한 법원이 선임한 감정인의 감정결과에 의하여 가치의 증가액을 산정하기 때문에 임차인들이 유치권으로 신고한 금액의 절반에도 못 미치는 가액으로 평가되는 예도 있으며, 그렇다면 해당 부동산을 낙찰받은 매수인은 임차인에게 그가 지출한 비용이 아니라 당연히 금액이 적은 가치의 증가액으로 산정됨 금액을 상환할 것임은 자명한 일이다.

4. 공사도급계약에 기한 공사비청구채권과 유치권

가. 서설

통상 건물을 완성하여 인도하는 계약인 공사도급계약의 민법적인 근거는 민법 제664조에 두고 있으며, 민법 제664조(도급의 의의)에서는 『도급은 당사자 일방이 어느 일을 완성할 것을 약정하고 상대방이 그 일의 결과에 대하여 보수를 지급할 것을 약정함으로써 그 효력이 생긴다』라고 규정하고 있다. 그리고 공사도급계약에 따른 공사비의 지급과 청구의 근거는 민법 제665조에 근거하고 있는데, 민법 제665조(보수의 지급시기) 제1항은 『보수는 완성된 목적물의 인도와 동시에 지급하야야 한다』라고 규정하고 있다. 따라서 공사도급계약의 경우 완성된 목적물과 그에 보수가 견련관계를 이룰 수 있음을 알 수 있는데 구체적으로 어떻게 해석되고, 적용되는 지를 살펴본다.

나. 완성된 건축물과 공사대금채권 간의 견련관계

타인의 건물을 건축한 공사업자는 위 민법 제664조와 665조에 터잡에 건축주 또는 소유자가 건축공사비를 지급할 때까지 자신이 완성한 목적물을 점유하여 유치권을 행사할 수 있게 되며, 공사업자가 완성한 건물과 그 건물을 완성하기 위하여 투입된 공사비채권은 서로 견련관계를 이루게 된다. 따라서 민법 제320조 상의 『그 부동산』이 곧 공사업자가 완성한 건물(건축중인 건물을 포함한다)이 되며, 공사업자의 공사비채권은 민법 제320조 상의 『그 부동산에 관하여 생긴 채권』이 된다.

그리고 판례(2005다16942)는 이를 더욱 구체적으로 표현하여 "채권이 목적물 자체로부터 발생한 경우"라는 문구로 해석하고 있다. 따라서 공사업자의 공사비채권이 목적물과의 견련관계를 인정받으려면, 판례가 말하는"채권이 목적물 자체로부터 발생한 경우"에 딱 들어맞아야 하는데, 건물의 완성을 목적으로 건축주와 공사도급계약을 체결하여 공사를 진행한 공사업자의 경우 그가 직접적으로 공사를 실시하여 완성한 건물 또는 건축중에 있는 건물을 점유하고 있는 경우 공사비채권은 건물자체로부터 발생한 채권이 되며, 이 경우 공사비채권과 건물 간의 견련관계가 있다는 판단을 받게 된다. 그러나 건물신축을 건축하기 위하여 부지 위에 존속하고 있는 기존건물을 철거하는 철거업자의 철거비용은 신축건물 그 자체로부터 발생한 것이 아니며, 이는 신축건물이 건축되기 전에 발생한 것이다. 따라서 철거업자가 그 철거비용을 보전받기 위하여 신축건물을 점유하고 있어도 채권과 목적물 관의 견련관계를 인정받지 못하여 정당한 유치권의 행사로 인정받지를 못한다. 왜 그런가? 철거를 통하여 형성된 결과물은 모두 사라지고 없으며, 그렇다고 그런 철거가 토지를 변화시키는 토목공사도 아니며, 철거를 통하여 형성된 결과물이 토지에 부합되어 토지 속에 남아 있지도 않기 때문이다. 결과적으로 목적물이 없기 때문에 채권이 목적물 자체로부터 발생한 경우라는 말을 쓸 수가 없기 때문이다. 다만, 이런 경우라 하더라도 채권이 목적물의 반환청구권과 동일한 법률관계 또는 사실관계로부터 발생한 경우에 해당 될 수 있으므로 방심은 금물이며, 철거업자의 경우 이렇게 견련성이 확대되는 경우를 고려하여 계약을 체결할 필요가 있다.

다. 공사비채권의 범위

공사비채권의 경우 공사한 건물(부동산)에 대한 객관적인 가치의 증가가 현존하느냐의 여부를 따지지 않기 때문에 공사비채권은 공사도급계약의 내용대로 정해지며, 또한 판례가 공사계약에 기하여 공사비채권이 발생하고 그 지급이 지연되어 지연손해가 추가적으로 발생하였을 경우 지연손해금도 민법 제320조 상의 『그 부동산에 관하여 생긴 채권』에 포함되는 것으로 보기 때문에 특히 신축건물에 관하여 공사업자가 유치권을 행사하는 경우 피담보채권의 범위나 금액을 정확하게 파악하기 어려운 점이 있다. 그래서 실제 경매에서는 유치권이 신고된 경우 임차인이 유치권을 주장하는 경우와 공사업자가 유치권을 주장하는 경우로 나누어서 분석할 필요성이 있다.

그리고 공사업자가 유치권을 주장하는 경우 신축건물의 경우는 공사비채권에 대하여는 견련관계를 따져 보는데 대부분은 견련관계가 인정된다. 따라서 그들의 점유에 대하여 전반적이고 집중적인 검토가 뒤따라야 한다. 즉 신축건물의 공사업자의 경우 점유 외에는 사실상 약점이 없다고 보면 된다. 다만 신축건물이 아닌 기존 건물에 대한 공사비채권에 기하여 유치권을 주장하는 경우에는 의당 점유에 대한 부분도 살펴야 하지만 진정하게 공사비채권이 발생했는지 다시 말하면 견련관계를 건축물 대장과 건축신고 내용을 바탕으로 면밀하게 조사할 필요가 있다. 경우에 따라서는 건축주와 공사업자가 공모하여 향후 경매에 대비하여 공사비와 공사내역, 공사기간 등을 허위로 조작할 수 있기 때문이다.

〔통상 타인의 물건 또는 유가증권에 관하여 발생한 채권을 피담보채권이라 하는데, 피담보(皮擔保)라는 말은 담보를 받고 있다는 뜻으로 물건이나 유가증권에 의하여 담보가 되고 있는 채권이라는 말이다〕

5. 결어: 유치권의 개념요약

(1) 이상의 고찰에 근거하야 유치권의 일반적인 개념을 민법 제320조에 터잡아 정리하면, 유치권이란 타인의 건물이나 토지에 관하여 발생한 채권을 가지고 있고 그 채권의 변제기가 도래한 경우에 있는 자가 그 건물 또는 토지를 적법하게 점유한 때에는 그 채권의 변제를 받을 때까지 그 건물 또는 토지를 유치할 수 있는 권리라고 정의할 수 있다.

(2) 따라서 이를 토대로 임차권이 기한 유치권이 개념을 정리하면, "임차인의 유치권이란 타인의 건물(부동산)을 임차한 자가 그 건물에 대하여 건물자체의 객관적 가치를 증가시키기 위하여 비용을 지출하고 그 건물의 소유자의 허락이나 묵시적 승낙 하에 건물을 계속하여 적법하게 사실상 지배하는 경우 임차인은 자신이 투입한 유익비를 상환 또는 변제받을 때까지 유치하여 인도를 거절하는 것을 말한다"라고 정리할 수 있다.

(3) 다음으로 공사업자의 유치권의 경우는 "공사도급계약에 기하여 건물을 완성한 공사업자는 그 건물을 적법하게 사실상 지배하여 그 건물자체로부터 발생한 공사비채권을 변제받을 때까지 그 건물의 인도를 거절할 수 있는 권리를 공사업자의 유치권이라 한다"라고 정리할 수 있다. 또한 건물의 완성이 아닌 기존 건물에 대한 일부의 공사를 수행한 공사업자의 경우도 "공사도급계약에 기하여 건물에 대한 공사를 수행한 공사업자는 그 건물을 적법하게 사실상 지배하여 그 건물 자체로부터 발생한 공사비채권을 변제받을 때까지 인도를 거절할 수 있는 권리를 공사업자의 유치권이라 한다"라고 정리하면 되겠다. 이하에서는 유치권이 법적성질 그리고 구체적인 성립요건과 그 요건에 적합한 판례들을 제시하여 유치권의 전반적인 내용을 정리하고자 한다.

(4) 거듭 말하지만 부동산경매에서의 유치권의 법리와 분석은 점유로 시작해서 점유로 끝난다고 해도 과언이 아니다. 따라서 점유를 이해하는 것이 유치권의 90%를 이해하는 것이다. 즉 점유여부를 파악하는 것과 그 점유하고 있는 상태를 통하여 제320조 제1항의 불법점유 또

는 민법 제324조 상의 선관주의무위반이나 채무자의 동의 없는 사용, 대여, 담보제공이라고 판단하여 유치권의 소멸을 청구할 수 있는지의 여부를 판단하는 작업은 점유의 추상성으로 인하여 참 어렵지만 본서를 정독하며 그 근저에 흐르는 논리체계를 놓치지 않으면 독자들은 유치권에 관한한 국내 최고의 고수의 대열 중에서도 단연 선두에 설 수 있으며, 필자는 강의 중에도 점유부분을 가장 강조하고 있으며 또한 유치권이 법리를 세위 주려고 노력하고 있다.

(5) 부동산 경매는 심심풀이로 하는 소일거리가 아니다. 때로는 엄청난 부담 속에서 내 집 마련의 꿈을 안고 투자를 하며 그런 경우 속칭 시중에서의 고수라는 자들의 조언은 어디까지나 조언 또는 컨설팅에 불과하며, 최종적으로는 자신의 내적 신념에 터잡아 투자를 해야 하는데 그런 확실한 내적 신념을 세워주는 것은 이건 되고 저건 안 되고 식의 객관식 시험같은 사고가 아니라 정연하게 세워진 법리이다. 그런 법리를 바탕으로 투자했을 때 실패가 없는 것이므로 독자들은 비록 본 졸저가 다소 이론과 판례가 장황하다고 하여도 끝까지 인내를 다하여 읽고 자신의 것으로 만들 필요가 있다. 필자는 강의 중에 유치권에 관한 법리를 칼이라고 부르며 그 칼은 허위의 유치권을 쪼개서 무력화시킨다는 점을 독자들은 이해해주기를 바란다. 그리고 본서에 대한 내용은 필자가 잘못 이해한 부분은 있을 지라도 이해하지도 못하고 실은 내용은 전혀 없다. 다음으로는 유치권의 인정근거와 법적성질을 검토하겠다.

6. 유치권의 인정근거

학자들은 민법에서 유치권을 인정하는 법원칙은 공평의 원칙이라고 한다. 단순히 공평의 원칙에 의하여 유치권이 인정되는 구나라고만 생각할 것은 아니라고 본다. 공사업자의 유치권의 경우 피담보채권은 지연손해금까지 미치는데, 그 금액이 과도하게 증가된 경우 이런 부동산을 매수한 입찰자에게 지연손해금을 포함된 공사대금 전부에 대하여 변제책임을 지우는 것은 분명 부당한 면이 있다. 따라서 이런 경우 유치권의 법원칙인 공평의 원칙에 근거한 피담보채권의 조정은 필수적이므로 독자들이 비록 민법을 공부하는 것은 아니지만 공평의 원칙은 알고 있어야 한다고 생각한다.

또한 이러한 공평의 원칙은 각 당사자의 이해를 조정하는 기능을 한다. 따라서 당사자 스스로 공평의 원칙을 도외시하고자 한다면 이 또한 사적자치의 원칙상 가능하므로 당사자 간의 유치권의 성립을 배제하는 계약(합의)도 유효하다고 해석하고 있다.

Ⅱ. 유치권의 법적 성질

1. 유치권은 법정담보물권이다

가. 법정담보물권이라 함은 채권자와 채무자 사이에 물권설정의 의사표시 없이도 법률이 정한 요건만 구비되면 담보물권 즉 유치권이 인정되는 것을 말하는데, 여기서 법률이 정한 요건이라 함은 당사자 간에 목적물을 점유하게 된 기본적인 법률관계가 임차권이든 도급이든 아니면 특정한 법률관계 없이 해당 물건을 점유하게 된 단순한 점유권이든 권리자 기타 점유자가 해당 목적물을 점유하고 있는 중에 그 목적물에 관하여 채권이 발생하고, 이로 인하여 계속적으로 점유하든 반대로 해당 목적물에 관하여 이미 발생한 채권을 가지고 있는 상태에서 그 목적물을 다시 점유하게 되었든 간에, 당사자가 유치권을 설정하려는 의사의 합치 없이도 민법 제320조의 요건에 맞으면 유치권이 인정된다는 뜻이다.

따라서 민법 제626조에서는 『임차인이 유익비를 지출한 경우에는 임대인은 임대차종료시 그 가액의 증가가 현존한 때에 한하여 임차인이 지출한 금액이나 증가액을 상환하야여야 한다』라고 규정하여 임대차의 경우 임차인이 유익비를 청구할 수 있는 대상은 임대인으로 한정되어 있어서 언뜻 보면 임차인은 임대인 이외에는 유익비 청구를 할 수 없으므로 임대인을 제외한 타인의 임대목적물의 반환요구에 응해야 할 것처럼 보이나, 이러한 <u>임차인에게도 그 임차목적물의 점유에 관하여 민법 제320조 상의 유치권의 성립요건을 충족한 때에는 민법의 임차권에 관한 규정과는 별도로 유치권이라는 법정담보물권이 인정되어 그 목적물의 반환을 청구하는 자에게 피담보채권을 변제받을 때까지 인도를 거절할 수 있는 것이다.</u>(유익비의 변제청구와 인도거절은 다른 것임)

나. 다만 법률의 규정에 의하여 유치권이 일응 인정된다고 하지만 그러한 요건이 제대로 갖추어진 것인지의 여부에 대한 심사마저 유예되는 것은 아니기에, 이해당사자의 청구에 의하여 유치권부존재확인청구는 인정된다.

따라서 판례(대판2004다32848)에 의하면, 유치권자가 경락인에 대하여 그 피담보채권의 변제를 청구할 수는 없다 할 것이지만 유치권자는 여전히 자신의 피담보채권이 변제될 때까지 유치목적물인 부동산의 인도를 거절할 수 있어 <u>부동산 경매절차의 입찰인들은 낙찰 후 유치권자로부터 경매목적물을 쉽게 인도받을 수 없다는 점을 고려하여 입찰을 하게 되고 그에 따라 경매목적 부동산이 그 만큼 낮은 가격에 낙찰될 우려가 있다고 할 것인 바, 이와 같은 저가 낙찰로 인해 원고의 배당액이 줄어들 위험은 경매절차에서 근저당권자인 원고의 법률상 지위를 불안정하게 하는 것이므로 위 불안을 제거하고자 하는 원고의 이익을 단순한 사실상·경제상의 이익으로 볼 수 없기에 원고는 유치권의 부존재확인을 구할 법률상의 이익이 있다고</u> 판시함으로써 유치권자의 유치권 주장에 대하여 법적 심사의 길이 열려 있음을 인정하고 있다.

2. 유치권은 물권으로서 절대성을 가진다

유치권은 물권으로서 절대성을 가지며 그러기에 유치권자는 직접적인 채무자 뿐 만 아니라 그 물건의 소유자, 양수인, 매수인(경락인) 등 모두에게 주장할 수 있다.

따라서 판례(대판 71다2414 판결 가옥명도청구 사건)에서 보면, "<u>유치권자의 점유하에 있는 유치물의 소유자가 변동하더라도 유치권자의 점유는 유치물에 대한 보존행위로서 하는 것이므로 적법하고 그 소유자변동 후 유치권자가 유치물에 관하여 새로이 유익비를 지급하여 그 가격의 증가가 현존하는 경우에는 이 유익비에 대하여도 유치권을 행사할 수 있다</u>"라고 판시하여, 유치권자가 목적물을 유치하고 있는 동안에 소유자가 변동되더라도 계속적으로 유치권을 주장할 수 있음을 보여줌으로서 유치권의 물권으로의 절대성을 확인하고 있다.

3. 유치권에 의하여는 우선변제를 받을 수 없다

유치권은 담보물권이지만, 다른 담보물권 즉 질권이나 저당권과 같이 교환가치에 근거한 우선변제권은 인정되지 않는다. 따라서 유치권의 담보물권성은 우선 소유자·채무자 기타 권리자에게 목적물의 인도거절을 통하여 간접적으로 피담보채권의 변제를 강제하는 효과가 있으며, 다음으로 민법 제<u>322조</u>에 의하여 환가를 위한 경매를 법원에 신청 할 수 있다는 데에 있다.

또한 유치권자를 위하여 우선변제권이 인정되지 않는 결과 물상대위성도 인정되지 않는다. 또한 유치권의 경우는 유치물에 대한 점유를 상실하면 유치권도 상실하기 때문에 물상대위를 인정할 여지는 더욱 없다. 참고로, 물상대위라는 말은 저당권자의 저당물이 멸실 또는 훼손된 경우 그 본래의 저당물을 대신하는 금전 기타의 물건에 대하여 저당권자는 저당권의 효력이 의하여 만족을 얻을 수 있을 때 물상대위성이 인정된다고 하며, 유치권의 경우는 목적물의 점유를 본체로 하므로 점유를 상실하면 유치권도 소멸하므로 물상대위성을 인정할 수 없다고 하는 것이다.

4. 유치권은 담보물권으로서 부종성을 가진다

가. 서설

담보물권은 피담보채권에 종된 권리인데, 주된 권리인 피담보채권이 변제, 포기 기타 소멸시효완성 등으로 인하여 소멸하면, 이에 의하여 종된 담보물권도 함께 소멸된다는 것을 말한다. 단, 종된 담보물권이 소멸하였다고 하여 피담보채권이 함께 소멸하는 것은 아니다.

그리고 민법은 제326조에서 『유치권의 행사는 채권의 소멸시효의 진행에 영향을 미치지 않는다』라고 규정하여 유치권의 행사가 피담보채권의 소멸시효 진행에 대한 시효중단 사유가 되지 않음을 규정하고 있다.

나. 공사대금채권은 단기 3년이 소멸시효기간이다

경매에서 가장 많이 등장하는 유치권은 공사대금채권을 피담보채권으로 하는 유치권인데, 이러한 공사대금채권은 민법 제163조 제3호 상의 도급받은 자 등의 공사에 관한 채권에 해당되며, 따라서 3년의 단기소멸시효의 적용을 받는다. 즉 부동산경매에서 유치권의 신고가 되어 있을 경우 대게 유치권자는 임차인 아니면 공사업자인데, 공사업자라면 그 공사업자가 언제 공사를 마쳤는지 또는 중단하여 공사대금채권의 소멸시효가 어떻게 진행되었는지를 판단하여, 해당 공사대금채권의 소멸시효가 완성되어 더 이상 공사대금채권의 지급을 청구할 수 있는지 없는지를 판단할 수 있어야 한다. 정확하게는 소멸시효가 완성된 채권에 대하여도 청구는 가능하지만 채무자측에서 소멸시효가 완성되었다는 항변을 하면, 원고인 채권자의 청구는 기각을 당하게 된다(뒤에서 공사대금과 관련되어 유치권을 주장하는 공사업자들이 소유자를 상대로 출입금지가처분을 신청하는데, 이런 출입금지가처분이 피담보채권의 소멸시효 중단사유인 가처분에 해당 되는지의 여부는 별도로 고찰해 보고자 한다).

5. 유치권은 수반성을 가진다

이는 피담보채권이 이전되면 담보물권도 함께 이전된다는 것을 말하는데, 유치권을 양도하는 경우 피담보채권의 이전과 함께 점유의 이전도 함께 요구된다. 단, 피담보채권은 지명채권(채권자가 특정되어 있는 채권임)이므로 피담보채권을 양도함에는 채권양도의 통지 또는 채무자의 승낙이 필요하다. 이하에서 관련된 사례용 판례를 본다.

[사례용 판례주제 1] 유치권의 양도, 이전의 방법

대법원 72다548 판결

<판례핵심>
피담보채권의 이전 없이 점유를 만을 이전하여서 점유를 승계 받은 자들의 유치권이 부정된다는 판례(대법원 72다548 판결)

<판결요지>
소외인 이○휘가 이 사건 건물에 관하여 공사금 채권이 있어 이○휘가 이 건물을 점유하고 있다면, 이○휘에게는 위 공사금 채권을 위하여 이 건물에 대한 유치권이 인정될 것이다. 그러나 피고들이 이○휘로부터 그 점유를 승계한 사실이 있다고 하여 피고들이 이○휘를 대위하여 유치권을 주장할 수는 없다. 왜냐하면 피대위자인 이○휘는 그 점유를 상실하면서 곧 유치권을 상실한 것이기 때문이다. 이 사건에서는 원심이 정당하게 판단하고 있는바와 같이 이○휘의 위의 공사금 채권이 피고들에게 이전된 사실도 없는 것이다(대법원 72다548 판결).

<해 설>

유치권은 법정담보물권이지만 해당 피담보채권이 이전되고 점유가 단절되지 않고 점유의 승계까지 이루어지면 유치권의 승계도 인정된다. 따라서 위 판결에서도 마지막 부분에 "공사금 채권이 피고들에게 이전된 사실도 없는 것이다"라고 말하는 부분을 주의할 필요가 있다. 또한 다른 판례에서도 나오지만, 공사대금과 관련하여 하수급인이 원수급인이 건축주(발주자)에 대한 갖는 공사대금 채권을 일부 또는 전부 승계하고 아울러 점유의 승계도 있는 경우 하수급인은 원도급인에 대하여 유치권을 주장할 수 있는 것이라고 판시하고 있다.

6. 유치권은 불가분성을 가진다

가. 민법 제321조는 유치권의 불가분성이라는 제목 하에 『유치권자는 채권 전부의 변제를 받을 때까지 유치물 전부에 대하여 그 권리를 행사할 수 있다』라고 규정하고 있는데, 이는 채권의 일부변제가 있더라도 그 비율만큼 유치권자가 점유하고 있는 목적물에 대하여 유치하는 권리를 상실하지 않으며 또한 목적물의 일부를 반환할 의무가 발생하는 것도 아니라는 뜻이다. 비록 유치물이 가분적인 물건이라 하여도 마찬가지이다.

나. 그리고 유치권의 불가분성은 부동산 경매에서 가령 공사업자가 아래의 판례처럼 집합건물의 일부 또는 일반건물의 일부를 점유하고 있어도, 건축주 또는 매수인은 그 일부를 반환받기 위해서는 유치권자의 피담보채권 전부에 대하여 변제의 책임을 진다는 것이다. [그렇다고 하여 목적물의 일부를 점유하고 있다고 해서 항시 목적물 전체에 대하여 점유의 효과가 나타나는 것은 아니다. 따라서 점유를 하고 있지 않은 부분에 대한 인도명령에는 응해야 하는 경우도 간혹 발생한다. 단 전체에 대한 점유로 평가받을 때에는 그렇지 않다. 참고로 점유는 그 개념의 추상성으로 인하여 케이스 바이 케이스로 접근해야

되는 경우가 많음을 독자들은 이해할 필요가 있다.]
다. 따라서 대법원 2005다16942 건물명도 판결에서는, 다세대주택의 창호 등의 공사를 완성한 하수급인이 공사대금채권 잔액을 변제받기 위하여 위 다세대주택 중 한 세대를 점유하여 유치권을 행사하는 경우, 그 유치권은 위 한 세대에 대하여 시행한 공사대금만이 아니라 다세대주택 전체에 대하여 시행한 공사대금채권의 잔액 전부를 피담보채권으로 하여 성립한다고 판시하여 유치권의 불가분성을 적용한 예의 판결을 내놓았다. 이 판결은 유치권자가 가분적인 목적물의 일부를 점유한다고 하여 피담보채권도 그 점유하는 만큼 담보되는 비율이 축소된다는 뜻이 아님을 보여주고 있다. 즉 일부점유만으로도 피담보채권 전부를 변제받을 때까지 유치권을 행사할 수 있다는 뜻이다. [부동산 경매에서 유치권자가 목적물 중 일부를 점유하고 있으면서 유치권을 행사하는 모습은 참으로 많으니 독자들은 이를 유의해서 입찰을 해야 한다.]

7. 유치권자의 출입금지가처분이 피담보채권에 대한 시효중단여부

가. 시효중단 사유로서의 가압류(대판 2006다24568)·가처분

위 판례(대판 2006다24568)는, "민법 제168조에서 가압류를 시효중단사유로 정하고 있는 것은 가압류에 의하여 채권자가 권리를 행사하였다고 할 수 있기 때문이고, <u>가압류에 의한 집행보전의 효력이 존속하는 동안은 가압류채권자에 의한 권리행사가 계속되고 있다고 보아야 할 것이므로, 가압류에 의한 시효중단의 효력은 가압류의 집행보전의 효력이 존속하는 동안 계속된다</u>"고 판시하였다. 그리고 민법 제168조는 가처분을 시효중단 사유로 규정하고 있으며, 가처분의 경우도 위 판례처럼 가처분에 의하여 채권자가 권리를 행사하고 있다고 볼 수 있다.

문제는 유치권자가 유치권을 유지하기 위하여 건축주 등에 대한 출입금지가처분이 과연 공사비채권에 대하여도 시효중단의 효력이 미칠 수 있느냐이다.

나. 보전소송과 본안소송 간의 소송물의 일치여부(대법원 95다22788 판결)

<판결요지>

보전처분의 피보전채권과 본안의 소송물인 권리는 엄격히 일치함을 요하지 않으며 청구의 기초의 동일성이 인정되는 한 보전처분의 보전의 효력은 본안소송의 권리에 미친다고 할 것이므로, 본안소송에서 피보전채권 중 일부의 존재가 인정되지 아니한 때에는, 특별한 사정이 없는 한 가압류결정에 피보전채권액으로 기재된 액의 범위 내에서는 위 피보전채권 중 그 존재가 인정되는 나머지 부분뿐 만 아니라 그와 청구기초의 동일성이 인정되는 채권에도 그 존재가 인정되는 한 보전처분의 보전의 효력이 미친다고 할 것이다.

<해 설>

1) 여기서 청구기초의 동일성이란 개념적으로 두 개의 청구를 예정한 것인데 보전처분 상의 청구와 본안소송 상의 청구를 비교형량하여, 양 청구에 대하여 청구기초의 동일성이 있느냐를 판단하게 되는데, 판단하는 기준에 대하여 판례의 주류는 동일한 생활사실 또는 경제적 이익에 관한 분쟁에 있어서 그 해결방법에 차이가 있는 것에 지나지 않는 경우라고 보는 예도 있으며, 신청구와 구청구 사이에 심리의 계속적 시행을 정당화할 정도의 공통성이 있는 경우라고 보는 예도 있다.

2) 따라서 유치권자가 채무자(건축주)를 상대로 유치권자의 독점적인 점유를 유지하기 위하여 행하는 출입금지가처분은 위 청구기초의 동일성이라는 측면에서 보면 유치권자의 피보전채권(공사대금채권)에 대한 시효중단의 효과가 있다고 볼 여지도 있다. 다만, 이렇게 해석하기 위해서는 출입금지가처분의 대상이 유치권자의 피보전채권(피보전권리에 해당됨)에 대하여 채무자의 지위에 있는 자를 상대로 한 가처분이어야 할

것이다.

다. 소결

그러나 이런 해석과는 반대로 민법 제326조에서 규정하는 『유치권의 행사는 채권의 소멸시효의 진행에 영향을 미치지 아니한다』라는 규정에 충실하여 엄격하게 해석한다면, 유치권자의 출입금지가처분은 그 목적이 유치권의 유지를 위한 것이고, 피담보채권의 보전은 부차적이므로 소멸시효중단사유가 아니라고 볼 수도 있다. 그리고 대부분의 사람들이 출입금지가처분을 신청하면서 피보전권리를 유치권으로 하기 때문에 나타나는 현상인데, 아직까지 이에 판례가 없어서 아쉬운 점이 있으나, 민법 제326조의 규정에서 분명하게 유치권의 행사만으로 피담보채권의 소멸시효가 중단되지 않음을 선언하고 있는 이상 부정적으로 해석함이 타당하다고 본다. 따라서 공사비채권에 기하여 유치권을 주장하는 자는 필수적으로 채무자(건축주)를 상대로 공사비를 청구하는 판결을 받아 두어야 안심할 수 있다.

Ⅲ. 유치권의 성립요건

1. 서설

민법 제320조에 근거하여 유치권의 성립요건을 도출시켜 보면, ㉠ 유치권의 목적물은 타인의 건물 또는 토지이어야 하며, ㉡ 그 건물 또는 토지를 적법하게 점유하고 있어야 하고, ㉢ 채권 즉 피담보채권은 그 건물이나 토지에 관하여 직접 생긴 것이어야 하며, ㉣ 그 채권은 변제기에 있어야 하고, ㉤ 유치권의 성립을 배제하는 특약이 없어야 한다 등이며, 이러한 요건들이 모두 구비되었을 때, 그 건물 또는 토지를 유치할 권리가 있게 되며, 그 권리를 유치권이라 한다. 따라서 위 다섯 가지의 요건 중 어

26 제1장 유치권의 이론과 실무

느 하나라도 결하게 되면 유치권은 성립되지 않는다. 이하에서 위 순서대로 관련된 사례용 판례를 제시하여 설명하고자 하며, 독자는 위에서 설명한 유치권의 개념정리를 염두에 두고 전체를 볼 줄 알아야 한다. 유치권의 개념정리를 장황하게 제시한 이유도 전체를 보는 시각을 갖도록 권유하기 위함이다. 〔목차분류는 Ⅲ. →1. →가. →(1) →1) → ① → ㉮ →㉠ 순으로 정리한다.〕

2. 유치권의 목적물은 타인의 건물 또는 토지 이어야 한다.

가. 유치권의 목적이 되는 것은 타인의 건물 또는 토지(이하에서는 건물 또는 토지를 부동산으로 대체하여 기술함)인데, 여기서 유치권은 타물권이라는 말이 나오며, 이 말은 유치하고 있는 부동산이 유치권자의 소유가 아니어야 한다는 뜻이고, 더 나아가 해당 부동산의 소유자는 피담보채권에 대한 채무자도 해당되지만 제3자도 해당된다는 뜻이다.

그리고 실제 경매에서 유치물에 대하여 매수인이 결정되고, 매수인이 대금을 완납한 경우에도 유치권가가 피담보채권의 변제를 받을 때까지 계속 점유를 하게 되는데, 이때의 점유는 피담보채권에 대한 채무자의 입장에서 봤을 때 제3자 소유의 물건에 대한 점유가 된다.

나. 다음으로 유치권의 목적은 타인의 부동산이어야 한다라는 말 속에는, 원칙적으로 유치권의 목적이 되는 부동산은 1물 1권주의가 적용되어 거래의 객체가 될 수 있는 부동산이어야 한다는 뜻이 내포되어 있다. 다만, 항시 독립한 거래의 객체가 되어야 한다는 것은 어디까지나 원칙이고, 그렇지 않은 경우 하나의 부동산의 일부에 대한 점유만으로도 그 점유하는 부분에 한하여 유치권은 인정될 수 있다. 이하에서 유치권의 목적물의 타인성과 관련되는 판례를 소개해 본다.

【참고, 사례용 판례는 ㉠ 판례핵심 → ㉡ 사실관계, → ㉢ 대법원의 판단, → ㉣ 해설 순으로 게재되며, 간혹 짧은 것은 ㉠ 판례핵심 → ㉡ 대법원의 판단 또는 판결요지 → ㉢ 해설 순으로 게재되는 것도 있다. 그리고 사실관계는 대법원 판결문에서 인정한 것을 별로로 사실관계라

고 표현하여 정리하였다.】

[사례용 판례주제 2] 가등기된 토지를 이전받은 경우 토지의 타인성 여부

대법원 76다2079 판결

<판례 핵심>

타인 명의의 가등기가 경료된 토지를 이전받은 토지소유자 "갑"이 해당 토지에 유익비를 투입하였는데, 이 후 토지에 대하여 소유권이전본등기가 경료되어서 "을"의 소유로 된 경우, "갑"은 자기의 토지에 유익비를 투입한 것인지 아니면 타인의 토지에 유익비를 투입한 것인지의 여부가 문제되었는데 타인의 토지에 유익비를 투입하였다는 판례(대법원 76다 2079 판결)

【참고, 사건번호는 '사례용 판례 주제: 주제내용(대법원 76다2079 판결)'부분과 판례핵심(또는 판결요지)의 끝부분에만 적시하며, 대판 본문에서 인용되는 사건번호는 '00다0000 참조'라고 '참조'라는 말을 꼭 붙여서 표시하여 본문의 판례와 구별하였다】

<사실관계>

① 피고는 1971. 1. 26.에 가등기가 경료되어 있는 부동산에 대한 소유권을 1971. 4. 14.에 이전받았으며, 이후 피고는 1972. 3. 경부터 같은 해 5월경까지 이 사건 토지에 대하여 필요비나 유익비를 투입하였다.

② 그런데 1972. 12. 30. 가등기에 기한 소유권이전본등기가 소외인 권○철 앞으로 경유된 상태에서, 피고의 소유권이전등기는 직권말소를 당했다.

③ 이후 이 사건 토지에 대하여 소외인 권○철로부터 이전받은 원고가 피고를 상대로 임야인도를 청구하고, 피고는 유익비에 기하여 유치권을 주장한 사안이다.

28   제1장 유치권의 이론과 실무

<대법원의 판단>

설사 피고가 <u>1972년 3월경부터 같은 해 5월경까지</u> 사이에 이 사건 토지에 대하여 필요비나 유익비를 투입한 것이 피고명의로 소유권이전등기가 경유된 1971.5.14 이후이고, 이것이 권○철 앞으로 1972.12.30. 가등기에 의한 소유권이전본등기가 경유되기 이전이었다 할지라도, <u>피고가 비용을 투입할 당시에는 이미 1971. 1. 26.자로 위 토지에 대하여 가등기가 경유되어 있었던 터이므로 이러한 상황 하에서 그 토지에 대하여 비용을 투입하였다가, 그 가등기에 의한 소유권이전의 본등기가 경유됨으로써 가등기 이후의 저촉되는 등기라 하여 직권으로 말소를 당한 소유권이전등기의 명의자인 피고와 본등기 명의자인 권○철 내지 그 특별승계인인 이 사건 원고와의 법률관계는 결과적으로는 타인의 물건에 대하여 피고가 그 점유기간 내에 비용을 투입한 것이 된다고 보는 것이 상당하다.</u>

<해 설>

<u>위 사건의 피고는 재단법인 ○○○공원이다.</u> 따라서 피고는 이 사건의 임야에 공원묘지가 조성될 수 있도록 대규모의 토목작업을 했음을 예상할 수 있고, 대법원은 그런 피고를 보호하기 위하여 그리고 원고의 부당이득을 차단하기 위하여 위와 같은 판례를 만들지 않았나 하는 생각이 든다. <u>참고로, 원심은 가등기 후 본등기 전의 토지소유자 "갑"은 자신의 토지 위에 유익비를 투입한 것이라고 판단하여 유치권의 성립을 부정하였다.</u> 같은 법원이지만 엄청난 시각차를 보여주는 사례이며, 우리는 최종심인 대법원의 판결에 따라 법률적인 판단을 해야 하므로 대법원의 판결을 존중해야 한다.

[사례용 판례주제 3] 수급인이 공사한 건물에 대한 수급인의 유치권 행사가 부인된 경우

대법원 91다14116 판결

III. 유치권의 성립요건   29

<판례핵심>

건축공사가 진행 중에 도급인이 수급인에게 기성고를 지급하지 않아 공사가 중단된 상태에서 공사가 중단된 건축물의 소유권은 도급인에게 있는지 아니면 수급인에게 있는지의 여부가 문제된 사례에서 수급인에게 소유권이 귀속되고, 따라서 수급인의 유치권이 부인된 판례(대법원 91다14116 판결)

<사실관계>

① 원고(수급인인 건설회사로서 시공사임)는 1986.8.27. 피고 ○○건설(시행사)로부터 피고 소유의 대지 위에 아파트 394세대와 부속상가 및 노인정 신축공사를 공사대금 8,577,989,900원, 공사기간은 1986.9.5.부터 1987.11.5.까지로 정하여 수급하였다.

② 원고는 위 공사를 수급하면서 공사에 필요한 자재는 원고가 제공하고 공사대금 중 1차 기성고는 착공일로부터 3월 후에, 그 후의 기성고는 매 2월마다 지급받기로 약정하였다.

③ 이후 원고는 1986.9.5.경 공사에 착수하여, 1986. 12.중순경까지 이 사건 피고 소유의 대지 위에 제1동의 지층과 1층 및 2층, 제2동의 지층 및 중앙공급실, 제4동의 지층 및 1, 2, 3층의 각 골조공사와 견본주택건축공사를 마친 상태(이하 '이 사건 기성부분'이라고 한다)에서 위 피고에게 1차 기성고 공사대금 등 합계 금 1,475,316,191원의 지급을 청구하였다.

→ 이 부분에서 원고가 긴축한 건축물이 판례상 독립한 건물인지를 판단해야 하며, 이에 대한 구체적인 내용은 제2장을 참고하기 바란다.

④ 그러나 피고는 원고가 당초의 설계와 다르게 일부 시공하였다고 주장하며, 또한 부실공사가 있어서 기성고의 지급을 거절하였다고 주장한다.

⑤ 이러한 상태에서 원고는 공사를 중단한 채 방치하다가, 1987.2.27.경 위 피고에게 이 사건 공사도급계약을 해제한다고 통보하고 장비와 인원을 철수시킨 채 경비원 한 사람으로 하여금 이 사건 기성부분을 점유·관리하게 하였다.

⑥ 한편 소외 ○○은행은 이 사건 대지에 대하여 1984. 9. 21.자 설정된 근저당

권에 기하여 임의경매을 신청하여, 제3자가 경락받고 이전등기까지 마쳤는데, 같은 피고인 매수인(경락받은 자임)이 이 사건 대지 위에 있는 건축물을 무단으로 철거하였고, 이에 대하여 원고는 피고 ○○건설과 같은 피고 매수인에게 유치권의 침해에 따른 손해배상청구를 한 사례이다.

<대법원의 판단>
1. 원고의 공사대금채권의 존속여부에 대한 판단
   수급인이 도급인에게 공사금을 지급하고 기성부분을 인도받아 가라고 최고하였다면 수급인은 이로써 자기 의무의 이행 제공을 하였다고 볼 수 있는데 도급인이 아무런 이유 없이 수령을 거절하던 중 쌍방이 책임질 수 없는 제3자의 행위로 기성부분이 철거되었다면 도급인의 수급인에 대한 공사대금지급채무는 여전히 남아 있다.

2. 원고의 손해부분에 대한 판단
   기성부분의 소유자인 수급인이 제3자의 불법행위로 기성부분에 대한 소유권을 상실하기는 하였으나 부지 소유자에게 대항할 권원이 없어서 조만간 손해배상 없이 이를 자진철거하거나 강제로 철거당할 운명이었다면 불법철거로 인한 손해는 기성부분의 교환가격이나 투자비용이라고 할 수 없고, 기성부분이 적법하게 철거될 때까지 당분간 부지를 불법점유한 채 기성부분을 사실상 사용할 수 있는 이익, 철거 후 기성부분의 폐자재를 회수할 수 있는 이익의 침해로 인한 손해에 한정된다.

3. 원고의 유치권 침해에 대한 판단
   유치권은 타물권인 점에 비추어 볼 때 수급인의 재료와 노력으로 건축되었고 독립한 건물에 해당되는 기성부분은 수급인의 소유라 할 것이므로 수급인은 공사대금을 지급받을 때까지 이에 대하여 유치권을 가질 수 없다고 판시하며, 위 판례의 목적이 이 사건의 건물은 원고의 소유이므로 원고는 유치권을 주장할 수 없다고 대법원은 판단하였다.

Ⅲ. 유치권의 성립요건

<해설>

1. 원고가 건축한 기성부분은 독립한 건물인가?

   1) 위 사례에서 원고가 도급받은 건축공사는 아파트 394세대와 부속상가 및 노인정 신축 공사였으며, 원고가 실제로 건축한 공사내용은 "원고는 1986.9.5.경 공사에 착수하여 그 해 12.중순경까지 이 사건 피고 소유의 대지 위에 제1동의 지층과 1층 및 2층, 제2동의 지층 및 중앙공급실, 제4동의 지층 및 1, 2, 3층의 각 골조공사와 견본주택건축공사를 마친 상태이다"라고 했다.

   2) 이에 대하여 대법원은 위 건축물이 독립한 건물로서의 요건을 갖추었는지는 별도로 판단하지는 않았지만 『제3자의 불법행위로 기성부분에 대한 소유권을 상실하기는 하였으나 부지 소유자에게 대항할 권원이 없어서 조만간 손해배상 없이 이를 자진철거하거나 강제로 철거당할 운명이었다면』이라고 하여, 일단 위 건축물이 토지에 부합되지는 않은 것으로 봤으며, 그 결과 법정지상권을 취득할 지위에 있지만 토지와 건물이 동일한 소유자에 속하지 않아서 그렇지 못함을 간접적으로 표시하고 있다. 그렇다면 위 건축물은 사회통념상 독립한 건물이 되었다고 본 것이다. 또한 유치권을 부정하는 근거에서도 위 원고가 건축한 건축물이 독립한 건물이라고 판시하고 있다.

2. 원고가 건축한 기성부분은 독립한 건물이라면 누구의 소유인가?

   1) 다음으로 위 건물은 누구의 소유이냐가 문제되는데, 원고는 위 건물이 피고 ○○건설의 소유라는 전제 하에, 피고에 대하여 원고의 유치권 상실에 대한 손해배상을 청구하였다.

   이에 대하여, 대법원은 "유치권은 타물권인 점에 비추어 볼 때 수급인의 재료와 노력으로 건축되었고 독립한 건물에 해당되는 기성부분은 수급인의 소유라 할 것이므로 수급인은 공사대금을 지급받을 때까지 이에 대하여 유치권을 가질 수 없다"고 판시하여 유치권의 타물권성과 기성부분의 소유자가 누구인가를 확인하였다.

2) 따라서 우리가 자세하게 봐야할 부분은 위 사실관계 ①번과 ②번이다. 이를 보면, 원고가 수급인으로서 자신의 재료와 노력으로 건축하는 건축물에 대하여 공사도급계약에서 처음부터 그 소유권을 도급인인 피고 ○○건설로 귀속시킨다는 약정이나 그런 소유권 귀속을 추단할 특별한 사정이 나오지 않는다.

3) 그래서 대법원은 수급인이 완성한 또는 건축 중인 건축물의 소유권귀속에 대한 판례의 원칙인 "수급인이 자기의 노력과 재료로 완성한 건물의 소유권은 도급인과 수급인 사이의 특약에 의하여 그 귀속을 달리 정하거나 기타 특별한 사정이 없는 한 수급인에게 귀속된다"라는 입장에 서서 위 건물을 원고의 소유라고 판단하였다.

4) 따라서 대법원은 위 건축물의 소유권은 원시적으로 원고에게 귀속되므로, 원고는 자신의 소유물에 대하여는 유치권을 주장할 수 없다는 판결을 한 것이다. 근자에는 대부분의 건설회사가 표준계약서를 사용해서 위 판례와 같은 문제가 발생할 여지는 거의 없으나, 소규모 건물을 건축하는 작은 규모의 건설회사들인 경우 또는 개인사업자인 경우 전문가의 조력이 없이 자의적으로 작성한 계약서를 사용하므로 위 판례의 원칙은 여전히 유효하며 주의해야할 부분이다. 다시 말하면 공사업자가 유치권을 주장하고 있는 경우, 자신의 물건에 대하여 유치권을 주장하고 있지는 않은 지를 살펴보아야 한다는 말이다.

[사례용 판례주제 4] 독립한 건물이 되지 못하는 정착물에 대한 유치권의 성립여부

대법원 2007마98 결정

<판례핵심>

건축신축공사를 도급받은 수급인이 사회통념상 독립한 건물이 되지 못한 정착물

을 토지에 설치한 상태에서 공사가 중단된 경우 위 구조물(정착물)에 대하여 유치권을 행사할 수 없다는 대법원의 결정(대법원 2007마98 결정)

<사실관계>

공사업자(재항고인)은 토지소유자와의 사이에 이 사건 토지 위에 공장을 신축하기로 하는 내용의 도급계약을 체결하고 기초공사를 진행하면서 사회통념상 독립한 건물이라고 볼 수 없는 구조물을 설치한 상태에서, 이 사건 토지에 대한 경매절차가 진행됨으로 인하여 공사가 중단된 사안에 대하여, 매수인이 공사업자(재항고인)을 상대로 경락부동산인도명령을 신청하자 공사업자가 항고하였으나 패소하자 다시 재항고를 한 사건이지만, 공사업자는 재항고에서도 패소하였다. 그 패소한 이유를 본다.

<대법원의 판단>

1. 공사업자의 유치권에 대한 원칙

건물의 신축공사를 한 수급인이 그 건물을 점유하고 있고 또 그 건물에 관하여 생긴 공사금 채권이 있다면, 수급인은 그 채권을 변제받을 때까지 건물을 유치할 권리가 있는 것이다(대법원 95다16202, 16219 참조).

2. 토지에 부합된 정착물에 대한 유치권 성부의 판단

그러나 건물의 신축공사를 도급받은 수급인이 사회통념상 독립한 건물이라고 볼 수 없는 정착물을 토지에 설치한 상태에서 공사가 중단된 경우에, 위 정착물은 토지의 부합물에 불과하여 이러한 정착물에 대하여 유치권을 행사할 수 없는 것이고, 또한 공사중단시까지 토지소유자에 대하여 발생한 공사금 채권은 공장건물의 신축에 관하여 발생한 것일 뿐, 위 토지에 관하여 생긴 것이 아니므로 위 공사금 채권에 기하여 토지에 대하여 유치권을 행사할 수도 없는 것이다.

<해설>

1. 토지에 부합된 정착물은 독립한 건물인가?

위 판례에서 재항고인이 건축한 구조물은 독립한 건물로 볼 수 없는 것이다. 따라서 독립한 건물로 판단 받지 못한 것은 토지에 부합되어 토지의 구성부분으로 취급된다. 따라서 그 토지와 일체성을 이루어 토지의 처분에 종속되어서 독립한 거래의 대상이 될 수 없다. 그래서 판례는 위 구조물에 대한 공사업자의 유치권을 부정한 것이며, 유치권의 목적물이 될 수 있는 것은 사회관념상 독립한 건물 또는 부동산으로서의 요건을 갖추어야 한다는 뜻을 내포하고 있다.

2. 실제 부동산 경매 사건에의 적용의 문제

부동산 경매에서 토지에 대한 경매사건을 보면, 토지에 대하여 콘크리트바닥공사 또는 터파기 공사만 하고서도 유치권 신고를 하는 예가 종종 있다. 이런 경우 위 판례를 적용한다면 타당한 해결책이 나오리라 본다. 다만, 콘크리트 바닥 공사가 지하층 부분에 대하여 독립한 건물로 볼 수 있어서 그 독립한 부분에 대하여 독립적인 소유권이 인정된다면 공사업자는 그 독립한 부분을 점유하면서 유치권을 행사할 수 있으며, 또한 그 독립한 부분의 소유권이 토지소유자에게 귀속되는 관계라면 그 경우 토지의 경매로 인하여 소유자가 달라지게 되었다면 그 독립한 건물에 대하여 법정지상권이 인정될 수 있어서 주의를 요하는 부분이다.

3. 채권과 목적물 간의 견련성에 대한 판단

1) 다음으로 생각할 것은, 위 판례에서 공사업자는 건물신축공사를 도급받았다. 그래서 판례는 "공사중단시까지 토지소유자에 대하여 발생한 공사금 채권은 공장건물의 신축에 관하여 발생한 것일 뿐, 위 토지에 관하여 생긴 것이 아니므로, 위 공사금 채권에 기하여 토지에 대하여 유치권을 행사할 수도 없는 것이다"라고 하였다.

2) 판례는 왜 이렇게 판단하고 있는가? 다시금 견련성에 대한 판례는 원칙적으로, "채권이 목적물 자체로부터 발생한 경우"에 견련관계가 인정된다고 말하고 있다. 따라서 공사업자는 건물을 신축하는 공사를 수행하였지만, 그가 공사를 하다가 중단된 상태에서의 건축물(정착물)은 독립한 건물로 평가

받지 못하였고, 그 결과 그 건축물(정착물)은 토지에 부합되어 독립한 소유권의 대상이 되지 못하고 토지소유권에 귀속하게 되었다.

따라서 공사업자가 건축한 정착물은 경매의 목적물이 될 수 없었으며, 대신 토지가 경매대상이 되었지만 공사업자는 토지 자체로부터 발생한 채권을 가지고 있지 않으므로 당연히 토지에 대한 유치권을 주장하지만 인정받지 못하고 있는 것이다.

3) 그러나 공사의 목적이 토지정리작업이나 대지조성작업이고, 이를 수행한 공사수급인이 해당 토지를 점유하여 유치권을 주장하는 경우에는 공사업자의 공사비채권은 토지 자체로부터 발생한 것이므로 위 판례가 적용되지 않으며, 이런 경유는 토지를 점유함으로서 토지에 대한 유치권행사는 가능하다.

◆ 유치권 경매 [사례 1번]

서울중앙 2007-20977 (자료출처 : 지지옥션)

경매구분	임의(기일)	채권자	서광상호저축	낙찰일시	08.03.19
용 도	대지	채무자/소유자	보리아이엔/지오부동산	낙찰가격	1,962,100,00
감정가	4,271,660,000	청구액	1,500,000,000	경매개시일	07.07.18
최저가	1,749,672,00 (41%)	토지총면적	685㎡	경매개시일	2003.10.13
입찰보증금	10% (174,967,200)	건물총면적	0㎡	조회수	누적 2,562
주의사항	・유치권 ・1. 본건 토지는 일부 타 토지와 함께 일단지로 상가개발을 위하여 기존 건물을 철거하고 지하 터파기 공사중 중단된 상태임. 2. 2007. 11.20자 부성건설(주) 유치권신고 있으나 그 성립여부는 불분명함				
우편번호및 주소/ 감정서	물건번호/면적(㎡)	감정가/최고가/과정	임차조사		등기권리

36 제1장 유치권의 이론과 실무

151-050 서울 관악구 봉천동 10-1 감정평가액 735,848,000) 위 토지외 6필지	물건번호 단독물건 대지 총면적 685㎡	감정가 4,271,660,000 평당 20,615,125 최저가 1,749,672,000 (41.0%) 4회유찰 5회 낙찰 응찰자 1명	• 법원임차인조사 경매의 목적이된 토지7필지 위에 세워져 있던 기존 건물은 전부멸실상태임.7필지의 소유자인 (주)개발이 상가분양계획을 세우고 공사를 실시하려고 주변에 철빔을 설치해놓았으나 현재는 공사가중단 것으로 보임. 공사관계자나 종전의 주민등록전입자를 만날 수 없었음.	저당권 서광상호저축 2006. 07.03 1,950,000,000 소유권 지오부동산 가처분 김미자 06. 08. 16. 임의경매등기 서광저축 2007.07.19

<유치권 경매사례 1번의 해설>

1) 위 사례에서 주의 사항을 보면, 본건 토지는 일부 타 토지와 함께 일단지로 상가개발을 위하여 기존 건물을 철거하고 지하 터파기 공사중 중단된 상태라고 하고 있다. 따라서 공사업자는 토지에 대한 공사가 아니라 건물을 신축하는 공사도급계약에 의하여 공사를 시작하였으나 이미 토지에 설정된 근저당에 기하여 경매가 진행되었고 이에 자동적으로 건물신축공사도 중단된 사례이다.

2) 따라서 공사업자가 유치권을 주장하고 있지만 그들이 공사비는 토지에 대하여 발생한 것이 아니고 건물신축과 관련하여 발생한 것이며, 본 건 경매의 대상은 토지 만이므로 사실상 공사업자가 유치권을 주장하지만 그 대상은 없는 샘이다. 따라서 대법원 2007마98 결정을 근거로 하여 보면, "공사중단시까지

토지소유자에 대하여 발생한 공사금 채권은 공장건물의 신축에 관하여 발생한 것일 뿐, 위 토지에 관하여 생긴 것이 아니므로 위 공사금 채권에 기하여 토지에 대하여 유치권을 행사할 수도 없는 것이다"라고 결론을 내릴 수 있다.

3) 다음으로 비록 위 사례의 공사업자의 유치권이 부정된다고 하여도 법원의 임차인조서 부분을 통하여 점유관계를 반드시 살펴봐야 한다. 내용은 보면 공사가 중단된 상태에서 점유자가 있다는 말이 없다. 즉 "공사관계자나 종전의 주민등록전입자를 만날 수 없었음"이란 부분에서 위 토지에 대하여 임차인조사에는 점유자가 없었음을 알 수 있다.

4) 따라서 위 사례에서 주장된 유치권은 허위의 유치권이며, 이를 무시하고 입찰하면 된다. 참고로 위 사례의 토지에 대한 감정가는 약 42억원이며, 낙찰가는 약 19억원이다. 필자가 보기에 비록 허위의 유치권이지만 그로 인하여 토지가격은 약 60%정도로 저감된 상태에서 낙찰된 사례이며, 부동산 경매에서 위 사례와 유사한 사례는 간간히 보이므로 반드시 대법원 2007마98 결정을 알고 있어야 한다.

3. 그 건물 또는 토지를 적법하게 점유하고 있어야 한다.

가. 서설

유치권은 피담보채권이 발생하도록 하는 원인이 된 부동산을 점유하고 있는 때에 성립하는 것이므로, 목적물을 점유하고 있지 않고 있다면 유치권 자체가 성립할 수 없다. 따라서 유치권의 본체는 점유라고 할 수 있으며, 또한 유치물의 점유는 유치권의 공시방법으로서의 기능을 하기에 점유는 유치권성립에 가장 중요한 요소가 된다. 또한 허위 유치권 여부의 절반은 점유의 부적합에서 발생하므로 점유한다는 것의 의미와 모습 그리고 한계 등을 민법 제320조 제2항의 불법점유, 민법 제324조 제1항의 선관주의의무 위반, 동조 제2항의 채무자의 동의 없는 사용, 대여, 담보제공 위반 등과 함께 연관지어서 생각할 수 있어야 한다.

따라서 이러한 점유의 제반 사항들을 분류하여 생각해 보아야할 점들을 보면, ① 점유의 주체는 누구이어야 하는가, ② 점유로서의 적합성이 있는가 즉 어떤 상태에 있어야 점유하고 있다고 볼 것인가, ③ 점유의 시작과 유지는 적법한가, 즉 그 점유가 불법행위로 인한 경우에는 적용하지 아니한다, ④ 점유는 계속되어야 한다는 점과 관련하여 점유의 보호방법은 무엇인가, ⑤ 물건의 점유와 채권과는 관련 있음을 요하지 않는다 등의 요건들에 대하여 관련판례들을 보면서 차례로 살펴보고자 한다.

순서	점유와 관련하여 생각해야 될 사항들 일람표
1번	점유의 주체는 누구인가를 파악한다. 간접점유, 공동점유의 여부까지.
2번	점유로서의 적합성이 있다는 판단을 받을 정도의 점유인가를 판단한다.
3번	점유의 시작과 유지가 적법한가 즉 적법한 점유인가를 판단한다
4번	점유는 계속되고 있는 가를 판단한다. 점유의 계속정이 부정되면 유치권이 소멸되었음을 주장하기 위하여
5번	점유가 계속되고 있다고 하더러도 그 계속성의 유지가 불법적인 방법에 의하지 않았는지를 판단한다. 점유보호방법과 관련하여.

◆ 유치권 경매 [사례 2번]

서울남부 2007-26933(30) (출처 : 지지옥션)

경매구분	강제(기일)	채권자	김종호	낙찰일시	08.11.12(종결)
용 도	상가	채무자/소유자	이종재	낙찰가격	83,510,000

Ⅲ. 유치권의 성립요건 39

감정가	130,000,000	청구액	6,788,000,000	경매개시일	07.12.12
최저가	83,200,000 (64%)	토지총면적	11.7㎡	배당종기일	08.02.29
입찰보증금	10% (8,320,000)	건물총면적	49.4㎡	조회수	누적 78
주의사항	· 유치권 · 08.08.14. 유치권신고인 이준성으로부터 이 사건건물(따르시안사옥)신축공사 관련하여 설비, 전기, 인테리어 공사에 대한 공사대금 2,823,900,000원의 유치권신고가 있으나 그 성립여부는 불분명함.				

우편번호및 주소/ 감정서	물건번호/면적 (㎡)	감정가/최고가/ 과정	임차조사	등기권리
150-037 서울 영등포구 영등포동 3가 25-49 당산동 110-158 따르시안사옥 401호 감정평가서 정리 - 철콘구조 철근콘크리트지붕 -남부교육청 앞사거리북 서측인근 -주위업무용 빌딩, 오피스텔, 남부 교육청등	물건번호: 30 번(총물건수 54건) 대지 11.7/803 (3.54평) 건물 49.4 (14.95평) 현:사무소 13층 보존 -05.09.23	감정가 130,000,000 대지 26,000,000 건물 104,000,000 최저가 83,200,000 (64.0%) 2회유찰 3회 낙찰 83,510,000 응찰자 1명	•법원임차인조사 김미경 전입07.12.24 확정07.12.27 배당08.01.18 보40,000,000 점유 2007.10.17 • 3차 현장 확인결과 따르시안 상임고문 이준성은 13층을 사물실로 사용하나 정확한 점유관계 파악 안 됨. •따르시안 상임고문 이준성 진술-전체임차인점유현황이라 생략함.	소유권 이종재 2005. 09.23 저당권 최고은행 2005.11.17 9,100,000,000 저당권 프라상호저축 2006.05.02 4,500,000,000 강제경매 김종호 청구액 6,788,000,000 가압류 성남은행 2007.12.13 1,127,240,723 이하 후순위 권리 생략함. • 유치권신고인 이준성으로부터 이사 건건물(따르시안사옥) 신축건물공사관련 설

-제반차량집 입가능 -도시지역 -일반상업 지역 -3종일반주 거지역 -대공방어 지역 등			비, 전기, 인테리어공 사대금 2,823,900,000원 유 치권신고하였으나 성 립여부불분명함

〈유치권 경매사례 2번의 해설〉

1) 목적물은 구분건물인 상가이며, 그 상가에는 임차인이 있다. 그리고 유치권 신고인 이준성의 점유여부에 대하여는 "3차 현장확인 결과 따르시안 상임고문 이준성은 13층을 사물실로 사용하나 정확한 점유관계 파악 안 됨"이라고 기재되어 있다.

2) 따라서 유치권 신고인은 이 사건 경매의 상가인 401호를 점유하고 있지 않고 있다. 유치권 신고인의 점유 자체가 없으므로 적어도 401호에 대하여는 유치권이 성립될 수 없다. 필자가 이 사례를 여기에 넣은 이유는 유치권은 점유를 하고 있을 때에만 성립되는 것임을 강조하고자 함에 있다.

나. 점유의 주체는 채권자이어야 한다

(1) 직접점유, 간접점유

목적물을 점유하여 유치권을 주장하는 자는 피담보채권에 대한 채권자이어야 한다. 즉 점유자가 채권자이면 직접점유이든 간접점유이든 관계가 없으며, 단독점유도 가능하고 공동점유도 가능하다.

다만, 대법원에 따르면, 채권자에 의한 간전점유도 되지만 이 경우 직접점유자가 채무자이어서는 안 된다고 보고 있다. 즉 대법원 2007다27236

판결에 의하면, "유치권의 성립요건이자 존속요건인 유치권자의 점유는 직접점유이든 간접점유이든 관계가 없으나, 다만 <u>유치권은 목적물을 유치함으로써 채무자의 변제를 간접적으로 강제하는 것을 본체적 효력으로 하는 권리인 점 등에 비추어, 그 직접점유자가 채무자인 경우에는 유치권의 요건으로서의 점유에 해당하지 않는다고 할 것이다.</u>"라고 하여 채무자를 직접점유자로 하고 이에 대하여 채권자가 간접점유하는 경우에는 유치권이 성립하지 않는다고 판시하고 있다.

참고로, 직접점유라 함은 점유자가 목적물에 대하여 중간에 타인을 매개하지 않고 사실상 지배하는 것을 말하며, <u>간접점유라 함은 임대인이 목적물을 임차인에게 임대한 경우와 같이 임대인이 임차인을 통하여(이를 점유매개관계라 함) 점유하는 경우 임대인은 간접점유자, 임차인은 직접점유자라 한다.</u>

[사례용 판례주제 5] 강제경매개시결정의 기입등기의 경료 후에 점유한 유치권의 효력

대법원 2005다22688 판결

<판례핵심>

1. 채무자 소유의 부동산에 강제경매개시결정의 기입등기가 경료되어 압류의 효력이 발생한 이후에 채무자가 부동산에 관한 공사대금 채권자에게 그 점유를 이전함으로써 유치권을 취득하게 한 경우, 점유자가 유치권을 내세워 경매절차의 매수인에게 대항할 수 없다는 판례((대법원 2005다22688 판결)

2. 유치권자가 점유를 취득함에는 현실적인 점유 이외에도 목적물반환청구권을 양도받는 것에 의하여도 점유권을 취득하며 그런 간접점유에 의해서도 유치권을 주장할 수 있는 점유에 해당된다는 판례(대법원 2005다22688 판결)

<사실관계>

42   제1장   유치권의 이론과 실무

① 원심은 그 채택 증거를 종합하여, 선정자 양○원을 제외한 나머지 선정자들이 주식회사 ○○기계공업 소유의 이 사건 공장건물들의 신축공사로 인한 공사대금채권을 가지고 있었다.

② 그런데 주식회사 ○○기계공업의 채권자인 권○옥의 신청에 기한 2002. 5. 6.자 강제경매개시결정에 따라 같은 해 5. 13. 이 사건 공장건물들 및 그 부지 등에 관하여 강제경매개시결정의 기입등기가 경료되었다.

③ 이렇게 강제경매개시결정의 기입등기가 경료된 이후 위 선정자들은 위 공장건물들 중 선정자 양○원이 임차하고 있던 이 사건 건물 및 부지 부분에 대하여는 위 선정자 양○원에 대한 주식회사 ○○기계공업의 점유물반환청구권을 양도받음으로써 2003. 4. 30.경부터 위 선정자 양○원를 통한 간접점유를 시작하고, 나머지 공장건물들 및 부지에 대하여는 늦어도 경비원을 고용하여 출입자들을 통제하기 시작한 2003. 5. 23.경부터 주식회사 ○○기계공업으로부터 그 점유를 이전받아 직접점유를 시작하였다.

④ 위 사건의 경우 채권자에 의한 경매신청은 2002. 5. 6.이며, 강제경매기입등기는 2002. 5.13.에 경료되었다.

⑤ 선전자들(피고들임)은 (주) ○○기계공업으로부터 점유물반환청구권을 양도받아 2003. 4. 30.부터 간접점유을 시작하다, 2003. 5.23.이 되어서야 직접점유를 시작한 사례이며, 원고(매수인)는 피고들을 상대로 이 사건 건물 및 부지에 대한 인도청구와 피고들의 점유로 인한 손해배상을 청구한 사건이다.

<대법원의 판단>

1. 압류등기(경매개시결정기입등기)의 처분금지효 적용에 대한 판단

채무자 소유의 건물 등 부동산에 강제경매개시결정의 기입등기가 경료되어 압류의 효력이 발생한 이후에 채무자가 위 부동산에 관한 공사대금 채권자에게 그 점유를 이전함으로써 그로 하여금 유치권을 취득하게 한 경우, 그와 같은 점유의 이전은 목적물의 교환가치를 감소시킬 우려가 있는 처분행위에 해당하여 민사집행법 제92조 제1항, 제83조 제4항에 따른 압류의 처분금지효에 저

촉되므로 점유자로서는 위 유치권을 내세워 그 부동산에 관한 경매절차의 매수인에게 대항할 수 없다 할 것이다.

2. **원고의 손해배상에 대한 판단**

   1) 원심은, 선정자들은 위 강제경매개시결정의 기입등기에 따른 압류의 처분금지효에 저촉되는 위 점유이전에 기한 유치권의 취득으로써 위 경매절차의 매수인인 원고에 대하여 대항할 수 없다는 이유를 들어, 선정자들에 대하여 이 사건 건물 및 부지의 인도와 아울러 이 사건 공장건물들의 전체 부지 지상에 설치한 판시 컨테이너의 철거와, <u>원고가 위 경매절차에서 이 사건 건물 및 부지의 소유권을 취득한 2003. 9. 25.부터 그 인도 완료시까지 점유에 따른 차임 상당의 손해배상을 각 구하는 원고의 청구를 인용하였는바</u>, 위와 같은 원심의 판단은 앞서 본 법리 및 기록에 비추어 정당하다.

   2) 피고(선정당사자)가 위 유치권에 기한 대항력의 근거 중 하나로 적시하는 민사집행법 제91조 제5항에서는 유치권의 경우 매수인이 그 부담을 인수한다고 하는 인수주의를 채택하고 있으나, <u>여기서 매수인이 인수하는 유치권이라고 하는 것은 원칙적으로 경매절차의 압류채권자에게 대항할 수 있는 것이라고 보아야 할 것인데</u>, 이 사건의 경우처럼 경매부동산의 압류 당시에는 이를 점유하지 아니하여 유치권을 취득하지 못한 상태에 있다가 압류 이후에 경매부동산에 관한 기존의 채권을 담보할 목적으로 뒤늦게 채무자로부터 그 점유를 이전받음으로써 유치권을 취득하게 된 경우에는 위 법리에 비추어 이로써 경매절차의 매수인에게 대항할 수 없다고 보아야 할 것이므로, 이 부분 상고이유의 주장도 받아들일 수 없다.

〈해설〉

1. 경매개시결정 기입등기 후의 점유는 부적법한 점유이다

위 판례는 부동산경매에서 경매기입등기 후에 채무자 기타 소유자로부터 경매 목적물에 대한 점유를 이전받아 유치권을 주장하는 것은 압류 즉 경매기입등기의 처분금지효에 저촉되어 유치권을 주장할 수 없다는 판례로 유명하다.

44   제1장 유치권의 이론과 실무

2. 간접점유의 법리와 간접점유의 인정 여부

1) 다음으로 위 판례는 직접적으로 사실관계에 대한 법리판단에서 간접점유에 의한 유치권의 주장을 인정하는 것은 아니지만 원심이 행한 판단에 대하여 정당한 것으로 인정함으로써 간접적으로 유치권을 행사하기 위한 요건으로서의 점유에 대하여「간접점유」도 가능함을 인정하고 있다.

   즉 위 사례에서 판례는 선정자 양○원이 주식회사 ○○기계공업으로부터 이 사건 건물 및 부지 부분을 임차하고 있었고, 따라서 주식회사 ○○기계공업은 선정자 양○원에 대하여 이 사건 건물 및 부지 부분에 대하여 소유자로서 반환청구권을 갖고 있었는데, 마침 피고들은 위 선정자 양○원에 대한 주식회사 ○○기계공업의 점유물반환청구권을 주식회사 ○○기계공업으로부터 양도받음으로써 2003. 4. 30.경부터 위 선정자 양○원을 통하여 간접점유를 시작했음을 긍정하고 있는 것이다.

2) 그리고 위 판례의 사례에서 이 사건 건물과 부지에 대한 직접 점유자는 선정자 양○원이고, 주식회사 ○○기계공업도 아니다. 또한 피고들은 주식회사 ○○기계공업로부터 점유물반환청구권을 양도받았기 때문에 불법점유도 아니다.

   그렇다면 이 사건 건물과 부지에 대하여 피고들은 적어도 점유물반환청구권을 양도받은 2003. 4. 30.부터 유치권을 행사하고 있다고 봐야한다. 다만 아쉽게도 피고들은 채권자에 의하여 강제경매개시결정에 대한 기입등기가 있은 지 거의 1년이 지나서야 점유를 취득하였으므로 압류의 처분금지효에 반하여 정당한 유치권으로 인정받을 수 없었던 것이다.

3) 위 판례는 대판 2007다27236과 함께 연결하여 보면 좋은 공부가 될 수 있는 판례이다. 참고로 2007다27236 판결은 채무자가 직접점유자가 되고 채권자가 간접점유자가 되어서는 유치권을 행사할 수 있는 점유에 해당 되지 않는다는 판례로서 앞에 소개되어 있다.

(2) 공동점유의 문제

(가) 공동점유라 함은 여러 명이 직접점유하는 경우를 말하는데, 공동점유에서는 점유자 각자가 점유보호청구권과 자력구제권을 가지며, 단독점유에 대비되는 개념이다.(민법강의 7판. 지원림 저 P.524 참조) 아래에서는 공동점유에 대한 사례용 판례를 통하여 공동점유를 통한 유치권의 행사를 본다.

[사례용 판례주제 6] 공동점유에 의한 유치권 행사의 가부 및 자력구제권의 행사요건

부산고법 2007나859판결

<사실 관계>

① 원고들은 전 소유자 갑에 대하여 이사건 건물의 내장공사대금채권 금 635,880,000 원을 여전히 지급받지 못하고 있다.

② 원고의 직원들은 원고들의 채권확보를 위해 2004. 3. 27.부터 <u>갑의 사무실에 며칠에 한 번씩 주로 낮 시간에 들러 사무실의 빈자리가 있으면 그곳에 앉거나 사무실 밖에 있던 회의용탁자에 앉아 있다가 시간이 되면 사무실을 나가는 식으로 행동하였다.</u>

③ 갑은 원고들의 직원들이 건물에 출입하는 것에 대해 특별한 제재 없이 용인해 오던 중, <u>2005. 7.1.부터 직원들의 퇴근시간부터 출근시간까지 건물 내부 출입입문에 쎄콤장치를 가동시켰고, 외부인들이 적어도 근무시간 이외에는 더 이상 이 사건 건물의 내부로 출입하지 못하도록 통제하였다.</u>

④ <u>그 후 개시된 임의경매절차에서 피고가 이 사건 건물을 낙찰 받아 2005. 10.24. 경락대금을 완납한 다음 곧바로 직원 및 경비원을 배치하여 갑이 설치한 쎄콤장치를 그대로 이용하면서 갑으로부터 이 사건 건물의 점유를 승계하였다.</u>

⑤ 원고들은 피고가 낙찰대금을 모두 납부하였다는 이야기를 듣고 서둘러 경비 용역계약을 체결한 다음 2005.10.30. 06:00경 용역업체 직원 13명과 자신들의 직원 2명을 동원하여 이 사건 건물 내부로 들어가 출입문을 모두 봉쇄하였고, 같은 날 06:25 경 건물내부로 들어오려는 쌔콤및 피고의 직원들과 피고의 신고로 출동한 경찰의 출입을 저지하였다.

⑥ 이에 피고는 2005. 11.1. 새벽 무렵 용역인 수십 명을 동원하여 원고들 직원 및 원고들이 고용한 용역업체 직원들을 이 사건 건물에서 물아내고 북서쪽 내부 출입문에 새로이 잠금장치를 하여 원고들 직원 등의 건물출입을 막았다.

⑦ 이 사건 건물 외부로 밀려난 원고들은 건물 뒤편 1층에 마련된 약 3.4평 정도의 주차장관리실이 비품 등 집기를 놓고 직원들을 상주시키다가 2006. 2.25.에 건물에서 완전히 쫓겨났고, 현재 이 사건 건물은 피고에 의해 점유관리 되고 있는데, 원고는 피고를 상대로 점유회수의 소를 제기한 사례이다(판례출처: 유치권 법정지상권 119. 신창용 저 p.147-151).

<부산고법의 판단>

1. 원고의 유치권에 기한 점유여부의 판단

원고들의 직원들이 갑의 사무실에 방문하여 체류한 시간과 체류당시의 제반상황, 특히 원고들이 자신의 점유를 외부적으로 표시하거나 제3자의 점유·사용을 배제하기 위한 아무런 조치를 취하지 아니한 점 등에 비추어 볼 때, 2004. 3. 27.부터 피고가 갑으로부터 점유를 승계한 2005. 10.24까지의 기간, 동안 원고들이 이 사건 건물에 대하여 유치권 행사의 전제가 되는 단독점유 혹은 공동점유를 하고 있었다고 보기 어렵다. 그리고 원고들의 2005. 10.30.부터의 점유는 이미 이 사건 건물을 경락받아 정당하게 점유하던 피고의 점유를 침탈한 것으로 위법한 점유라고 할 것이다.

2. 피고(매수인)의 자력구제권의 행사에 대한 판단

점유자는 그 점유를 부정히 침탈 또는 방해하는 행위에 대하여 자력으로써 이를 방위할 수 있고, 그 점유물이 부동산일 때에는 침탈 후 직시 가해자를 배제하여 이를 탈환할 권리가 있는 바(민법 제209조 제1항, 제2항 참조), 피고가 원고들의 점유침탈이 있는 뒤 바로 건물의 점유를 탈환하려고 시도하다가 결국 침탈이 있는 지 48시간 이내에 자력으로 원고들을 배제하여 건물을 탈환한 것은 객관적으로 가능한 신속한 시간 내에 점유물을 탈환한 것으로서, 이는 자력구제권의 정당한 행사에 해당한다고 판단되므로 위법성을 조각한다고 할 것이다.

3. 점유의 상호침탈에 대한 판단

설령 피고에 의한 건물의 탈환이 민법이 인정하는 자력구제의 범위를 넘어섰다고 하더라도, 점유를 침탈당한 원점유자가 침탈자로부터 실력으로 그 점유를 탈환한 경우, 침탈자의 반환청구를 인정하면서 다시 원점유자가 반환을 청구하여 무용한 소송절차를 반복할 가능성이 크다는 점에서 침탈자가 원점유자에 대하여 점유물의 반환을 구할 수는 없다고 보아야 할 것인 바, 원고들이 갑으로부터 이 사건 건물의 점유를 적법하게 승계한 피고의 점유를 먼저 침탈하였고, 그 뒤 피고가 그 점유를 탈환하였으므로, 침탈자인 원고들은 자신들의 하자 있는 점유로 피고에게 대항할 수 없다고 판단된다.

<해설>

1. 점유의 의의

위 사례에 대한 판례를 분석하기 전에 다시금 점유에 의의에 대한 대법원의 판례를 살펴본다. 즉 점유라고 함은 물건이 사회통념상 그 사람의 사실적 지배에 속한다고 보여지는 객관적 관계에 있는 것을 말하고, 사실상의 지배가 있다고 하기 위하여는 반드시 물건을 물리적, 현실적으로 지배하는 것만을 의미하는 것이 아니고 물건과 사람과의 시간적, 공간적 관계와 본권관계, 타인 지배의 배제가능성 등을 고려하여 사회관념에 따라 합목적적으로 판단하여야 한다 라고 말하고 있다.

2. 원고들의 점유행태에 대한 평가

1) 그러면 위 사실관계 ②번을 다시 보면, 원고의 직원들은 원고들의 채권확보

를 위해 2004. 3. 27.부터 갑의 사무실에 며칠에 한 번씩 주로 낮 시간에 들러 사무실의 빈자라가 있으면 그곳에 앉거나 사무실 밖에 있던 회의용 탁자에 앉아 있다가 시간이 되면 사무실을 나가는 식으로 행동하였다고 기술되어 있다.

따라서 원고의 직원들이 며칠에 한 번씩 채무자의 사무실에 들러서 빈자리에 앉아 있다가 나오는 것이 분명 목적물을 사실상 지배하고 있다고 보기는 어려우며, 또한 원고의 직원들의 이런 행태 속에는 점유의 중요한 표지 중의 하나인 타인지배의 배제가능성이 실현될 수도 없다. 따라서 점유를 하고 있다고 볼 수가 없다.

2) 그리고 사실관계 ③번을 보면, 갑은 2005. 7.1.부터 직원들의 퇴근시간부터 출근시간까지 건물 내부 출입입문에 쌔콤장치를 가동시켰고, 외부인들이 적어도 근무시간 이외에는 더 이상 이 사건 건물의 내부로 출입하지 못하도록 통제하였다라고 기술되어 있는데, 이는 이 사건 건물에 대한 점유의 주체는 원고의 직원들이 아니라 갑이였음을 분명하게 보여주고 있다. 따라서 원고가 유치권을 주장하면서 점유하고 있었다고 하지만 그런 원고의 주장은 점유하고 있다는 판단을 받을 수 없는 것이며, 원고는 부수적으로 공동점유도 주장하지만 공동점유도 점유이므로 점유의 요소를 갖추어야 하는데 그렇지 못하고 있다. 참고로, 유치권의 본체인 점유에는 공동점유도 가능하며, 위 부산고법의 판례도 공동점유에 의한 유치권의 성립을 인정하고 있다.

3) 따라서 부산고법은 "원고들의 직원들이 갑의 사무실에 방문하여 체류한 시간과 체류당시의 제반상황, 특히 원고들이 자신의 점유를 외부적으로 표시하거나 제3자의 점유·사용을 배제하기 위한 아무런 조치를 취하지 아니한 점 등에 비추어 볼 때" 원고들이 이 사건건물을 점유하고 있지는 않았다고 판시하고 있는 것이다.

3. 피고의 자력구제권 행사에 대한 평가

다음으로 부선고법의 판단 2번을 보면 부산고법은 "피고가 원고들의 점유침탈이 있는 뒤 바로 건물의 점유를 탈환하려고 시도하다가 결국 침탈이 있는 지 48시간 이내에 자력으로 원고들을 배제하여 건물을 탈환한 것은 객관적으로 가능한 신속한 시간 내에 점유물을 탈환한 것으로서, 이는 자력구제권의 정당한 행사에 해당한다고 판단되므로 위법성을 조각한다고 할 것이다"라고 판시하고 있는데, 이 말은 민법 제209조 제2항에서 "점유물이 침탈되었을 경우에 부동산일 때에는 점유자는 침탈 후 직시 가해자를 배제하여 이를 탈환할 수 있다"라고 규정하고 있는데, 이 중 "침탈 후 직시"라는 말의 법적인 의미를 어떻게 해석하며, 이를 현실의 문제에 어떻게 적용할 수 있는가에서, 부선고법은 원점유자가 점유를 침탈당한 후 48시간 이내에 점유물을 탈환하였다면 이는 "침탈 후 직시"에 해당하여 적법하다고 본 것이다.

4. 점유의 상호침탈의 문제

부산고법의 판단 3번에서 "침탈자의 반환청구를 인정하면서 다시 원점유자가 반환을 청구하여 무용한 소송절차를 반복할 가능성이 크다는 점에서 침탈자가 원점유자에 대하여 점유물의 반환을 구할 수는 없다고 보아야 할 것인 바"라고 판시하여 원고들이 피고의 점유에 대한 재탈환하는 것을 부정하였다.

사실관계를 다시 보면, 피고의 점유가 있고, 이어서 원고들이 피고의 점유를 침탈하였고, 피고가 48시간 이내에 다시 원고들의 점유를 침탈하여 이 사건 건물을 탈환하였는데, 피고는 적법하게 경락대금을 납부하고 원래의 소유자인 갑으로부터 점유를 승계받았으므로 피고의 점유와 소유권취득은 정당하므로, 이 상태에서 원고들의 재탈환을 인정해 주면 무익한 소송만을 반복하므로 원고의 재탈환은 인정될 수 없다는 점을 부산고법은 말하고 있으며, 이러한 입장이 통설의 입장이기도 하다.

[사례용 판례주제 7] 공동점유에 의한 유치권 행사의 가부

대구고법 2007나2122 판결

<판례핵심>

유치권은 채권자와 채무자가 목적물을 공동으로 점유하는 경우에도 채권자는 여전히 적법하게 유치권을 행사하고 있다고 하여, 채권자와 채무자의 공동점유에 기한 유치권의 성립을 인정한 판례(대구고법 2007나2122 판결, 판례출처 : 유치권 법정지상권 119. 신창용 저 P.183-185)).

<대구고법의 판단>

1. 점유매개자 내지 점유보조자에 의한 점유의 인정

이 사건 부동산의 소유자인 (주)창조도예에 대한 공사대금을 보전하기 위하여, 피고가 자신의 점유매개자 내지 점유보조자인 "갑"을 통해 2004. 8.19.경부터 현재까지 이 사건 부동산을 점유해오고 있다.

2. 채권과 목적물 간의 견련성의 인정

그리고 피고와 "갑"은 이 사건 건물의 신축공사의 일부로써 토목공사를 하여 각 토지를 이 사건 건물을 신축할 수 있는 대지로 사용할 수 있는 상태로 만들었고, 이 사건 건물의 신축이 끝난 이후에는 준공검사를 할 수 있도록 마무리로 조경공사를 하였기 때문에 그로 인하여 발생한 공사대금채권에 대하여는 각 토지 및 이 사건 건물 전부에 대한 견련관계를 인정할 수 있다.

그렇다면 각 부동산에 대한 피고의 유치권은 성립하였다고 볼 것이다.

3. 채권자와 채무자에 의한 공동점유의 인정

1) 그리고 건물이 완공된 이후에 (주)창조도예가 "갑"과 건물을 공동으로 점유하면서 도자기제조 및 판매업을 경영하였다거나, "갑"이 각 부동산을 유치하고 있는 사정을 대외적으로 알리지 아니하였고, 피고는 공사대금채권에 관하여 근저당설정을 받았다는 점만으로는 "갑"이 공사대금채권을 위한 유치권을 행사하기 위한 것이 아니라, (주)창조도예로부터 공사대금을 수령할 때까지 (주)창조도예의 대표이사인 "을"과 함께 행동을 같이 하면서 (주)창조도예의 영업현황 및 자금의 출입금업무를 함께 하기 위한 목적만으로 이 사건 각 부동산을 점유하였다고 볼 수는 없다. 따라서 피고의 유

치권이 성립하지 아니하였다는 점에 관한 원고의 위 주장은 이유없다.

2) 원고의 주장과 같이 이 사건 건물이 완공된 후 (주)창조도예의 대표이사인 "을"과 그 직원들이 이 사건 건물을 점유·사용하였다고 하더라도 이로써 피고가 자신의 유치권을 포기하였다고 단정할 수 없을 뿐만 아니라, <u>유치권은 채권자와 채무자가 목적물을 공동으로 점유하는 경우에도 채권자는 여전히 유치권을 갖는다고 할 것인데, 앞서 인정한 바와 같이 피고의 점유매개자 내지 점유보조자인 "갑"이 "을" 등과 함께 이 사건 건물에서 숙식을 하며 이 사건 각 부동산을 점유·사용하고 있었던 이상, 피고가 자신의 유치권을 포기하였다고 볼 수 없으므로</u>, 원고의 이 부분 주장도 이유 없다.

<해설>

1. 채권자와 채무자 간의 공동점유에 대한 평가

1) 우선 대구고법의 판단 「채권자와 채무자에 의한 공동점유의 인정」을 보면, 대구고법은 "<u>유치권은 채권자와 채무자가 목적물을 공동으로 점유하는 경우에도 채권자는 여전히 유치권을 갖는다고 할 것인데, 앞서 인정한 바와 같이 피고의 점유매개자 내지 점유보조자인 '갑'이 '을' 등과 함께 이 사건 건물에서 숙식을 하며 이 사건 각 부동산을 점유·사용하고 있었던 이상, 피고가 자신의 유치권을 포기하였다고 볼 수 없다</u>"고 판시한 부분이 위 판례의 핵심이다.

사실상 공사대금을 가진 채권자가 목적물에 대한 채무자의 점유를 완전히 배제하고 독점적인 단독점유를 유지하는 것은 쉽지 않다. 또한 채무자가 정상적인 활동을 해서 돈을 벌어야 만이 채권자도 자신의 채권을 변제받기가 수월하므로, 목적물에 대하여 채권자와 채무자의 공동점유를 인정할 필요성을 당연하다.

2. 대구고법의 판단과 대법원이 말하는 점유개념과의 비교

1) 그러나 위 대구고법의 판결에서 아쉬운 점은, 점유에 대한 대법원의 확고한 견해와의 조화인데 이 점을 판시하지 않았다는 것이다. 즉 대법원은,

"점유라고 함은 물건이 사회통념상 그 사람의 사실적 지배에 속한다고 보여지는 객관적 관계에 있는 것을 말하고, 사실상의 지배가 있다고 하기 위하여는 반드시 물건을 물리적, 현실적으로 지배하는 것만을 의미하는 것이 아니고, 물건과 사람과의 시간적, 공간적 관계와 본권관계, 타인지배의 배제가능성 등을 고려하여 사회관념에 따라 합목적적으로 판단하여야 한다"라는 말하고 있는데, 과연 이러한 대법원의 견해와 위 대구고법의 판결이 어떻게 상호연결 될 수 있느냐하는 점이다. 필자의 짧은 소견으로는 위 대구고법의 판결은 점유에 대한 대법원의 견해에 대하여 모순적으로 보인다.

2) 왜냐하면 점유의 핵심개념은 물건에 대한 사실적 지배와 이에 기한 타인지배의 배제가능성인데, 위 사례에서 사실적으로 지배하는 자는 (주)창조도예이며, "갑"은 오히려 (주)창조도예의 점유보조자와 같은 상황이기 때문이다. 다음으로 "갑"의 점유형태에서는 타인지배의 배제가능성을 실현하고 있다고 보기는 어렵다.

그렇다면, "갑"은 이 사건의 건물을 점유하고 있다고 볼 수 없으며, 따라서 "갑"과 (주)창조도예에 대한 공동점유도 부정되어야 한다.

3) 다음으로 대법원은 2007다27236 판결에서, "유치권의 성립요건이자 존속요건인 유치권자의 점유는 직접점유이든 간접점유이든 관계가 없으나, 다만 유치권은 목적물을 유치함으로써 채무자의 변제를 간접적으로 강제하는 것을 본체적 효력으로 하는 권리인 점 등에 비추어, 그 직접점유자가 채무자인 경우에는 유치권의 요건으로서의 점유에 해당하지 않는다고 할 것이다"라고 판시하였다.

그런데 위 대구고법의 판결을 보면, 이 사건 건물에 대한 점유자는 (주)창조도예의 대표이사인 '을'과 그의 직원들 그리고 "갑"이며, 채무자인 (주)창조도예의 점유가 중심이며, "갑"의 점유는 보조적이다.

그렇다면 위 대법원의 판례를 대구고법의 사례에 적용시켜 보면, 직접적인 점유의 주체는 (주)창조도예의 대표이사인 '을'과 그의 직원들이기 때문에, "갑"의 점유를 가지고 독립적인 물권인 유치권의 성립요건인 점유로 본다는 점은 조금은 논리적인 비약을 하지 않나 하는 의구심이 든다. 여하튼 이러한 "갑"의 점유만으로도 유치권이 인정된다고 하는데, 과연 이러한 대구고법의 판단이 대법원에서도 유지될 지는 의문이다.

3. 견련성에 대한 평가

1) 다음으로 위 대구고법의 판단 중 「채권과 목적물 간의 견련성의 인정」을 보면, "피고와 갑은 이 사건 건물의 신축공사의 일부로써 토목공사를 하여 각 토지를 이 사건 건물을 신축할 수 있는 대지로 사용할 수 있는 상태로 만들었고, 이 사건 건물의 신축이 끝난 이후에는 준공검사를 할 수 있도록 마무리로 조경공사를 하였기 때문에 그로 인하여 발생한 공사대금채권에 대하여는 각 토지 및 이 사건 건물 전부에 대한 견련관계를 인정할 수 있다"라고 판시하고 있다.

2) 위 대고구법의 판례는 대구고등법원의 우리법원 주요판결에도 게재되지 않아서 필자는 신창용 법무사님의 책을 통하여 위 판례를 접하게 되어서 사실관계의 정확한 파악이 어렵다. 다만 필자의 생각으로는 대구고법이 "각 토지 및 이 사건 건물 전부에 대한 견련관계"라는 표현을 쓰고 있는 것으로 봐서 토지와 그 지상의 건물이 경매의 목적물이 되지 않았나 하는 생각이 든다.

그리고 피고는 토목공사와 조경공사를 하여서 토지와 함께 건물을 점유하고 있어서, 비록 신축건물 자체에 대한 공사는 하지 않았을 지라도 유치권을 인정하고 있는 것으로 판단된다. 사실 조경공사는 도지에 부합하여 토지를 점유함으로서 조경공사비에 대하여 유치권을 행사할 수 있다.

3) 따라서 위 대구고법의 판단과 서울고법 2007나77370 판결은 그 대상을 달리하는 것으로 봐야 한다. 참고로 서울고법 2007나77370 판결을 보면, "공사내용이 이 사건 건물의 신축공사 자체가 아니라 이 사건 건물의 신축공사를 하기 이전에 기존의 지상건축물 등을 철거하고 공사부지 및 그 주변 등을 정리하는 것을 내용으로 하는 공사에 불과하다면, 그러한 공사에 따라 발생한 공사대금채권은 이 사건 건물에 관하여 생긴 채권이라고 볼

수 없다"라고 판시하고 있다.

4) 그리고 위 대구고법의 사안과 서울고법의 사안은 다르지만 모두 토지 위에 건물을 신축하려는 목적 하에 해당 토지를 정리하거나 대지로 조성하는 공사라는 점에 유사성이 있어서 위와 같은 의문이 생기는데, 일단 공사업자의 입장에서 보면 비록 건축을 목적으로 하지만 토지에 대한 공사대금도 유치권의 피담보채권으로 인정해 주는 대구고법의 판결이 유리할 것으로 보인다.

(3) 점유의 주체와 관련하여 문제되는 사항들

1) 목적물에 대하여 채권자가 직접 점유하지 않고 점유보조자에 의하여 점유를 하거나 간접점유하는 경우 경매에 입찰하려는 사람은 현장에 있는 점유자와 채권자의 관계가 민법 제324조 제2항에서 규정하는 채무자의 동의 없는 대여나 담보제공이 아닌지를 검토해야 한다. 설령 채권자가 점유매개관계에 기하여 직접점유자에 대하여 목적물에 대한 반환청구권을 가지고 있다고 하여도 이런 간접점유형태가 채무자의 승낙이 없는 경우 곧바로 민법 제324조 제2항에서 규정하는 채무자의 동의 없는 대여에 해당되고 그 결과 유치권의 소멸청구의 대상이 되기 때문이다.

2) 또한 채권자가 점유보조자 즉 점유자의 지시감독을 받는 자를 통하여 점유를 하는 경우 민법상 점유의 주체는 점유보조자가 아니고 이 사람을 지시, 감독하는 채권자에 귀속되어 채권자가 곧 점유자가 되지만, 점유보조자라는 자가 채권자를 위한 것이 아니고 자신의 이익을 위하여 점유를 하는 경우에는 이 역시 민법 제324조 제2항에서 규정하는 채무자의 동의 없는 대여에 해당된다.

3) 하급심 판례에서는 점유보조자라고 주장하는 자가 주민등록전입신고를 하고 점유하고 있는 형태에 대하여 그 점유는 점유보조자로서의 점유가 아니고 자신의 편익을 점유라고 판단한 예가 있다. 부동산 경

매에서 간접점유의 경우와 점유보조자를 사용한 점유인 경우 민법 제 324조 제2항의 위반여부를 쉽게 판단할 수 없으나, 이런 경우는 채무자인 소유자 기타 경매를 신청한 채권자 등에게 탐문하여 사실관계를 파악하여 허위유치권 여부를 가려야 한다.

다. 점유의 적합성이 있어야 한다

(1) 점유의 개념

1) 대법원은 2009다39530 판결(유치권부존재)에서 점유의 개념에 대하여, "<u>점유라고 함은 물건이 사회통념상 그 사람의 사실적 지배에 속한다고 보여지는 객관적 관계에 있는 것을 말하고 사실상의 지배가 있다고 하기 위하여는 반드시 물건을 물리적, 현실적으로 지배하는 것만을 의미하는 것이 아니고, 물건과 사람과의 시간적, 공간적 관계와 본권관계, 타인지배의 배제가능성 등을 고려하여 사회관념에 따라 합목적적으로 판단하여야 한다</u>"라고 말하고 있다.
2) <u>여기서 중요한 점은 물건이 사회통념상 그 사람의 사실적 지배에 속한다고 보여지는 객관적 관계에 있어야 한다는 점이며, 이와 더불어 타인지배의 배제가능성 즉 타인의 간섭을 배제하는 면이 있어야 한다는 점이다.</u> 따라서 점유의 주체 즉 채권자는 목적물에 대하여 위 판례가 정의하는 점유의 개념과 같거나 유사하게 점유를 하고 있어야 비로소 목적물을 점유하고 있다는 판단을 받을 수 있다. 그리고 위 판례를 실제 상황에 적용시켜서 특정인이 어떤 목적물을 점유하고 있다고 인정받을 수 있는 지를 판단할 수 있어야 하며, 다음의 판례들은 이런 적용의 표준적인 예라고 보면 되겠다.

(2) 점유여부의 적합성을 인정한 판례들

1) 일반 상가 건물(집합건물 포함)에 대한 점유

<판결내용>

대법원은 위 2009다39530 판결(유치권부존재)사건에서, "원심은, 피고들이 2003. 8. 29. 현장사무실에서 이 사건 건물을 점유하면서 유치권을 행사하기로 결의한 다음, 건물경비업체를 통하여 이 사건 건물의 방범활동을 하도록 하고, 피고들의 직원들이 현장사무실에 상주하도록 하면서 주차장 외벽 등에 현수막을 걸고, 건물임차인들의 영업과 서로 배치되지 아니하는 방법으로 이 사건 건물을 점유·관리하였다고 보아, 피고들이 이 사건 경매절차 개시 전에 이 사건 건물을 점유하기 시작하였다고 판단하였는바, 앞서 본 법리 및 기록에 비추어 살펴보면 원심의 위와 같은 인정 및 판단은 정당한 것으로 수긍이 가고, 거기에 상고이유로 주장하는 바와 같은 점유의 개시 및 적법성 추정에 관한 법리오해, 심리미진, 채증법칙 위반의 위법이 없다."라고 판시하고 있다.

<해설>

① 위 판례로부터 추론하여 보면, 점유하고 있다는 판단을 받기 위하여는 ㉠ 현장에 대한 사실적 지배, ㉡ 현수막 게시 등에 의한 외부 공시, ㉢ 폭력에 의한 점유가 아닌 평온한 점유, ㉣ 점유의 계속성 등을 들 수 있다. 참고로 「현수막 게시 등에 의한 외부 공시」는 점유의 필수적인 요건은 아니지만 판례는 점유하고 있다는 모습에서 외부에 공시하는 모습으로 자주 언급하고 있어서 유치권을 주장하는 입장에서는 외부공시를 하는 것이 좋겠다고 보여지며, 유치권을 무력화시키려는 입장에서는 외부공시가 없을 경우 적법하게 점유하지 않은 모습으로 주장할 수 있다.

② 특히 위 판례에서 "건물경비업체를 통하여 이 사건 건물의 방범활동을 하도록 하고"라는 부분은 건물에 대한 사실적 지배와 타인지배의 배제가능성을 실현시키고 있는 모습이며, 다음으로 "피고들의 직원들이 현장사무실에 상주하도록 하면서 주차장 외벽 등에 현수막을 걸고 건물임차인들의 영업과 서로 배치되지 아니하는 방법으로 이 사건 건

물을 점유·관리하였다" 라는 부분은 위 판례에서 문제가 된 건물이 대형 건물이지만 그 중 일부인 현장사무실을 지배하여 전체에 대한 관리, 감독의 지위에 있음을 보여주고 있다. 따라서 위 판례에 대한 원심과 대법원은 위와 같은 피고의 행태를 목적물에 대한 사실적 지배와 같은 의미로 파악하여 피고에 의한 점유가 이루어지고 있다고 판단하였다.

③ 그리고 위 판례는 채권자가 건물 전체를 현실적, 물리적으로 완벽하게 지배할 필요는 없으며, 다만 건물의 일부인 현장 사무실 기타 중요한 거점을 점유한다고 하여도 경비업체를 통한 방범활동과 전체에 대하여 통제권을 가지고 있다면 곧 이는 건물 전체를 물리적, 현실적으로 점유하고 있다고 볼 수 있음을 시사하는 판례이기도 하다.

2) 구분건물(아파트)에 대하여 시건장치를 통한 점유

<판결내용>

서울중앙지법의 2009가합49365 판결에서는, 원고가 이 사건 아파트에 관하여 생긴 징수금 채권 등을 담보하기 위하여 2003. 9. 20.부터 이 사건 아파트의 출입문을 시정하고, 그 열쇠를 보관하는 한편, 원고가 유치권을 행사하고 있다는 내용의 경고문을 이 사건 아파트 출입문에 게시하였다면, 원고는 타인의 지배를 배제하고 사회관념상 이 사건 아파트를 사실상 지배하여 이 사건 아파트의 점유를 취득하였다고 봄이 상당하다고 판시하였다.

<해설>

① 구분건물(아파트, 연립, 다세대 등)에 대한 대부분의 점유형태는 거주하면서 하는 점유인데, 위 판례는 부동산경매에서 유치권을 신고하고 있는 자가 해당 집합건물 중 각각의 구분건물에 대하여 점유보조자 또는 직접점유자를 두지 않고서 각 구분건물에 대하여 시건장치를 한 후 열쇠를 보관하여 타인의 출입을 봉쇄하였다면 해당 집합건물 또는

구분건물에 대하여 점유를 하고 있다는 판단을 받을 수 있음을 시사하는 중요한 판례이다.
② 다만, 위 판례와 같이 구분건물에 대하여 시건장치를 하고 있으면서 현장을 완전히 떠나버린 경우는 점유하고 있다고 볼 수 없다. 광주고법 2009나6447 판결에 의하면, 구분건물에 대하여 시건장치로 잠근 후 현장관리인 등을 두지 않고 현장에서 철수하여 타처로 가버린 사안에서 이는 점유하고 있다고 볼 수 없다고 하였는데, 이를 통해서 알 수 있는 것은 구분건물이든 아니면 일반건물이든 시건장치를 통하여 외부의 사람이 해당 건물로의 진입을 막아서 사실상 지배하고 있다고 보일지라도 점유하고 있다고 하기 위해서는 계속적으로 감시, 감독이 가능한 상태가 되어야 하며, 이를 위해서는 현장관리인을 두던가 아니면 근거리에서 언제든지 시건장치를 통한 점유상태를 유지하고 있어야 한다. 따라서 시건장치로만은 타인지배의 배제가능성을 만들었다고 볼 수 없다.
③ 다음으로 위 판례는 원고가 재건축조합인데, 그 재건축조합으로부터 분양을 받은 조합원이 아파트와 관련된 징수금을 납부하지 않자 재건조합이 위와 같이 유치권을 행사한 경우인데, 위 판례에서 해당 아파트에 관하여 생긴 징수금이 원고가 행사하는 유치권의 피담보채권으로서의 적합성을 지녔다는 내용까지 판결한 것은 아니며, 필자의 판단으로는 위 징수금은 목적물에 관하여 생긴 채권으로서의 자격을 인정받기가 어려울 것으로 판단된다.

❖ 유치권 경매 [사례 3번]

서울중앙 2007 - 22034(3) (출처 : 지지옥션)

경매구분	임의(기일)	채권자	프라상호	낙찰일시	08.02.14(종결)
용 도	다세대	채무자/소유자	쓰리세분업/방수자	낙찰가격	135,400,000
감정가	210,000,000	청구액	2,636,986,301	경매개시일	07.07.27.

III. 유치권의 성립요건   59

최저가	134,400,000 (64%)	토지총면적	22.86㎡	배당종기일	07.10.09
입찰보증금	10% (13,440,000)	건물총면적	48.06㎡	조회수	누적 960
주의사항	· 유치권 · 이사건 경매부동산 전부에 대하여 (주)유온프리로부터 공사비 145,329,800원에 대하여 유치권신고 있으나 그 성립여부는 불분명함, 이 사건 경매부동산 전부에 대하여 (주)예스탑으로부터 공사비 1,804,110,000원에 대하여 유치권신고 있으나 성립여부는 불분명함				
우편번호및 주소/ 감정서	물건번호/면적(㎡)	감정가/최고가/과정		임차조사	등기권리
135-090 서울 강남구 삼성동 20-2대성하우스빌 3층 301호 감정평가서 정리 -철콘조철근콘크리트지붕 -다세대주택 및 근린생활시설 -삼릉초등학교측인접 -남측으로 근린시설, 공동 주택형성 -제반차량집입가능, 대	물건번호: 3 번(총물건수 13건) 대지 22.86/477.3 (6.92평) 건물 48.06 (14.54평) 방,주방,욕실 겸 화장실 5층 보존등기 05.1128	감정가 210,000,000 대지 84,000,000 건물 126,000,000 최저가 134.400.000(64.0%) 2회유찰 3회 낙찰 135,400,000 응찰사 2명 허가 2008.02.21 종결 2008.06.25		·법원임차인조사 김호철 전입 보20,000,000 월 250,000 점유 2007.5-2008.5 3층30호	저당권 프라상호저축 2006.01.26 3,750,000,000 압류 상남 중원구 2006. 07.18 가처분 예스탑 2006.11.23. 가압류 방성자 2007.01.26 300,000,000 임의경매 프라상호 2007.07.30 청구액 2,636,986,301

중교통이용 무난 -도시가스보 일러개별난 방 -2종일반주 거지역 -대공방어협 조지역 등			

<유치권 경매사례 - 3번의 해설>

1) 위 사례의 목적물은 다세대주택이며, 유치권 신고인은 공사업자이다. 그런데 목적물인 대성하우스빌 3층 301호에는 임차인이 있으며, 그 임차인은 집행관이 현황조사시 보고된 임차인이다. 그리고 공동점유하고 있다는 말도 없다.

2) 그렇다면 유치권 신고인은 무엇을 점유하고 있다는 말인가. 필자가 경매사례로 제시하는 사례는 모두 실제 있었던 경매사건들이다. 여기서의 유치권 신고인 역시 대성하우스빌 3층 301호를 점유하고 있지 않아서 유치권이 성립될 수 없다.

3) 혹시 대성하우스빌 3층 301호에는 임차인이 유치권 신고인으로부터 임차한 사람이 아닐까? 만약 그렇다면 이는 민법 제324조의 위반이 될 수 있어서 가능성은 희박하다.

4) 그러면 왜 임차인 김호철은 이 사건 경매 물건에 임차하였는가, 선순위 권리로 인하여 보증금을 배당받을 수도 없고, 그의 임차권이 보장받지도 못하는데, 이유는 소액보증금 최우선 변제 때문이 아닌가 생각한다. 서울의 경우 보증금 4,000만원 이하는 최우선 변제금이 1,600만원까지 이니까, 월세를 조정하고 보증금 2,000만원을 신고한 것으로 보인다.

3) 공장용 건물에 대한 점유

<판결내용>

대법원 1996.8.23. 95다8713 판결에서는, 공장 신축공사 공사잔대금채권에 기하여 공장건물의 유치권자가 공장건물의 소유회사가 부도가 난 다음에 그 공장에 직원을 보내 그 정문 등에 유치권자가 공장을 유치·점유한다는 안내문을 게시하고 경비용역회사와 경비용역계약을 체결하여 용역경비원으로 하여금 주야교대로 2인씩 그 공장에 대한 경비·수호를 하도록 하는 한편, 공장의 건물 등에 자물쇠를 채우고 공장출입구 정면에 대형 컨테이너로 가로막아 차량은 물론 사람들의 공장출입을 통제하기 시작하고, 그 공장이 경락된 다음에도 유치권자의 직원 10명을 보내 그 공장주변을 경비·수호하게 하였다면, 유치권자가 그 공장을 점유하고 있다고 볼 여지가 충분하다 라고 판시하고 있다.

<해설>

1. 점유의 각 요소에 대한 실현여부

1) 위 판례에서도 앞의 대법원 2009다39530 판결과 마찬가지로 ㉠ 유치권을 행사하고 있음을 공시하고, ㉡ 경비용역을 통하여 타인지배의 배제가능성을 실현시키고, ㉢ 이와 더불어 공장에 대한 출입을 통제하여 사실적 지배를 하고 있어서 이 역시 점유로서의 요소를 두루 갖추고 있어서 유치권자의 점유로 인정받고 있다(사실적 지배라는 말과 타인지배의 배제라는 말이 의미상 엄격하게 구분되는 것은 아니며 같은 뜻으로 봐도 된다). 다만 주의할 것은 유치권을 행사하고 있다는 안내판이나 현수막은 필수적인 요소는 아니다. 그러나 점유의 모습 자체가 외부에 공시되지 않으면서 현수막 등으로 점유를 표시하지 않는다면 점유하고 있다는 판단을 받지 못하는 경우도 생길 수 있다.

2) 참고로, 점유에 대한 서울고법의 2007나95224 판결에서는, "점유는 유치권의 성립요건이자 존속요건인 바, 법률적 성질상 유치권은 등

기를 할 수 없기 때문에 점유를 통하여 공시하는 기능을 한다 할 것인바. 이러한 <u>점유의 공시기능과 관련하여 그 점유는 외부로부터 인식이 가능할 수 있도록 명백하여야 하고, 유치권과 관련하여서는 적극적으로 목적물을 이용하는 정도는 필요 없으나, 전 점유자와 제3자의 점유침해를 방어할 정도는 되어야 할 것이다</u>" 라고 판시하고 있는 점을 유의할 필요가 있다(판례출처 : 유치권 법정지상권 119. 신창용 저. P164).

위 서울고법 판례에서는, "<u>그 점유는 외부로부터 인식이 가능할 수 있도록 명백하여야 하고</u>"라고 말하는데 도대체 어느 정도를 표시해야 외부에서 명백하게 인식할 수 있느냐는 단정적으로 이 정도라고 말할 수는 없다. 그래서 다른 하급심 판례를 보면, 집행관의 현황조사 또는 감정평가시 점유여부를 알 수 없었을 경우에는 점유하고 있지 않다고 판단한 것을 볼 수 있는데, 가장 큰 문제는 집행관의 현황조사보고서에 불명이니 미정으로 기재될 때인데, 이런 경우는 입찰을 준비하는 자가 현장에서 사진도 찍고, 관련자들의 진술도 녹취하여 향후 유치권을 주장하는 자의 점유여부를 무력화시킬 증거자료를 미리 만들어야 한다.

3) 끝으로, 점유의 공시란 유치권자에 의하여 점유하고 있음을 외부에서 알 수 있는 경우인데, 위 판례의 경우 사실상 경비원이 건물에 대하여 순찰을 돌면서 경비·수호하고 있고, 또한 공장출입구를 봉쇄하여 사람과 차량의 출입을 통제하고 있다면 이는 충분히 점유로서의 공시기능을 하고 있다고 봐야 한다.

따라서 이런 점유공시의 기능이 전혀 없는 상태에서 외부에서 인식할 수 있는 현수막 또는 안내판 등도 없다면 점유하고 있다는 판단을 받기 어려울 것으로 보인다. 즉 사실적 지배를 인정할 수 있는 표지가 없기 때문이다.

4) 토지개량공사에 의한 토지의 점유

<판결내용>

서울중앙지방법원 2005가단110132 판결에서는, "피고는 소외 회사에 대한 위 공사대금 채권을 확보하기 위하여 2003. 4. 18.에 소외 회사로부터 '공사대금을 2003. 5. 20.까지 지급하되 이를 이행하지 못할 경우 피고가 이 사건 토지에 대한 모든 권한을 행사하야도 이의 없다'는 취지의 확인서를 인증받은 사실이 있으며, 또한 피고는 2003. 5. 20.이 되어도 소외 회사로부터 공사대금을 지급받지 못하자, 그 무렵부터 타인의 접근을 막기 위하여 이 사건 토지 바로 인근에 거주하는 자신의 친구 소외 이○복으로부터 화물차 4대분에 이르는 판넬, 합판, 각목 등을 빌려 이 사건 토지의 곳곳에 적치한 다음 소외 이○복으로 하여금 수시로 이 사건 토지에 접근하는 사람이 있는지 감시하게 하였고, 이 사건 토지에 관하여 경매개시결정이 내려진 2003. 12. 5. 이후에는 여러 차례에 걸쳐 곳곳에 경고문을 부착하고 간이 화장실을 설치하였으며, 2004. 7. 14.에는 경매법원에 유치권을 신고하였고 그 후에 컨테이너도 설치한 사실을 인정할 수 있으며, 이 사건 토지의 지목이 전으로서 현황이 앞서 본 바와 같고 그 면적이 대단히 넓은 점, 소외 이○복의 주거가 이 사건 토지 바로 인근에 있는 점, 피고가 취한 일련의 조치 내용 등을 종합하면, 피고가 2003. 5. 20.경부터 이사건 토지를 사실상 지배하고 있다고 봄이 상당하다"고 판시하였다.(판례출처: 이론사례 유치권실무연구 김응용 저. P 380)

<해설>

1. 피고의 타인지배의 배제가능성의 실현여부

위 판례를 보면, "그 무렵부터 타인의 접근을 막기 위하여 이 사건 토지 바로 인근에 거주하는 자신의 친구 소외 이○복으로부터 화물차 4대분에 이르는 판넬, 합판, 각목 등을 빌려 이 사건 토지의 곳곳에 적치하고"의 부분이 나오는데 이 부분은 점유의 중요한 요소인 타인지배의 배제가능성을 실현시키기 위한 것을 말하고 있다.

2. 점유보조자에 의한 사실상의 지배의 실현

"소외 이○복으로 하여금 수시로 이 사건 토지에 접근하는 사람이 있는지 감시하게 하였고" 또한 "소외 이○복의 주거가 이 사건 토지 바로 인근에 있다"라는 부분은 소외 이○복이 사건 토지를 물리적, 현실적으로 사실상 지배하고 있음을 드러낸 것이다.

3. 점유에 대한 외부공시의 실현

또한 "이 사건 토지에 관하여 경매개시결정이 내려진 2003. 12. 5. 이후에는 여러 차례에 걸쳐 곳곳에 경고문을 부착하고"의 부분은 유치권자에 의한 점유를 외부에 공시하고 있음을 알 수 있다. 따라서 법원에서 기타의 사정과 함께 유치권자로서의 피고의 점유를 인정한 것은 당연하다고 보여진다.

5) 일반 건물에 대한 점유

<판결내용>

1. 점유하기 전의 단계에 대한 판단

1) 대법원 2002다34543 판결의 일부를 보면, 원심판결 이유에 의하여 원심은, 원고들은 최○홍으로부터 공사대금을 지급받지 못하자, 원고 김○배가 이 사건 건물의 열쇠를 보관하면서 이 사건 건물을 관리하였으며, 1998. 4. 14. 최○홍 및 이 사건 건물 부지 소유자인 최○윤(최○홍의 아버지이다)으로부터 이 사건 건물 및 부지를 담보로 제공하여 제1, 제2 금융권이나 사채업자 등으로부터 자금을 차용할 수 있는 권한을 위임받기도 한 사실이 있다.

2) 그리고 원고들은 이 사건 건물을 임대하여 공사대금에 충당하고자 임대 및 분양광고 전단지를 제작하여 배포하기도 하였고, 최○홍이 ○○생명 주식회사에게 이 사건 건물 3층 80평을 임대함에 있어서도 원고 김○배가 참석하여 직접 임대보증금을 받아 공사대금에 충당한 사실이 있다.

2. 원고들의 점유개시에 대한 판단

원고들 및 하도급 공사업자들은 이 사건 건물에 대하여 임의경매절차가 개시된 1998. 6. 말경부터는 이 사건 건물 1층의 숙실, 경비실, 사무실 등에 침구와 간단한 취사도구를 가져다 놓고 그 곳에서 숙식하였다.

3. 원고들의 점유에 대한 외부공시의 판단

또한 이 사건 건물 외벽 전, 후면에 이 사건 공사대금이 해결되지 아니하였다는 내용과 최○홍의 채권자들인 □□농협, ○○농협 등을 비난하는 내용의 현수막을 부착하고, 1층 유리창 등에 '경매하는 사람들 보아라. 공사노임 10억 원을 해결하지 않으면 경매하여도 권리행사를 할 수 없으며 노임이 해결되지 않을 시 칼부림이 날 것이다.'는 내용의 글을 써 붙였고, 위 현수막 등은 1999. 10. 말경까지도 그대로 부착되어 있었던 사실이 있다.

4. 대법원의 결론

1) 그래서 원심은 위 인정사실에 터잡아 원고들은 적어도 1998. 6. 말경부터 이 사건 건물을 점유하고 있었다고 판단하였는바, 위 법리 및 기록에 비추어 관계 증거들을 살펴보면, 원심의 위와 같은 사실인정 및 판단은 정당한 것으로 수긍이 간다.

2) 그리고 이 사건 건물에 대한 임의경매절차에서 1998. 8. 17.자로 집행관이 작성한 현황조사보고서에 이 사건 건물 중 임차부분을 제외한 나머지 부분을 소유자가 점유하고 있다고 기재되어 있다거나, 원고들이 위 임의경매절차에서 유치권자로 신고하지 아니하고 일반채권자로서 권리신고 및 배당요구신청을 하였다고 하여 달리 볼 것은 아니다.

<해설>

1. 대법원이 판단한 원고들의 이 사건 건물에 대한 점유개시의 시점

1) 위 판례를 보면, 원고들이 이 사건 건물을 점유하고 있었는가에 대한 판단이 위 판례의 중심인데, 원심과 대법원은 원고들이 1989.6.말경부터 이 사건 건물을 점유하였다고 보았는데 가장 중요한 근거는 "원고들 및 하도급 공사업자들은 이 사건 건물에 대하여 임의경매절차가 개시된 1998. 6. 말경부터는 이 사건 건물 1층의 숙실, 경비실, 사무실 등에 침구와 간단한 취사도구를 가져다 놓고 그 곳에서 숙식하였다"라는 점이다.

2) 따라서 원심과 대법원은 원고 김○배가 최○홍으로부터 공사대금을 지급받지 못하자, 이 사건 건물의 열쇠를 보관하면서 이 사건 건물을 관리하였다는 사실을 인정하면서도 원고들의 점유의 시점을 1989.6.말경으로 보았다는 점은 단순이 이 사건 건물의 열쇠를 가지고 건물을 관리하였다고 하지만 이런 사실을 점유로는 볼 수 없다는 점을 간접적으로 말하고 있음을 알아야 한다.

2. 집행관의 현황조사보고서에 대한 증명력

다음으로 위 판례를 통하여 공부할 점은, 대법원이 "이 사건 건물에 대한 임의경매절차에서 1998. 8. 17.자로 집행관이 작성한 현황조사보고서에 이 사건 건물 중 임차부분을 제외한 나머지 부분을 소유자가 점유하고 있다고 기재되어 있다고"하여도 이런 사정이 원고들이 점유하고 있다는 사실을 배척할 수는 없다는 점을 밝힌 점인데, 이는 부동산경매에서 매수하고자 하는 사람이 현장 확인을 점유관계를 파악해야 함을 다시금 주의시키고 있다고 할 수 있다.

다시 말하면 집행관의 현황조사보고는 유치권을 주장하는 자들의 점유여부에 대한 유력한 증거(증거능력)가 되지만, 이에 대한 증명력의 판단은 법원의 몫이며, 이 판례를 통하여 집행관의 현황조사보고서에 대한 맹신은 금물임을 알고 있어야 한다.

3. 유치권자의 권리신고 방식의 문제와 입찰 준비시 검토사항

1) 더 나아가 대법원은 "원고들이 위 임의경매절차에서 유치권자로 신고하지 아니하고 일반채권자로서 권리신고 및 배당요구신청을 하였다고 하여 달리 볼 것은 아니다"라고 판시하여 부동산에 입찰하는 사람들이 법원경매정보에서 일반채권자로서 권리신고 및 배당요구신청을 하였다고 하여도 이런 권리신고자가 유치권자일 수 있음을 상기시키고 있다. 참으로 부동산경매에서 입찰을 고려할 때 유의할 점이며, 공부로서는 좋은 판례이다.

2) 다시 말하면 유치권자는 채무자에 대한 금전채권자이다. 따라서 채무자에 대하여 판결 등 집행권원이 있거나, 해당 부동산에 가압류를 집행하였을 때에는 배당요구도 할 수 있으며, 그렇게 해서도 청산되

지 못한 채권이 있을 때에는 유치권을 행사하여 매수인으로부터 변제를 받을 때까지 인도를 거부할 수가 있는 것이다. 따라서 유치권이 신고된 부동산에 대하여 입찰을 준비할 때에 현장확인을 통하여 누구 무엇 때문에 점유하고 있는 가를 파악하고, 또한 법원의 경매 싸이트에서 문건접수내역과 송달내역을 파악하여 어떠한 사람들이 권리를 주장하고 있는지를 파악해야 됨을 알려주는 판결이다.

4. 압류의 처분금지효의 저촉여부

다음으로 위 판례에서 피고는 원고들이 임의경매개시결정에 대한 압류의 처분금지효에 대하여는 원심에서 주장하지 않았으며, 상고이유서에도 주장하지 않아서, 원고들의 점유에 대한 압류의 처분금지효에 대한 위반여부는 상고심의 판단대상이 되지 않았다.

참고로, 유치권자를 상대로 소송을 제기하는 경우는 압류의 처분금지효는 인용여부와 관계 없이 무조건 주장해야 하는 내용이며, 입찰 후에는 항시 제기해야 하는 매수인의 중요한 무기이다.

5. 원고들은 이 사건 건물 전체를 점유하고 있는가?

끝으로, 원심과 대법원은 원고들이 이 사건 건물의 점유가 인정된다고 하였는데, 위 사실관계를 보면 이 사건 건물의 3층은 임대되었음을 볼 수 있다. 따라서 원고들이 이 사건 건물의 3층을 제외한 부분 만에 대하여 점유가 인정되고 있는 지 아니면 3층도 포함하여 점유하고 있는지가 명확하지 않다.

다만 간접적으로 대법원은 "집행관이 작성한 현황조사보고서에 이 사건 건물 중 임차부분을 제외한 나머지 부분을 소유자가 점유하고 있다고 기재되어 있다"고 하여서, 원고들이 이 사건 건물의 점유를 부정하고 있지 않으므로, 적어도 대법원은 원고들이 이 사건 건물 전체를 점유하고 있다고 본 것으로 판단된다. 그렇지 않다면 집행관이 작성한 현황조서보고서를 기준으로 임대한 부분을 제외한 부분에 한하여 점유하고 있다고 판단해야 하기 때문이다.

6) 소결

서울중앙지법의 2009가합49365 판결을 제외하고 나머지 판결들은 모두 공사업자의 공사비채권에 기하여 유치권을 행사하고 있는 판결들이다. 따라서 유치권자의 점유가 문제되는 예는 임차인이 유익비에 기한 경우 보다 공사업자의 경우가 절대적이라 하겠다. 임차인은 임차권에 기하여 해당 부동산이 경매를 당하기 전부터 계속적으로 점유하고 있으므로 불법점유나 부적합한 점유가 나올 가능성은 거의 없지만 공사업자의 경우 공사가 완료된 후 일정 시점이 지난 후에 점유를 시작할 경우 건축주와의 마찰 등으로 인하여 불법점유가 나타날 가능성이 많다. 따라서 공사비에 기한 유치권에 맞서려면 점유에서 약점을 찾아야 한다.

(3) 점유물이 인도된 경우의 점유적합성 판단기준

1) 점유권이 양도되려면 원칙적으로 점유물의 인도 즉 현실의 인도로서 그 효력이 발생하는데, 이와 관련하여 판례(대법원 99다7602)는 "물건의 인도가 이루어졌는지 여부는 사회관념상 목적물에 대한 양도인의 사실상의 지배인 점유가 동일성을 유지하면서 양수인의 지배로 이전되었다고 평가할 수 있는지 여부에 달려있는 것인 바, <u>현실의 인도가 있었다고 하려면 양도인의 물건에 대한 사실상의 지배가 동일성을 유지한 채 양수인에게 완전히 이전되어 양수인은 목적물에 대한 지배를 계속적으로 확고하게 취득하여야 하고 양도인은 물건에 대한 점유를 완전히 종결하여야 한다</u>"고 판시하고 있다.

2) 따라서 위 판례가 시사하는 바는 점유권이 양도되어서 새로운 자가 점유를 시작한 경우에도 역시 종전 점유자의 지배가능성을 배제시켜야 한다고 보고 있는 것이다. 사실 타인지배의 배제가능성은 점유권이 양도되지 않은 경우라 할지라도 중요한 점유의 표지 중의 하나이다. 참고로, 점유의 이전과 점유권의 양도는 같은 뜻으로 이해하면 되며, 유치권의 양도는 피담보채권의 양도와 점유의 이전(점유권의 양도)도 함께 이루어져야 한다. 따라서 점유의 이전을 받은 자는 정상적인 점유의

모습을 갖추어야 한다.

(4) 목적물의 일부에 대한 점유

1) 문제의 제기

유치권은 민법의 체계상 독립된 물권이며, 그러기에 목적물에 대한 배타적인 지배(점유)가 인정될 때 성립하며, 또한 물권이므로 1물1권주의가 적용된다. 따라서 1개의 건물로서의 거래의 객체가 되는 부동산에 대하여 그 1개의 건물(구분건물 포함)의 일부분에 대한 점유로서 그 점유하는 부분에 대하여 유치권이 인정될 수 있는지의 여부가 일부점유의 문제이다.

2) 학설과 판례의 태도

① 일부학자는 목적물의 일부에 대하여 분할이 가능한 경우 등에 한하여 제한적으로 하나의 물건 중의 일부에도 유치권의 객체로서 긍정한다고 하면서, 그 근거로 대법원 판례(대법원 67다2786 판결) 즉 "타인의 임야의 일부를 개간한 자가 그 개간부분에 대하여 유치권을 항변하였는데, 거래상 개간부분과 다른 부분과의 분할이 가능함이 용이하게 추지되는 경우 그 유치권의 객체는 임야 중 개간부분에 한하는 것이다"라고 하는 판례를 인용하고 있다. 여기서 유치권의 객체가 된다 함은 곧 그 객체에 대한 점유가 적합하다는 것과 같은 의미이다(민법요해 I. 권순한 저. P 1583 참조).
② 다만, 필자가 보기에 목적물에 대한 일부의 점유라고 할지라도 전체를 점유하고 있다고 판단되면 즉 전체에 대한 사실상의 지배로 인정되면 전체에 대한 점유로 인정함이 타당하다고 생각하며, 이와 같은 전체에 대한 사살상의 지배라고 판단받기 어려울 때는 그 점유하는 부분만에 대하여 유치권을 인정함이 타당하다고 본다. 다음의 사례용 판례는 1개의 구분건물 중 일부에 대한 점유를 하고 있는 경우 그 점유하는 일부분에 한하여 유치권을 인정한 부산고법의 판례이며, 이 부산고법의 판결에 대하여 상고가 제기되어 대법원의 판단도 함께 본다.

[사례용 판례주제 8] 목적물의 일부점유에 의한 유치권의 성부

부산고법 2007나17697, 대법원 2008다70763

<판례핵심>

공사대금채권에 기하여 유치권을 행사하면서 1개의 구분건물(4층 402호) 중 내부적으로 나누어진 일부분에 대하여 점유하고 있는 경우, 그 점유하고 있는 부분이 1개호의 구분건물 전부가 아니라고 하더라도 현실적으로 점유하고 있는 일부분에 대해서만 유치권이 인정된다는 판례(부산고등법원 2007나17697 판결)

<사실관계>

이사건 건물은 부산 서구 ○○동 000번지 철골철근콘크리트조 슬래브지붕 19층 주상복합건물 중 제4층 제402호이며, 이 402호에 대하여 공사업자들이 일부분을 사무실로 사용하고, 또 일부분은 피고가 이 402호 전체를 경락받아 종전부터 운영되고 있던 찜질방의 점유를 이전받아 현재도 그 찜질방을 운영하고 있으며, 원고들(공사업자들)이 피고를 상대로 유치권확인 및 건물인도를 청구한 사건이다. (부동산의 표시 부분은 「유치권 법정지상권 119」 신창용저 P.171 에서 발췌함)

<부산고법의 판단>

1. 원고들의 주장

원고들은, 이 사건 사무실이 이 사건 건물의 중앙에 위치하고 있고, 이 사건 가처분 결정문이 건물 내 두 곳에 부착되어 있는 점, 이 사건 사무실 외 나머지 부분은 피고가 원고들을 속이고 원고들의 점유를 강제로 침탈한 곳이라는 점 등에 비추어, 원고들이 이 사건 사무실 부분을 점유함으로써 이 사건 건물 전부를 계속 점유하고 있다고 보아야 한다고 주장한다.

2. 원고들의 점유여부에 대한 부산고법의 판단

살피건대, 앞서 인정한 바 있거나 각 증거의 기재와 변론 전체의 취지를 종합하여 다음과 같은 사정들을 인정할 수 있다. 즉 ㉠ 피고들이 현재 이 사건 나머지 부분을 점유하면서 찜질방 영업을 하고 있는 점, ㉡ 원고들 중 일부가 위 찜질방 손님들의 출입을 방해하여 피고의 찜질방 영업을 방해하였다는 공소사실로 형사처벌을 받은 사실을 인정할 수 있는 점, ㉢ 2006. 10. 30. 이 사건 인도집행 당시 이 사건 건물 중 이 사건 사무실 외 다른 부분은 모두 피고에게 인도집행되었고, 그 이전에는 2005년 2월경부터 소외 인들이 이 사건 사무실을 제외한 이 사건 건물 내에서 찜질방 영업을 한 점, ㉣ 이 사건 건물의 출입문 열쇠는 피고 부부만 소지하고 있을 뿐 원고들은 출입문 열쇠조차 확보하지 못한 점 등에 비추어 보면, 이 사건 사무실이 이 사건 건물의 중앙에 위치하고 있고 이 사건 가처분 결정문이 건물 내 두 곳에 부착되어 있다는 사정만으로는 원고들이 이 사건 사무실 부분을 점유함으로써 이 사건 건물 전부를 점유하고 있는 것이라고 보기는 어려우므로, 원고들의 위 주장은 이유 없다.

3. 원고들이 간접점유자의 지위에 있는 지에 판단

또 원고들은 피고를 통하여 이 사건 사무실 외 나머지 부분도 간접점유하고 있다고 주장하나, 원고들의 피고를 통한 간접점유가 인정되려면 원고들과 피고 사이에 점유매개관계가 인정되고 원고들이 피고를 상대로 점유반환청구권을 행사할 수 있어야 할 것인데, 원고들과 피고 사이에 그러한 점유매개관계가 있음을 인정할 아무런 증거가 없으므로, 원고들의 위 주장도 이유 없다.

4. 소결

그렇다면, 원고들은 특별한 사정이 없는 한 자신들이 점유하고 있는 이 사건 사무실 부분에 관하여만 유치권을 가지고 있다 할 것이고, 피고가 원고들의 유치권을 전부 부정하고 있는 이상 확인의 이익도 있다 할 것이며, 또한 피고는 원고들의 이 사건 사무실 부분에 대한 점유를 방해하지 않을 의무가 있다 할 것이다.

<해설>

1. 부산고법의 판결에 대한 대법원의 판단

   1) 위 부산고법의 사건은 상고되어 대법원의 법률판단을 받게 된 사건이다. 대법원(2008다70763 판결)은 " 원심은 채용 증거를 종합하여, <u>원고들이 이 사건 건물 중 이 사건 사무실 부분만을 점유하여 온 사실을 인정한 다음, 이 사건 건물 중 이 사건 사무실 부분에 대하여만 유치권확인 및 점유방해금지청구를 인용하고</u>, 나머지 부분에 대한 유치권확인 및 점유방해금지청구와 점유회수청구를 기각하였는바, <u>위 법리와 기록에 비추어 살펴보면 이러한 원심의 사실인정과 판단은 정당하고</u>, 거기에 상고이유의 주장과 같은 법리오해 또는 채증법칙 위배 등의 위법이 없다"라고 판시하여, 1개의 구분건물의 일부에 대한 점유와 그 점유하는 부분에 대한 유치권의 성립을 인정하고 있다.

   2) 따라서 <u>위 대법원과 부산고법의 판단에 의하면 점유하고 있는 목적물이 가분적인가의 여부를 떠나서 점유하고 있는 일부분에 한하여 유치권이 인정된다는 논리이며</u>, 위 사례를 보아도 원고들이 이 사건 건물 전체에 대하여 사실상의 지배를 하고 있다는 판단은 어려우며, 이 사건 건물이 내부적으로는 점유하는 부분이 구분되어 있어서 부산고법과 대법원은 위와 같은 판결을 내린 것으로 생각된다.

   3) 그렇다면 이런 결론을 내려 본다. 즉 1개의 건물에 대하여 점유주체, 점유목적을 달리하여 점유하는 부분이 다르다면, 적어도 유치권을 주장하는 자는 그가 점유하는 부분에 한하여 유치권을 주장할 수 있고, 나머지 부분에 대하여는 유치권을 주장할 수 없다.

2. 공동점유에 해당할 수 있는지의 여부

   다음으로 위 사건의 목적물은 1개의 구분건물이다. 그런 구분건물에 내부적으로 구획된 상태이며, 일부는 사무실로 또 일부는 찜질방으로 사용되고 있으며, 사무실을 점유한 자들은 유치권자이며, 찜질방을 점유한 자는 경매에서 낙찰받은 매수인이다. 따라서 이 사건 건물을 공동점유하고 있다고 볼 여지도 있으나, 엄연하게 점유하고 있는 부분이 다르므로 공동점유가 아니라는 점도

관찰해야 하는 판례이다.

3. 위 판례를 통하여 배울 점

사실상, 공사업자들이 자신들이 공사한 건물 중 일부분만을 점유하면서 건물 전체에 대하여 유치권을 행사하고 있다고 강변하는 경우가 많은데, 위 부산고법의 판결과 대법원의 판결은 이런 경우에 유용한 무기가 될 수 있으며, 적어도 유치권을 주장하고자 하는 사람들의 경우도 어떻게 점유를 해야 자신들의 유치권이 보호받을 수 있는가에 대한 방향을 제시해 주는 판결이다.

라. 점유는 계속되어야 한다

(1) 서설

유치권자의 점유는 유치권자가 피담보채권의 만족을 얻을 때까지 계속되어야 하지만 중간에 점유를 일시 상실하였다가 다시 회복해도 점유의 계속성은 유지되는 것으로 보며(이 때 점유의 상실의 원인이 무엇인가는 묻지 아니한다), 그 결과 소멸하였던 유치권도 다시 회복된다. 그 이유는 민법 제328조에 의하면, 유치권은 점유의 상실로 인하여 소멸한다고 규정하고 있지만, 민법 제192조 제2항 단서에서 점유물반환청구권을 행사하여 점유를 회수한 때에는 점유권이 소멸하지 않는 것으로 규정하고 있기 때문이다. 따라서 물건에 관련된 채권을 가진 자가 후에 그 물건을 점유하기에 이른 경우 또는 유치권자가 일시 물건의 점유를 상실하였다가 후에 다시 동일 물건을 점유하게 된 경우에는 각각 그 채권을 위하여 유치권을 취득할 수 있는 것이다(대법원 1955. 12.15. 4288민상136).

위와 같은 점유의 계속성과 관련하여 문제되는 것은 유치권자가 일시적으로 점유를 침탈당하거나 또는 상실당하여 유치권이 소멸된 경우 어떻게 점유를 회복하여 종전의 유치권자로서의 지위를 회복할 수 있느냐이며, 민법상 고려해 볼 수 있는 것은 자력구제권과 점유물반환청구권이다.

(2) 자력구제권(자력탈환권)의 내용과 행사방법

1) 자력구제권(자력탈환권)의 내용

민법 제209조 제1항과 제2항에서 자력구제라는 제목 하에 『점유자는 그 점유를 부정히 침탈 또는 방해하는 행위에 대하여 자력으로써 이를 방위할 수 있으며, 점유물이 침탈되었을 경우에 부동산일 때에는 점유자는 침탈 후 직시 가해자를 배제하여 이를 탈환할 수 있고, 동산일 때에는 점유자는 현장에서 또는 추적하여 가해자로부터 이를 탈환할 수 있다』라고 규정하고 있다.

따라서 민법은 자력구제권의 내용으로 자력방위권과 자력탈환권을 인정하고 있으며, 자력방위권은 점유의 침탈 또는 방해행위가 계속되는 경우에 행사할 수 있는 것이며, 자력탈환권은 점유가 침탈되어 이미 타인의 수중에 점유물이 있을 때 행사할 수 있는 것으로서, 이러한 자력구제권의 제도적 취지는 점유자로 하여금 점유침해의 교란상태를 스스로 제거할 수 있도록 하여 본래의 점유상태를 유지하도록 하는데 있으며, 이러한 자력구제권을 행사하는데 국가기관에 의한 점유의 보호가 불가능하거나 극히 곤란하게 될 사정을 요하지 않는다. 그리고 자력구제권의 행사는 필요한 정도에 그쳐야하며, 그 정도를 넘을 때에는 불법행위를 구성할 수 있다.(민법강의 제4판 김준호저. P. 570)

2) 자력구제권의 행사방법

다시금 민법 제209조 제1항과 제2항의 법문을 보면, 자력방위권의 경우는 "자력으로 이를 방위할 수 있다"라고 하여 스스로의 힘과 능력으로 방위하는 것을 말하고 있으며, 자력탈환권이 경우도 "점유자는 침탈 후 직시 가해자를 배제하여 이를 탈환할 수 있고"라고 규정하여 이 역시 자력으로 침탈자를 배제 즉 물리쳐서 점유물을 탈환할 수 있다고 말하고 있다. 쉽게 말하여 점유를 침탈당한 사람이 스스로 실력을 행사하여 점유물을 도로 빼앗아 올 수 있다는 말이다. 다만, 그러한 자력탈환권의 행사

III. 유치권의 성립요건   75

시기는 "침탈 후 직시"해야 하며, 이런 직시의 시간적 한계를 지나면 더 이상 정당한 자력탈환권은 인정되지 않고 불법행위가 될 수 있다. 이하에서 관련되는 사례용 판례를 본다.

[사례용 판례주제 9] 자력탈환권의 행사의 시간적 한계

대법원 91다14116 판례

<판례핵심>

점유물을 침탈당한 자가 자력탈환권의 행사를 시도하였으나, 자력탈환권의 행사요건 즉 "침탈 후 직시"에 부합하지 않다는 판례(대법원 91다 14116 판례)

<사실관계>

① 원고가 점유하고 있는 건물에 대하여 피고가 <u>1987. 7. 7.부터 그달 11.까지 점유를 침탈하기 시작하였는데, 원고는 1987. 7. 12.부터 점유를 보호하려고 시도 하였으나, 원고는 다시 피고에 의하여 1987. 7. 13.에 이 사건 건물로부터 쫓겨났다.</u>

② 양자의 계속되는 점유탈환시도와 방어과정에서 원고는 1987. 7. 14, 16자에 점유를 탈환하려는 시도가 있었으나, 다시금 원고는 피고에게 쫓겨났다.

③ 결국 원고는 피고를 상대로 점유의 침탈과 원고가 이를 방어하는 과정에서 원고측 사람들이 피고측 사람들로부터 폭행당해 이를 치료하는 비용과 원고가 피고의 점유를 재탈환하려고 약 100여명이 인부를 동원하였는데 그 인건비 등의 손해배상(치료비와 인건비의 합계비용)을 청구하였다.

④ 결국 사건의 핵심은, 원고의 피고에 대한 손해배상청구가 인정되려면, 원고의 행위가 적법해야 하며, 적법하기 위해서는 원고의 자력탈환권의 행사가 민법 제209조 제2항의 "<u>점유자는 침탈 후 직시 가해자를 배제하여 이를 탈환할 수 있다</u>"라는 요건에 적합해야 하는데, 원고는 적합하다고 주장하고, 피고는 그

렇지 않다고 항변한 사안이다.

⑤ 구체적으로는 원고는 피고에 의하여 1987. 7. 7.에 점유를 침탈을 당하여 점유를 상실하였으며, 이후 침탈자(피고)는 1987. 7.11.까지 점유의 침탈을 계속하였고, 원고는 약 5일 지나서 1987. 7. 12.부터 자신의 점유를 보호하려고 해당 건물의 재탈환을 시도한 사례이며, 여기서 피고의 점유가 개시된 지 5일이 지나서 재탈환을 시도한 행위가 민법 제209조 제2항의 요건에 적합한가가 사례의 쟁점이다.(본 판례상의 다른 쟁점은 생략한다)

<대법원의 판단>

1. 자력탈환권의 의의

민법 제209조 제1항에 규정된 점유자의 자력방위권은 점유의 침탈 또는 방해의 위험이 있는 때에 인정되는 것인 한편, 제2항에 규정된 점유자의 자력탈환권은 점유가 침탈되었을 때 시간적으로 좁게 제한된 범위 내에서 자력으로 점유를 회복할 수 있다는 것으로서, 위 규정에서 말하는 『직시』란 "객관적으로 가능한 한 신속히" 또는 "사회관념상 가해자를 배제하여 점유를 회복하는 데 필요하다고 인정되는 범위 안에서 되도록 속히"라는 뜻으로 해석할 것이므로 점유자가 침탈사실을 알고 모르고와는 관계없이 침탈을 당한 후 상당한 시간이 흘렀다면 자력탈환권을 행사할 수 없다.

2. 원고의 자력탈환권의 행사에 대한 판단

따라서 원고는 이 사건 건물을 점유하고 있었으나, 피고가 1987. 7. 7.자에 원고의 점유를 침탈하였으며, 이후 원고는 같은 달 12. 14. 16.에 각 인부를 동원하여 그 탈환을 시도한 것은 자력탈환권의 요건인 "직시"에 해당한다고 할 수 없다.

<해설>

위 판례를 통하여 알 수 있는 점은 피고(침탈자)가 본래의 점유자의 점유를 침탈하여 침탈자의 점유가 약 5일간 지속되었는데, 이 정도의 시간이 지난 후에 본래의 점유자인 원고가 자력탈환권에 기하여 점유를 회복하고자 하는 것은 『부동산일 때에는 점유자는 침탈 후 직시 가해자를 배제하여 이를 탈환할 수 있고』에 해당되지 않는다는 것이다.

이미 이 사안은 점유교란상태를 넘어서 침탈자의 점유가 고착되었다는 판단이 들어가 있어서, 본래의 점유자는 다른 방법으로 즉 점유회수의 소에 의한 점유물반환청구권을 행사하여 자신의 종전 점유를 보호받아야 한다는 뜻이다.

[사례용 판례주제 10] 위법한 강제집행에 대한 자력탈환권의 행사와 시간적 한계

대법원 86다카1683 판결

<판례핵심>

"갑"이 "을"에 대한 점유이전금지 가처분결정과 본안판결을 기초로 "병"에 대하여 집행한 건물명도단행가처분은 위법한 강제집행이며, "병"은 자력탈환권을 행사하여 점유를 회복할 수 있음을 인정한 판례(대법원 86다카1683 건물명도단행가처분사건)

<사실관계>

① 신청인이 신청외 김○배를 상대로 이 사건 점포에 대한 점유이전금지 가처분결정(남부지원 83카10746호)을 받아 1983. 9. 8. 그 집행을 한 후, 위 김○배를 상대로 하여 받은 본안판결(남부지원84가단1856호)에 기하여서 1985. 7. 6. 14:00 피신청인이 점유 중에 있던 이 사건 점포에 대한 명도집행을 단행하였다.

② 위 신청인이 피신청인을 상대로 명도집행을 단행하고 있었을 때, 피신청인은 1983.10.경 이 사건 점포의 소유주들과 사이에 임대차계약을 체결하고 1984. 5. 1 그들로부터 이 사건점포를 인도받아 점유하고 있었을 뿐, 위 신청외 김

78 제1장 유치권의 이론과 실무

○배로부터 그 점유를 승계받은 것도 아니었다.
③ 위 ①번과 같이 피신청인은 신청인의 명도단행가처분을 당한 후 2 시간 만에 이 사건 점포에 대한 점유를 탈환한 사안에서 재항고된 사건이다.

<대법원의 판단>

1. 신청인의 명도단행가처분에 대한 판단

   피신청인에게는 위 가처분이나 판결의 효력이 미칠 수 없음에도 불구하고 위 판결에 기하여 피신청인이 점유하고 있던 이 사건 점포에 대한 명도집행을 단행한 것은 위법하고 이러한 위법한 강제집행에 의하여 부동산의 명도를 받는 것은 공권력을 빌려서 상대방의 점유를 침탈하는 것이 되므로, 피신청인이 위와 같은 강제집행이 일응 종료한 후 불과 2시간 이내에 자력으로 그 점유를 탈환한 것은 민법상의 점유자의 자력구제권의 행사에 해당하는 것이며 그 반면에 있어서, 신청인은 위 명도집행으로 인하여 보호받을 만한 확립된 점유를 취득하였다고 볼 수 없다

2. 점유의 상호침탈의 경우 원래의 침탈자에 점유회수청구의 인정여부

   신청인의 위 명도집행은 위법한 것이어서 신청인이 보호받을 만한 점유를 취득하였다고 보기도 어려울 뿐만 아니라(보전의 필요성의 측면에서), 위 명도집행 직후에 피신청인의 자력구제에 의하여 점유를 탈환당함으로써 그 점유마저 상실하였고, 또 점유를 탈환당한 신청인에게 또 다시 점유물반환청구권이 허용될 수 없는 법리에 비추어 신청인이 내세우고 있는 피보전권리인 점유권도 인정되지 아니한다.

<해설>

1. 사실관계의 재정리

   1) 피신청인의 점유가 있었으며, 그 후 신청인이 명도단행가처분을 집행하여 점유를 침탈하여 피신청인은 그의 점유를 빼앗겼다. 여기서 피신청인은 2시간 만에 신청인의 점유를 탈환하였다. 즉 피신청인의 점유 → 신청인의

점유 → 피신청인의 점유이다.

2) 다음으로 위 사실관계에서 보면, 신청인은 신청외 김○배를 상대로 점유이전금지가처분과 본안판결을 받았다. 그리고 피신청인은 위 신청외 김○배로부터 그 점유를 승계받은 것도 아니었다.

따라서 신청인이 신청외 김○배를 상대로 받은 가처분과 본안판결을 위 사건의 피신청인에게 그 효력이 미칠 수 없는데도 불구하고 피신청인을 상대로 건물명도단행가처분을 받고 그 집행까지 하였다.

3) 그렇다면 그러한 신청인의 강제집행은 위법한 집행이며, 따라서 피신청인은 민법 제209조 제2항에 의하여 자력탈환권을 행사하여 자신의 점유권을 회복할 수 있는 것이며, 대법원은 피신청인이 점유의 침탈을 당한 지 2시간 만에 행사한 자력탈환권은 정당하다고 판단하고 있는 것이다. 즉 『부동산일 때에는 점유자는 침탈 후 직시 가해자를 배제하여 이를 탈환할 수 있고』에 해당된다고 본 것이다.

4) 반면, 앞의 대법원 91다14116 판례에서는 원래의 점유자가 제3자로부터 점유의 침탈을 받은 지 6일이 지나서 제3자를 배제하고 목적 건물의 재탈환을 시도한 사안인데, 이미 6일이 지난 시점은 점유교란상태를 벗어나서 새로운 점유가 확립되었다고 보았으며, 이 경우는 자력탈환권은 인정될 수 없다고 보았다.

참고로, 학자들은 위의 자력탈환권의 행사에 대한 시간적 범위를 현장성 내지 추적가능성이라고 보고 있다. 따라서 어느 정도의 시간의 범위에 있어야 만이 자력탈환권이 인정되겠는 가는 명확하게 몇 시간 이내면 된다는 말은 할 수가 없으며, 사안 별로 법원의 판단을 받아봐야 할 것이며, 앞의 공동점유의 부분에 소개한 부산고법의 2007나859 판결에서는 48시간 이내에 원래의 점유자가 침탈자로부터 점유를 재탈환한 것은 침탈 후 직시에 해당한다고 보았다.

2. 점유의 상호침탈의 문제

1) 점유의 상호침탈의 문제는 위 사례를 보고 설명하면, 피신청인의 점유를

침탈한 신청인 즉 침탈자가 그의 점유를 탈환당한 경우에 그 침탈자에게 점유회수의 소 즉 점유물반환청구권을 인정해 줄 수 있느냐의 문제이다.

2) 이에 대하여 통설과 판례는 침탈자에게 점유물반환청구권을 인정해주면 또 다시 원래의 점유자가 점유물반환청구권을 행사하게 되므로 소송경제에 반하게 되어, 침탈자에게 점유물반환청구권을 인정하지 않고 본권의 소를 통하여 즉 소유권이나 임차권 등을 통하여 문제를 해결해야 한다고 본다. 결론적으로 점유의 상호침탈은 인정되지 않는다.

3) 따라서 대법원은 위 사례에서 "점유를 탈환당한 신청인에게 또 다시 점유물반환청구권이 허용될 수 없는 법리에 비추어 신청인이 내세우고 있는 피보전권리인 점유권도 인정되지 아니한다"라고 판시하고 있는 것이다. 왜냐하면, 점유물반환청구권은 점유를 침탈당한 경우에 그 점유를 보호하는 방법이기 때문이다. 아래에서 점유물반환청구권을 살펴본다.

(3) 점유물반환청구권(점유회수청구권)

1) 의의

민법 제204조(점유의 회수)에서는 『점유자가 점유의 침탈을 당한 때에는 그 물건의 반환 및 손해의 배상을 청구할 수 있다. 이 점유물반환청구권은 침탈자의 특별승계인에게는 행사하지 못한다. 다만, 특별승계인이 악의인 때에는 그러하지 아니하며, 이 청구권은 침탈을 당한 날로부터 1년 이내에 행사하여야 한다』라고 규정하고 있다.

여기서 침탈이란 당사자의 의사에 기하지 않고서 점유를 빼앗긴 것을 말하며, 사기에 의하여 물건을 인도한 것은 해당되지 않는다(대법원 91다17443 판결). 민법에서 사기란 하자있는 의사표시의 한 유형인데, 의사표시를 한 자가 기망자의 기망행위에 의하여 비록 잘못된 것이지만 진정한 의사표시를 한 것이므로, 그 의사표시를 한 자의 의사에 반하는 것은 아니기에 사기에 의한 물건의 교부는 침탈이 아닌 것이다.

그리고 간접점유자의 경우는 직접점유자가 그 점유를 침탈당할 때 간접점유자의 점유도 침탈당한 것이 되며, 만약 직접점유자가 임의로 점유물을 타인에게 인도한 경우 그 점유이 이전이 간접점유자의 의사에 반한다 하여도 이는 간접점유자의 점유가 침탈당한 것은 아니다(대법원 92다5300 판결 참조).단지 직접점유자가 간접점유를 배신한 것에 불과하다.

2) 점유물반환청구권의 행사방법과 유치권과의 관련성

민법 제204조가 예정한 점유의 회수의 소 즉 점유물반환청구권의 행사의 진정한 의미는 유치권자가 제3자에 의하여 목적물에 대한 점유를 침탈당하여 유치권이 소멸했을 지라도 침탈당한 날로부터 1년 이내에 점유회수의 소를 제기하여 승소하면 소멸된 유치권은 회복된다는 점이다.

다만, 점유물반환청구권의 행사방법은 직접청구와 소송상 청구로 나눌 수 있으며, 직접청구는 침탈자를 찾아가서 그 물건을 돌려달라고 직접 요구하는 것이며, 이에 침탈자가 응하지 않을 때 소송으로 물건인도청구를 하는 것이다. 이하에서 관련된 사례용 판례를 본다.

[사례용 판례주제 11] 점유를 침탈당한 자의 보호방법

서울중앙지법 2009 가합49365 판결

<판례핵심>

점유를 침탈당한 자는 점유물반환청구권의 행사하여 유치권의 보호를 받을 수 있음을 보여주는 판례(서울중앙지법 2009가합49365 판결)

< 판결요지>

이 사건에 관하여 보건대, 원고가 이 사건 아파트를 점유하면서 징수금채권 등 피담보채권의 보전을 목적으로 유치권을 행사하고 있었고, <u>피고들이 원고의 유치권 행사 사실을 알면서도 이 사건 아파트를 인도받아 현재 점유하고 있는 사실</u>

은 앞서 본 바와 같으므로, 원고는 피고들을 상대로 점유물반환청구권을 행사하여 이 사건 아파트의 반환을 구할 수 있고 이로써 점유를 회수한 때에는 원고의 유치권은 여전히 그 효력이 유지된다.

따라서 원고가 피고들을 상대로 유치권에 기하여 점유물반환청구권을 행사할 수 있는지는 별론으로 하고, 점유물반환청구권의 행사가 가능한 상태에서 유치권 상실에 대한 손해배상으로서 미변제 피보전채권액 상당을 구하는 이 사건 청구는 이유 없고, 달리 원고가 이 사건 아파트에 관한 점유의 일시적인 상실로 인하여 입은 손해액에 대한 구체적인 주장·입증이 없는 이상 원고의 손해배상청구는 이유 없다.

[사례용 판례주제 12] 점유회수의 소에서 판단할 사항

부산고법 2007나17697 판결

<판례핵심>

점유회수의 소에 있어서는 점유를 침탈당하였다고 주장하는 당시에 점유하고 있었는지의 여부만을 심리하면 되는 것이라는 판례(부산고등법원 2007나17697 판결)

<사실관계 : 원고들의 주장>

원고들은 피고를 상대로 점유방해금지가처분 결정을 받아 이 사건 건물 내에 그 결정문을 부착하고 관리인을 두어 이 사건 건물 전부를 점유하고 있었으나, 2007. 3. 4.경 피고가 이 사건 건물의 자물쇠를 몰래 열고 안으로 들어가 원고들의 의사에 반하여 원고들의 점유를 침탈하였으므로, 피고는 침탈한 원고들의 점유를 원상회복하여야 할 의무가 있다고 주장한다. 따라서 원고가 점유를 침탈당하였다는 시점은 2007. 3. 4.경이며, 이 시점에 원고가 이 사건 건물을 점유하고 있었는가에 대한 부산고법의 판단이다.

<부산고법의 판단>

1. 점유의 의의

점유라 함은 물건이 사회통념상 그 사람의 사실적 지배에 속한다고 보여지는 객관적 관계에 있는 것을 말하고, 사실상의 지배가 있다고 하기 위하여는 반드시 물건을 물리적, 현실적으로 지배하는 것만을 의미하는 것은 아니고, 물건과 사람과의 시간적, 공간적 관계와 본권관계, 타인 지배의 배제가능성 등을 고려하여 사회관념에 따라 합목적적으로 판단하여야 하는 것이며, 점유회수의 소에 있어서는 점유를 침탈당하였다고 주장하는 당시에 점유하고 있었는지의 여부만을 심리하면 되는 것이다(대법원 2003. 7. 25. 선고 2002다34543 판결 참조).

2. 원고들의 점유 침탈 여부에 대한 판단

1) 이 사건에서 원고들이 점유를 침탈당하였다는 2007. 3. 4.경 이 사건 건물 전체를 점유하고 있었는지에 관하여 살피건대, 원고 제시의 각 증거의 기재내용과 증인의 증언에 의하면, 이 사건 건물 전체에 관하여 점유방해가 처분 결정을 받은 사실만으로는 이를 인정하기에 부족하고, 달리 이를 인정할 증거가 없다.

2) 반면 앞서 인정한 다음과 같은 사정들, 즉 2006. 10. 30. 이 사건 인도집행 당시 이 사건 건물 중 이 사건 사무실 외 다른 부분은 모두 피고에게 인도집행되었고, 그 이전에도 소외인들이 이 사건 사무실을 제외한 이 사건 건물 내에서 찜질방 영업을 한 점, 이 사건 건물의 출입문 열쇠는 피고 부부만 소지하고 있을 뿐 원고들은 출입문 열쇠조차 확보하지 못한 점 등을 종합해 볼 때, 2007. 3. 4.경 원고들이 피고의 지배를 배제하고 이 사건 건물 전체를 점유하고 있었다기 보다는 피고의 양해 하에 이 사건 건물에 출입하면서 이 사건 사무실만을 점유해 온 것으로 보이므로, 원고들의 이 부분 청구는 더 나아가 살필 필요 없이 이유 없다.

<해설>

1. 점유 회수의 소에서의 점유 여부의 판단시점

1) 점유회수의 소는 민법 제204조(점유의 회수)에 터잡은 소송인데, 동 조에서는 『점유자가 점유의 침탈을 당한 때에는 그 물건의 반환 및 손해의 배상을 청구할 수 있다』고 규정하고 있다. 따라서 점유회수의 소에서 원고의 청구에 대한 당부를 판단하고 할 때는 "점유를 침탈당한 때"에 원고 즉 점유자가 점유를 하고 있었는가를 판단하면 된다. 그래서 대법원은 "점유회수의 소에 있어서는 점유를 침탈당하였다고 주장하는 당시에 점유하고 있었는지의 여부만을 심리하면 되는 것이다"라고 판시하고 있다.

따라서 위 부산고법에서도 위 대법원의 판결에 따라 "이 사건에서 원고들(공사업자이며, 유치권자임)이 점유를 침탈당하였다는 2007. 3. 4.경 이 사건 건물 전체를 점유하고 있었는지에 관하여 살펴본다"라고 판시하고 있다.

2. 부산고법의 판단 근거들

1) 부선고법의 판결 내용 중 "㉠ 위 원고들이 이 사건 건물 전체에 대하여 점유방해금지가처분을 받은 사실만으로는 이 사건 건물 전체를 점유하고 있었다고 보기 어려우며"라는 부분을 주의할 필요가 있다. 사실상 점유방해금지가처분은 신청사건이며, 그래서 신청인이 제출한 서류만을 가지고 당부를 판단하게 되므로 본안소송까지 가기 전에는 가처분신청자의 피보전권리가 진정하게 성립되는 지를 확실하게 알 수 없다. 그래서 부산고법도 원고들이 이 사건 건물 전체에 대하여 점유방해금지가처분을 받은 사실만으로는 이 사건 건물 전체를 점유하고 있었다고 보기 어렵다고 판시하고 있는 것이다.

2) 다음으로 볼 것은 "㉡ 2006. 10. 30. 이 사건 인도집행 당시 이 사건 건물 중 이 사건 사무실 외 다른 부분은 모두 피고에게 인도집행되었고"라는 부분이다. 만약 원고들이 피고의 인도명령집행이 부당했다면 그 인도명령을 집행법원이 결정할 때 또는 집행할 때 이의를 신청하여 인도명령의 무력화를 시도할 수 있는데, 그렇지 않았다는 점이다. 따라서 인도명령이 아무런 문제없이 집행되었다는 말은 적어도 집행하는 부분에 대하여는 원고들이

점유를 하고 있지 않았다는 증거가 된다.

그리고 피고의 인도명령을 집행하기 전에 "그 이전에도 소외인들이 이 사건 사무실을 제외한 이 사건 건물내에서 찜질방 영업을 한 점"도 원고들이 점유를 부정하는 근거가 된 것으로 보인다.

3) 다음으로 부산고법이 "ⓒ 이 사건 건물의 출입문 열쇠는 피고 부부만 소지하고 있을 뿐 원고들은 출입문 열쇠조차 확보하지 못한 점 등을 종합해 볼 때"라고 한 부분을 주의할 필요가 있다. 특정 건물의 열쇠를 소지하고 있다고 해서 그 건물을 점유하고 있다는 판단은 할 수 없지만, 상시 그 건물에 출입하는 사람만이 건물에 대한 열쇠를 소지하고 있다면, 이는 그 사람만이 그 건물을 사실상 지배하고 있다고 봐야 하기 때문이다. 그렇기 때문에 부산고법은 " 2007. 3. 4.경 원고들이 피고의 지배를 배제하고 이 사건 건물 전체를 점유하고 있었다기 보다는 피고의 양해 하에 이 사건 건물에 출입하면서 이 사건 사무실만을 점유해 온 것으로 보인다"라고 판시하고 있는 것이다.

4) 위의 판례를 유치권을 주장하는 자들이 경매를 통하여 건물을 매수한 사람에게 점유회수의 소를 제기한 것이다. 따라서 경매 후의 사후적 사건이다. 그런데 우리는 경매에 입찰을 하기 전에 유치권이 신고된 물건에 대한 분석을 한 후 입찰여부를 결정해야 하는 입장이다. 따라서 현장에서 해당 건물에 대한 주도적인 점유자가 누구인지 그리고 임차인이 있을 때 인도명령을 발하면 쉽게 집행할 수 있는 지를 항시 검토할 수 있어야 하겠다.

(4) 점유의 승계와 유치권의 주장

[사례용 판례주제 13] 피담보채권의 이전 없는 점유만의 승계

대법원 72다548 판결

<판례핵심>

피담보채권의 이전이 없이 점유의 승계만으로는 유치권의 승계가 이루어지지 않는다는 판례(대법원 1972.5.30. 선고 72다548 판결)

<판결요지>

소외인 이○휘가 이 사건 건물에 관하여 공사금 채권이 있어 이○휘가 이 건물을 점유하고 있다면 이○휘에게는 위 공사금 채권을 위하여 이 건물에 대한 유치권이 인정될 것이다. 그러나 피고들이 이○휘로부터 그 점유를 승계한 사실이 있다고 하여 피고들이 이○휘를 대위하여 유치권을 주장할 수는 없다. 왜냐하면 피대위자인 이○휘는 그 점유를 상실하면서 곧 유치권을 상실한 것이기 때문이다. 이 사건에서는 원심이 정당하게 판단하고 있는바와 같이 이○휘의 위의 공사금 채권이 피고들에게 이전된 사실도 없는 것이다.

<해설>

1. 유치권 승계 또는 대위의 요건

유치권은 물권 중 담보물권이며, 그러기에 유치권의 승계가 있으려면 피담보채권에 대한 승계절차가 뒤따라야 하는데, 피담보채권에 대한 승계절차는 두가지의 요건을 요하는데, 이는 ㉠ 지명채권 양도의 절차 즉 채권양도계약과 채무자에 대한 내용증명에 의한 통지(채무자의 승낙도 포함됨)라는 과정을 거쳐야 하며, ㉡ 또한 물권의 공시 상의 이전절차도 있어야 하므로 점유의 승계가 이루어져야 비로소 유치권이 승계된다. 그리고 위 판례도 지적하는 바와 같이 만약 공사대금채권 즉 피담보채권이 점유의 승계와 함께 이루어졌다면 유치권은 성립될 수 있다고 보고 있다. 위 판례에서는 "피고들이 이○휘를 대위하여 유치권을 주장할 수는 없다. 왜냐하면 피대위자인 이○휘는 그 점유를 상실하면서 곧 유치권을 상실한 것이기 때문이다"라고 판시하여 유치권의 대위행사만을 다루고 있는 것처럼 보이나 위 판례는 유치권의 대위행사뿐만 아니라 유치권의 승계(양도)에 대한 전번적인 요건을 다루고 있는 판례로 봄이 좋을 듯하다.

그리고 유치권의 대위행사의 법리는 민법 제481조 변제자의 법정대위에서 그 법리를 도출함이 타당하다고 보며, 그렇다면 의당 피담보채권이 이전되어야 한다는 것을 쉽게 받아들일 수 있으리라 본다.

마. 점유의 시작과 유지는 적법해야 한다

(1) 유치권이 성립하기 위해서는 유치권자는 타인의 물건이나 유가증권을 점유하고 있어야 하는데, 그 점유는 불법행위로 인하여 시작된 것이 아니어야 한다(민법 제320조 제2항 참조). 즉 점유의 시작과 유지는 적법해야 하는데 이는 곧 평온·공연한 점유이어야 한다는 뜻이며, 따라서 폭력에 의한 점유 또는 남 몰래(은비)하는 점유는 소유자 또는 채무자의 승낙이 없어서 불법행위에 기한 점유가 된다. 결국 유치권자의 점유는 채무자 또는 소유자의 허락 또는 묵시적 승낙에 기한 점유이어야 한다. 단, 묵시적 승낙에 의한 점유는 해석에 따라서 정당한 유치권의 행사요건인 점유로 인정받지 못할 수 있다. 그런 예로 유치권자의 강압에 의하여 채무자 또는 소유자가 그 유치권자의 점유를 묵인하는 경우 엄밀하게 말하여 묵인은 단순히 참고 견디는 것이며, 이런 것이 법적인 의미를 가지는 묵시적 승낙은 아닌 것이다. 민법상의 사적자치는 당사자의 자유로운 의사형성의 자유를 바탕으로 하는 것이기 때문이다.

(2) 그리고 학설과 판례는 불법행위에 기한 점유의 개념을 확대하여 사기·강박 등에 의하여 점유를 취득한 경우뿐만 아니라, 채무자에게 대항 할 수 있는 권원이 없이 또는 권원이 없음을 알거나, 중대한 과실로 알지 못하고 점유를 시작한 경우 등도 불법적인 점유의 모습으로 보고 있다. 이와 같은 모든 불법행위에 기한 점유 또는 불법적인 점유는 민법 제 320조에 기한 적법한 점유가 아니므로 유치권의 불성립을 근거로 목적물의 반환청구 또는 유치권의 소멸청구가 가능하다.

(3) 그리고 점유의 시작에는 적법하였으나 어떤 사정으로 인하여 점유가

불법하게 된 경우도 역시 불법행위에 의한 점유가 된다. 따라서 임차인이 임대차 계약의 종료 또는 임대차계약이 해지되고 보증금반한 등이 문제가 청산되어 더 이상 점유할 권한이 없음에도 불구하고 임차목적물에 비용을 투입해도 이는 불범점유에 기인하여 이런 비용을 근거로 유치권을 주장할 수는 없다.

그리고 위와 같은 점유의 적법성은 매우 중요하며, 이는 민법 제324조 제2항과 연관하여 적법성 여부를 판단할 수 있어야 한다. 이하에서 관련 판례를 본다.

[사례용 판례주제 14] 법률상 당연 무효인 점유의 효력

대법원 69다60 판결

<판례핵심>

부동산을 매수하는 과정이 당연무효인 경우 그런 매수에 기하여 매수인이 해당 부동산을 점유하는 것은 불법점유라는 판례(대법원 69다60 판결)

<판결요지>

민법 제203조, 제320조 소정의 점유는 간접점유를 포함함이 소론과 같으나, 귀속재산처리법 제2조 제3항에 의하여 주식이 국가에 귀속된 국내법인의 재산은 동법 제8조 단서에 의하여 해산의 경우 이외에는 처분하지 못하며, 만일 처분하더라도 법률상 당연 무효라 함이 당원의 판례인바, <u>본건에 있어서는 피고 소년의숙이 관재당국으로부터 원고의 재산인 본건 부동산을 위의 해산절차 없이 매수하였다는 것이므로 이는 당연무효이고 피고 소년의숙이 본건 부동산에 대한 점유는 권원이 없는 불법점유자임을 면할 길 없으니 설사 위 부동산에 대하여 필요비나 유익비를 지출하였다 하더라도 유치권이 발생한다 할 수 없으므로</u> 원심의 유치권항변을 배척한 조치에는 이러한 판단이 포함된 것이라 할 것이므로, 원판결에는 소론과 같은 유치권에 관한 법리를 오해한 위법이 있다 할 수 없으니

이점에 대한논지 역시 이유 없다고 판시하여 불법점유자에게는 유치권이 인정되지 않는다고 하였다.

[사례용 판례주제 15] 중대한 과실있는 불법점유

대법원 66다600,601 판결

<판례핵심>

점유할 권한이 없음을 알았거나 알지 못함에 중대한 과실에 기인한 경우에도 불법점유가 된다는 판례(대법원. 66다600,601 판결)

<판결요지>

어떠한 물건을 점유하는 자는 소유의 의사로 선의, 평온 및 공연하게 점유한 것으로 추정될 뿐만 아니라 점유자가 점유물에 대하여 행사하는 권리는 적법하게 보유하는 것으로 추정되므로 점유물에 대한 유익비상환청구권을 기초로 하는 유치권의 주장을 배척하려면 적어도 그 점유가 불법행위로 인하여 개시되었거나 유익비지출 당시 이를 점유할 권원이 없음을 알았거나 이를 알지 못함이 중대한 과실에 기인하였다고 인정할 만한 사유의 상대방 당사자의 주장입증이 있어야 한다.

바. 물건의 점유와 채권과는 관련 있음을 요하지 않는다

1) 현행법상 유치권의 성립에는 채권자의 채권과 유치권의 목적인 물건과에 일정한 관련성이 있으면 충분하고 물건점유 이전에 그 물건에 관련하여 채권이 발생한 후 그 물건에 대하여 점유를 취득한 경우에도 그 채권자는 유치권으로써 보호되어야 할 것임에도 불구하고, 물건의 점유와 채권과의 관련 있음을 요하는 것으로 판단한 원판결에는 유치권 성립에 관한 법리를 오해한 위법이 있다할 것이다(대판 64다1977)

2) 따라서 위 판례의 결론은 물건의 점유와 채권과는 관련 있음을 요하지 않는다는 것이다. 그리고 대법원 65다258 판결에서도, 유치권의 성립에는 채권자의 채권과 유치권의 목적인 물건 사이에 일정한 관련이 있으면 충분하고, <u>물건 점유 이전에 그 물건에 관련하여 채권이 발생한 후 그 물건에 대하여 점유를 취득한 경우에도 그 채권자는 유치권으로 보호되어야 할 것이므로, 물건의 점유와 채권의 관련은 유치권의 성립요건이 아니다</u> 라고 판시하였다(이 판례는 대법원 홈페이지에 게재되지 않아서 민법강의 김준호저, P739에서 발췌함).
3) 학자들이 물건의 점유와 채권의 관련은 유치권의 성립요건이 아니다 라는 말을 채권과 물건 점유와의 관련성(견련성)이라는 말로 설명하는데 같은 말이다.

4. 채권은 그 건물이나 토지에 관하여 생긴 것이어야 한다

민법 제320조의 법문은 『그 물건이나 유가증권에 관하여 생긴 채권』이라고 규정하고 있는데, 강학상 이를 목적물과 채권과의 견련성(牽連性)이라고 한다. 그리고 이 부분은 필자가 유치권이 개념정립 분에서 설명한 부분을 참고하면 되며, 여기서는 첫 째 목적물로부터 채권이 발생해야 하는데 그 채권은 어떤 채권인지, 두 번째로 채권이 목적물로부터 어떤 원인에 기하여 발생하는지, 끝으로 통설과 판례가 채권이 목적물의 반환청구권과 동일한 법률관계 또는 사실관계로부터 발생하는 경우는 어떤 경우 등으로 나누어서 살펴보고자 한다. 따라서 소목차를 ㉠ 채권 즉 피담보채권의 성격, ㉡ 피담보채권의 발생원인으로서의 직접관련성(채권이 목적물 자체로부터 발생한 경우), ㉢ 채권이 목적물의 반환청구권과 동일한 법률관계 또는 사실관계로부터 발생하는 경우, ㉣ 채권과 목적물 간의 견련성이 부정되는 경우를 순서대로 관련판례를 소개하며 설명하고자 한다.(설명할 내용이 앞의 유치권의 개념정립에 나온 것과 같거나 유사한 것이 있어도 독자들의 넓은 아량으로 이해해 주시기를 구한다)

가. 채권 즉 피담보채권의 성격

(1) 민법 제320조에서 유치권의 성립요건으로 『그 물건이나 유가증권에 관하여 생긴 채권』이라는 표현을 쓰고 있는데, 이 말은 유치권을 주장하는 자가 목적물에 대하여 직접적인 관련성을 가져야 한다는 것으로서 목적물 자체에 직접 노무·가공 기타 급부를 제공하고, 이런 행위로 인하여 투입된 비용에 대하여 법률상 반환청구가 가능해야 한다는 뜻이며, 판례는 이를 채권이 목적물 자체로부터 발생한 경우라고 말하고 있다. 그리고 반환청구가 법률상 허용되는 비용을 위 법문에서는 채권이라고 말하고 있다. 또한 이 채권은 금전채권을 말하지만 장래 금전채권으로 전환될 가능성이 있는 비금전채권도 가능하다고 보는 것이 통설의 입장이다.

(2) 그리고 판례는, 이러한 채권의 성격과 관련하여, 수급인인 피고의 본건 공사잔금채권이나 그 지연손해금청구권과 도급인인 원고의 건물인도청구권은 모두 원, 피고 사이의 건물신축도급계약이라고 하는 동일한 법률관계로부터 생긴 것임이 인정될 수 있으므로 피고의 본건 손해배상채권 역시 본건 건물에 관하여 생긴 채권이라 할 것이며 채무불이행에 의한 손해배상청구권은 원채권의 연장으로 보아야 할 것이므로 물건과 원채권과 사이에 견련관계가 있는 경우에는 그 손해배상채권과 그 물건과의 사이에도 견련관계가 있는 법리라 할 것으로서 본건 손해배상채권이 소론과 같이 배상액의 예정에 해당하는 특약조항에 의하여 발생한 것이라 하여 그 결론을 달리 할 바 못된다 라고 판시하고 있다(대법원 76다582 판결).

나. 피담보채권의 발생원인으로서의 직접관련성,

(1) 피담보채권의 발생원인으로서의 직접관련성은 다른 말로 채권과 목적물 간의 견련성이라고 하며, 이에 대하여 판례는 "채권이 목적물 자체로부터 발생한 경우"라고 설명하고 있는데, 이와 관련하여 학자에

따라서는 피담보채권이 목적물 자체로 발생한 경우란 채권이 목적물 자체를 "원인"으로 하여 발생한 경우를 의미하며 이 때 비로소 목적물과 채권과의 견련성(牽連性)의 인정된다고 보며, 반대로 피담보채권이 목적물 자체를 "목적으로"하는 경우는 견련성을 부정하는 것으로 설명하는 분도 계시는데(이론사례중심 유치권과 경매 곽용진 저 p.89참조), 이를 적용하여 견련성이 부정되는 예를 들어보면, 임차인이 임대인에 대하여 갖는 임대차보증금반환채권이 있으며, 임대차보증금반환채권은 임차인이 임차목적물을 얻기 위한 "목적으로" 임대인에게 지급되는 것이므로 위와 같은 해석논리는 일견 타당하다고 보여진다.

(2) 어째든 피담보채권의 발생원인을 찾으려면, 목적물 특히 부동산에 대한 점유와 관련하여 금전채권이 발생할 수 있는 예를 찾아야 하며, 이는 현행민법에서 타인의 부동산에 대한 점유를 정당화하는 제도가 무엇인지를 살펴보는 것이 우선이다.

따라서 물권법에서는 점유권, 지상권, 전세권이 있고, 채권에서는 임차권이 대표적이며, 사용대차, 임치계약, 도급계약 그리고 특수한 예로 사무관리를 들 수 있는데, 통상 부동산 경매에서 유치권의 피담보채권의 발생원인이 되는 것은 임차인의 비용상환청구와 공사수급인의 공사비채권이므로 이하에서도 ㉠ 점유권이 기한 경우, ㉡ 임차권이 기한 경우, ㉢ 공사도급과 관련된 경우 등의 세 부분으로 나누어서 설명하며, 또한 이 부분은 내용이 많은 관계로 별도의 로마자를 써서 큰 항목으로 나누어서 고찰하며, 대신 유치권의 성립요건을 계속이어서 설명한다. 임차권이 기한 유치권과 공사도급계약에 기한 유치권의 경우 너무 작은 세목차로 정리하는 것이 독자들이 읽기에 부담스러울 것 같아서 위와 같이 편집하니 독자들의 이해를 구한다. 참고로, 판례는 부동산에 대한 사용대차관계에서 유치권이 발생하는 예를 인정한 바가 있는데, 이는 관련판례(2008다34828)에서 설명하기로 한다.

다. 피담보채권이 목적물의 반환청구권과 동일한 법률관계나 사실관계로부터 발생한 경우

민법 제320조에 의하면 "그 물건에 관하여 생긴 채권"이라는 표현을 쓰고 있는 이에 대하여 통설은 채권이 목적물 자체로부터 직접 발생한 경우와 채권이 목적물의 반환청구권과 동일한 법률관계나 사실관계로부터 발생한 경우 두 가지를 포함하는 의미로 해석하며, 필자는 전자의 경우를 "피담보채권의 발생원인으로서의 직접관련성"이라는 부분에 배치하고, 본란에서는 후자를 설명하고자 한다.

통상 피담보채권이 목적물의 반환청구권과 동일한 법률관계나 사실관계로부터 발생하였다는 말은, 피담보채권을 부담하는 채무자는 채권자에 대하여 목적물반환청구권을 가지고 있으며, 이 상태에서 채권자는 피담보채권에 기하여 해당 목적물에 유치권을 행사하여 인도를 거절하는 관계라고 설명할 수 있으며, 아래에서는 이런 관계에 기하여 유치권이 인정될 수 있는 피담보채권이 되는가에 대하여 판례가 인정한 것과 부정한 것을 제시하고자 한다.

[사례용 판례주제 16] 명의신탁약정에 기한 부당이득반환청구채권과 유치권의 성부

대법원 2008다34828 판결

<판례핵심>

명의신탁약정에 기하여 명의신탁자가 명의수탁자에게 가지는 부당이득반환청구채권은 목적물의 반환청구권과 동일한 법률관계나 사실관계로부터 발생한 것이 아니라는 판례(대법원 2008다34828 판결 유치권부존재확인청구 사건)

<대법원의 판단>

1) 명의신탁자와 명의수탁자가 이른바 계약명의신탁약정을 맺고 명의수탁자가 당사자가 되어 명의신탁약정이 있다는 사실을 알지 못하는 소유자와 사이에 부동산에 관한 매매계약을 체결한 뒤 수탁자 명의로 소유권이전등기를 마친 경우에는 명의신탁자와 명의수탁자 사이의 명의신탁약정은 무효이지만 그 명의수탁자는 당해 부동산의 완전한 소유권을 취득하게 된다. (부동산 실권리자 명의 등기에 관한 법률 제4조 제1항, 제2항 참조)
2) 반면 명의신탁자는 애초부터 당해 부동산의 소유권을 취득할 수 없고, 다만 그가 명의수탁자에게 제공한 부동산 매수자금이 무효의 명의신탁약정에 의한 법률상 원인 없는 것이 되는 관계로 명의수탁자에 대하여 동액 상당의 부당이득반환청구권을 가질 수 있을 뿐인바, 명의신탁자의 이와 같은 부당이득반환청구권은 부동산 자체로부터 발생한 채권이 아닐 뿐만 아니라 소유권 등에 기한 부동산의 반환청구권과 동일한 법률관계나 사실관계로부터 발생한 채권이라고 보기도 어려우므로, 결국 민법 제320조 제1항에서 정한 유치권 성립요건으로서의 목적물과 채권 사이의 견련관계를 인정할 수 없다 할 것이다.

<해설>

1) 위 판례의 핵심은 피고(명의신탁자이다)가 부동산을 점유하고 있었고 또한 피고의 입장에서 점유를 정당화하는 금전채권 즉 부당이득반환청구채권을 가지고 있었지만, 이 채권은 부동산 자체로부터 발생한 채권도 아니며, 또한 부동산의 반환청구권과 동일한 법률관계나 사실관계로부터 발생한 채권도 아니라는 말이다.
2) 따라서 이러한 채권의 성격은 명의수탁자의 법률상 원인없는 이익의 취득에 대하여 그 이득의 반환을 구하는 채권이어서 목적물과 채권과의 견련성을 인정할 수 없다고 지적하는 점이다. 특히 판례는 이를 소유권 등에 기한 부동산의 반환청구권과 동일한 법률관계나 사실관계로부터 발생한 채권이라고 보기도 어렵다고 하였다.
3) 왜 그런가? 계약명의신탁의 경우 명의수탁자는 완전한 소유권을 취득하므로,

명의신탁자가 해당 부동산의 반환을 청구할 여지가 없기 때문이다.

[사례용 판례주제 17] 공사업자의 지연손해금청구채권과 유치권

대법원 76다582 판결

<판례핵심>
공사도급계약에서 수급인이 도급인에 대하여 갖는 지연손해금청구권은 피담보채권이 된다는 판례(76다582 판결)

<판결요지>
대법원은, "수급인인 피고의 본건 공사잔금채권이나 그 지연손해금청구권과 도급인인 원고의 건물인도청구권은 모두 원, 피고 사이의 건물신축도급계약이라고 하는 동일한 법률관계로부터 생긴 것임이 인정될 수 있으므로 피고의 본건 손해배상채권 역시 본건 건물에 관하여 생긴 채권이라 할 것이다"라고 하였다.

<해설>
1. 위 판례의 중요성
   위 판례에 따르면, 공사업자의 유치권의 기초가 되는 피담보채권이 공사대금채권 뿐 만 아니라 손해배상채권까지 확장될 수 있음을 인정하고 있는데, 특히 신축건물에 대한 유치권의 경우 직접적인 공사대금 외에 지연손해배상금도 피담보채권이 되어서 해당 물건을 매수한 매수인이 부담해야 하는 경우가 생길 수 있음을 경고하는 중요한 판례이다.
2. 채권이 목적물의 반환청구권과 동일한 법률관계나 사실관계로부터 발생한 경우
   다음으로 위 판례를 보면 원고는 도급인이고, 피고는 수급인이며, 도급인인 수급인에게 건물신축공사계약에 기하여 건물의 인도를 청구할 수 있으며, 또한 수급인은 도급인의 인도청구에 맞서서 공사대금의 지급을 청구할 수 있으

며, 양자의 청구의 기초가 되는 법률관계는 건물신축공사계약이다. 따라서 이러한 관계가 채권이 목적물의 반환청구권과 동일한 법률관계나 사실관계로부터 발생한 경우에 해당된다.

참고로, 견련관계의 인정을 채권이 목적물의 반환청구권과 동일한 법률관계로부터 생기는 경우라고 하는데, 여기서 반환청구권의 의미는 인도청구권까지 포함하여 해석하면 된다. 지방법원의 판례들을 보다 보면 반환청구권이라는 표현 대신에 인도청구권이라는 말을 쓰고 있는 경우를 볼 수 있다.

3. 판례가 "채권이 목적물의 반환청구권과 동일한 법률관계나 사실관계로부터 발생한 경우"가 아니라고 부정한 경우

1) 임차인이 임차보증금반환청구권은 피담보채권이 되지 않는다는 판례(대법원 75다1305 판결)

   건물의 임대차에 있어서 임차인의 임대인에게 지급한 임차보증금반환청구권이나 임대인이 건물시설을 아니하기 때문에 임차인에게 건물을 임차목적대로 사용 못한 것을 이유로 하는 손해배상청구권은 모두 민법 제320조에 규정된 소위 그 건물에 관하여 생긴 채권이라 할 수 없으므로 (대법원 4292민상229 판결참조), 원심판결이 이와 같은 취지에서 보증금반환채권과 손해배상채권에 관한 피고의 유치권 주장을 배척한 조치는 정당하다.

2) 임차인의 권리금반환청구권은 피담보채권이 되지 않는다는 판례(대법원 93다62119 판결)

   기록에 의하면, 피고들이 임대인에 대하여 권리금반환청구권이 있다고 주장하면서 이에 기한 유치권의 항변을 하였는데, 원심이 적시한 증거의 기재에 의하면 임대인이 피고들에게 이 사건 건물을 명도받을 때 시설비와 개조비를 반환하기로 약정한 사실은 인정할 수 있으나 그러한 사실만으로 권리금까지도 반환하기로 약정한 것으로 보기는 어렵다 할 것이고, 기록상 이에 관한 약정이 있었다고 볼 만한 자료도 찾아볼 수 없으며, 설사 그와 같은 약정이 있었다 하더라도 소론의 권리금반환청구권은 이 사건 건물에 관하여 생긴 채권이라 할 수 없으므로 그와 같은 채권을 가지고 이 사건 건물에 대한 유치권을 행사할 수 없다 할 것이어서 피고들의 유치권항변은 어차피 배척될 것이 분명하다.

5. 피담보채권은 변제기에 있어야 한다

가. 서설

 채권자가 유치권에 기하여 목적물에 대한 점유를 개시하려면 피담보채권은 변제기에 있어야 한다. 그 결과 변제기가 도래하지 않은 채권에 기하여 목적물을 점유하고 있다면 이는 불법점유로서 유치권으로 인정받을 수 없다.

 그리고 채권에 대한 변제기가 유치권의 성립요건으로 인정받는 이유는, 채권자에게 변제기가 도래하지 않았는데도 유치권의 행사를 인정하면 간접적으로 채무자에게 변제기 전의 변제를 강요하는 위법행위를 법이 조력하는 것이 된다. 따라서 이런 결과는 법이 부정해야 하는 것이므로 민법 제320조에서는 유치권의 성립요건으로 『피담보채권은 변제기에 있어야 한다』라고 요구하고 있다. 다만, 민법 제626조에서의 단서 조항같이 『이 경우 법원은 임대인의 청구에 의하여 상당한 유익비의 상환기간을 허여할 수 있다』라고 규정하고 있는 경우는 법원이 허여한 상환기간 동안은 유치권은 성립하지 않는다. 마찬가지로 채권자 스스로 채무자에 대하여 일정기간 동안 채무의 변제를 유예시켜 준 경우에도 채권자는 목적물을 점유하여 유치권을 행사할 수 없다.

나. 변제기를 판단하는 기준

 다음으로 유치권에 기하여 표현되고 있는 피담보채권이 변제기에 도래하였는가에 대한 판단은 당사자 간의 약정보다는 주로 유치권의 기초되는 법률관계에서 정해진다. 따라서 판례가 2008다34828 판결에서 "민법

제203조 제2항에 의한 점유자의 회복자에 대한 유익비상환청구권은 점유자가 계약관계 등 적법하게 점유할 권리를 가지지 않아 소유자의 소유물반환청구에 응하여야 할 의무가 있는 경우에 성립되는 것이며, 점유자가 유익비를 지출할 당시 계약관계 등 적법한 점유의 권원을 가진 경우에 그 지출비용 또는 가액증가액의 상환에 관하여는 그 계약관계를 규율하는 법조항이나 법리 등이 적용된다"고 판시하였으며, 판례는 위 2008다34828 판결이 문제된 사안의 기본적인 법률관계를 부동산사용대차로 보고, 변제기가 위 판례에서 중요한 쟁점 중의 하나였는데, 기본적인 법률관계인 사용대차 관계가 해소된 시점에 유익비상환의무가 있는 것으로 보았다. 아래에서 변제기가 문제된 판례를 본다.

[사례용 판례주제 18] 토지임차인의 지상물매수청구권과 유치권

대법원 2005다41740 판결

<판례핵심>

토지임차인의 지상물매수청구권에 관한 민법 제643조는 토지의 전세권에도 유추 적용되지만 매수청구권의 행사요건에 적합해야 하며, 다음으로 변제기에 이르지 아니한 채권에 기하여 유치권을 행사할 수 없다는 판례(대법원 2007.9.21. 선고 2005다41740 판결 유치권부존재확인)

<대법원의 판단>

1. 전세권자의 지상물매수청구권에 관한 판단

토지임차인의 건물 기타 공작물의 매수청구권에 관한 민법 제643조의 규정은 성질상 토지의 전세권에도 유추 적용될 수 있다고 할 것이지만, 그 매수청구권은 토지임차권 등이 건물 기타 공작물의 소유 등을 목적으로 한 것으로서 기간이 만료되어야 하고 건물 기타 지상시설이 현존하여야만 행사할 수 있는 것이다.

위 법리와 기록에 비추어 살펴보면, 원심이 피고는 이 사건 건물과 그 부지인 토지 전부에 대한 전세권자일 뿐이고 토지 부분만 분리하여 건물소유를 목적으로 토지임대차를 한 것이 아니며 또한 그 전세권의 존속기간이 만료되지도 않은 이상 위 매수청구권이 발생하였다고 할 수 없으니 이를 피담보채권으로 한 피고의 유치권은 성립할 수 없다고 판단한 것은 정당한 것으로 수긍이 간다.

2. 공사대금청구권에 기한 유치권에 관한 판단

원심판결 이유를 기록에 비추어 살펴보면, 공사대금청구권에 기한 피고의 유치권 주장은 이 사건 전세권 관련 합의서 제7조에 의한 피고의 전세권설정자에 대한 공사비용상환청구권을 피담보채권으로 한 것임을 알 수 있는바, 위 공사비용상환청구권은 이 사건 전세권의 기간 만료시에 변제하기로 약정되어 있으므로 아직 그 변제기가 도래하지 아니하였고, 따라서 이를 피담보채권으로 한 유치권이 성립될 수 없어 피고의 이 부분 주장은 배척될 수밖에 없다고 할 것이므로 원심판결은 결론에 있어서 정당하고, 원심의 위 잘못은 판결 결과에는 영향이 없다.

3. 지상물매수청구권등에 기한 유치권에 관한 판단

유치권은 그 목적물에 관하여 생긴 채권이 변제기에 있는 경우에 성립하는 것이므로 아직 변제기에 이르지 아니한 채권에 기하여 유치권을 행사할 수는 없다고 할 것이다.

원심판결 이유를 위 법리와 기록에 비추어 살펴보면, 원심이 이 사건에서 피고가 주장하는 지상물매수청구권이나 부속물매수청구권 또는 비용상환청구권 등은 어느 것이나 피고의 전세권의 존속기간이 만료되는 때에 발생하거나 변제기에 이르는 것인데, 아직 그 전세권의 존속기간이 만료되지 아니하였으므로 위 각 채권에 기한 피고의 유치권은 성립되지 아니한다는 취지로 판단한 것은 정당하다.

6. 유치권을 배제하는 특약(합의)이 없어야 한다.

가. 서설

　유치권은 법정담보물권이지만, 통설과 판례는 피담보채권에 대한 채권자와 채무자 간의 유치권을 배제하는 합의는 유효한 것으로 인정하고 있으며, 이러한 유치권배제특약이 있는 경우 유치권은 성립되지 못한다. 이하에서 어떤 경우 유치권의 성립을 배제하는 특약으로 인정되는지 관련 판례를 통해 본다.

나. 임차인의 원상회복 약정과 유치권

　건물의 임차인이 임대차관계 종료시에는 건물을 원상으로 복구하여 임대인에게 명도하기로 약정한 것은 건물에 지출한 각종 유익비 또는 필요비의 상환청구권을 미리 포기하기로 한 취지의 특약이라고 볼 수 있어 임차인은 유치권을 주장을 할 수 없다(대판 73다2010).

다. 유치권 포기의 의사표시의 효력

(1) 피고의 아버지인 소외인이 회사에 대한 채권을 확보하기 위하여 회사 소유의 부동산을 피고로 하여금 점유 사용하게 하고 있다가 아무 조건없이 위 부동산을 명도해 주기로 약정하였다면 이는 유치권자가 유치권을 포기한 것이라고 할 것이므로 그 약정된 명도 기일 이후의 점유는 위 소외인으로서도 적법한 권원 없는 점유이다.
(2) 판결이유에서는 유치권자가 유치권을 포기하는 경우 그 의사표시만으로써는 효력이 발생하지 아니한다는 논지주장은 부당하며, 독자적 견해에 불과하다고 판시하였으며, 위 판례의 의의는 유치권의 포기는 포기의 의사표시만으로 그 유치권 소멸의 효력이 발생하고 점유의 포기(이전)까지 있어야 하는 것은 아니라는 것이며, 그 결과 유치권포기

의 의시표시 후에 계속되거나 이루어진 목적물에 대한 점유는 불법점유가 된다는 것이다. 따라서 유치권자의 점유는 적법한 점유이어야 한다는 판례이기도 하다(대판 80다1174).

라. 유치권행사배제약관의 효력

(1) 약관의 규제에 관한 법률은 제6조 제1항에서 『신의성실의 원칙에 반하여 공정을 잃은 약관조항은 무효이다』라고 규정하고, 제11조에서 『고객의 권익에 관하여 정하고 있는 약관의 내용 중 다음 각 호의 1에 해당되는 내용을 정하고 있는 조항은 이를 무효로 한다』고 규정하면서 그 제1호에 『법률의 규정에 의한 고객의 항변권, 상계권 등의 권리를 상당한 이유 없이 배제 또는 제한하는 조항』을 들고 있다. 따라서 공평의 관점에서 창고업자에게 인정되는 권리인 유치권의 행사를 상당한 이유 없이 배제하는 내용의 약관 조항은 고객에게 부당하게 불리하고 신의성실의 원칙에 반하여 공정을 잃은 것으로서 무효라고 보아야 한다.
(2) 금융기관인 양도담보권자가 양도담보 목적물을 보관하는 창고업자로부터 '창고주는 양도담보권자가 담보물 임의처분 또는 법적 조치 등 어떠한 방법의 담보물 환가와 채무변제 충당시에도 유치권 등과 관련된 우선변제권을 행사할 수 없다'는 문구가 부동문자로 인쇄된 확약서를 세출받은 사안에서, 이는 창고업자가 보관료 징수 등을 위하여 공평의 관점에서 보유하는 권리인 유치권의 행사를 상당한 이유 없이 배제하고 일방적으로 금융기관인 양도담보권자의 담보권 실행에 유리한 내용의 약관 조항으로서, 고객에게 부당하게 불리하고 신의성실의 원칙에 반하여 공정을 잃은 것이므로 무효라고 보았다(대판 2009다61803,61810).

마. 임차인이 임대인에게 한 가건물 증여의 의시표시

토지임대차계약을 체결함에 있어서 임차인이 토지 위에 정구장 시설

및 그 부대시설인 가건물 등을 임차인의 비용으로 설치, 건축하여 정구장을 운영하되 임대차가 종료되었을 때에는 주위시설물 및 가건물을 임대인에게 증여하기로 약정한 사실이 인정된다면 이는 임차인이 유익비 상환청구를 할 수 없다는 취지를 약정한 것으로 볼 것이다(대판 81다187).

Ⅳ. 점유권에 기한 유치권

1. 점유자의 비용상환청구권

가. 의의

점유권에 기하여 타인의 물건을 점유하는 자와 그 물건에 대한 본권을 가진 회복자와의 관계에서, 회복자가 점유자에 대하여 목적물의 반환을 청구할 때, 점유자가 목적물에 대하여 투입한 비용의 청구를 인정해주는 규정이 민법 제203조의 비용상환청구권이다. 그리고 점유자는 민법 제203조에 근거하여 점유자가 회복자에게 비용의 상환을 청구하는데, 회복자가 비용을 지급하지 않으면 비용을 지급할 때까지 민법 제320조에 근거하여 유치권을 행사할 수 있는 것이다.

나. 민법 제203조의 비용상환청구권의 내용

여기서 제203조 제1항의 법문을 보면,『점유자가 점유물을 반환할 때에는 회복자에 대하여 점유물을 보존하기 위하여 지출한 금액 기타 필요비의 상환을 청구할 수 있다. 그러나 점유자가 과실을 취득한 경우에는 통상의 필요비은 청구하지 못한다.』그리고 제2항은 『점유자가 점유물을 개량하기 위하여 지출한 금액 기타 유익비에 관하여는 그 가액이 증가가 현존한 경우에 한하여 회복자의 선택에 좇아 그 지출금액이나 증가액의 상황을 청구할 수 있다』고 규정하고 있다.

따라서 점유자가 비용상환청구권에 기하여 유치권을 행사하는 경우는, ㉠ 점유물보존비 기타 필요비의 상환청구에 기하여 유치권을 행사하는 경우와, ㉡ 개량비 기타 유익비의 상환청구권에 기하여 유치권을 행사하는 경우로 나누어서 생각해 볼 수 있다.

2. 점유물보존비 기타 필요비에 기한 유치권 행사의 경우

1) 이 경우 점유자가 과실을 취득한 경우는 통칭 필요비(관리비 포함됨)를 청구할 수 없는 것으로 규정하고 있다. 그래서 이 필요비의 경우 선의 점유자는 의당 과실을 수취할 권리가 있어서, 과실을 수취한 경우 특히 물건의 사용이익을 취득한 경우 필요비의 청구를 인정할 필요가 없게 되며, 이런 경우 필요비상환청구를 근거로 하여서 점유하는 유치권의 행사는 인정되지 않는다.
2) 그러나 악의의 점유자인 경우는 수취한 과실을 반환하여야 하며, 소비하였거나 과실로 인하여 훼손 또는 수취하지 못한 경우는 그 과실의 대가를 보상하여야 한고 규정하고 있어서(민법 제201조 제2항), 적어도 악의의 점유자인 경우 오히려 비용청구의 문제가 아니라 비용배상의 문제가 발생하는 것처럼 보인다. 그런데 이 문제는 수취한 과실의 반환의무와 대가보상의무인 필요비의 청구 간에 상계처리의 문제로 해결될 수 있으므로 결국 이점에서 보면, 선의의 점유자와 악의의 점유가 간에 통상 필요비상환청구의 문제는 발생할 경우는 거의 없고, 또한 이를 이유로 유치권의 주장의 가능성도 거의 없다.
3) 따라서 점유권에 근거한 비용상환청구를 보장받고자 유치권을 주장할 경우 중심이 되는 피담보채권은 유익비라 하겠으며, 이런 유익비상환을 청구하는 경우 선의의 점유자인지, 악의의 점유자인지는 구별하지 않는다. 다만. 위에서 과실이라는 말이 나오므로 이해를 돕기 위해 아래에서 과실의 의의를 설명한다.
4) 참고로, 악의의 점유자가 유익비의 상환을 청구할 수 있다고 하여 이를 근거로 항시 유치권이 인정된다는 말은 성립되지 않는다. 왜냐하면

목적물에 대한 점유가 불법행위에 기한 경우는 부적법한 점유로서 유치권이 부정되기 때문이며, 따라서 점유할 권리가 없음을 알면서 또는 과실로 알지 못한 채 물건을 점유하기에 이른 자의 경우는 유치권을 행사한다고 하여도 이는 부적법한 점유이므로 정당한 유치권으로 인정받지 못한다.

◆ 민법상의 과실

> **1. 과실의 의의**
> 과실이란 물건으로부터 생긴 수익을 말하는데, 과실에는 천연과실과 법정과실로 나누고, 천연과실이란 물건의 용법(통상의 경제적 용도)에 의하여 수취되는 산출물을 말하는데 사과나무에서 나온 사과, 젖소에서 짜낸 우유, 곡물 등을 말하며, 이러한 천연과실은 원물로부터 분리하는 때에 이를 수취할 권리자에게 속한다(민법 제102조 제1항 참조)
> 다음으로 법정과실이란 <u>물건의 사용대가</u>로 받은 금전 기타 물건을 말하며, 건물의 사용대가인 임료, 토지의 사용대가인 지료, 금전소비대차에 발생한 이자 등을 말하는데, 결국 <u>부동산에 대한 유치권과 관련되는 것은 건물에 대한 임료나 토지에 대한 지료일 것이다.</u>
>
> **2. 건물의 사용이익**
> 그리고 과실과 관련하여 논하여지는 것으로서 <u>건물 또는 토지의 사용이익이 있는데, 이 사용이익에 대하여, 판례(대법원 95다44290)는 건물을 사용함으로써 얻은 이익은 그 건물의 과실에 준하는 것이라고 보고 있다.</u> 즉 판결요지를 소개하면, 민법 제201조 제1항에 의하면 선의의 점유자는 점유물의 과실을 취득한다고 규정하고 있는 바, 건물을 사용함으로써 얻은 이익은 그 건물의 과실에 준하는 것이므로, 선의의 점유자가 비록 법률상 원인 없이 타인의 건물을 점유, 사용하고 이로 말미암아 그에게 손해를 입혔다고 하더라도 그 점유, 사용으로 이한 이득을 반환할 의무는 없다고 판시하고 있다.

3. 개량비 기타 유익비에 기한 유치권 행사의 경우

1) 민법 제203조 제2항은 『점유자가 점유물을 개량하기 위하여 지출한 금액 기타 유익비에 관하여는 그 가액이 증가가 현존한 경우에 한하여 회복자의 선택에 좇아 그 지출금액이나 증가액의 상황을 청구할 수 있다』라고 규정하고 있는데, 이런 비용을 통상 유익비라 하며, 이는 해당 물건의 가치의 증가를 가져오는 것을 말하는데, 판례가 말하는 건물에 대한 유익비의 개념은 "이 사건 건물에 부합되어 건물의 객관적인 가치를 증가 시키기 위하여 지출한 비용"이라는 표현을 많이 쓰고 있다. 다만, 불법점유자는 목적물에 유익비를 투입하였다 하여도 비용상환을 위한 유치권을 행사할 수는 없다.

2) 한편 제203조 제1항에서는 『점유자가 점유물을 반환할 때에는 회복자에 대하여』라는 표현을 쓰고 있어서, 구체적으로 어떤 경우에 민법 제203조가 적용되는지가 나타나 있지 않다. 왜냐하면 본권자는 모두 점유권을 기본적으로 갖고 있어서 본권에 기한 비용상환청구와 점유권이 기한 비용상환청구가 경합하기 때문이다. 따라서 민법 제203조 제1항이 적용될 수 있는 경우와 없는 경우로 나누어서 생각할 필요가 있으며, 이하 판례를 통하여 그 답을 찾아본다.

[사례용 판례주제 19] 민법 제203조 제2항의 적용범위

대법원 2001다64752 판결

<판례핵심>

민법 제203조 제2항은 점유자가 계약관계 등 적법하게 점유할 권리를 가지고 있지 않아서, 소유자의 소유물반환청구에 응하여야 할 의무가 있는 경우에 성립되는 것이라는 판례(대법원 2001다64752).

<판결요지>

1. 민법 제203조 제2항의 적용범위

1) 민법 제203조 제2항에 의한 점유자의 회복자에 대한 유익비상환청구권은 점유자가 계약관계 등 적법하게 점유할 권리를 가지지 않아 소유자의 소유물반환청구에 응하여야 할 의무가 있는 경우에 성립되는 것으로서, 이 경우 점유자는 그 비용을 지출할 당시의 소유자가 누구이었는지 관계없이 점유회복 당시의 소유자 즉 회복자에 대하여 비용상환청구권을 행사할 수 있는 것이 원칙이다.

2) 그러나 점유자가 유익비를 지출할 당시 계약관계 등 적법한 점유의 권원을 가진 경우에는 그 지출비용의 상환에 관하여는 그 계약관계를 규율하는 법조항이나 법리 등이 적용되는 것이어서, 점유자는 그 계약관계 등의 상대방에 대하여 해당 법조항이나 법리에 따른 비용상환청구권을 행사할 수 있을 뿐 계약관계 등의 상대방이 아닌 점유회복 당시의 소유자에 대하여 민법 제203조 제2항에 따른 지출비용의 상환을 구할 수는 없다.

<해설>

위 판례는 임차인인 원고가 경매절차에서 낙찰받은 피고를 상대로 유익비를 청구한 사안인데, 원고는 이미 이 사건 건물에 대하여 임차권을 가지고 있었기에 민법 제203조 제2항을 적용할 수 없고 대신에 임대차의 법리를 적용시켜야 한다는 판결이다. 아쉽게도 아직까지 점유권에 기하여 유익비를 정면으로 인정한 대법원 판례는 보이지 않으며, 유익비에 관한 절대 다수의 판례를 보면 임차인의 지출비용에 관한 것이라서 임차권에서 유익비에 해당하는 지의 여부를 자세히 살펴보며, 아래의 판결은 토지개량에 대한 대구고법의 판결과 대법원 판결을 소개하는데, 판례에서 점유의 권원에 대한 내용이 없어서 점유권에 가한 유치권 부분에 배치한다.

[사례용 판례주제 20] 점유자의 토지개량비 청구사건

대구고법 68나561 판결

<판례핵심>
대지의 일부에 석축을 쌓는데 든 비용과 그 후의 소유권자에 대한 유치권의 항변을 인용한 대구고등법원의 판결(68나561)

<판결요지>
피고가 이건 대지에 관하여 전 소유자의 소유로 있을 당시에 돈 90,500원 상당을 들여 석축을 쌓은 결과 비로소 완전한 대지가 되어, 현재 그 이상의 가치가 있는 사실이 인정된다면 피고가 투입한 위 비용은 이건 대지를 점유하는 동안에 이를 개량하기 위하여 지출한 금전이라 할 것이므로 피고는 이의 상환을 청구할 수 있고, 위의 상환 청구권은 그 목적물에 부착한 채권이므로 그 후의 소유권자에 대하여 동시이행 항변도 할 수 있는 것이라고 할 것이다(참조조문 민법 제320조, 제203조).

[사례용 판례주제 21] 황지인 토지의 개답비용과 유치권

대법원 76다2731 판결

<판례핵심>
무권리자로부터 황지인 토지를 매수하여 개답한 경우 그 개답비용은 유익비에 해당한다는 판례(대법원 76다2731 판결)

<판결요지>
무권리자로 부터 토지를 매수하여 매수인이 개답 후 개답에 지출한 비용에 상당하는 금액을 그 매매대금에서 공제받았다 하더라도 토지 소유자에 대한 관계에 있어서는 그 개답비용은 매수자가 투입한 유익비라 할 것이다.

<사실관계>

① 원심에 의하면, 소외 정○석이가 원고를 대리하여 이 사건 부동산을 소외 권○복에게 매도하였다는 피고의 주장은 이를 인정함에 족한 증거가 없다고 하고 배척을 하였는데, 이런 원심의 조치에 대하여 대법원은 일단 정당하다고 봤다.
② 원심판결에 의하면, <u>소외 권○복이 금 402,900환(구화)을 투입하여 이건 토지를 개답하였다.</u>
③ 이는 소외 권○복이 이 사건 부동산을 그 처분권한이 없는 소외 정○석으로부터 매수함에 있어서, 소외 정○석과 소외 권○복이 합의하기를 <u>당시 황지로 방치되었던 동 부동산을 위 소외 권○복이 그의 비용으로 개답완료하고 나면</u> 그 때에 실제 평수를 측량한 다음 대금은 평당 230환씩으로 하여 지급하되, 개답비용은 매매대금에서 공제받기로 하였다.
④ 그리고 <u>위 소외 권○복은 이에 따라 개답을 하게 되어 그 개답비용금 402,900환을 매도인 위 소외 정○석으로부터 매매대금일부로 공제받은 사실을 대법원도 인정하였으며, 이런 사실관계에 기초하여 소유자에 대한 관계에서 소외 권용복의 유치권이 인정되는가에 대한 사례이다.</u>
⑤ 판결문에 원고와 피고의 지위가 정확하게 기술되지 않아서 추정하건대, 원고는 이 건 토지의 소유자이며, 토지인도를 청구한 사건이다.

<대법원의 판단>
1. 권○복의 개답에 의한 유익비의 발생에 대한 판단

원심의 위 확정사실에 의하더라도 위 권○복이가 이 사건 토지를 자기의 비용으로 그 자신이 개답한 것은 의심할 여지가 없으니, 가사 위 권○복이가 이건 토지를 무권리자인 위 정○석으로부터 매수할 때의 동인과의 약정에 의해서 개답을 하였으며, 그 개답에 지출한 비용에 상당하는 금액을 그 매매대금에서 공제받았다고 하더라도, 동 사실 만으로서는 곧 위 권○복이가 이건 토지를 개답하고 그를 위하여 비용으로 투입한 위 금 402,900환(구화)은 매도인인 위 정○석이 부담한 셈이 되어 위 권○복이가 투입한 유익비라고 보기 어렵다고

2. 권○복의 개답에 의한 유익비청구권의 소멸여부에 대한 판단

또 위 사실로써 곧 위 권○복이가 그 개답을 위해서 지출한 위 비용을 소유자로부터 상환받을 권리가 발생하지 아니하였다고 하여야 할 것이라던가 또는 일단 발생한 그 상환받을 청구권이 소멸되었다고 하여야 할 것이라고는 보기 어렵다고 할 것이다.(물론 이건에 있어서 위 권○복의 점유가 불법행위로 인한 경우에 해당한다고 할 수 있다면, 그를 이유로 피고의 동 항변을 배척할 수는 있을 것이나 이것은 별문제이다)

3. 결론

이상으로서 원심판결은 피고의 유치권 주장을 배척하는 이유를 충분히 밝히지 못한 흠이 있다고 아니할 수 없으므로 이점을 지적하는 취지의 논지는 이유 있다.

<해설>

1. 사실관계의 재정리

1) 위 판례의 말과 논리성이 어려우니 좀 풀어서 설명해 본다. 일단, 원심과 대법원이 인정한 사실관계는, 소외 권○복은 이사건 토지인 황지(개간하지 않은 토지)를 무권리자인 소외 정○석으로부터 매수하였다는 점이다. 참고로, 소외 정○석이 이 사건토지에 대하여 무권리자라는 점이 중요하며, 결국 소외 정○석은 이 사건 토지를 소외 권○복에게 매도할 권한도 없으며, 실사 매도하였다고 하여도 그런 매도는 법적인 효력을 발휘할 수 없는 무효이며, 이 사건 토지의 진정한 소유자에게 어떠한 영향을 줄 수 있는 것이 아니다.

2) 다음으로 소외 권○복은이가 무권리자인 소외 정○석으로부터 이 사건 토지를 매수하면서 황지를 개답한 대가로 개답비용을 매매대금에서 공제받았다. 즉 정상적인 매매대금이 100만원이고 개답비용이 50만원이라면, 100만원에서 50만원을 공제하여 최종적으로 매매가격이 금 50만원으로 결정되어 소외 권○복은 소외 정○석에게 금50만원을 지급하고 이 사건 토지를

매입하였다는 말이다.

그런데 원심은 소외 권○복이가 일단 개답비용을 공제받았고, 그 비용은 결국 소외 정○석이 지출한 것이므로 이 사건 토지의 실제 소유자인 원고에 대하여 개답비용을 유익비로 청구할 수 없다고 보았다. 그러면 소외 권○복이가 지출한 개답비용은 어디로 간 것인가?

3) 살펴보건대, 소외 권○복은 무권리자인 소외 정○석으로부터 이 사건 토지를 매수하였고, 소외 정○석의 제시한 매매조건에 따라 황지인 토지를 개답하였지만, 소외 권○복은 실제의 소유자의 반환청구에 응할 수밖에 없으며, 결국 소외 권○복은 개답비용과 매매대금의 합계액 만큼 손해를 입을 수밖에 없다.

2. 토지소유자의 유익비 정도의 부당이득의 발생

그리고 소외 권○복이 개답비용과 매매대금을 소외 정○석에게 부당이득으로 반환청구를 할 수 있다고 하더라도, 이 사건토지의 원소유자 입장에서는 개답비용 만큼의 부당이득을 누리고 있으며, 양자의 법률관계는 별개이다. 그래서 대법원은 이 사건토지의 원소유자는 그가 누리고 있는 개답비용 만큼의 부당이득을 소외 권○복에게 반환할 의무가 있으며, 소외 권○복은 개답비용을 상환받을 때까지 이 사건 토지에 대하여 유치권을 행사할 수 있다고 보았다.

3. 채권과 목적물의 견련성의 성립여부

결국 대법원의 논리를 따라가면, 소외 권○복이 가지는 채권은 목적물의 반환청구권과 동일한 사실관계로부터 발생한 경우라고 해석할 수 있다.

V. 임차권에 기한 유치권

1. 임차권에 기한 비용상환청구권의 발생근거

민법 제626조(임차인의 상환청구권)에서는 『임차인이 임차물의 보존에 관한 필요비를 지출한 때에는 임대인에 대하여 그 상환을 청구할 수 있으며, 임차인이 유익비를 지출한 경우에는 임대인은 임대차 종료시 그 가액의 증가가 현존한 때에 한하여 임차인이 지출한 금액이나 증가액을 상환하야여야 한다, 이 경우 법원은 임대인의 청구에 의하여 상당한 상환기간을 허여할 수 있다』라고 규정하고 있다. 따라서 임차인이 임대인에게 상환청구할 수 있는 비용은 필요비와 유익비이며, 임차인은 이와 같은 필요비와 유익비를 피담보채권으로 하여 목적물을 유치할 수 있다. 따라서 임차인의 비용상환청구권을 둘로 나누어서 살펴본다.

2. 필요비의 경우와 유치권

가. 임차인의 필요비 상환청구권

1) 여기서 필요비라 함은 임차물 자체의 보존을 위해 투입된 비용을 말하며, 임대인은 임대차계약과 임차권의 보장을 위하여 임차목적물의 수선의무 즉 임대차계약의 존속 중에는 임차인이 임차목적물 사용·수익할 수 있는 상태를 유지할 의무를 부담하며(민법 제623조 참조), 또한 임대인은 임차물의 보존을 위한 필요비도 지출할 경우가 있게 된다. 이런 경우에 임차인이 임대인 대신에 비용을 투입하여 임차물 자체의 보존 또는 사용·수익할 수 있는 상대의 유지를 위한 수선을 행하였을 때에, 그러한 보존행위나 수선행위에 들어간 비용은 필요비에 해당되고, 임차인은 민법 제626조 제1항에 의하여 임대인에게 그 비용의 상환을 청구할 수 있는 것이다.

2) 따라서 임차인은 임대인에게 필요비의 지급을 청구할 수 있고, 임대인이 필요비를 임의로 지급하지 않으면 이를 지급할 때까지 임차목적물을 유치하여 인도를 거절할 수가 있게 된다.

3) 그리고 필요비라는 명목으로 상환을 청구한다면, 어느 범위까지를 필요비에 포함시킬 수 있는지가 문제되며, 이는 결국 임대인의 수선의무

의 범위가 어느 정도인지를 결정지어야 하고, 또한 특약에 의하여 이러한 임대인의 수선의무를 면제시킬 수는 있는 지도 문제된다.

나. 임대인의 수선의무의 범위

1) 기본적으로 수선의무와 관련된 판례를 보면, "목적물에 파손 또는 장해가 생긴 경우 그것이 임차인이 별 비용을 들이지 아니하고도 손쉽게 고칠 수 있을 정도의 사소한 것이어서 임차인의 사용·수익을 방해할 정도의 것이 아니라면 임대인은 수선의무를 부담하지 않지만"이라고 하는데, 이 말은 임차인의 사용·수익을 방해할 정도의 것이 아닌 사소한 것에 대한 수리비는 필요비에도 해당하지 않으며, 이를 이유로 유치권을 행사할 수는 없다는 뜻이다.
2) 또한 해당 부동산에 대하여 경매가 진행 중인 상태에서 임차인이 월차임 등을 지급하지 않고 부당이득을 누리고 있다면 이는 민법 제203조 제1항을 유추적용하여 임차인이 목적물로부터 부당이득을 누리고 있는 경우도 필요비를 청구할 수 없으므로, 이를 이유로 유치권의 피담보채권을 주장할 수 없다. 만약 월차임이 없고 보증금만 있는 전세라면 그렇지 않다.

[사례용 판례주제 22] 임대인의 수선의무와 면책특약의 효력

대법원 94다 34692 판결

<판례핵심>

임차인이 별 비용을 들이지 아니하고도 손쉽게 고칠 수 있을 정도의 사소한 것에 대하여는 임대인이 수선의무를 부담하지 않으며, 대수선의 경우는 특별한 사정이 없는 한 임대인과 임차인의 특약으로도 임대인의 수선의무를 면제시킬 수 없다는 판례(대법원 94다34692 판결).

V. 임차권에 기한 유치권   113

<사실관계>

① 원고는 여관임차인이고, 피고는 여관임대인이다.

② 원고가 피고로부터 1991. 1. 15.에 이 사건 여관건물은 임차할 당시부터 배관 및 보일러시설이 상당히 노후되어 있었으나, 원고는 위와 같은 사정을 모른 채 임차하여 도배정도를 하고 여관을 경영하여 왔는데, 1991. 8.경부터 배관이 터져 온 여관이 물바다가 되고 보일러가 제대로 작동하지 아니하여 온수 공급과 난방이 되지 아니하는 등 문제점이 드러나기 시작하였다(임차 후 약 8개월이 경과된 시점임).

③ 그리고 그 무렵 아래층 목욕탕을 임차한 소외 강○식도 수리만 하다가 제대로 영업을 하여 보지 못한 채 그만 둔 일이 있었으며, 1991. 10.경부터는 반 이상의 여관방을 사용할 수 없게 되었고, 그 후 원고는 수리에 거액이 소요되는 사실을 확인한 후 피고에 대하여 더욱 강하게 여러 차례에 걸쳐 그 수리를 요청하였으나 거부당하여 급기야 1991. 11.경부터는 여관 전체를 운영하지 못할 지경에 이르렀다.

④ 반면 여관주인인 피고는, 당초에는 배관과 보일러시설이 여관 경영을 할 수 없을 만큼 하자가 있는 것이 아니었으나, 원고가 보일러에 질이 낮은 기름을 넣고 배관을 제때에 수리하지 아니하는 등 관리를 잘못하는 바람에 하자가 생긴 것이라고 주장하였다.

⑤ 위 사실관계에 대하여 원심과 대법원은 모두 원고(임차인)의 주장을 진실된 사실로 받아들였다. 아래에서는 수선의무에 대한 판단 만을 본다.

<대법원의 판단>

1. 임대인의 수선의무의 범위

   1) 임대차계약에 있어서 임대인은 목적물을 계약 존속 중 그 사용·수익에 필요한 상태를 유지하게 할 의무를 부담하는 것이므로(민법 제623조), 목적물에 파손 또는 장해가 생긴 경우 그것이 임차인이 별 비용을 들이지 아니하고도 손쉽게 고칠 수 있을 정도의 사소한 것이어서 임차인의 사용·수익

을 방해할 정도의 것이 아니라면 임대인은 수선의무를 부담하지 않지만, 그것을 수선하지 아니하면 임차인이 계약에 의하여 정해진 목적에 따라 사용·수익할 수 없는 상태로 될 정도의 것이라면 임대인은 그 수선의무를 부담한다 할 것이다.

2) 그리고 임대인의 수선의무는 특약에 의하여 이를 면제하거나 임차인의 부담으로 돌릴 수 있으나, 그러한 특약에서 수선의무의 범위를 명시하고 있는 등의 특별한 사정이 없는 한 그러한 특약에 의하여 임대인이 수선의무를 면하거나 임차인이 그 수선의무를 부담하게 되는 것은 통상 생길 수 있는 파손의 수선 등 소규모의 수선에 한한다 할 것이고, 대파손의 수리, 건물의 주요 구성부분에 대한 대수선, 기본적 설비부분의 교체 등과 같은 대규모의 수선은 이에 포함되지 아니하고 여전히 임대인이 그 수선의무를 부담한다고 해석함이 상당하다 할 것이다.

2. 원고(임차인)과 피고(임대인) 간의 수선의무특약에 대한 판단

1) 원심이 확정한 사실과 기록에 의하면, 원고와 피고는 위 임대차계약 당시 "여관 수리는 임차인인 원고가 부담하고, 보일러 고장을 수리하는 것은 목욕탕을 가동할 때는 원고가 그 수리비의 반을 부담하고 가동하지 않을 때는 그 전액을 부담한다"는 내용의 특약을 맺었지만 위 특약에 의하여 임차인이 부담할 수선의무의 범위가 구체적으로 명시된 것은 아니라 할 것이다.

2) 한편 위 문제의 배관 및 보일러시설은 건물의 주요 구성부분 또는 기본적 설비부분을 이루는 것으로서 그 파손의 정도는 전면적인 교체를 요하는 정도였고, 그 비용 또한 거액이 소요되는 점 등으로 보아 이는 대규모의 수선이 필요한 경우에 해당함을 알 수 있는 바, 따라서 달리 특별한 사정이 없는 한 위 특약에 의하여 임대인인 피고가 위와 같은 배관 및 보일러시설의 파손에 대한 수선의무를 면하고 임차인인 원고가 이를 부담하는 것은 아니라고 봄이 상당할 것이다.

V. 임차권에 기한 유치권

<해설>

1. **수선의무의 특약과 유익비상환청구권의 포기와의 관계**

    (1) 위 판례의 임대인의 수선의무의 범위 부분을 보면,

    ㉠ 임대인의 수선의무는 특약에 의하여 이를 면제하거나 임차인의 부담으로 돌릴 수 있다.

    ㉡ 그러나 그러한 특약에서 수선의무의 범위를 명시하고 있는 등의 특별한 사정이 없는 한, 그러한 특약에 의하여 임대인이 수선의무를 면하거나 임차인이 그 수선의무를 부담하게 되는 것은 통상 생길 수 있는 파손의 수선 등 소규모의 수선에 한한다.

    ㉢ 대파손의 수리, 건물의 주요 구성부분에 대한 대수선, 기본적 설비부분의 교체 등과 같은 대규모의 수선은 이에 포함되지 아니하고 여전히 임대인이 그 수선의무를 부담한다고 해석함이 상당하다 할 것이다 라고 판시하고 있다.

    (2) 여기서 위 판례의 내용 중, "그러한 특약에서 수선의무의 범위를 명시하고 있는 등의 특별한 사정이 없는 한"이라는 부분을 주목할 필요가 있다. 판례의 말대로라면 수선의무의 범위를 명시하는 등의 특별한 사정이 있다면, 임차인이 대규묘의 수선을 하여서 발생한 비용에 대하여도 상환청구를 할 수 없다는 뜻이며, 결국 이는 유익비의 상환청구의 포기와 같은 것이 된다. 유익비의 상환청구의 포기 역시 당사자의 약정에 의하여 발생하는 것이며, 수선의무의 면책특약도 같은 당사자의 약정이기 때문에 위와 같은 해석이 가능한 것이다.

---

3. 유익비의 경우와 유치권 (판례를 통한 유익비의 인정여부 검토)

가. 서설

이하의 판례상의 사례에서는 유익비로 인정되는지 여부에 대하여 대법원이 판단한 것들을 실었다. 이러한 대법원의 판단은 실제 경매에서 유치권을 주장하는 대부분의 경우에 적용되며, 따라서 유치권을 주장하는 근거가 되는 유익비로서 인정을 받을 수 있는 지 없는 지를 사전에 가리는 중요한 판단기준이 되므로 상당히 중요하다고 본다. 참고로 유익비로 인정받는 예는 극히 드물다.

나. 대법원이 인정하는 유익비의 개념

1) 대법원은 유익비의 개념에 대하여 "이 사건 건물에 부합되어 건물의 객관적인 가치를 증가 시키기 위하여 지출한 비용"이라고 표현하고 있는데, 이는 목적물의 객관적 가치가 종전보다 현실적으로 증가하고 또한 그 객관적 가치가 지속성을 가지는 경우라고 이해하면 된다.
2) 객관적 가치가 증가했다는 말은 해당 임차건물이 구조적으로 개량되고, 임차건물의 구성부분이 되어 그 가치증가를 가져온 부분이 분리가 어려우며, 그 결과 누가 그 임차건물을 사용하더라도 이익이 될 수 있다는 뜻이다 [참고로, 구조적으로 개량되었다는 뜻은 건축물대장이 변경되었다는 뜻과 거의 일치하므로 건축물대장을 열람하여 건축물의 변경내역을 살필 수 있어야 한다. 사실상 기존의 건축물 대장에 대한 변경은 대수선, 건축신고, 용도변경 등이다].
예컨대, 일반 사무용건물의 2층에 카페 주인이 자신이 카페영업을 위하여 인테리어 시설을 해 놓은 경우 그 인테리어는 그 카페의 주인의 취향과 영업에 따른 것일 뿐이며, 카페가 나가고 일반사무실로 사용할 사람이 입점하는 경우 그 새로 들어올 사람에게는 아무 소용이 없는 것이다. 따라서 카페를 위한 인테리어는 객관적 가치를 증가시키는 것이 될 수 없으며, 그 결과 유익비로 인정받을 수 없다. 따라서 개념상으로도 임차인의 주관적 가치를 충족시키기 위하여 투입한 비용은 유익비로 인정받기 어렵다.

다. 임차인의 유익비청구의 대상이 되는 시설의 요건

1) 건물의 객관적 가치를 증가시키는 유익비 청구의 대상이 되기 위해서는 ㉠ 해당 시설이 건물의 구성부분이 되어서 분리철거가 어려워야 하며, ㉡ 이로 인하여 건물의 일반적인 용도에 부합하는 객관적 가치의 증가가 있어야 하고, ㉢ 해당 시설이 오직 임차인의 특수목적에 쓰이는 것이 아니어야 한다 등이 요건을 만들 수 있으며, 이런 요건 모두를 충족시켜야 유익비로 인정받을 수 있다.
2) 따라서 대법원이 2001다64572 판결에서, 출입구 강화유리문, 바닥타일, 내부기둥, 벽체, 배선, 배관 등이 유익비 청구의 대상이 되는 시설이라고 판시부분과 위 요건을 비교하면 이해할 수 있으리라 본다.

라. 주거용 임차건물에서의 임차인이 부속한 시설들의 내용

주거용 임차건물에서의 유익비의 경우도 위 판례가 인정하는 유익비의 개념은 그대로 적용된다. 부동산경매 물건 중 주거용 건물인 아파트나 연립주택 또는 단독주택에 관하여 임차인이 인테리어 시설을 하고 유익비라 주장하며 유치권을 주장하는 예를 볼 수 있는데, 대부분의 인테리어시설은 임차인의 주관적 가치를 향유하기 위한 것이며 주로 커튼, 벽지, 장판, 주방시설, 새로 갈아 넣은 방문·현관문 출입키 등이 해당되는데, 이들은 임차건물의 구성부분도 아니며 따라서 분리가능하고 그 결과 임차건물의 객관적 가치(편익)를 증가시켰다는 평가도 받을 수 없다. 다음은 유치권 경매 사례 다음에 주거용 건물의 보수 또는 개량의 목록을 정리해 보았다.

◆ 유치권 경매 [사례 4번]

서울중앙 2008-159899 (출처 : 지지옥션)

경매구분	임의(기일)	채권자	신한은행	낙찰일시	08.12.04(종결)
용도	아파트	채무자/소유자	성지문/성인재	낙찰가격	322,169,000
감정가	380,000,000	청구액	398,000,000	경매개시일	08.06.04.
최저가	304,000,000 (80%)	토지총면적	44.16㎡	배당종기일	08.08.13
입찰보증금	10% (30,400,000)	건물총면적	79.87㎡	조회수	누적 264
주의사항	・유치권・토지별도등기 ・박상미로부터 공사대금 13,000,000원에 대하여 유치권신고 있으나 그 성립여부는 불분명함.				
우편번호및 주소/ 감정서	물건번호/면적(㎡)	감정가/최고가/과정	임차조사	등기권리	
110-540 서울 종로구 창신동 502-1,2,3 창신대호 105동 5층 503호 감정평가서 정리 -명신초등학교남서측인근 -주위아파트, 다세대주택및 근린생활시설 혼재 -제반교통요	물건번호: 단독물건) 대지 44.1612/25001.9 (13.36평) 건물 79.87 (24.16평) 방3 14층 보존 -93.01.25	감정가 380,000,000 대지 114,000,000(30%) 건물 266,000,000(70%) 최저가 304,000,000 (80.0%) 경매진행과정 1회유찰 2회 낙찰 322,169,000 응찰자 1명 낙찰자 박상미 2008.02.21	•법원임차인조사 박상미 전입 2003.04.08 1차확정 2003.04.08 2차확정 2007.05.29 2000만증액 배당 2008.07.25 보120,000,000 전부 점유2003.4.8 2007. 5.26자 2000만 증액 총보증금 120,000,000	소유권 성인재 2002.02.01 전소유자 김광호 저당권자 신성은행 2006.12.21 480,000,000 압류 근로복지공단 2008. 02.21 임의 신성은행 2008.06.04 청구금액 398,000,000. 토지별도 등기있음	

V. 임차권에 기한 유치권   119

건양호 -도시지역 -2종일반주 거지역 -도로접함		허가 2008.12.11 종결 2009.02.05	전입 박상미 2003.04.08	청구액

<유치권 경매사례 4번의 해설>

위 사례에서 유치권 신고인은 임차인이다. 신고금액은 13,000,000원이다. 공사 내역은 나와 있지 않다. 임차인이 유치권으로 신고한 금액이 1,300만원이라면 이는 의당 임차인이 실내인테리어를 하고 이를 유치권으로 신고한 것으로 추정된다. 비록 위 경매물건이 임차인이 바로 낙찰을 받았지만, 실제상 고민할 만한 유치권이 아니며, 현실적으로 이런 유의 유치권 신고가 많음을 보여주기 위하여 위 사례를 선택하였다.

❖ 특강 : 주거용건물의 보수·개량 목록

◉ 화장실수리

- 시맨트바닥 → 전면적으로 타일바닥으로 교체 ⇒ 개량(○)

- 본래 타일바닥 → 다른 타일바닥으로 교체 ⇒ 개량(×)
  : 주관적 편익/가치의 만족이기 때문임.

- 본래 타일바닥 → 일부 교체 ⇒ 통상 수리이며 필요비에 해당.
  : 사소한 수리로 판단되는 경우는 필요비도 청구할 수 없음.

- 좌변기 → 교체 ⇒ 개량(×) : 주관적 편익(○) ⇒ 유익비(×)
       → 고장수리 ⇒ 통상 수리이며 필요비에 해당.
       → 비데설치 ⇒ 분리가능 ⇒ 부속물 ⇒ 유익비(×)

- 욕조설치 → 주관적 편익이며, 부속물임 ⇒ 유익비(×)

◉ 주방수리

- 싱크대 → 전면교체 ⇒ 주관적 편익/취향(○) ⇒ 유익비(×)
- 붙박이 찬장 → 교체 ⇒ 주관적 편익/취향(○) ⇒ 유익비(×)
- 싱크대수리 ⇒ 통상 수리이며 필요비에 해당.
- 낡은 수도꼭지, 수도관 교체 ⇒ 통상 수리이며 필요비에 해당.
  단. 낡은 집의 수도관의 많은 부분을 교체하였다면 개량으로 판단 받을 수 있음. 개량이 되면 유익비에 해당됨.

◉ 방문

- 기존 방문의 교체 ⇒ 개량(×) : 주관적 편익(○) ⇒ 유익비(×)
- 고장난 손잡이 수리 ⇒ 사소한 수리이며 필요비도 청구할 수 없음.
- 기존 방을 나누어서 방문설치(칸막이 설치)⇒ 주관적 편익(○) ⇒ 유익비(×)

◉ 방바닥 보일러

- 고장난 보일러 수리 ⇒ 통상 수리이며 필요비에 해당.
- 노후된 플라스틱 파이프 ⇒ 동파이프로 교체 ⇒ 개량(○)
  　　　　　　　　　　　　　　　　⇒ 유익비(○)

◉ 베란다

- 베란다 확장 공사 ⇒ 구조적인 변경을 가져오며, 임차인이 할 수 없다.
  : 원칙적으로 건축신고사항이다.⇒ 신고 없으면 불법건축물로 철거 대상 ⇒ 유익비(×)
- 베란다바닥 → 기본 시멘트바닥이다.
  　　　　　　　→ 방구조로 전환 ⇒ 주관적 편익/취향(○) ⇒ 유익비(×)

: 베란다의 기본적인 기능의 변화이며, 누가 사용하든 이익을 주는 것이 아니므로 객관적 편익의 증가도 아니고, 또한 건물가치의 증가가 아니기 때문이다.
- 베란다 창틀설치 → 주관적 편익이며, 부속물임 ⇒ 유익비(×)

◉ 실내장식
- 커튼설치, 교체 ⇒ 주관적 편익이며, 부속물임 ⇒ 유익비(×)
- 실내 칸막이 설치 ⇒ 주관적 편익이며, 부속물임 ⇒ 유익비(×)

◉ 천정 수리
- 인테리어 수준의 변경 ⇒ 주관적 편익이며, 부속물임 ⇒ 유익비(×)
- 비가 새는 천장 수리 ⇒ 통상 수리이며 필요비에 해당.
- 비가 새는 천장수리 ⇒ 건물의 구조적 결함에 의한 대규모 수리
  ⇒ 개량(○) ⇒ 유익비(○)

◉ 지붕방수 공사 ⇒ 개량(○) ⇒ 유익비(○)
◉ 외벽, 내벽 균열보수 공사 ⇒ 개량(○) ⇒ 유익비(○)

※ 위에 주거용 건물에 대한 보수 또는 개량의 목록을 넣은 이유는 독자가 스스로 부동산 경매에서 임차인이 유치권을 주장하는 경우 그 임차인이 공사한 부분이 어떤 것인지를 확인하여 과연 유익비로 인정받을 수 있는 지를 판단할 수 있는 능력을 심어주기 위한 것이며, 필자는 건축의 전문가는 아니므로 필자의 견해가 조금 잘못될 수도 있음을 이해해 주길 바란다.

◆ 특강 : 건축법상의 발코니

1. 발코니의 정의(건축법시행령 제 2 조 1항 14호)

   (1) "발코니"란 건축물의 내부와 외부를 연결하는 완충공간으로서 전망이나 휴식 등의 목적으로 건축물 외벽에 접하여 부가적(附加的)으로 설치되는 공간을 말한다. 이 경우 <u>주택에 설치되는 발코니로서 국토해양부장관이 정하는 기준에 적합한 발코니는 필요에 따라 거실·침실·창고 등의 용도로 사용할 수 있다.</u>

   (2) 용어적으로 발코니, 베란다, 노대 등은 모두 같은 뜻이며, 건축법은 발코니와 노대를 혼용하여 사용하고 있다.

2. 주택의 발코니 또는 노대 그 밖에 이와 유사한 것의 바닥과 바닥면적

   주택의 발코니 등 건축물의 노대 그 밖에 이와 유사한 것의 바닥은 난간 등의 설치여부와 관계없이 노대 등의 면적(외벽의 중심선으로부터 노대 등의 끝부분까지의 면적)에서 노대 등이 접한 가장 긴 외벽에 접한 길이에 1.5m를 곱한 값을 공제한 면적을 바닥면적으로 한다(건축법 시행령 119조 제 1항).

   예, 발코니의 면적 5㎡, 노대 등이 접한 가장 긴 외벽에 접한 길이 3m × 1.5m = 5- 3× 1.5 = 0.5㎡ 만이 바닥면적으로 삽입된다.

3. 건축법상의 증축(건축법시행규칙 제2조의4)

   가. 증축의 개념

      (1) 건축물의 건축이라는 말에는 증축이라는 용어도 포함되며, 증축이라 함은 기존건축물이 있는 대지 안에서 그 건축물의 건축면적·연면적·층수 또는 높이를 증가시키는 것을 말한다(건축법시행령 제 2조 제 2호).

         ▶ 건축면적 : 건축물(지표면으로부터 1m 이하에 있는 부분은 제외)의 외벽 중심선(외벽이 없는 경우에는 외곽부분기둥의 중심선)으로 둘러싸인 부분의 수평투영면적을 말하며, 건축물의 가장 넓은 부분 1개의 면적이라고 보

면 된다.

(2) 판례가 인정하는 증축의 예

1) 종전에 없던 대문을 새로이 축조하는 것은 건축물의 증축에 해당하고, 그 증축면적이 85㎡ 이내인 경우에는 법 제9조 제1항 제1호의 규정에 따라 관할관청에 신고하여야 한다고 할 것(2006도8935판결)이라고 판시하였다.

2) 당초 건축면적에는 포함되어 있었지만 바닥면적에는 산입되지 아니한 상가건물 뒷편의 철제로 된 외부계단에 철제 기둥을 세우고 그 위에 투명P.C로 외벽과 지붕을 만들었다면, 이는 건축법시행령 제119조 제1항 제3호의 바닥면적에 포함되어 연면적이 증가하게 되는 것이므로, 건축법상의 증축에 해당한다(99도4695 판결)고 판시하였다.

3) 참고로 판례가 위와 같은 판단을 하는 데에는 건축면적이라는 개념이 자리잡고 있기 때문인데, 자세한 것은 건축법의 영역이어서 건축법을 통하여 습득하기를 바란다.

4. 건축법 시행규칙상 증축할 수 있는 범위(시행규칙 제 2 조의 4)

가. 공동주택

1) 승강기·계단 및 복도

2) 각 세대 내의 노대·화장실·창고 및 거실

3) 주택법에 따른 부대시설

4) 주택법에 따른 복리시설

5) 기존 공동주택의 높이·층수 또는 층별 세대수

나. 공동주택 외의 모든 건축물

1) 승강기·계단 및 주차시설

2) 노인 및 장애인 등을 위한 편의시설

3) 외부벽체

4) 통신시설·기계설비·화장실·정화조 및 오수처리시설

5) 기존 건축물의 높이 및 층수

6) 법 제2조 제1항 제6호에 따른 거실

5. 결어

(1) 위 건축법시행규칙을 보면, 공동주택이 아닌 경우 노대 기타 발코니의 증축은 처음부터 허용되지 않는 것처럼 보이나, 공동주택 외의 건물의 경우 외부벽체의 증축공사를 통하여 발코니 또는 노대를 설치하는 공사를 할 수는 있다.
다만, 건축법시행령 시행령 제 2 조 1항 14호에 의하여, 「<u>주택에 설치되는 발코니로서 국토해양부장관이 정하는 기준에 적합한 발코니는 필요에 따라 거실·침실·창고 등의 용도로 사용할 수 있다</u>」고 규정하고 있어서 실제로 공동주택의 아닌 건물에 발코니 공사 또는 발코니 확장공사를 하였다고 하여도 용도상의 제한으로 인하여 건물의 가치를 객관적으로 증가 시키는 유익비로 판단받을 수 있는 경우는 실제로 없다는 점이다.

(2) 그리고 공동주택의 경우 뿐 만 아니라 공동주택외의 경우도 노대 또는 발코니의 설치가 허용되지만 이 역시 증축에 해당되어 건축신고 사항이다. 그리고 건축신고를 할 때 「건축할 대지의 범위와 그 대지의 소유 또는 사용에 관한 권리를 증명하는 서류」를 첨부하여 건축신고를 하는데, 건축실무에서 임차인이 건축주의 동의없이 건축신고를 하여서 적법한 건축신고로 수리되는 경우는 없다.

(3) 그리고 건축신고 사항도 최종적으로는 허가권자로부터 사용승인을 받아야 하며, 사용승인을 득하지 못한 경우는 불법건축물로서 철거의 대상이 된다. 다만 행정실무는 철거보다는 일정한 기간을 두고 사후신고를 유도하고 있다. 그리고 만약 임차인이 건축신고도 없이 위와 같은 공사를 하였는데 건축주가 사후신

고를 거부함으로써 이를 부정한다면 결국 사용승인을 받을 수 없기 때문에 불법건축물로서 철거의 대상이 되므로 이 역시 유익비로 인정받을 수 없다.

(4) 끝으로 임차인이 발코니 확장공사, 베란다 확장 공사를 한 경우 이는 임차인의 주관적 가치 또는 편익을 위한 것으로 평가될 경우 이는 유익비로 전환될 수 없다. 사실상 본래 건축될 때의 용도를 벗어난 변경은 객관적 가치의 증가 즉 누가 사용해도 이익이 되는 것으로 보기 힘들기 때문에 이런 공사비용이 유익비로 판정받을 수 없으며, 따라서 유치권의 주장도 근거없는 주장이 되는 것이다.

◆ 유치권경매 [사례 5번]

서울중앙 2007- 302199(1)(출처 : 지지옥션)

경매구분	임의(기일)	채권자	호민은행	낙찰일시	08.06.10(종결)
용 도	상가	채무자/소유자	이재섭	낙찰가격	252,521,000
감정가	420,000,000	청구액	854,674,191	경매개시일	07.10.17
최저가	215,040,000 (51%)	토지총면적	56.59㎡	배당종기일	07.12.21
입찰보증금	10% (21,504,000)	건물총면적	138.15㎡	조회수	누적 520
주의사항	• 유치권 • 1. 현황조사보고서에는 주거임차인으로 되어 있으나, 상가임차인이며 음식점으로 사용 중임. 2. 전세권자(임차인) (주)차이나푸드(대표 박성호)은 2007.11.19.자 채권신고서에서 발코니확장비용 등으로 지출한 금 327,932,400원에 대하여 유익비 상황청구를 하면서 유치권이 있다고 하고 있으나 성립여부는 불분명함.				

우편번호및 주소/감정서	물건번호/면적(㎡)	감정가/최고가/과정	임차조사	등기권리
156-010 서울 동작구 대방동 565-22 상록스포츠센타동 3층 301호 감정평가서 정리 -철콘평스래브 -강남성심병원, 대림삼거리동남측 -대중교통 무난. -3종일반주거지역 -대공방어지역 등	물건번호: 1번(총물건수 3건) 대지 56.586/1657 (17.12평) 건물 138.15 (41.79평) 7층 보존 03.01.24	감정가 420,000,000 대지 126.000,000 건물 294,000,000 최저가 215.040.000 (51.2%) 경매과정 3회유찰 4회 낙찰 2008.06.10 252,521,000 응찰자 4명 허가 2008.06.17 종결 2008.09.02	•법원임차인조사 박성호 전입04.10.06 보200,000,000 월5,500,000 점유 2004.9.20 •현황서상의 임차인은 최준호(신악농협)은 1층에 위치해 있음. 3층301호,302호,304호 통틀어서 하나의 음식점(중식)으로 사용하고 있음. 301호,302호,304호의 구체적인 경계는 육안으로 판단하기 어려움. 총보증금 200,000,000 총월세금 5,500,000	소유권 이재섭 2002. 12.27 저당권 호민은행 2002.12.27 1,040,000,000 전세권 차이나푸두 2005.02.25 존속기간 09.09.11 압류 동작세무서 2007.03.26 임의 호민은행 경매소송관리 2007.10.17 청구액 854,374,100 청구액 6,788,000,000 •전세권자(임차인) (주)차이나푸드(대표 박성호 2007.11.19.채권신고서에서 발코니확장공사비등으로 지출한 금 327,932,400원에 대하여 유치권 있다고 신고하였으나, 그 성립여부는 불분명함.

V. 임차권에 기한 유치권

<유치권 경매사례 5번의 해설>

1) 위의 특강 발코니에 대한 내용을 참조하기 바라며, 발코니확장비용으로 신고한 금액이 금 327,932,400원이다. 그런데 보증금은 200,000,000원이다. 그렇다면 이 사건의 건물의 임대가치를 200,000,000원으로 봤을 때, 임차인이 금 327,932,000원을 들여서 인테리어시설이나 특정시설의 설치 공사를 한다는 것은 과도한 공사이며, 이런 공사의 진정성은 당연히 의심을 받게 되어 있다. 지출비의 내역입증에 어렵고 또 현재가치에 대한 감정평가시 낮게 평가되면 유치권을 신고한 사람만이 곤혹스러움을 당하게 된다.
2) 입찰을 고려하는 입장에서는 고민할 것이 없는 물건이다.

[사례용 판례주제 23] 사용대차한 부동산에 객관적 가치를 증가시키는 시설

대법원 2008다34828 판결

<판례핵심>

이 사건 부동산(한정식 식당을 운영하기 위한 고급단독주택임)에 도시가스공사, 정원개량공사를 한 것으로 인하여, 이 사건 부동산의 가액이 증가하여 현존하고 있어서 유익비를 인정한 판례(대법원 2008다34828 판결 유치권부존재확인청구 사건임).

<사실관계>

① 피고는 이 사건 부동산(한정식 식당을 운영하기 위한 고급단독주택임)을 실질적으로 소유할 의사로 소외인과 사이에 명의신탁약정을 하고 소외인을 내세워 매도인으로부터 이 사건 부동산을 매수하여 소외인 명의로 소유권이전등기를 마쳤다.
② 피고는 이 사건부동산에 대한 이전등기를 하는 과정에서 매매자금 확보를 위하여 소외인을 내세워 이 사건 부동산을 담보로 농협협동조합에 근저당을 설

정하여 주었다.
③ 이후 피고는 등기명의자인 소외인과 통모하여 형식상 이 사건 부동산에 대한 임대차계약서를 작성하여 이 사건 부동산의 임차인인 것처럼 가장하여 이 사건 부동산을 점유하여 식당을 운영하면서 소외인과 협의한 후 이 사건 부동산에 도시가스공사, 정원개량공사 등을 한 후에 계속 사용하는 과정에서 농협협동조합이 임의경매를 신청하였다.
④ 농협협동조합은 경매가 진행 중에 피고의 유치권 주장으로 인하여 경매가가 떨어질 것을 우려하여 피고를 상대로 유치권부존재확인청구를 한 사례인데, 피고는 이사건 부동산의 등기명의자인 소외인에 대하여 갖고 있는 부당이득반환청구권을 피담보채권으로 하는 유치권과 도시가스공사, 정원개량공사 등의 유익비상환을 위한 유치권의 항변을 한 것에 대한 판결이다.

<대법원의 판단>

1. 기본적인 법률관계- 부동산 사용대차의 인정

1) 민법 제203조 제2항에 의한 점유자의 회복자에 대한 유익비상환청구권은 점유자가 계약관계 등 적법하게 점유할 권리를 가지지 않아 소유자의 소유물반환청구에 응하여야 할 의무가 있는 경우에 성립되는 것으로서, 점유자가 유익비를 지출할 당시 계약관계 등 적법한 점유의 권원을 가진 경우에 그 지출비용 또는 가액증가액의 상환에 관하여는 그 계약관계를 규율하는 법조항이나 법리 등이 적용된다.

2) 그렇다면 소외인이 이 사건 부동산에 관한 소유권이전등기를 마쳐 대내외적으로 완전한 소유권을 취득한 후에도 피고는 명의신탁자로서 자신이 이 사건 부동산의 실질적인 소유자라는 인식하에 무상으로 이 사건 부동산을 점유·사용해 왔고, 소외인 또한 명의수탁자로서 이 사건 부동산이 실질적으로는 피고의 소유라는 인식하에 피고의 위와 같은 점유·사용에 대하여 어떠한 이의도 제기하지 아니하였던 것으로 보이므로, 결국 피고와 소외인 사이에는 피고가 이 사건 부동산을 무상으로 점유·사용하기로 하는 묵시의

약정이 있었고 피고가 그러한 약정에 따라 이 사건 부동산을 점유해 온 것으로 봄이 타당하다. 따라서 피고는 이 사건 부동산을 점유·사용하는 중에 지출한 유익비에 관하여 위와 같은 사용대차계약의 당사자인 소외인에게 상환청구권을 행사할 수 있고, 그러한 유익비상환청구권의 변제기는 그에 관한 당사자의 약정 또는 위 사용대차계약 관계를 규율하는 법조항이나 법리에 의하여 정해진다 할 것이다.

2. 유익비의 인정여부 및 유익비의 변제기에 대한 판단

그런데 이 사건 기록에 의하면, 피고는 이 사건 부동산을 점유·사용하던 중 소외인과의 협의하에 이 사건 부동산에 도시가스공사, 정원개량공사 등을 하여 공사비용을 지출하였고 위와 같은 공사로 인하여 이 사건 부동산의 가액이 증가하여 현존하고 있는 사실, 위와 같은 공사비용 지출 후 이 사건 부동산에 관한 경매절차가 개시되고 그 경매개시결정이 송달됨으로써 위 사용대차계약 관계를 계속하기 어렵게 된 사실, 피고는 위 공사비용의 지출로 소외인에 대하여 유익비상환청구권이 있고 그 변제기가 도래하였음을 전제로 경매법원에 대하여 이 사건 부동산에 관한 유치권신고를 한 사실, 소외인 또한 위 유익비상환청구권의 변제기가 이미 도래하였다는 전제하에, 이를 자신이 피고에게 지급하였어야 하나 재정상태가 악화되어 그 지급의무를 이행하지 못하고 있다는 취지의 확인서를 피고에게 작성해 준 사실을 알 수 있는바, 위와 같은 사실들에 비추어 보면, 피고가 주장하는 유익비상환청구권은 위 사용대차계약 관계에 기하여 발생된 것인데, 늦어도 피고가 위 유치권신고를 할 무렵에는 위 계약관계의 당사자인 피고와 소외인의 묵시적인 합의에 의하여 그 계약관계가 이미 종료되었고 위 유익비상환청구권의 변제기도 이미 도래한 것으로 보인다.

<해설>

1. 부동산에 대한 사용대차의 인정

1) 우선 피고가 부당이득반환청구권을 피담보채권으로 하여 주장한 유치권은

기각되었다(뒤에 목적물반환청구권과 동일한 법률관계 또는 사실관계에서 기술함).

2) 다음으로 위 판례에서 주목할 사항은 피고와 소외인(소유권등기명의자) 사이의 기본적인 법률관계를 사용대차관계로 보았다는 점이다. 사용대차는 무상으로 타인의 물건(부동산도 가능하다)을 사용하고 원상태로 반환해주는 법률관계인데, 대법원은 위 사례에서 기본적인 법률관계를 사용대차로 본 근거로, ㉠ 피고는 명의신탁자로서 자신이 이 사건 부동산의 실질적인 소유자라는 인식하에 무상으로 이 사건 부동산을 점유·사용해 왔고, ㉡ 소외인 또한 명의수탁자로서 이 사건 부동산이 실질적으로는 피고의 소유라는 인식하에 피고의 위와 같은 점유·사용에 대하여 어떠한 이의도 제기하지 아니하였던 것으로 보인다는 점을 들었으며, ㉢ 다만, 피고와 소외인 간의 내부적 의식이 이러하다 할지라도 양자의 관계는 계약명의신탁관계이므로 소외인은 이 사건부동산에 대하여 법률적으로 완전한 소유권을 취득한 소유권자이므로, 결국 피고와 소외인 사이에는 피고가 이 사건 부동산을 무상으로 점유·사용하기로 하는 묵시의 약정이 있었고 따라서 피고가 그러한 약정에 따라 이 사건 부동산을 점유해 온 것으로 봄이 타당하다고 보았다는 점이다.

2. 원심이 판단한 법률관계와 변제기의 문제

1) 이 사건의 원심은, 위 사실관계를 민법 제203조 제2항의 점유자와 회복자의 관계로 보았지만, 대법원은 이를 부정하고, 피고와 소외인의 관계를 부동산사용대차 관계로 보았다.

2) 다음으로 변제기가 문제되었는데, 유치권이 인정되려면 피담보채권의 변제기가 도래해야 하기 때문이다. 만약 원심과 같이 위 사실관계를 민법 제203조 제2항의 점유자와 회복자의 관계로 보면, 점유자의 유익비상환청구권은 점유자가 회복자로부터 점유물의 반환을 청구받거나 회복자에게 점유물을 반환한 때에 비로소 회복자에 대하여 행사할 수 있으며(판례 94다4592 참조) 이 때 비로소 변제기가 도래하였다고 의제된다.

3) 그런데 문제는 이 사건의 원고는 이 사건부동산에 대한 회복자가 아니고 근저당권자이므로 피고의 유치권 주장이 일응 타당하다고 봐도 아직 변제기가 도래하지 않아서 피고의 유치권은 인정받지 못하는 상태가 될 수 있다는 점이다.

3. 대법원의 결론

그래서 대법원은 본 사안의 법률관계를 사용대차로 보고, 이에 따라 사용대차 관계가 종료되었다고 의제하여 피고를 보호하는 판결을 내린 것으로 추정된다. 즉 위 판례는 "위와 같은 사실들에 비추어 보면, 피고가 주장하는 유익비상환청구권은 위 사용대차계약 관계에 기하여 발생한 것인데, 늦어도 피고가 위 유치권신고를 할 무렵에는 위 계약관계의 당사자인 피고와 소외인의 묵시적인 합의에 의하여 그 계약관계가 이미 종료되었고 위 유익비상환청구권의 변제기도 이미 도래한 것으로 보인다"라고 판시하였다.

[참고로, 원심이란 현재 진행되고 재판의 전제가 되는 재판을 말하며, 2심의 경우는 제1심이 원심이 되고, 제3심인 상고심에서는 제2심이 원심이 되며, 이러한 원심을 사실심이라 하며, 증거의 취사선택과 사실의 인정은 그것이 자유심증주의에 위반되는 등의 특별한 사정이 없는 한 사실심의 전권에 속한다.]

[사례용 판례주제 24] 임차건물의 객관적 가치를 증가시키는 시설

대법원 2001다64572 판결

<판례핵심>

이 사건 건물의 출입구 강화유리문, 바닥타일, 내부기둥, 벽체, 배선, 배관 등의 내장공사 등에 지출한 비용은 유익비에 해당하고, 원고가 이 사건 건물에서 볼링장을 운영하기 위하여 설치한 벽면로고, 광고 핀, 외벽간판 및 신발장 등은 이 사건 건물에 부합되어 건물의 객관적인 가치를 증가시키기 위하여 지출한 비용으로 보기는 어렵다고 판단한 판례(대법원 2001다64572 판결).

<사실관계>

① 이 사건의 원고는 임차인이며, 피고는 경매에서 사건 건물을 낙찰받은 매수인이며, 원고가 매수인이 피고를 상대로 유익비상환을 청구한 사건이다.

② 본래 이 사건 건물(지하 3층, 지상4층 규모의 건물 중 지하 2층 995.44㎡)은 ○○종합건설 주식회사에서 볼링장을 운영하기 위하여 지은 것인데 그 시설자금이 부족하자 이를 원고에게 임대하였으며, 원고는 이 사건 건물에 대하여 볼링기계 및 필요한 부대설비를 위한 비용을 마련하기 위하여 이 사건 건물을 담보로 서울보증보험 앞으로 근저당을 설정하여 주었다.

③ 그리고 원고는 ○○종합건설 주식회사와 임대차계약을 체결한 후 이 사건 건물의 출입구 강화유리문, 바닥타일, 내부기둥, 벽체, 배선, 배관 등의 내장공사 등에 100,990,179원을 지출하였는데, 그 중 현존하는 가치 증가액은 70,088,017원이라고 평가되었다.

④ 이후 서울보증보험이 이 사건 건물에 대하여 임의경매를 신청하고 피고가 낙찰을 받자, 원고는 이사건 건물은 볼링장 용도로 신축된 것으로서 원고가 볼링장업을 위한 내장공사 등에 지출한 비용은 이 사건 건물의 개량 기타 그 효용의 적극적인 증진을 위하여 투입된 비용에 해당한다고 주장하면서, 피고에 대하여 민법 제203조의 규정에 의하여 그 유익비의 상환을 구하는 사례이다.

<대법원의 판단>

1. 유익비의 인정부분과 원고의 변제청구의 당부

   1) 대법원은, 원고가 이 사건 건물에서 볼링장을 운영하기 위하여 설치한 벽면로고, 광고 핀, 외벽간판 및 신발장 등은 이 사건 건물에 부합되어 건물의 객관적인 가치를 증가시키기 위하여 지출한 비용으로 보기는 어렵다고 판단하였으며, 따라서 이 사건 건물의 시설 중 벽면로고, 광고 핀, 외벽간판 및 신발장 등을 제외한 나머지 시설들은 유익비상환청구의 대상이 된다고 판시하였다.

   2) 다만, 그 시설들 즉 유익비 청구가 인정되는 시설들은 이 사건 근저당권에

기한 경매절차에서 감정평가 가격에 포함되어 이를 기준으로 낙찰가격이 결정되었고 그 낙찰대금이 종국적으로는 원고 자신의 채무를 변제한 결과로 된 이상 원고는 유익비상환을 청구할 지위에 있지 않다고 판단하였다.

2. 원고의 유익비변제청구의 상대방에 대한 판단

그리고 대법원은 첨부하기를, 원칙적으로 원고는 임대인인 소외회사에게는 민법 제626조 제2항에 의한 임대차계약상의 유익비상환청구를 할 수 있을 뿐이며, 원고가 피고의 목적물반환청구에 대하여 임대인에 대한 유익비상환청구권에 기하여 유치권으로써 대항 할 수 있었을 것임을 별론으로 하고, 대신에 낙찰에 의하여 소유권을 취득한 피고에 대하여 이와는 별도로 민법 제203조 제2항에 의한 유익비의 상환청구를 할 수 없다고 판시하였으며, 이러한 법리는 이 사건 시설에 관한 비용이 경매절차에서 감정평가 가격에 포함되었는지 여부와 아무런 상관이 없다고 하였다.

<해설>

1. 낙찰대금이 원고의 채무를 변제하는 것으로 되었다는 말의 뜻

여기서 낙찰금액이 원고의 채무를 변제하는 것으로 되었다는 말은, 원고가 임차인이면서 이 사건 건물의 시설비를 마련하기 위하여 서울보증보험 앞으로 근저당권을 설정해주어서 원고는 서울보증보험에 대하여 근저당채무를 부담하고 있었는데, 서울보증보험에 의하여 경매신청이 되었고, 유익비로 인정받은 시설들은 종국적으로 감정평가에 의하여 건물의 가격에 포함되어 낙찰가가 정하여 졌기에 결국은 "낙찰금액이 원고의 채무를 변제하는 것으로 되었다"라는 판단이 나온 것이다. 이 사건에서 원심과 대법원은 원고의 피고에 대한 유익비청구는 이중청구가 되므로 원고의 청구는 기각되었다.

2. 원고가 매수인에 행사할 수 있는 유치권의 내용

1) 그리고 위 판례는 임차인의 지위에 있는 자는 낙찰받은 매수인에 대하여 유치권에 기하여 인도거절을 할 수 있을 뿐이며, 민법 제203조 제2항에 기하여 유익비의 상황청구를 할 수 없다는 점을 명확히 하였는데, 이러한

법리는 이 사건 시설에 관한 비용이 경매절차에서 감정평가 가격에 포함되었는지 여부와 아무런 상관이 없다고 하였다.

2) 해석해보면, 이 말은 특정 경매절차에서 경매목적물의 소유자(임대인)가 그의 채무에 의하여 경매를 당한 상태에서 대항력 없는 임차인은 유익비를 지출하였고, <u>그 유익비가 감정평가를 한 가격에 포함되어 낙찰가가 올라갔다 하더라도 그 올라간 낙찰가는 경매사건의 채무자인 임대인의 채무변제에 충당되고, 임차인에게 반환되는 것이 아니므로, 임차인은 자신의 유익비상환을 보장받기 위하여 유치권을 행사해야 하는데, 마침 유익비가 감정평가에 포함되었다 하여도 임차인의 유익비상환을 보장받기 위한 유치권 행사 즉 인도거절은 부정되지 않지만, 오히려 임차인이 적극적으로 경락받은 매수인에 대하여 민법 제203조 제2항에 근거하여 유익비를 청구할 수는 없다는 말을 위 판례는 하고 있는 것이다.</u> 결국 경락받은 매수인은 그가 법원에 납부한 매매대금으로 유치권을 행사하는 임차인에게 대항할 수 없으며, 만약 매수인이 임차인에게 유익비를 주고 건물을 명도받았다면, 매수인은 원래의 소유자인 임대인에게 부당이득반환을 청구해야 한다.

3) 여기서 한 가지 더 생각해 볼 수 있는 것은 임차인이 임대인(소유자)에 대한 유익비 기타 필요비를 근거로 경매개시 전에 목적물에 대하여 가압류를 했다든가 아니며 경매절차에서 채권신고를 하여 낙찰대금으로부터 배당을 전부 받았다면 이는 더 이상 유익비 기타 비용을 상환청구할 법적인 지위에 있지 않아서 매수인의 인도청구에 대항할 수는 없을 것이다.

[사례용 판례주제 25] 임차한 토지에 설치한 옹벽과 형질변경

대법원 2001다40381 판결

<판례핵심>

원고인 임차인이 임대인으로부터 <u>임차한 토지에 대하여 옹벽부분을 성토하고 기</u>

V. 임차권에 기한 유치권   135

타 유익비 투입으로 형질과 지목이 변경한 사례에서 유익비의 상환은 임대인이 선택에 따라 지출한 금액이나 가치증가액으로 결정해야 하므로 지출한 금액을 산정해야 한다는 판례 (대법원 2001다40381 판결 유익비청구 사건).

<사실관계>
① 원고와 피고는 이 사건 임대차에 관한 종전의 재판에서, 원고는 옹벽부분의 성토에 따른 유익비를 제외한 나머지 유익비청구는 아무 조건 없이 포기하되, 옹벽부분의 성토로 인한 유익비는 이 사건 임대차가 그 기간 만료시까지 존속하는 조건으로 하여 비로소 포기한다는 취지의 조정이 성립되었다.
② 위 조정 성립 후 원고는 조정조항에서 정한 임대료를 피고에게 지급하지 않았으며, 피고가 이를 이유로 임대차기간이 만료되기 전에 조정조항에서 정한 건물철거부분에 대하여 대체집행결정을 받고 원고에게 이행을 청구한 사안이다.

<대법원의 판단>
1. 원심의 판단 : 유익비의 인정
원심은 이 사건 임대차가 조정에서 정한 기간까지 존속되지 못하였으므로 원고로서는 옹벽부분의 성토에 따른 유익비상환을 청구할 수 있고, 이런 판단이 이 사건의 조정내용과 배치되지 않으며, 유익비의 범위에 관하여 원고가 피고로부터 이사건 토지를 임대받은 후 이 사건 토지의 경계선에 옹벽을 설치하고 마당에 콘크리트포장을 하는 등으로 형질 및 지목을 변경함으로써 이 사건 토지의 가치가 증가하여 461,004,000원 상당의 가액이 현존하고 있으므로 피고는 원고에게 이를 상환하라는 판결을 내렸다. 그리고 이런 원심의 판결에 대하여, 대법원은 원심이 인정한 사실과 판단을 수긍하였다.

2. 유익비의 상환범위에 대한 상환의무자의 선택권의 인정
1) 유익비상환청구에 관하여 민법 제203조 제2항은 점유자가 점유물을 개량하기 위하여 지출한 금액 기타 유익비에 관하여 그 가액의 증가가 현존한 경우에 한하여 회복자의 선택에 좇아 그 지출금액이나 증가액의 상환을 청

구할 수 있다고 규정하고 있고, 민법 제626조 제2항은 임차인이 유익비를 지출한 경우에는, 임대인은 임대차 종료시에 그 가액의 증가가 현존한 경우에 한하여 임차인이 지출한 금액이나 그 증가액을 상환하여야 한다고 규정하고 있다.

2) 따라서 유익비의 상환범위는 점유자 또는 임차인이 유익비로 지출한 비용과 현존하는 증가액 중 회복자 또는 임대인의 선택하는 바에 따라 정하여진다고 할 것이고, 따라서 유익비상환의무자인 회복자 또는 임대인의 선택권을 위하여 그 유익비는 실제로 지출한 비용과 현존하는 증가액을 모두 산정하여야 한다.

따라서 원심이 이 사건토지의 현존 가치의 증가액을 만을 산정하여 461,004,000원이 피고가 상환하여야할 유익비에 해당한다고 판단한 것은 판결에 양향을 미친 위법이 있다고 하였다.

<해설>

원심이 토지의 경계선 옹벽부분의 성토와 마당에 콘크리트포장을 한 부분에 대한 비용투입이 유익비로 인정하였는데, 대법원도 이를 유익비로 인정한 데에 본 판례의 의의가 있다. 그리고 경매에서 낙찰받은 매수인이 유익비를 임차인 기타 점유자에게 유익비를 지급해야만 하는 상황이 되었을 지라도, 임차인 기타 점유자에게 실제로 지출한 비용과 현존하는 증가액을 모두 산정하라고 하여 그 결과에 따라 매수인이 선택하여 지급할 수 있다는 점을 인정했다는데 의의가 있다.

[사례용 판례주제 26] 삼계탕집을 운영하기 위한 시설과 유익비의 성립여부

대법원 93다25738,25745 판결

<판례핵심>

삼계탕집을 운영하기 위하여 보일러, 온돌방, 방문틀, 주방내부, 합판을 이용한

V. 임차권에 기한 유치권

점포장식, 가스, 실내전등, 계단전기 등을 설치하고 페인트 도색을 하는 등 공사를 한 것은 유익비나 필요비에 해당되지 않고, 또한 부속물매수청구의 대상도 아니라는 판례(대법원 93다25738, 93다 25745 판결 건물명도, 필요비등 청구 사건임)

<사실관계>

① 원고는 그의 소유인 이 사건 건물을 당초부터 지하 1층 지상 1, 2층은 근린생활시설로 지상 3층은 주택용도로 건축하였다.

② 피고는 사무실로 사용되어 오던 2층 부분을 임차하여 그 곳에서 삼계탕집을 경영하기 위하여 합계 금 9,643,000원을 들여 보일러, 온돌방, 방문틀, 주방내부, 합판을 이용한 점포장식, 가스, 실내전등, 계단전기 등을 설치하고 페인트 도색을 하는 등 공사를 하였는데, 이런 시설들이 무엇에 해당하는 가에 대한 사건이다((93다25738, 93다 25745(반소).

<대법원의 판단>

1. 삼계탕집 주인이 시설한 것이 유익비인지의 여부

1) 원심은 피고가 이 사건 건물을 임차한 후 그곳에서 삼계탕집을 경영하기 위하여 합계 금 9,643,000원을 들여 보일러, 온돌방, 방문틀, 주방내부, 합판을 이용한 점포장식, 가스, 실내전등, 계단전기 등을 설치하고 페인트 도색을 하는 등 공사를 하였고, 그로 인하여 현재에도 금 8,147,000원 정도의 가치가 남아 있는 사실을 인정하면서도 이 사건 건물의 본래의 용도 및 피고의 이용실태 등에 비추어 피고가 지출한 위 비용은 어디까지나 피고가 위 건물에서 삼계탕집을 경영하기 위한 것이지 건물의 보존을 위한다거나 그 객관적 가치를 증가시키기 위한 것이 아니어서 이를 필요비 또는 유익비라고 할 수 없다고 판단하였다.

2) 민법 제626조에서 임대인의 상환의무를 규정한 유익비하 함은 임차인이 임차물의 객관적 가치를 증가시키기 위하여 투입한 비용이고, 필요비라 함

은 임차인이 임차물의 보존을 위하여 지출한 비용을 말한다고 할 것인바, 이 사건에서 피고가 위 건물에 지출한 공사비가 여기에 해당하지 않는다고 판단한 원심의 조치는 정당한 것으로 수긍이 가고, 거기에 법리오해의 위법이 있다고 할 수 없다.

2. 삼계탕집 주인이 시설한 것이 부속물인지의 여부

1) 민법 제646조가 규정하는 매수청구의 대상이 되는 부속물이란 건물에 부속된 물건으로서 임차인의 소유에 속하고, 건물의 구성부분으로는 되지 아니한 것으로서 건물의 사용에 객관적인 편익을 가져오게 하는 물건이라 할 것이므로, 부속된 물건이 오로지 임차인의 특수목적에 사용하기 위하여 부속된 것일 때에는 이에 해당하지 않는다고 할 것이고, 당해 건물의 객관적인 사용목적은 그 건물 자체의 구조와 임대차계약 당시 당사자 사이에 합의된 사용목적, 기타 건물의 위치, 주위환경 등 제반사정을 참작하여 정하여지는 것이다(대법원 91다8029 판결 참조).

2) 원심이 같은 취지에서 피고가 주장하는 위 시설들은 이 사건 건물의 구성부분으로 되었거나 피고의 삼계탕집 경영이라는 특수한 목적에 사용하기 위한 것이므로 매수대상이 되는 부속물에 해당하지 않는다는 이유로 피고의 부속물매수청구권을 배척한 조치는 정당한 것으로 수긍이 가고, 거기에 소론과 같은 부속물매수청구권에 관한 법리오해의 위법이 있다고 할 수 없다.

<해설>

1. 임차 건물의 객관적 가치의 증가 여부

1) 피고가 임차한 2층 부분은 근린생활시설로서 사무실로 이용되고 있던 건물인데, 피고가 이를 임차하여 삼계탕집을 위한 시설을 설치하였는데, 이에 대하여 원심과 대법원은 "이 사건 건물의 본래의 용도 및 피고의 이용실태 등에 비추어 피고가 지출한 위 비용은 어디까지나 피고가 위 건물에서 삼계탕집을 경영하기 위한 것이지 건물의 보존을 위한다거나 그 객관적 가치를 증가시키기 위한 것이 아니어서" 이를 필요비 또는 유익비라고 할 수

없다고 판단한 부분을 주목할 필요가 있다. 즉 판례가 지적하는 바는, 이 사건 건물의 본래의 용도가 음식점을 위한 건물이 아니라 사무실용이다. 따라서 사무실용 건물에 보일러, 온돌방, 방문틀, 주방내부 등의 시설은 객관적으로 필요한 시설이 아니다.

2) 그렇다면 이 사건의 피고가 위의 시설을 이사건 건물에 설치하였다고 하여도 이는 이 사건 건물의 객관적 가치를 증가시키는 시설들이 아니며, 그러기에 피고의 유익비 청구주장은 인용될 수가 없는 것이다. 더 나아가 해당 임차인만의 특수한 목적을 위한 시설들이 건물의 객관적 가치를 증가시킬 수가 없다.

2. 임차인의 특수목적에 사용하려고 부속시킨 물건의 성격

1) 그리고 위 시설들은 건물로부터 독립된 부분이라 할 수 없다. 따라서 판례는 "부속물이란 건물에 부속된 물건으로서 임차인의 소유에 속하고, 건물의 구성부분으로는 되지 아니한 것으로서 건물의 사용에 객관적인 편익을 가져오게 하는 물건이라 할 것이므로, 부속된 물건이 오로지 임차인의 특수목적에 사용하기 위하여 부속된 것일 때에는 이에 해당하지 않는다"라고 판결한 점도 주목해야 한다.(부속물매수청구부분은 뒤에 따로 정리함)

2) 또한 위 판결문 하단부에서 "원심이 같은 취지에서 피고가 주장하는 위 시설들은 이 사건 건물의 구성부분으로 되었거나"라고 하는 부분을 따로 떼어내어 보면, 건물의 구성부분이 되었다고 하여도 항시 유익비가 되는 것은 아님을 알 수 있다. 만약에 구성부분이 되면 반드시 유익비에 해당 한다고 한다면 위와 같은 말을 할 수가 없기 때문이다.

3. 객관적 용도의 판단을 위한 자료

다음으로 경매사건에서 매각 대상 건축물에 대하여 건축물대장, 등기부등본 등을 통하여 본래 어떤 용도로 건축되었는지를 파악하고 현재는 어떤 용도로 쓰이고 있는 지를 가려서 위 판례를 적용할 수 있는지를 검토할 수 있어야 할 것 같으며, 위 판례가 건물의 객관적 용도(목적)과 임차인의 사용실태와의 다름에 따라서 유익비 기타 부속물매수청구의 결과가 달라짐을 보여준 판례로서 부동산경매를 위해서는 반드시 이해하고 있어야 할 판례이다.

[사례용 판례주제 27] 카페영업을 위한 시설과 유익비의 성립여부

대법원 91다8092 판결

<판례핵심>

피고가 이 사건 점포를 임차하면서 이 점포에서 카페영업을 위하여 <u>내부규모를 확장하는 내부시설공사를 하였고, 창고지붕의 보수공사</u>를 한 것이 유익비 또는 부속물매수청구의 대상이 안 된다는 판례(대법원 91다 8092 판결 건물명도)

<사실관계>

피고는 원고로부터 이 사건 점포를 임차하여 카페영업을 위한 공사를 하고, 또 카페의 규모를 확장하면서 내부시설공사를 하고, 또는 창고지붕의 보수공사를 한 상태에서, 원고는 피고를 상대로 건물명도 청구를 하고, 피고는 위 시설들의 공사를 위한 비용이 유익비 또는 부속물매수청구의 대상이 된다고 주장한 사례이다.

<대법원의 판단>

1. 피고가 행한 시설이 유익비에 해당하는지의 여부에 대한 판단

민법 제626조 제2항에서 임대인의 상환의무를 규정하고 있는 유익비란 임차인이 임차물의 객관적 가치를 증가시키기 위하여 투입한 비용을 말하는 것인데, 피고가 이 사건 건물 중, 피고가 임차한 이 사건 점포에서 카페영업을 하기 위한 공사를 하고 또 <u>카페의 규모를 확장하면서 내부시설공사를 하고</u>, 또 창고지붕의 보수공사를 하고 지출한 사실을 인정할 수 있으나, <u>창고지붕의 보수공사비는 통상의 관리비에 속하고, 나머지 공사비인 이 사건 점포의 내부시설 공사는 피고가 카페를 운영하기 위한 필요에 의해 행하여진 것이고, 그로 인하여 이 사건 점포의 객관적 가치가 증가한 것은 아니어서</u> 이를 지출한 돈

은 원고가 상환의무를 지는 유익비에 해당하지 아니한다.

2. 부속물매수청구의 대상 여부에 대한 판단

1) 민법 제646조가 규정하는 건물임차인의 매수청구의 대상이 되는 부속물이란 건물에 부속된 물건으로 임차인의 소유에 속하고, 건물의 구성부분으로는 되지 아니한 것으로서 건물의 사용에 객관적인 편익을 가져오게 하는 물건이라 할 것이므로, 부속된 물건이 오로지 임차인의 특수목적에 사용하기 위하여 부속된 것일 때에는 이를 부속물매수청구권의 대상이 되는 물건이라 할 수 없을 것이고, 당해 건물의 객관적인 사용목적은 그 건물자체의 구조와 임대차계약 당시 당사자 사이에 합의된 사용목적, 기타 건물의 위치, 주위환경 등 제반사정을 참작하여 정하여 지는 것이라 할 것이다.
그러므로 원심이 피고가 주장하는 시설들은 피고의 카페영업을 위한 시설물들일 뿐 이 사건 건물이나 점포의 객관적인 편익을 가져오는 물건이라 할 수 없다는 이유로 피고의 부속물매수청구를 배척한 것은 부속물매수청구의 법리를 오해한 위법이 없다.

<해설>

1) 대법원 판례에 제시된 자료만으로는 이 사건 점포의 객관적인 사용목적을 알 수 없지만, 점포에 공사한 시설들이 오직 임차인의 특수한 영업목적 만을 위한 것으로 판단된 경우는 유익비에도 해당 되지 않고 또한 부속물매수청구의 대상도 되지 않음을 반복적으로 보어주는 판례이다.

2) 다만, 사례를 보면 피고는 창고지붕의 보수공사를 행하였는데, 보수공사의 정도가 창고지붕을 교체하는 정도였다면 이는 유익비로 인정받아야 하는 사항이다. 판례가 "창고지붕의 보수공사비는 통상의 관리비에 속하고"라는 판단을 한 것을 보면, 보수공사의 정도도 약했거나 사소한 것으로 보인다.

3) 다음으로 사례를 보면, "내부규모를 확장하는 내부시설공사를 하였고"라는 부분이 나온다. 부동산 경매에서 내부확장공사니 베란다확장공사니 하는 말이 간간히 들린다. 그러나 이런 것들도 대법원은 임차인의 특수한 목적에 따라

142 제1장 유치권의 이론과 실무

행한 것으로 건물의 객관적 가치의 증가를 가져오지 못한다고 판단하고 있음을 주목할 필요가 있다.

[사례용 판례주제 28] 음식점 영업을 위한 시설들과 유익비의 성립여부

대법원 91다15591 판결

<판례핵심>

1층 내부공사에 있어서 신발장, 다용도장 공사비, 기존 칸막이 철거비용, 새로운 칸막이 공사비용, 주방 인테리어 공사비용 등은 유익비에 해당하지 않는다는 판례(대법원 91다15591 판결 건물명도 청구사건)

<사실관계>

피고는 이 사건 건물을 음식점영업을 위하여 원고로부터 임차한 후, 1층 내부공사와 2층 증측공사를 하여 공사비 금 1,874만원을 지출한 상태에서 임대인인 원고가 건물명도를 청구하는 소송을 제기하여 소장을 피고에게 송달시켜서 피고와 원고 간의 임대차계약이 해지되고, 피고는 원고에게 반소로 유익비를 청구한 사례이다(대법원 91다15591 판결 건물명도 청구사건)

<대법원의 판단>

1. 원고의 자백과 유익비의 인정여부에 대한 판단

   1) 원심은 피고가 이 사건 건물을 임차사용 중 1층 내부공사와 2층 증측공사를 하여 도합 1,874만원의 공사비를 지출한 사실을 인정하고, 또한 원고가 위 공사비용이 현존가액과 동일하다는 자백에 기초하여 이 공사비는 임차건물에 대한 유익비라고 판결하였다.

   2) 그런데 이에 대하여 대법원에서는 이러한 원고의 자백은 공시비용이 현존가액과 동일하다는 것일 뿐, 위 공사비용이 모두 유익비로 인정하는 진술

이라고 보지 않았으며, 더 나아가 민법 제626조에서 임대인의 상환의무를 규정한 유익비란 임차인이 임차물의 객관적 가치를 증가시키기 위하여 투입한 비용을 말하는 것이고, 기록을 살펴보면, 피고가 지출한 위 공사비용 중에는 1층 내부공사에 있어서 신발장, 다용도장 공사비, 기존 칸막이 철거비용, 새로운 칸막이 공사비용, 주방 인테리어 공사비용 등이 포함되어 있음을 알 수 있는데, 이와 같은 비용은 얼른 보아도 임차물의 객관적 가치를 증대시키기 위하여 투입한 유익비라고 보여지지 아니한다 라고 하면서, 원심은 위 공사비용 중 어느 부분이 유익비에 해당하는지를 밝혀 보아야 할 것인데, 이를 다하지 않아서 심리를 다하지 않은 위법이 있다고 지적했다.

<해설>

1. 유익비의 개념

   1) 판례에 의하면 유익비란, 임차인이 임차물의 객관적 가치를 증가시키기 위하여 투입한 비용을 말하는 것인데, 어떤 경우에 임차물의 객관적 가치를 증가시켰느냐는 일반적인 기준은 없다. 다만, 관련 판례들을 종합하여 보면 적어도 건물의 구조적인 부분을 변경하여 개량한 경우 또는 건물 본래의 객관적인 용도에 맞는 시설을 설치하여 그 건물의 구성부분이 된 경우에 객관적 가치가 증가하여 현존하고 있다는 평가를 받을 수 있으며, 그렇게 투입된 비용을 유익비로 인정받을 수 있을 것 같다.

   2) 그렇다면 위 신발장 설치, 다용도장 설치, 기존 칸막이 철거, 새로운 칸막이 설치, 주방 인테리어 공사 등은 해당 건물의 구성부분이 되었다는 평가를 받을 수 없을 뿐더러 그런 것으로 인하여 건물의 객관적 가치가 증가했다는 평가도 받기 어려울 수 있음을 짐작할 수 있다. 따라서 위 판례의 사례에서 피고가 투입한 비용은 민법 제626조에 의하여 임대인의 상환의무를 지는 유익비는 아닌 것이다.

   3) 그리고 간판을 설치한 것이 유익비에 해당하는지가 문제된 사건에서, 대법원 94다20389 판례는, 민법 제626조 제2항에서 임대인의 상환의무를 규

144 제1장 유치권의 이론과 실무

정하고 있는 유익비란 임차인이 임차물의 객관적 가치를 증가시키기 위하여 투입한 비용을 말하는 것인바(91다8029 판결 참조), 원심이, 이 사건 간판은 원고가 이 사건 건물부분에서 간이 음식점을 경영하기 위하여 부착시킨 시설물에 불과하여 위 건물부분의 객관적 가치를 증가시키기 위한 것이라고 보기 어려울 뿐만 아니라, 그로 인한 가액의 증가가 현존하는 것도 아니어서 그 간판설치비를 유익비라 할 수 없다고 인정·판단하였음은 이러한 법리에 따른 것으로서 옳다고 판시하고 있다.

4) 다만, 사례를 보면 2층 증축공사가 나오는데, 대법원은 이 부분에 대하여 유익비의 대상이 아니라는 판단을 하지 않았다. 당시 피고가 2층 증축공사를 하면서 건축법이 요구하는 절차를 따랐는지는 별론으로 하고, 필자가 보기에 2층 증축공사는 건축물대장의 변경을 가져오는 것이고, 누구에게도 이익이 되는 시설이므로 객관적 편익을 가져온다는 판단을 받을 수 있어서 유익비가 된다고 본다.

[사례용 판례주제 29] 구분건물의 경계를 설정하는 칸막이 공사와 유익비의 성립여부

춘천지법 속초지원 2007가단1601판결

<판례핵심>

경계가 구분되지 않은 집합건물인 상가를 임차한 임차인이 바로 옆에 붙어 있는 같은 집합건물인 상가와 구분하기 위하여 칸박이 공사를 한 것은 이 사건 건물의 객관적 가치를 증가시키기 위한 비용으로 유익비에 해당 한다는 판례(춘천지법 속초지원 2007가단1601판결, 판례출처: 춘천지법 우리법원 주요판결)

<사실관계>

① 원고는 2006. 12. 25. 춘천지방법원 속초지원 2006타경0000호의 임의경매절

차에서 속초시 ○○동 000번지 지상의 5층 건물 중 <u>301호(이하 '이 사건 건물 301호'이라 한다)</u>을 낙찰 받아 소유권이전등기를 경료하였다.

② 피고는 이 사건 건물 301호에 대하여 전소유자인 이○○로부터 보증금 25,000,000원 기간 36개월로 정하여 이 사건 건물을 임차하고, 그 무렵 이 사건 건물 301호와 과 바로 옆에 붙어있는 제302호의 경계를 구분하기 위하여 칸막이공사 및 실내장식공사를 한 다음 그로부터 현재까지 이 사건 건물을 단란주점으로 사용하고 있다.

③ 이에 원고는 소유권자로서 피고를 상대로 명도청구를 하고, 피고는 1억 원 이상의 비용을 들여 칸막이공사와 실내장식공사를 하여 그 가치가 증대되어 현존하고 있고, 이로써 피고는 이 사건 건물 301호에 대하여 유치권을 취득하였으므로, 위 필요비 또는 유익비를 지급받기까지 원고의 명도청구에 응할 수 없다고 항변한다.

<춘천지법 속초지원의 판단>

1. 원고의 임대인의 지위승계 여부에 대한 판단

   1) 피고가 임대차계약의 당사가가 아닌 원고를 상대로 민법 제626조 소정의 필요비 또는 유익비를 청구하기 위해서는 원고가 종전의 임대인의 지위를 승계하거나 피고가 종전 임대차계약으로 원고에게 대항할 수 있어야 할 것인데, 피고는 이 사건건물에 대한 근저당권설정등기가 경료된 이후에야 비로소 이 이사건 건물 301호를 점유히기 시작하였다.

   2) 그러나 원고는 위 근저당권의 실행으로 이 사건 건물 301호를 낙찰 받았으므로, 원고가 종전의 임대인의 지위를 승계한 것으로 볼 수 없고, 피고로서는 종전의 임대차관계를 가지고 원고에게 대항할 수 없다 할 것이어서, 민법 제626조 소정의 필요비 내지 유익비의 지급책임이 원고에게 있다고 보기는 어렵다 하겠다.

2. 피고가 경락전 지출한 비용상환청구권에 기한 유치권의 성부에 대한 판단

   1) 그러나 피고는 종전 임차인으로서는 비록 임차권에 기하여는 경락인에게

대항 할 수 없다 하더라도, 경락 전에 지출한 비용상환청구권 및 이에 기한 유치권에 의하여 그 비용들을 상환받기 전까지는 유치권으로 경락인에게 대항할 수 있다 할 것이다.

2) 이 사건에 관한 감정결과에 변론의 전체의 취지를 모아보면, 피고가 이 사건 건물 301호를 임차할 당시에는 옆 건물인 이 사건 집합건물 302호와의 경계벽도 설치되지 않은 상태였고, 그에 따라 피고는 경계구분을 위해 반드시 요구되는 칸막이 공사를 시행한 사실, 이로써 이 사건 건물 301호의 객관적가치가 증대되었는데, 증대된 가액의 현존가치는 6,235,000원에 이르는 사실을 인정할 수 있고, 피고는 이 사건 건물301호를 임의경매 전부터 점유하고 있었으므로 피고는 위 유익비 6,235,000원을 지급받을 때까지는 위 건물을 유치할 권리가 있다 할 것이다.

3. 실내장식공사에 지출된 비용의 성격에 대한 판단

나아가 피고는 실내장식공사로 인해 지출한 비용에 대해서도 유치권이 있다고 주장하나, 위 실내장식공사는 피고의 단란주점 영업을 위한 지출비용으로 이 사건 건물 301호의 객관적 가치를 증가시키기 위한 것으로 보기 어려울 뿐만 아니라, 임대차계약 당시의 임대차계약서에 의하면, 임차인은 임대인의 승인 하에 개축 또는 변조할 수 있으나 부동산의 반환기일 전에 임차인이 원상으로 복구하기로 약정하였음 알 수 있는 바, 이는 피고가 자신의 필요에 의해 이 사건 건물 301호 내부에서 시행한 공사부분에 대하여는 그 반환청구를 포기하기로 한 취지의 특약으로 봄이 상당하므로 피고의 위 항변은 받아들일 수 없다.

<해설>

1. 객관적 가치의 증가와 현존가액

1) 사실관계를 보면, 피고는 1억 원 이상의 비용을 들여 칸막이공사와 실내장식공사를 하여 그 가치가 증대되어 현존하고 있다고 주장하나, 결국 피고에게 인정된 것은 301호와 302호를 가르는 칸막이 공사비용의 현존가치

금 6,235,000원이다. 아마도 피고는 본 소송의 전제가 된 임의경매에서 금 1억원 정도의 유치권 신고를 하였을 것이다. 금액차이가 얼마나 큰지를 독자들은 생각할 수 있어야 한다.

2) 또한 임차권이 기한 유치권 신고가 얼마나 무력하게 쓰러지는 지를 보여주는 전형적인 판례이다. 그리고 칸막이 공사하면 으레 유익비가 안 되겠네 하고 생각할 수 있으나, 칸막이 공사라는 단어만 보지 말고, 그 공사의 실질을 보면 답을 찾을 수 있다. 이 사건 건물 301호와 그 옆에 바로 이어져서 붙어 있는 302호와의 경계를 구분하기 위한 것이라면, 이는 건물의 구조에 대한 개량에 해당한다. 실제로 칸막이라지만 새로운 벽체를 공사한 것이기 때문이다.

[사례용 판례주제 30] 음식점 영업을 위하여 내부시설을 개수하고, 시설물을 설치한 경우의 유익비의 성립여부

대법원 80다1851,1852 판결

<판례핵심>
건물내부의 벽지, 천정지, 장판지를 새로 깔고, 페인트 및 봐니스칠을 하여 단정하고, 기존의 방실 칸막이를 뜯어내거나 새로 설치하는 등의 시설들은 유익비에 해당되지 않는다는 판례(80다1851,1852 건물명도 청구 사건)

<사실관계>
원고가 피고에게 이 사건 건물을 임대하여 주었으며, 피고가 음식점 영업을 하면서 그 음식점의 내부에 벽지, 천정지, 장판지를 새로 깔고, 페인트 및 봐니스칠을 하여 단정하고, 기존의 방실 칸막이를 뜯어내거나 새로 설치하는 등의 시설들은 하여 사용하던 중 원고의 사정에 의하여 임대차계약을 해지하고 피고를 상대로 명도청구한 사안에서 피고는 유익비 상환을 청구한 사례이다.

<대법원의 판단>

1. 유익비 여부의 판단

   1) 원심판결의 이유에 의하면, 원심은 피고가 이사건 건물을 임차하여 사용 중, 피고 자신의 돈을 들여 이 건 건물내부(주방, 대기실, 마루, 방, 변소, 등의)의 벽지, 천정지, 장판지를 새로 깔고 페인트 및 봐니스칠을 하여 단정하고, 기존의 방실 칸막이를 뜯어내거나 새로 설치하는 등 하여 시설의 일부를 개수하고 인터폰 및 비상등 설치 공사를 한 사실은 인정되나, 위 시설개수 및 시설물설치는 피고가 그 자신의 음식점을 경영하기 위하여 필요에 의하여 한 것임을 인정할 수 있을 뿐이며, 위와 같은 것들을 위하여 지출한 비용을 임대인인 원고가 상환의무를 지는 유익비 또는 필요비에 해당하지 않는다고 판결하였는데, 이러한 원심의 판결은 유익비에 관한 법리오해의 위법이 없다고 판시하였다.

   2) 민법 제626조로서 임대인이 상환의무를 규정한 유익비란 임차인이 임차물의 객관적 가치를 증가시키기 위하여 투입한 비용을 말하는 것이고, 필요비란 임차인이 임차물의 보존을 위하여 지출한 비용을 일컫는 것임을 이 동조의 명문상 뚜렷한 바이므로 이 건에서 피고가 지출한 위 설시 제비용을 임차물의 보존을 위하여 지출한 필요비이거나 임차인이 임차물의 객관적 가치를 증가시키기 위하여 투입한 유익비라고 할 수 없다.

[사례용 판례주제 31] 임차건물의 객관적가치를 증가시키는 시설과 감가상각

부산지법 동부지원 2003가합652 판결

<판례핵심>

외부담장 설치공사, 도로복개공사, 외부석재마감공사, 고정창문 및 출입문 설치공사, 옥상원형철재계단 설치공사, 화장실, 일반설비시설, 일반전기시설, 철골골조보강 및 보수공사, 좌측벽면 도장공사, 옥상바닥 방수공사 등은 이 사건 건물

의 객관적 가치가 증가시키는 유익비에 해당 된다는 지방법원의 판례임(부산지방법원 동부지원 2003가합 652 건물명도 사건)

<사실관계>
① 피고(주식회사 ○○)는 1985. 9경 신축되어 여관으로 사용되어오던 이 사건 건물에 대하여 소외 윤○은과 1991. 10. 4. 에 임대차계약을 체결하고, 소외 윤○은의 승인아래 1992.5경까지의 사이에 1,169,579,686원의 비용을 들여 이 사건 건물에 관하여 외벽을 철거하여 새로 설치하고 내부를 전면적으로 개조하는 등으로 대수선하고, 맥도날드 영업에 필요한 시설과 설비를 마련한 다음, 그 무렵부터 이 사건 건물에서 맥도날드 ○○점을 운영하였다.
② 이후 소외 윤○은에 의하여 토지에 설정되었던 근저당권에 가하여 경매가 진행되어 원고가 낙찰받은 사안에서 피고가 유익비에 기한 유치권을 주장한 사안이다.

<부산지법 동부지원의 판단>
1. 유익비가 되는 시설에 대한 판단
    위 사안에서, 부산지법 동부지원은 피고가 소외 윤○은으로부터 이 사건 건물을 임차한 후 1,169,579,686원의 비용을 들여 사건 건물을 대수선하고 영업설비 등을 설치한 사실은 앞서 인정한 바와 같고, 감정인의 감정 결과에 의하면, 피고가 시공한 공사 중, 외부담장 설치공사, 도로복개공사, 외부석재마감공사, 고정창문 및 출입문 설치공사, 옥상원형철재계단 설치공사, 화장실, 일반설비시설, 일반전기시설, 철골골조보강 및 보수공사, 좌측벽면 도장공사, 옥상바닥 방수공사 등으로 인하여 이 사건 건물의 객관적 가치가 증가하였고 위 증가된 가치 중 현존하는 것에 대한 금전적 평가가 360,716,519원인 사실을 인정할 수 있고 반증이 없으므로, 피고는 이 사건 건물에 대하여 360,716,519원 상당의 유익비를 피보전권리로 하는 유치권이 있다 할 것이다.
2. 유익비가 되지 않는 시설에 대한 판단

다만, 위 감정결과에서는 배면 벽면시설, 매장 내 타일, 천장텍스, 지붕아스팔트쉥글 등의 설치공사도 이 사건 건물의 객관적인 가치를 증가시킨 공사로 인정하고 있으나, 위 감정결과가 기재된 감정서의 내용을 자세히 살펴보면, 위 각 공사는 맥도널드 ○○점의 영업을 위한 공사로 보일 뿐 이로 인하여 이 사건 건물의 객관적 가치가 증가하였다고 보기 어려우므로 이 부분의 감정결과는 받아드리지 아니한다 라고 판결하였다.

<해설>

1. 감가상각의 문제

해당시설이 유익비라고 인정되더라도 임대인은 임차인이 지출액이나 현존가치의 증가액 중하나를 선택하여 상환할 수 있다. 따라서 위 사례를 보면, 피고는 시설투자비로 금 1,169,579,686원의 비용을 들였다고 주장하나, 막상 감정평가를 하였을 때는 현존가치는 금 360,716,519원이다. 따라서 위 사례에서 임대인 또는 매수인은 피고가 투입한 비용이 아니라 현존가치액인 금 360,716,519원을 상환하면 된다.

2. 위 판례를 통하여 공부할 점

1) 우리가 여기서 공부할 점은, 입찰을 하기 전에 바로 임차인이 유익비를 주장하고, 그 주장하는 시설들이 건물의 객관적 가치의 증가를 가져올 수 있다고 판단이 되었을 때, 임차인이 신고한 금액을 보지 말고 감정평가한 금액을 봐야 한다는 점이다. 법원이 공시하는 감정평가서를 가지고 향후 입찰한 후 비록 임차인이 유치권이 인정된다고 하더라도 감정평가하여 증가한 금액에 한하여 상환하므로 이를 계산에 넣어서 입찰여부와 수익여부를 측정할 수 있어야 한다는 점이다.

2) 다음으로 감정인은 감정결과를 제출하면서 유익비라고 감정하였지만, 법원은 감정결과 중 일부는 유익비에 해당되지 않는다고 본 것도 유의할 부분이다. 법원이 이렇게 보는 이유는 법관은 자유심증주의에 의하여 감정결과의 채택여부를 판단하기 때문인데, 실무상 특별한 경우가 아니면 감정인의

감정결과는 주요한 증거가 된다.

3. 위 판례와 비교할 만한 판례

1) 위 부산동부지법의 판례와 비교할 수 있는 대법원 판례(대법원 2001다64572)가 있는데. 이에 의하면 본래 건물의 용도가 볼링장으로 지어진 건물에 대하여 임차인이 그 건물에 <u>출입구 강화유리문, 바닥타일, 내부기둥, 벽체, 배선, 배관</u> 등의 내장공사 등에 지출한 비용은 유익비에 해당한다고 하였다. 그런데 위 부산동부지법의 판례 "배면 벽면시설, 매장 내 타일, 천장텍스, 지붕아스팔트쉽글 등의 설치공사는 맥도널드 ○○점의 영업을 위한 공사로 보일 뿐" 이로 인하여 이 사건 건물의 객관적 가치가 증가하였다고 보기 어렵다고 하였다.

2) 종합하면 임차인이 설치한 시설들이 얼른 보기에 배면 벽면시설, 매장 내 타일, 지붕아스팔트쉽글처럼 건물의 객관적 가치를 증가시키는 것으로 보일지라도 그 시설들이 임차인의 특수한 영업목적에 의하여 설치된 것은 건물의 객관적 가치를 증가시키는 유익비로 인정되지 않는다고 판단하면 되겠다.

[사례용 판례주제 32] 고깃집을 운영하기 위한 닥트 등의 시설들과 유익비의 성립여부

서울중앙지법 2003가단 451983 판결

<판례핵심>

소유자인 원고의 임대차계약의 해지를 이유로 이 사건 건물의 명도를 청구하자, 피고인 임차인이 고깃집을 운영하기 위해 건물을 수리하고 덕트설비 등의 설비에 대하여 유익비청구 및 부속물매수청구의 항변을 하였는데 법원에서 부정된 사례(서울중앙지법 2003가단 451983 판결, 판례출처: 이론사례 유치권실무연구 김응용 저. P 26-27에서 발췌함)

152   제1장 유치권의 이론과 실무

<법원의 판단>
1. 임차 건물의 객관적 용도에 대한 판단

   일반건축물대장상 이 사건 건물의 용도는 소매점으로 되어 있는 사실, 종전 임차인도 이 사건 건물에서 고깃집(삼겹살)을 경영하였던 사실, 이 건 임대차계약시 원고는 피고에게 이 사건 건물에 덕트시설을 설치하도록 허락한 사실들이 있다.

2. 피고가 설치한 시설의 성격에 대한 판단

   1) 피고는 이 사건건물을 임차한 후 그 곳에서 고깃집(갈비살)을 경영하기 위하여 합계 53,987,000원을 들여, 외부덕트배관 및 배기용 옥상환풍기 설치, 주방후두 및 주장기구설치, 천정페인트공사, 등기구 장식 및 배전판 설치, 외부 및 내부 기와장식, 홀 내부 및 각 실의 도배 및 페인트공사, 종업원용 탈의실 목조틀 및 온돌바닥 설치, 화장실입구 칸막이 벽 구획, 각 테이블 바닥에 배기덕트 설치, 좌식홀 목조틀 세우기 및 온돌, 난간설치, 입식홀 목조틀 세우기, 및 바닥합판취부, 홀 내부 기타 목공사, 주방바닥 단 높임 및 타일공사, 간판설치, 가설공사, 온돌난방용 보일러 설치, 자동문 철거후 강화도어 설치, 난방기구 및 가스 배관설치 등 공사를 하였고 현재도 그로 인한 가치가 38,033,000원 정도 남아 있는 사실을 인정할 수 있다.

   2) 앞에서 본 이 사건 건물의 본래 용도 및 피고가 위 공사를 하게 된 경위 및 그 공사내용 등에 비추어 보면 피고가 지출한 위비용은 어디까지나 피고가 이 사건 건물에서 고깃집을 경영하기 위한 것이지 이 사건 건물의 보존을 위한다거나 그 객관적가치를 증가시키기 위한 것이 아니라 할 것이므로 이를 필요비 내지 유익비라 할 수 없다.

3. 부속물 매수 청구에 대한 판단

   민법 제646조에서 건물임차인의 매수청구권의 대상으로 규정한 부속물은 건물에 부속된 물건으로 임차인의 소유에 속하고 건물의 구성부분으로 되지 아니한 것으로서 건물의 사용에 객관적인 편익을 가져오게 하는 물건을 가리키므로 피고가 설치한 위 시설물들은 이 사건 건물의 구성부분으로 되었거나 피고가 고깃집 경영이라는 특수한 목적에 사용하기 위한 것으로서 부속물매수청구권의 대상이 되는 물건에 해당하지 아니함이 명백하다.

4. 원상회복의무에 대한 판단

가사 피고가 지출한 위 비용이 필요비 내지 유익비에 해당한다 하여도 임대계약서의 기재에 의하면, 원·피고가 이 사건 임대차계약을 체결할 당시 임차인은 임대차가 종료한 경우 임차목적물을 원상으로 회복하여 임대인에게 반환하고 임대인은 시설비, 권리비를 인정하지 않기로 약정한 사실을 인정할 수 있는바, 위 인정사실에 의하면 피고는 필요비 내지 유익비상환청구권을 사전에 포기하였다 할 것이므로 결국 위 피고의 유치권항변은 받아들일 수 없다.

<해설>

1. 건물의 객관적인 용도에 대한 탐색의 필요성

위 판례의 법원이 적시한 시설들을 보면, 피고로서는 억울한 면도 있겠지만 시설 전부가 피고의 고깃집이라는 특수한 목적을 위하여 설치한 시설들임을 알 수 있다. 만약 이 사건 건물의 일반건축물대장상 용도인 소매점으로 제3자가 임차를 한다면 피고가 설치한 시설 중 살아남을 시설은 아마도 자동문을 철거하여 강화도어 설치나 난방기구, 가스 배관설치 등이 될 것이다. 사실 이런 시설들도 노후되어 실지로 쓰여질 지는 의문이다.

그래서 법원은 "피고가 지출한 위비용은 어디까지나 피고가 이 사건 건물에서 고깃집을 경영하기 위한 것이지 이 사건 건물의 보존을 위한다거나 그 객관적 가치를 증가시키기 위한 것이 아니라 할 것이다"라고 판시하였다. 여기서 다시금 생각할 것은 임차인이 특정의 시설을 임차한 건물에 설치할 때 어떤 목적을 가지고 설치하였느냐를 따져 봐야 한다는 점이다. 위 판례의 문구 중 "이 사건 건물의 보존을 위한다거나 그 객관적 가치를 증가시키기 위한 것이 아니라"고 하는 부분을 잘 살펴보면, 임차인의 목적의식을 참작하여 유익비의 여부를 판단함도 임차인의 유치권을 무력화시키는 하나의 방법이 될 수 있으며, 또한 임차인의 입장에서도 어떻게 대처해야 되는지를 알려주는 말이다.

2. 법원이 유치권을 인정해주는 주된 예

1) 사실 법원에서 유치권을 인정하는 경우는 대부분 신축건물의 공사업자가 공사대금채권에 기하여 행사하는 유치권이며, 위와 같은 상가나 주거용 건물에서 유익비로 인하여 인정되는 경우는 거의 없다. 아주 특수한 경우를 제외하고는.

2) 한편 서울중앙지방법원의 다른 판결에서는, <u>시가가 5억 1천만원의 건물에 채권최고액 6억원이 은행에 근저당 설정된 상태에서 소유자가 공사업자에게 도급을 주어 경매개시 전에 내부공사 즉 침실발코니 공사, 타일공사, 욕실공사 등 금 4,260만원 상당의 공사를 하였는데</u> 공사대금의 지급방법으로 공사업자에게 임대차를 주었으며, 이 공사업자들이 유치권을 주장한 것에 대하여, <u>경매절차 개시가 임박하였을 뿐만 아니라 시가가 5억 1천만원의 건물에 채권최고액 6억원이 은행에 근저당 설정된 상태에서 소유자가 공사업자에게 공사를 수행하도록 하는 일은 이례적인 것으로 이를 믿기 어렵다며 공사업자의 유치권을 부정하였다</u>(판례출처 : 이론사례 유치권실무연구 김응용 저. P 387에서 일부 발췌함 참조).

3) 다만, 위 사례는 신축건물이 아니고 기성건물임을 알 필요가 있다. 특히 기성의 주택에 대하여 소유자가 공사를 발주하고, 공사업자가 유치권을 주장하는 가운데 경매가 진행되는 예를 보는데, 이런 경우 공사내역과 감정평가 내역을 비교하면, 실제로 공사를 하였다고 하여도 유치권자가 신고한 금액의 상당 부분은 허위가 드러나게 된다. 따라서 기성의 단독주택 등에 유치권 신고가 있을 경우, 유치권의 법리를 잘 이용하면 큰 수익을 낼 수도 있다.

◆ 유치권 경매 [사례 6번]

서울중앙 2007-22881(2) (출처:지지옥션)

V. 임차권에 기한 유치권 155

경매구분	임의(기일)	채권자	중앙은행	낙찰일시	08.12.04(종결)
용도	상가	채무자/소유자	김창민	낙찰가격	67,555,000
감정가	450,000,000	청구액	464,685,706	경매개시일	07.08.03
최저가	60,398,000 (13%)	토지총면적	0㎡	배당종기일	07.10.15
입찰보증금	10% (6,039,800)	건물총면적	17.62㎡	조회수	누적470
주의사항	· 유치권 · 대지권미등기 · 2008.5.2.박영수으로부터 인테리어 공사비조로 24,851,240원의 유치권신고가 있으나 그 금액 및 성립여부는불분명함.				

우편번호및 주소/ 감정서	물건번호/면적(㎡)	감정가/최고가/과정	임차조사	등기권리
100-450 서울 중구 신당동 100-5,9등. 새성빌딩 3층 515호 감정평가액 대지 57,000,000 건물 133,000,000 감정평가서 정리 -일괄일찰 -철콘평스래 브지붕 -지하철신당	물건번호: 2번(총 물건수 2건) 대지권미등기 건물 7.539 (2.28평) 15층 보존 01.01.11 대지권미등기 건물 10.084 (3.05평) 15층 보존	감정가 450,000,000 대지 135,000,000(30%) 건물 315,000,000(70%) 최저가 60,398,000 (13.42%) 경매과정 9회유찰 10회 낙찰 응찰자 2명 허가 2008.06.17 종결 2009.03.05	•법원임차인 조사 박영수 전입 보10,000,000 3층515,516호 임차인 박영수는 목적부동산 515,516호를 임차하고 있음. 총보증금 10,000,000	소유권 김창민 2005. 06.07 전소유자 새성상가개발 저당권 중앙은행 2006.12.16 585,000,000 임의 중앙은행 2007.08.03 청구액 464,685,706 청구액 • 박영수으로부터 인테리어 공사비 24,851,240원 유치권신고 있으나 금액및 성립여부 불분명함.

역 부근 -차량출입가능. -일반상업지역 -토지거래허가지역 서울 중구 신 당 동 100-5,9등. 새성빌딩 3층 516호 이하 동일	01.01.11		

<유치권 사례 6번의 해설>

1) 우선 법원임차인조사를 보면 임차인이 박영수임을 알 수 있으며, 유치권신고인도 박영수임을 알 수 있다. 다음으로 목적부동산의 용도를 보면 전형적인 상가임을 알 수 있다. 또한 물건 내역을 보면 보존등기 후 변동사항이 없다. 따라서 상가임차인인 박영수가 자신의 영업을 위한 특수한 목적으로 인테리어 등의 시설을 하였음을 짐작할 수 있다.

2) 그리고 상가임차인이 자신의 특수한 영업상의 목적을 위하여 시설투자를 하였다고 하여도 이는 객관적인 편익을 가져오지 못하여 유익비로 인정받을 수 없다. 따라서 위 경매 사건에서 박영수에 의하여 신고된 유치권은 정당한 것으로 인정받기가 어렵다. 다만, 현장을 점검하지 않는 상태에서의 단정은 위험하지만 기본이론을 바탕으로 한 추정은 거의 어긋나지 않는다.

4. 민법 제646조의 임차인의 부속물매수청구권

가. 서설

민법 제646조(임차인의 부속물매수청구권)에서는 『건물 기타 공작물의 임차인이 그 사용의 편익을 위하여 임대인의 동의를 얻어 이에 부속한 물건이 있는 때에는 임대차의 종료시에 임대인에 대하여 그 부속물의 매수를 청구할 수 있다. 임대인으로부터 매수한 부속물에 대하여도 전항과 같다』라고 규정하고 있다. 이하에서 부속물매수청구와 관련되는 판례를 살펴보며, 임차인이 부속물에 투입된 비용을 유익비라고 주장하는 예도 있으리라고 본다. 기본적으로 부속물은 임차인의 소유이며, 이로써 유치권의 타물권성에 반한다. 원칙적으로 부속물에 투입한 비용을 가지고는 유치권을 행사할 수 없지만, 실제상 부속물인지 아니면 유익비의 대상이 되는지의 판단이 잘 안서는 경우도 더러 있어서 부속물로 인정한 판례를 통하여 좀 더 깊은 공부를 해보기로 한다.

나. 판례가 정의하는 부속물의 개념

민법 제646조가 규정하는 건물임차인의 매수청구의 대상이 되는 부속물이란 건물에 부속된 물건으로 임차인의 소유에 속하고, 건물의 구성부분으로는 되지 아니한 것으로서 건물의 사용에 객관적인 편익(便益, 편리하고 유익함을 의미한다)을 가져오게 하는 물건이라 할 것이므로, 부속된 물건이 오로지 임차인의 특수목적에 사용하기 위하여 부속된 것일 때에는 이를 부속물매수청구권의 대상이 되는 물건이라 할 수 없을 것이고, 당해 건물의 객관적인 사용목적은 그 건물자체의 구조와 임대차계약 당시 당사자 사이에 합의된 사용목적, 기타 건물의 위치, 주위환경 등 제반사정을 참작하여 정하여 지는 것이라 할 것이다(대법원 91다 8092 판결).

그리고 판례는 "부속물매수청구권의 행사로 인한 부속물매매대금은 그 매수청구권 행사 당시의 시가를 기준으로 산정할 것인바"라고 하였다.

다. 임차인의 부속물매수청구의 대상이 되는 부속물의 요건

임대차에서의 매수청구의 대상이 되는 부속물이 되기 위한 요건을 종합하여 보면, ㉠ 임차인의 소유물 물건이다, ㉡ 건물의 구성부분이 아닌 분리 가능한 독립한 물건이다, ㉢ 건물의 사용에 객관적인 편익을 가져오는 물건이다, ㉣ 임차인의 특수목적만을 위한 시설이 아니어야 한다, ㉤ 임대인의 동의를 얻어 부속시켜야 한다 등의 5개의 요건을 도출시킬 수 있으며, 이런 요건 모두를 충족시켜야 부속물로 인정받을 수 있다. 그리고 편익(便益)이라는 말의 의미는 편리하고 유익하다 이다. 따라서 객관적 편익이라 함은 누가 그 건물을 사용해도 편리하고 유익해야 한다는 뜻이 내포되어 있다. 유익비에서 객관적 가치라는 말에 임차인 주관적 가치를 위한 것은 포함되지 않는 다는 것과 의미가 상통한다.

라. 민법 제 646조(임차인의 부속물매수청구권)의 조문 해석

1) 우선 『건물 기타 공작물의 임차인이 그 사용의 편익을 위하여』라고 명시되어 있다. 이 말은 임차인이 임차목적물의 사용함에 편리한 이익을 위하여 라는 뜻인데, 특정의 임차인만의 편리가 아니라 일반적인 임차인을 포섭하는 개념이며, 그 결과 객관적인 편익의 관념이 내제되어 있다. 그래서 판례는, 부속물이란 건물의 사용에 객관적인 편익(便益)을 가져오게 하는 물건이라 할 것이므로, 부속된 물건이 오로지 임차인의 특수목적에 사용하기 위하여 부속된 것일 때에는 이를 부속물매수청구권의 대상이 되는 물건이라 할 수 없을 것이다 라고 하였다.
2) 판례의 이러한 해석은 민법 제646조가 강행규정이며, 그러기에 그 부속물은 임차인의 매수청구에 의하여 임차건물에 계속 부착되어 있어서 다음 임차인이든 임대인이든 이용의 계속성을 일단 보장해 두려는 점과 임차인의 투입비용의 확보라는 공익적 측면을 고려한 것으로 보인다. 따라서 판례가 "부속된 물건이 오로지 임차인의 특수목적에 사용하기 위하여 부속된 것일 때에는 이를 부속물매수청구권의 대상이

되는 물건이라 할 수 없을 것이다"라고 정의하는 것으로 보인다.

[사례용 판례주제 33] 부속물매수청구를 인정한 사례

대법원 92다41627 판결

<판례핵심>
원·피고간의 임대차계약서에도 그 용도가 대중음식점으로 되어 있으며, 피고가 임차한 이 사건 건물부분은 당초 상·하수도, 화장실, 전기배선 등 기본시설만 되어 있는 것을 피고가 임차 후 이를 식당으로 사용하기 위하여 그 주장과 같은 각종 시설을 한 사례에서 피고의 부속물매수청구를 인정한 판례 (대법원 92다41627 판결 건물명도청구사건)

<사실관계>
피고는 5층 건물 중 공부상 용도가 음식점인 1, 2층 건물인 이 사건 건물부분을 원고로부터 임차하여, 원고의 동의를 얻은 후에 이 사건 건물부분에 실내장식, 주방, 화장실, 전기시설, 기타 각종시설을 설치한 후 식당을 영업하던 중에 원고로부터 이 사건 건물의 명도를 청구 당하자, 피고는 부속물매수를 청구를 한 사안이다.

<대법원의 판단>
1. 부속물매수청구를 할 수 있는 부속물의 개념

민법 제646조가 규정하는 건물임차인의 매수청구권의 대상이 되는 부속물이라 함은 건물에 부속된 물건으로 임차인의 소유에 속하고, 건물의 구성부분으로는 되지 아니한 것으로서 건물의 사용에 객관적인 편익을 가져오게 하는 물건이라 할 것이므로, 부속된 물건이 오로지 임차인의 특수목적에 사용하기 위하여 부속된 것일 때는 이를 부속물매수청구권의 대상이 되는 물건이라 할 수 없을 것이나, 이 경우 당해 건물의 객관적인 사용목적은 그 건물 자체의 구조와 임대차계약 당시 당사자 사이에 합의된 사용목적, 기타 건물의 위치, 주변의 환경 등 제반 사정을 참작하여 정하여 지는 것이라 할 것이다(91다8029 판결 참조).

2. 피고가 설치한 시설에 대한 판단

기록을 살펴보면, 이 사건 건물의 등기부등본(갑 제1호증), 건축물관리대장(갑 제4호증)에는 이 사건 건물 전체는 지하 1층, 지상 5층으로서 피고가 임차한 1, 2층 뿐 만 아니라 지하층은 그 용도가 음식점으로 되어 있고, 원·피고간의 임대차계약서에도 그 용도가 대중음식점으로 되어 있으며, 원심증인 김○찬의 증언과 1심법원의 현장검증결과에 의하면 피고가 임차한 이 사건 건물부분은 당초 상·하수도, 화장실, 전기배선 등 기본시설만 되어 있는 것을 피고가 임차 후 이를 식당으로 사용하기 위하여 그 주장과 같은 각종 시설을 하였고 현재 그 바로 옆에는 서초갈비라는 음식점이 붙어 있는 사실이 인정되는 바, 이러한 사실관계에 비추어 보면 이 사건 건물의 객관적인 사용목적은 대중음식점이라고 봄이 상당하다고 할 것이다.

3. 결론

따라서 피고가 한 각종 시설물 중 음식점영업의 편익을 위한 것은 이 사건 건물의 사용에 객관적인 편익을 가져오게 하는 것이라고 할 것이다.

<해설>

1. 건물의 객관적 용도에 맞는 시설설치의 중요성

1) 대법원은, 이 사건 건물의 등기부등본, 건축물관리대장에 피고가 임차한 1,2층뿐만 아니라 지하층은 그 용도가 음식점으로 되어 있고, 원·피고간의 임대차계약서에도 그 용도가 대중음식점으로 되어 있으며, 피고는 대중음식점에 적합한 시설을 설치하였고, 이러한 상태에 대하여 적어도 이 사건 건물의 객관적인 사용목적은 대중음식점이라고 봄이 상당하다고 할 것이며, 따라서 피고가 한 각종 시설물 중 음식점영업의 편익을 위한 것은 이

사건 건물의 사용에 객관적인 편익을 가져오게 하는 것이라고 할 것이라고 판단한 점이 주목된다.

2) 즉 이 판례는 임차인의 부속물매수청구가 인정되려면 어떤 요건을 갖추어야 하는지를 보여주는 랜드마크 같은 판결이며, 특히 이 사건 건물의 객관적인 사용목적은 대중음식점이라고 봄이 상당하다고 하여 구체적인 목적을 지적한 점을 독자들은 숙지할 필요가 있다고 사려 된다.

2. 매수청구대상이 되는 부속물에 대한 항목의 추정

1) 아울러 대법원은 구체적으로 피고가 설치한 시설 중 어떤 시설이 부속물매수청구의 대상이 되는지는 대법원이 법률심인 관계상 밝히지 않았지만, 추론하여 보면, 우선 주방, 화장실, 전기시설 등은 의당 부속물매수청구에 해당할 것으로 보이고(피고가 설치하였다는 말은 분리수거도 가능하다는 의미가 포함되어 있다), 나머지 시설들은 구체적으로 설시하지 않았지만 대중음식점이라는 객관적인 용도에 맞는다고 판단된 된 것은 역시 부속물매수청구대상에 해당할 것으로 보인다.

2) 특히 본 판례는 앞의 판례에서 설시한 "피고가 주장하는 시설들은 피고의 카페영업을 위한 시설물들일 뿐 이 사건 건물이나 점포의 객관적인 편익을 가져오는 물건이라 할 수 없다는 이유로 피고의 부속물매수청구를 배척한 것은 정당하다"라는 내용과 비교하여 봄으로써 분명하게 이해할 수 있으리라 본다.

3) 참고로, 서울남부지방법원 1984. 11. 15 신고 84가합 837 점포명도청구 사건에서도 "임대인의 동의아래 건물의 사용편익을 위하여 한 전기시설, 환기시설 및 냉방장치를 위한 냉각탑과 그 배관시설은 부속물이다"라고 판시한 것을 참고할 필요가 있다.

3. 부속매수청구권의 행사의 한계

1) 끝으로, 임차인의 부속매수청구권의 행사와 관련하여 판례는, 임대차계약이 임차인의 채무불이행으로 인하여 해지된 경우에는 임차인은 민법 제646조에 의한 부속물매수청구권이 없다고 판시하고 있다(대법원 88다카7245 판결).

2) 위 판례를 소개하는 이유는 부동산경매에서 임차인의 유치권을 주장하는 경우, 그 주장의 근거를 잘 분석하여 부속물매수청구에 기하여 하는지 아니면 객관적 가치의 증가를 가져오는 유익비에 근거하여 하는지를 잘 가려서, 만약 부속물매수청구에 기한 것이라고 판단되면, 의당 유치권은 성립이 안 되지만 상대가 계속 우기면 그 임차인이 월차임은 제대로 납부하였는지를 파악하여 임차인의 주장을 무력화시킬 수 있기에 위 88 다카 7245 판결을 실어 넣는다.

[사례용 판례주제 34] 유리출입문, 새시 등은 부속물매수청구의 대상이라는 사례

대법원 95다12927 판결

<판례핵심>

이 사건 점포에 대하여 유리출입문, 새시 등이 설치되었는데, 이런 시설들은 유익비의 청구 대상이 아니라 부속물매수청의 대상이 된다는 것을 보여주는 판례(대법원 95다12927 판결 점유물반환 및 손해배상청구 사건임)

<사실관계>

① 소외 건설회사는 이 사건 점포의 상가건물을 완공하여 소유권보존등기까지 마친 상태에서, 성명불상자인 임차인에게 임대되어 그는 이 점포에서 비디오테이프대여점을 운영하고 있는 상태였다.
② 이 상태에서 "갑"이 소외 건설회사로부터 이 사건 점포를 분양받았는데, 이 무렵에 이 사건 점포에 대하여 유리출입문, 새시 등이 설치되었다.
③ 이후 이 사건 점포의 출입문, 새시 등의 시설에 대하여 임대인의 시설비 지급 여부 또는 임차인의 원상회복 의무에 관하여 아무런 논의 없이 이 사건 점포에 대한 비디오테이프대여점으로서의 임차권이 전전 양도되면서 현재 임차

인인 원고에게 전대되었다.
④ 그런데 "갑"의 대리인인 피고가 이 사건 점포에서 강제로 원고를 퇴거시키고 이사건 점포의 점유를 제 3자에게 이전하자, 원고는 유치권의 침탈을 원인으로 점유물반환과 유익비 또는 부속물매매대금을 받지 못한 것을 이유로 한 손해배상을 청구한 사례이며, 다른 쟁점들은 생략하고 이 사건 점포에 대하여 유리출입문, 새시 등이 설치된 것이 어떻게 판단되었는지에 대하여 주로 살펴본다.

<대법원의 판단>
1. 이 사건 점포의 출입문, 새시 등의 시설의 성격에 대한 판단
위 유리출입문과 새시의 설치 경위 및 설치상태, 용도, 이 사건 점포가 있는 위 상가건물의 구조, 주위환경 등에 비추어 볼 때, <u>위 유리출입문과 새시는 이 사건 점포의 사용에 객관적인 편익을 가져오게 하는 물건으로서 이 사건 점포의 구성부분이 되었다고 보이지는 아니한다고 판단하였다.</u>

2. 부속물의 설치에 대한 임대인의 동의여부에 대한 판단
한편 이 사건 점포가 소외 회사에 의하여 최초로 임대될 당시부터 임대인측의 양해 하에 비디오테이프 대여점으로 이용되어 왔으며, 위와 같은 시설은 그러한 영업에 필요하였던 것으로 보이는 점 등으로 보면, <u>위와 같은 시설을 부속시키는 데에 대한 임대인측의 묵시적인 동의는 있었다고 볼 여지가 많다 할 것이므로, 그 후 이 사건 점포에 대한 임대인과 임차인의 지위가 원심이 인정한 바와 같은 경위로 승계되어 온 것이라면, 그 시설대금이 이미 임차인측에 지급되었다거나 임차인의 지위가 승계될 당시 위와 같은 시설은 양도 대상에서 특히 제외하기로 약정하였다는 등의 특별한 사정이 인정되지 아니하는 한, 종전 임차인의 지위를 승계한 원고로서는 임차기간의 만료로 이 사건 점포에 대한 임대차가 종료됨에 있어 임대인인 위 "갑"에 대하여 민법 제646조 제1항 소정의 부속물매수청구권을 행사할 수 있다고 보아야 할 것이다.</u>

<해설>

1. 객관적인 편익에 기여하는지의 여부에 대한 판단

1) 위 판례에서 주목할 점은 "위 유리출입문과 새시는 이 사건 점포의 사용에 객관적인 편익을 가져오게 하는 물건으로서 이 사건 점포의 구성부분이 되었다고 보이지는 아니한다"라고 판단한 부분이다.

2) 이 사건의 건물은 오랫동안 비디오테이프의 대여점으로 쓰여져 왔으며, 그런 용도에서 유리출입문과 새시는 임차인이 전전되었지만 계속적으로 이 사건의 건물의 용도에 맞게 쓰여져 왔다. 그래서 판례는 "위 유리출입문과 새시는 이 사건 점포의 사용에 객관적인 편익을 가져오게 하는 물건이다"라고 판시하고 있는 것이다.

3) 다음으로 "구성부분이 되었다고 보이지 아니한다"라는 의미는 위 유리출입문과 새시는 이 사건 점포로부터 분리수거가 가능하다는 말이다. 따라서 위 문구는 유익비 청구의 대상이 되려면 임대차목적물의 구성부분이 되어야 하는데 그렇지 않음 점을 지적하는 것이며, 또한 이는 유익비상환청구의 대상이 아니라 임차인의 부속물매수청구의 대상이 된다고 본 것이다. 이렇게 부속물매수청구이 대상이 되는 것은 그 근거 권리가 무엇이든 간에 모두 임차인(전세권자 포함)의 소유에 속하는 물건이며, 임대차목적물에 대하여 독립한 물건이다.

2. 위 유리출입문과 새시에 대한 소유권 귀속의 문제

1) 부속물매수청구의 대상이 되는 물건은 원칙적으로 임차인의 소유물이다. 이런 전제를 바탕으로 위 판결문을 보기로 한다. 위 판결 문구 중, "그 시설대금이 이미 임차인측에 지급되었다거나, 임차인의 지위가 승계될 당시 위와 같은 시설은 양도 대상에서 특히 제외하기로 약정하였다는 등의 특별한 사정이 인정되지 아니하는 한"이라는 표현이 나온다.

2) 만약 시설대금이 임차인측에 지급되었다면 이는 임대인이 임차인에게 지급한 것이고 그렇다면 그 시설은 이미 임대인의 소유이므로 의당 임차인은 부속물매수청구를 할 수 없을 것이다(임대차관계에서 임대인과 임차인 이

V. 임차권에 기한 유치권   165

외에는 법률관계의 당사자가 없기 때문이다).

3) 다음으로 "임차인의 지위가 승계될 당시 유리출입문 등의 시설은 양도대상에서 특히 제외하기로 약정하였다는 등의 특별한 사정"이라는 말은 임차권을 양도하면서 임차권을 양도하는 양도인이 유리출입문 등의 시설은 양도대상에서 특히 제외하였다면 이는 유리출입문 등의 시설의 소유권은 이미 임대인에게 있다는 뜻이므로, 역시 임차인은 이에 대하여 부속물매수청구를 할 수 없다는 뜻이다.

따라서 위 유리출입문과 새시는 임차인의 소유이므로, 임차인은 부속물매수청구를 할 수 있다는 뜻이다.

3. 임차권의 양도 속에 포함된 부속물의 양도성의 인정

1) 위 판례를 부속물매수청구라는 측면에서 보면, "임차권이 전전 양도되면서 부속물도 함께 양도되었다면 현재의 임차인도 임대인을 상대로 자신이 승계받은 부속물에 대하여 부속물매수청구를 할 수 있다"는 점이다. 사실 이 판례가 실무 및 학계에서 환영을 받은 이유도 이런 점 때문이다.

2) 구체적으로는 현재의 임차인이 부속물을 부속시킨 것은 아니지만, 임차권을 양도받을 때 그 부속물도 함께 양도받은 임차인은 그 임대차 종료시 양수받은 부속물에 대하여도 매수청구를 하여서 자신이 투하한 자본을 회수할 수 있는 길을 판례가 열어 주었다는 뜻이다. 그리고 생략된 사실관계에서는 원상회복의 약정이 있었지만, 민법 제646조(부속물매수청구권)은 강행규정으로서 임차인에게 불리한 것은 무효이므로 대법원이 원고의 부속매수청구를 인정하는데 아무런 장애가 되지 않은 것으로 보인다.

4. 위 판례의 가치성

다음으로 위 판례의 의의는 부속물매수청구의 대상과 유익비청구의 대상은 다르다는 것을 보여 주는 것이라고 할 수 있다. 따라서 임차인이 부속물매수청구권을 행사할 수 있다 하여 유익비를 청구할 수 있다는 뜻은 아니며, 특히 임차인이 부속물매수청구권의 대상이 되는 부분은 기본적으로 임차인의 소유이므로 앞에서 본 바와 같이 유치권의 타물권성에도 반하므로 경매에서 기록

166   제1장 유치권의 이론과 실무

을 열람하면서 임차인의 유치권행사가 어떤 근거에 의하여 하는 지를 잘 살펴 보아야 함을 알려주는 판례이기도 하다.

[사례용 판례주제 35] 건물의 부속물 설치에 소요된 공사비채권과 유치권의 성부

서울고법 72나2595,2596 판결

<판례핵심>

건물의 부속물 설치에 소요된 공사비채권은 유치권의 피담보채권이 될 수 없다는 서울고법의 판례(서울고법 1973.5.31 선고 72나 2595,2596)

<사실관계>

임차인은 이 사건 건물의 종전소유자로부터 임차하여 점유하고 있는 부분의 내부칸막이(방6개, 부엌 1개 및 복도)에 대한 다다미시공과 도장공사를 하여 유익비가 발생하였고, 이에 대하여 현소유자가 유익비를 반환할 까지 유치권에 기하여 반환을 거부하고 있는 사안이다.

<판결요지>

법원은 임차인은 현존이익을 주장, 입증해야 하는데, 이에 대항 주장, 입증이 없는 상태이지만, 이와 별개로 방과 부엌, 복도의 칸막이 공사와 다다미의 시공은 위 건축물의 부속물로 보아야 할 것이며, 동 부속물에 설치에 소유된 공사비채권은 본 건 건물에 관하여 생긴 채권이 아니므로 이에 기하여 유치권을 행사할 수 없다고 하였다.

◆ 부속물과 구별되는 종물

유익비의 청구대상이 되는 시설과 유사한 것이 부속물과 종물이다. 그리고 부합에 의하여 주된 부동산에 종속된 물건도 유익비의 청구대상이 되는 시설과 유사한 면이 있다. 따라서 이런 용어들의 법적인 개념과 요건을 알고 있을 필요가 있다고 판단되어 부속물과 구별되는 종물과 부합의 법리를 설명한다.

1. 종물의 요건
   1) 종물은 주물의 상용에 이바지하는 것이 되어야 한다. 이 말은 종물은 주물 그 자체의 객관적인 경제적 효용(용도)을 다하게 하는 직접적인 관계가 있어야 한다는 말이다. ⇒ 부속물과의 차이점은 부속물의 임차인의 개관적 편익을 위한 것이라는 점이다.
   2) 종물은 주물에 부속된 것이어야 한다. 부속되어 있단 말은 주물과 종물이 어느 정도 밀접한 장소적 관계가 있어야 한다는 말이다(대판 1956.5.24 4286 민상 526).
   3) 종물은 주물로부터 독립된 물건이어야 한다. 즉 주물의 일부나 구성부분을 이루는 것은 종물이 아니다. ⇒ 건물임차인의 매수청구의 대상이 되는 부속물도 건물의 구성부분으로는 되지 아니한 것이다.
   4) 주물과 종물은 모두 동일한 소유자에 속하는 것이어야 한다. ⇒ 부속물은 임차인의 소유에 속하는 것이다. 이 점에서도 종물과 부속물 간의 차이가 나타난다. 그리고 주물의 소유권자가 종물이라고 여겨지는 것에 대하여 소유권이 없을 경우 주물을 낙찰받은 자는 그 종물이라고 여겨지는 것에 대하여 소유권을 취득하지 못한다. 즉 정확하게는 종물이 아니므로 저당권의 효력이 미치지 못하기 때문이다.
   5) 종물은 동산이든 부동산이든 관계없다. ⇒ 부속물에 부동산도 포함되는가? 필자의 생각으로, 원래 부속물은 임차인이 수거할

수 있는 것이지만 임대인에게 매수청구를 할 수 있는 길을 열어 준 것이므로 부속물매수청구의 대상이 되는 부속물에는 부동산은 해당되지 않는다고 봄이 좋을 듯하다. 다만, 부속물에 부동산도 포함된다고 보면 주로 건물이 되겠지만 이런 경우는 부합의 법리에 따라서 풀어야 할 것으로 본다.〔부합의 법리는 아래의 부합부분을 참조하기 바란다〕

6) 그리고 판례 91다 2779 판결에서 보면, 본채에서 떨어져 축조되어 있기는 하나, 위 한 부분은 넓이가 3.1평방미터에 불과하고, 구조는 방으로 되어 있으나 사람이 거주하지는 않으며 그 안에는 낡은 물건들이 보관되어 있어 사실상 낡은 가재도구 등의 보관장소로 사용되고 있는 것으로 보이고, 또 다른 부분은 연탄창고이며, 또 다른 부분은 점유자들의 공동변소로 사용되고 있음을 인정할 수 있는바 위 인정사실에 의하면 위 부분들이 본채와 독립하여 독립된 효용을 가진 건물이라고 보기 보다는 본채를 점유하고 있는 자들의 필요에 따라 주된 건물의 경제적 효용을 보조하기 위하여 계속적으로 이바지하는 종물이라고 함이 합리적이라 할 것이다 라고 판시하고 있다.

2. 종물의 효과

종물은 주물의 처분에 따른다. 그러나 점유를 요건으로 하는 권리 즉 유치권 또는 질권의 경우 그 권리의 성질상 주물 이외에 종물에 대하여도 점유가 요구된다. 그 이유는 점유를 공시의 방법으로 하는 권리이기 때문이며, 점유가 되지 않는 한 그 권리의 공시의 효과가 나타나지 않기 때문이다(이외의 종물의 법적인 효과는 여기에서 논할 성질이 아니므로 이만 생략한다).

V. 임차권에 기한 유치권   169

◆ 부합의 법리

1. 부합의 의의
   (1) 부합이라 함은 소유자를 달리하는 수 개의 물건이 결합하여 사회관념상 하나의 물건으로 보이고, 그 분리가 사회관념상 극히 곤란하게 된 경우에 이를 분리하지 않고 하나의 물건으로 보아 어느 특정인의 소유에 귀속시키는 제도를 말한다.(민법강의 제7판. 지원림 저. P597)
   (2) 이와 같은 부합에 대하여 민법 제256조(부동산에의 부합)는, 『부동산의 소유자는 그 부동산에 부합한 물건의 소유권을 취득한다. 그러나 타인의 권원에 의하여 부속된 것은 그러하지 아니하다』라고 규정하고 있으며, 민법 제256조는 민법 제2편 물권법 제 2절 소유권의 귀속이라는 절에 규정되어 있으며, 부합의 기본적인 논리는 특정 물건의 소유권이 누구에게 귀속될 수 있느냐를 정하는 규정인 것이다.
   (3) 관련 판례(대법원 2008다49202 판결)
   어떠한 물건이 부동산에 부합된 것으로 인정되기 위해서는 그 물건을 훼손하거나 과다한 비용을 지출하지 않고서는 분리할 수 없을 정도로 부착·합체되었는지 여부 및 그 물리적 구조, 용도와 기능면에서 기존 부동산과는 독립한 경제적 효용을 가지고 거래상 별개의 소유권의 객체가 될 수 있는지 여부 등을 종합하여 판단하면 되고, 권원에 의하여 부속될 것을 요건으로 하지 않으며(민법 제256조 후문), 반느시 그 부동산의 경제적 효용이나 가치 증대를 위한다는 의사를 필요로 하는 것도 아니다.

2. 부합의 예외
   (1) 민법 제256조 단서는 "그러나 타인의 권원에 의하여 부속된 것은 그러하지 아니하다"라고 규정하고 있다. 이 말은 주된 부동산에 타인이 자신의 특정한 권리(권원) 예컨대 임차권이나 지상권 등에 기하여 어느 부동산을 부속시킨 경우에는 주

된 부동산의 소유자는 그 부속된 부동산의 소유권을 취득하지 못한다는 뜻이다.
(2) 그렇지만 학자들은 민법 제256조 단서의 적용을 위의 설명처럼 부동산을 부속시킨 경우를 예시하기 보다는 지장물이나 수목을 부속시킨 경우로 한정하여 해석하는 경향이 있는 것으로 보이며, 그런 예로서 "대지의 공동소유자가 다른 공유자로부터 그의 지분에 대한 사용권을 설정받은 후 그 대지상에 정원수를 심은 것이라면, 정원수를 식재한 대지공유자는 그 정원수를 그 대지사용권에 의하여 식재한 것으로서 대지지분권과 상관없이 그 정원수의 소유권을 취득한다"라는 판례(대법원 90다20220 판결)을 들고 있다.(판례출처 : 민법강의 제7판. 지원림 저. P598 참조)

3. 부합의 예외의 한계
 (1) 대법원 84다카 2428 판결의 판결요지에 의하면, "<u>부동산에 부합된 물건이 사실상 분리복구가 불가능하여 거래상 독립한 권리의 객체성을 상실하고 그 부동산과 일체를 이루는 부동산의 구성부분이 된 경우에는 타인이 권원에 의하여 이를 부합시킨 경우에도 그 물건의 소유권은 부동산의 소유자에게 귀속된다</u>"라고 판시하여, 부합의 예외를 인정한 민법 제256조 단서의 적용범위의 한계를 설정하고 있다.
 (2) 따라서 이 판례는 부동산 경매에서 주요하게 쓰이는데, 주로 경매의 대상이 된 토지상에 있는 포장된 도로나, 증축된 건물이 있는 경우, 또는 부속된 창고건물 등이 있는 경우 등에 있어서 이런 부속된 물건들은 주된 부동산에 부합된 것으로 보아 주된 부동산을 낙찰받은 매수인인 소유권을 취득하게 되는 주요법원이 된다.

4. 증축과 부합(대법원 2000다63110 판결요지)
 (1) 건물이 증축된 경우에 증축 부분이 기존건물에 부합된 것으로 볼 것인가 아닌가 하는 점은 증축 부분이 기존건물에 부착된 물리적 구조뿐만 아니라, 그 용도와 기능의 면에서 기존건물

과 독립한 경제적 효용을 가지고 거래상 별개의 소유권 객체가 될 수 있는지의 여부 및 증축하여 이를 소유하는 자의 의사 등을 종합하여 판단하여야 한다.

(2) 지하 1층, 지상 7층의 주상복합건물을 신축하면서 불법으로 위 건물 중 주택 부분인 7층의 복층으로 같은 면적의 상층을 건축하였고, 그 상층은 독립된 외부 통로가 없이 하층 내부에 설치된 계단을 통해서만 출입이 가능하고, 별도의 주방시설도 없이 방과 거실로만 이루어져 있으며, 위와 같은 사정으로 상·하층 전체가 단일한 목적물로 임대되어 사용된 경우, 그 상층 부분은 하층에 부합되었다고 보아야 한다.

(3) 건물의 증축 부분이 기존건물에 부합하여 기존건물과 분리하여서는 별개의 독립물로서의 효용을 갖지 못하는 이상 기존건물에 대한 근저당권은 민법 제358조에 의하여 부합된 증축 부분에도 효력이 미치는 것이므로 기존건물에 대한 경매절차에서 경매목적물로 평가되지 아니하였다고 할지라도 경락인은 부합된 증축 부분의 소유권을 취득한다.

5. 증축과 부합여부에 대하여는 필자의 자매서인 법정지상권 등의 이론과 실무 편에 수록된 부동산 경매에서의 부합, 증축, 종물 편을 참고하기를 바란다.

VI. 공사도급계약에 기한 공사수급인의 유치권

1. 서설

(1) 민법 제664조는 도급의 의의(意義)라는 제목 하에서 『도급은 당사자의 일방이 어느 일을 완성할 것을 약정하고 상대방이 그 일의 결과에 대하여 보수를 지급할 것을 약정함으로써 그 효력이 생긴다』라고 규정하고 있는데, 이 규정에 근거하여 일반적인 건축물을 완성하는 공

사계약도 그 본질을 도급계약으로 보고 있다. 또한 제665조(보수의 지급시기) 제1항에서는 『보수는 그 완성된 목적물의 인도와 동시에 지급하야여 한다』라고 규정하고 있다. 〔건축주 또는 공사발주자는 도급인이며, 공사를 맡은 사람이 수급인이다. 그리고 수급인이 하청을 줄때에는 원수급인은 하도급인이 되며, 하청을 받은 사람은 하수급인인 된다. 원수급인과 하도급인은 같은 말이다〕

(2) 위의 규정 체계에 의하여, 수급인은 일을 완성할 의무와 완성된 목적물을 도급인에게 인도할 의무가 발생되지만, 이에 대한 반대급부로 도급인은 수급인에게 비용지급의무(공사대금지급의무)가 발생한다. 그리고 수급인이 공사대금을 받지 못한 경우, 수급인은 도급인에 대한 공사대금채권에 기하여 자신이 완성한 건물을 점유함으로써 유치권을 행사할 수 있는 법적인 근거가 되기도 한다. 따라서 수급인의 공사대금채권과 공사한 목적물 간의 견련관계가 인정되는데, 수급인의 공사대금채권은 목적물 자체로부터 직접 발생한 경우에 해당되기 때문이다.

2. 논의의 방향 (채권과 목적물 간의 견련성과 관련하여)

가. 신축건물인 경우의 견련성

(1) 문제의 제기

부동산경매에서 수급인인 공사업자가 그의 공사대금청구권에 기하여 건물을 점유하며 유치권을 행사하는 모습은 너무나 많다. 그리고 공사업자에게 유치권이 인정되는 경우는, 도급인과의 건물을 신축하는 도급계약에 기하여 수급인이 자신의 비용과 재료로 건축하였지만, 수급인이 건축주인 도급인으로부터 공사대금을 받지 못하여 자신의 공사대금채권을 확보할 목적으로 해당 건물을 점유하면서 유치권을 행사하는 경우가 대부분이다. 이런 경우 공사를 했다는 점에는 문제가 없는 경우가 대부분이다. 그러나 실제 공사를 했지만 그 공사의 내용이 점유하고 있는 목적물 즉 건물 자체에 대한 것이 아니라서 유치권이 부정되는 경우도 있다.

(2) 공사대금채권과 목적물 간의 견련성의 핵심

1) 신축건물의 경우도 민법 제320조에 의한 유치권이 성립되기 위해서는, 그 피담보채권이 목적물 자체로부터 발생하거나, 목적물의 반환청구권과 동일한 법률관계나 사실관계로부터 발생하였다는 등 피담보채권과 목적물 사이에 견련관계가 있음을 요하므로(대법원 2005다16942판결), 독자들은 공사업자의 유치권 신고 사례에서 ㉠ 유치권자의 피담보채권이 목적물 자체로부터 직접 발생하였는가, ㉡ 아니면 목적물의 반환청구권과 동일한 법률관계나 사실관계로부터 발생하였는가를 항시 따져서 신고된 유치권의 진정하게 성립될지 아니면 허위의 유치권으로 판정될지를 가릴 수 있어야 하겠다.

2) 뒤에서 소개되는 판례들 중에는, 공사업자가 공사를 하였지만 목적물 자체에 대한 공사가 아니라서 견련성이 부인되어 그가 행사하는 유치권이 부정되는 예가 나오며, 이런 판례를 제시하는 이유는 채권과 목적물 간의 견련성을 이해함으로써 사건의 본질을 꿰뚫을 수 있는 시각을 가지기 위함이다. 이와 같은 채권과 목적물 간의 견련성 부분은 유치권의 개념정립부분을 다시 읽으며 정리해주기를 바란다.

나. 기존 건물인 경우의 견련성

(1) 문제의 제기

이미 기존에 건축된 건물에 대하여 건축주로부터 실내 인테리어 공사 또는 내부수리공사를 도급받아 공사를 했다고 주장하며 유치권을 행사하는 공사업자의 유치권의 경우는, 상당수가 허위의 도급계약서에 기한 것으로서 공사 자체를 했다는 내용에 문제가 있어서 정당한 유치권의 행사로 인정받지 못하는 예도 종종 있다.

(2) 공사대금채권과 목적물 간의 견련성의 핵심

1) 기성건물에 대한 유치권의 경우도 피담보채권가 목적물 간의 견련성은 필수적으로 갖추어져야 하는 요소이므로, 의당 ㉠ <u>유치권자의 피담보채권이 목적물 자체로부터 직접 발생하였는가</u>, ㉡ <u>아니면 목적물의 반환청구권과 동일한 법률관계나 사실관계로부터 발생하였는가</u>를 항시 따져서, 이에 해당하는지 하지 않는지를 판단할 수 있어야 한다.

왜 이런 판단을 하는가? 그 이유는 유치권이 신고된 물건에 입찰을 하고자 하는 경우 손익여부를 판단하여 입찰을 할지 말지를 결정하기 위한 것이다. 사후적으로 이렇다 저렇다 하고 떠드는 일은 하수들에게나 맡기자. 진정한 고수는 말이 적고, 행동은 빠르며, 판단은 정확하다.

2) 다음으로, <u>유치권자로서 공사대금이라며 신고한 금액과 공사내역 등이 일치하는지를 살필 수 있어야 하며, 이는 공사대금과 해당 건물을 감정평가한 감정가를 비교하면 어느 정도는 허의의 유치권임을 가릴 수 있는 경우가 있다</u>. 또한 공사업자는 공사내역과 금액을 모두 입증할 책임이 있어서, 공사대금과 감정가의 차이가 크면 법원은 공사업자의 유치권으로 신고한 금액을 신뢰하지 않으므로, 사전에 이를 점검하여 굳이 법원까지 가지 않더라도 유치권자라는 자와 협상을 통하여 문제를 해결할 수도 있다. 이 때 위와 같이 차이가 나서 유치권을 인정받지 못하므로, 이 정도에서 서로 해결하자고 협상을 시도하는 것이다.

(3) 점유에 대한 점검은 철두철미하게

그리고 신축건물이든 기성건물이든 언제나 점유의 부분을 철저하게 점검하는 자세가 필요하다. 즉 그 만큼 목적물을 적법하게 점유하고 있는가, 점유의 상태는 적합한가 라는 점에서 예리한 판단과 관찰이 요구된다.

다. 소결

이하에서 수급인의 유치권을 인정한 대법원 판례와 그리고 견련성과 관련되는 하급심의 판례와 하수급인의 유치권을 인정한 대법원 판례를

VI. 공사도급계약에 기한 공사수급인의 유치권   175

소개하여 공사업자의 유치권에 대하여 살펴보고자 한다.

◆ 유치권 경매 [사례 7번]

서울중앙 2007-35719(출처 : 지지옥션)

경매구분	임의(기일)	채권자	성공생명보험	경매일시	취하물건
용 도	근린주택	채무자/소유자	최병수	다음예정	종결(취하)
감정가	1,303,212,600	청구액	191,674,468	경매개시일	07.12.04
최저가	667,245,000 (51%)	토지총면적	379㎡	배당종기일	08.02.19
입찰보증금	10% (66,724,500)	건물총면적	492.47㎡	조회수	누적2,332
주의사항	• 유치권 • 대지권미등기 • 2008.5.9.자로 유치권자 김형진로부터 금 4억원의 유치권신고가 있으나 그 금액 및 성립여부는 불분명함.				
우편번호및 주소/ 감정서	물건번호 /면적(㎡)	감정가/최고가/과정	임차조사		등기권리
136-140 서울 성북구 장위동 500-19 감정평가서 정리 -연와조경가 슬래브기와 지붕 -월곡초등학 교동남측인 근	물건번호:단독물 건 대지 379 (114.65평) 건물 1층주택 77.36 1가구-방2 1층 소매점 45.98 현:창고	감정가 1,303,212,600 대지 1,212,800,000(93. 06%) 건물 66.188.600(5.08%) 제시 24,224,000 최저가 667,245,000(51.22 %)	•법원임차인조사 김선호 전입1991.2.26 확정1993.5.12 배당2008.2.11 보37,000,000 전부 점유1991.2.26. -1997.10.18에 700만 증액. 김형진 전입2007.8.29 1층 전부 점유		소유권 최병수 1994.04.18 저당권 성공생명보험 1997.03.12 15,000,000 저당권 성공생명보험 1997.07.23 70,000,000 압류 서울세관 2005.10.06 저당권 함동수

-주상용건물, 단독및공동주택,공공시설혼재 -차량출입가능. -상대정화구역등 -토지거래허가지역 -재정비촉진지구 -상대정화구역	2층주택 54.12 1가구-방3 지하1층 소매점 81.69 현:창고 현:근린시설1동, 주택1동으로 각각 별동의건물로이용중 단층창고15.01 현:일부 보일러실 화장실 제시외 창고, 사무실, 발코니,등 보존 93.06.30. 증축 2007.6.7	경매과정 1차변경 3회유찰 . 취하 2008.09.11	2004.5.조사서상. 임차인 김선호의 동거인 김수연의 진술에 의하면 주민등록된 김상정는 지하1층공장에서 숙식을 하며 보증금 없이 지낸다고 하며, 점유자 김형진의 진술에 의하면 1층 주차장부지를 형질변경하여 증축을 하였는데 공사대금2억7천6백만원을 소유자 최병수로부터 받지 못하여1층전체를 점유사용하고 있다고함. 총보증금 37,000,000 • 지지옥션조사 전입 2007.8.4김형진 동사무소확인.	2005.10.06 150,000,000 저당권 박영미 2005.10.07 130,000,000 압류 부산세관 2005.11.16. 저당권 성공생명보험 2007.03.15 195,000,000 임의경매 성공생명보험 2007.12.04 청구액 191,674,468

<유치권 경매사례 7번의 해설>

1) 위 사례를 보면, 유치권자 김형진은 미수된 공사대금이 금 4억 원이란 공사대금채권에 기한 유치권을 신고하였다. 그리고 점유자 김형진의 진술에 의하면 "1층 주차장부지를 형질변경하여 증축을 하였는데 공사대금 2억7천6백만원

을 소유자 최병수로부터 받지 못하여 1층 전체를 점유사용하고 있다"고 한다.
2) 다음으로 건물의 감정평가액을 보면, 약 66,188,000원이다. 공사비 2억 7천만 원을 들인 건물에 대한 감정평가 치고는 너무 차이가 난다. 따라서 이는 공사를 하였다고 할지라도 공사대금을 허위로 부풀렸다고 볼 수 있으며, 경우에 따라서는 허위유치권 신고로 경매입찰방해죄가 성립될 수도 있는 사례이다.
3) 다음으로 건축물대장상의 증축을 보면 2007.6.7.임을 알 수 있으며, 성공생명보험의 마지막 근저당 설정일인 2007. 3.15.보다 약 3개월 정도 늦다. 따라서 성공생명보험이 근저당을 설정하면서 이 설정보다 미리 공사하면, 은행에서 공사업자에 대하여 유치권포기서 등을 받을 수 있으니까, 성공생명보험이 마지막 근저당 설정 후에 일정한 공사를 한 것으로 보인다. 왜냐하면 증축이 있는데, 증축은 건축신고사항이며, 의당 착공신고가 들어가서, 사용승인까지 성북구청으로부터 받았다는 얘기이다.
4) 위와 같은 사례에 대하여 딱 들어맞는 판례가 있다. 즉 경매게시의 가능성이 농후한 경우의 유치권 신고는 허용될 수 없다는 대전고법의 판례(2002나5475 판결)이다.
5) 결론은 실제로 공사를 하였다고 하여도 공사내역과 공사비지출에 대한 입증이 어려워서 건물에 대한 감정평가액 이상의 공사대금을 인정받기가 상당히 어려우며, 대전고법 판례에 근거하여 불법점유 즉 소유자와 공사업자의 담합을 이유로 유치권의 소멸청구를 당할 수 있다.

---

3. 건축도급공사에서 수급인의 유치권

건축도급공사에서 수급인의 유치권의 성부의 문제를 파악하는 방법은 앞에서 설명한 유치권의 성립요건 즉 ㉠ 유치권의 목적물은 타인의 건물 또는 토지이어야 하며, ㉡ 그 건물 또는 토지를 적법하게 점유하고 있어야 하고, ㉢ 채권 즉 피담보채권은 그 건물이나 토지에 관하여 직접 생긴 것이어야 하며, ㉣ 그 채권은 변제기에 있어야 하고, ㉤ 유치권의 성립을 배제하는 특약이 없어야 한다 등을 순서대로 점검하여 공사대금채권을 피담보채권으로 하여 행사하는 공사수급인의 유치권의 성립여부를 따져야 한다. 이 중에서 가장 중요한 것은 첫째가 점유여부를 파악하는 것이고, 그 다음은 채권과 목적물 간의 견련성을 파악하는 일이다. 이런 점을 고려하여 아래의 사례용 판례들을 보자.

[사례용 판례주제 36] 공사도급계약에 기한 수급인의 유치권

대법원 95다16202,95다16219 판결

<판례핵심>
공사도급계약에서 수급인이 신축건물에 대하여 유치권을 가진다는 판례(대법원 95다16202,95다16219 판결)

<사실관계>
대법원 홈페이지에 게시된 판결문에 사실관계가 적시되지 있지 않아서 이를 생략한다.

<판결요지>
주택건물의 신축공사를 한 수급인이 그 건물을 점유하고 있고 또 그 건물에 관하여 생긴 공사금 채권이 있다면, 수급인은 그 채권을 변제받을 때까지 건물을 유치할 권리가 있다고 할 것이고, 이러한 유치권은 수급인이 점유를 상실하거나 피담보채무가 변제되는 등 특단의 사정이 없는 한 소멸되지 않는다.

<대법원의 판단>
1. 수급인이 완성한 건물에 대한 소유권의 귀속주체에 대한 판단
   사실관계가 원심이 확정한 바와 같다면, 이 사건 각 건물의 도급계약에 있어

VI. 공사도급계약에 기한 공사수급인의 유치권   179

서 그 판시와 같이 완성된 건물의 소유권을 도급인에게 귀속시키기로 하였다고 보아야 할 것이고 수급인인 피고에게 이 사건 각 건물의 소유권이 귀속된다고는 볼 수 없다. 본소에 관하여 같은 취지로 판단하고, 나아가 피고에게 이 사건 각 건물의 소유권이 귀속됨을 전제로 한 반소청구를 받아들이지 않은 원심은 정당하다. 논지는 이유 없다.

2. 수급인의 유치권 행사에 대한 판단

그러나, 원심이 적법히 인정하고 있는 바와 같이 피고가 현재 점유중인 원심판결 별지목록 1기재 주택건물의 신축공사를 한 수급인으로서 위 건물에 관하여 생긴 공사금 채권이 있다면, 피고는 그 채권을 변제받을 때까지 위 건물을 유치할 권리가 있다고 할 것이고, 이러한 유치권은 피고가 점유를 상실하거나 피담보채무가 변제되는 등 특단의 사정이 없는 한, 소멸되지는 아니하는 것이다.

3. 수급인에게 위임된 건물의 처분권과 유치권과의 관계

원심이 판시한대로 건물이 완공된 후인 1987.5.29.자 약정에 의하여 도급인이 피고에게 위 건물 등 이 사건 각 건물에 대한 처분권을 위임하여 그 분양대금에서 공사대금 등 건축과 관련한 일체의 비용을 지급받을 수 있는 권한을 부여하였기 때문에, 피고가 위 건물 등을 매각처분하여 그 대금으로 공사대금을 지급받을 수 있게 되었다고 하더라도 그러한 약정만으로 피담보채권인 공사대금이 변제된 것이라고 볼 수는 없고, 그 외에 기록을 살펴보아도 달리 위 공사대금 채권이나 유치권이 소멸되었다고 볼 만한 사유를 찾아 볼 수 없다. 그러하다면 피고는 그 공시대금 채권을 담보하는 의미에서 의연히 위 목록 1기재 부동산에 대한 유치권을 가지고 있는 것으로 보아야 할 것이다.

〈해설〉

1. 수급인에 의하여 완성된 건물의 소유권의 귀속 주체

우선 위 판례는 수급인에 의하여 완성된 건물의 소유권이 누구에게 있느냐를 출발점으로 한 판결인데, 판례상의 원칙은 수급인이 자기의 노력과 재료로 완성한 건물의 소유권은 도급인과 수급인 사이의 특약에 의하여 그 귀속을 달리 정하거나 기타 특별한 사정이 없는 한 수급인에게 귀속된다고 보고 있다. 그리고 판례는 도급인과 수급인 사이에 신축건물의 소유권의 귀속을 정하는 특약이나 특별한 사정의 예로 건축허가를 도급인명의로 하고 소유권보존등기를 건축주인 도급인의 명의로 하는 경우를 들고 있다.

2. 수급인의 유치권 인정여부

위 판례는 공사수급인의 유치권 인정에 단골처럼 등장하는 중요한 판례이다. 신축건물의 소유권이 도급인에게 있으며, 이에 공사 수급인이 도급인에 대하여 받아야할 공사대금채권이 남아 있어서 이를 변제받기 위하여 해당 건물을 점유하고 있다면 수급인에게 유치권이 있다는 판결이다.

따라서 위 판례에서 견련성의 문제를 언급하고 있지는 않지만, 수급인의 공사대금채권은 그가 완성한 건물 자체로부터 발생한 것임을 간접적으로 인정하고 있음을 알아야 한다.

3. 이 사건 건물에 대한 처분권을 위임의 성격

1) 다음으로 도급인이 수급인에게 이 사건 건물에 대한 처분권을 위임하여 그에 따라 분양하여 분양대금으로 공사비에 충당할 수 있게 해 주었다면 공사비인 피담보채권이 변제되어 수급인은 더 이상 유치권을 행사할 수 없다는 주장에 대하여 대법원은 "그러한 약정만으로 피담보채권인 공사대금이 변제된 것이라고 볼 수는 없고"라고 하여 원고의 주장을 배척하였다는 점에서도 위 판례는 중요한 의의를 가진다.

2) 그러니까 변제를 하겠다는 약정 또는 변제를 위한 담보의 제공 등은 민법에서 말하는 변제가 아니다. 민법에서의 변제는 종국적으로 채무의 소멸을 가져오는 사실행위인데, 위의 약정이나 담보제공만으로는 채무가 소멸되었다는 결과를 가져오지 않는다. 그래서 대법원은 그러한 약정만으로 피담보채권인 공사대금이 변제된 것이라고 볼 수 없다고 판시한 것이다.

따라서 피담보채권이 변제되지 않았기 때문에 공사업자인 수급인은 이 사건건물을 계속 유치할 권리가 생기는 것이다.

VI. 공사도급계약에 기한 공사수급인의 유치권

◆ 유치권 경매 [사례 8번]

서울중앙 2007-25262(출처 : 지지옥션)

경매구분	임의(기일)	채권자	관악은행	낙찰일시	08.02.13(종결)
용 도	대지	채무자/소유자	김호석	낙찰가격	1,785,600,000
감정가	2,232,000,000	청구액	1,000,000,000	경매개시일	07.08.29
최저가	1,785,600,000 (80%)	토지 총면적	248㎡	배당종기일	07.10.30
입찰보증금	10% (178,560,000)	건물 총면적	0㎡	조회수	누적390
주의사항	・유치권・입찰외 ・1. 본건 지상에 신축중인 오피스텔이 소재함. 2. 가유산업외10명으로부터 공사대금707,340,547원에 대하여 유치권 신고가 있으나 그 성립여부는 불분명함. 3.박종서으로부터 공사대금 500,000,000원에 대하여 유치권신고가 있으나 그 성립여부는 불분명함.				
우편번호및 주소/ 감정서	물건번호/면적 (㎡)	감정가/최고가/과정		임차조사	등기권리
151-050 서울 관악구 봉천동 210-40 감정평가서 정리 -당곡초등학교 동 남측인근 -차량출입 가능, 교통사정 보통	물건번호:단독물건 대지 248 (75.02평) 입찰외제시외 미상의 건물소재 (건물감안시: 1,562,400,000원)	감정가 2,232,000,000 토지 2,232,000,000 (100%) 최저가 1,785,600,000 (80%) 경매과정 1차유찰 2회낙찰 응찰 1명 허가		・법원임차인조사 토지위에 지상7층의 빌딩이 거의 완성된 상태로 세워져 있음. 축조된건물이 외형이 갖추어져 있으나 내부 마무리공사를 진행하다 중단된 상태에 있는 것으로 보여짐. 1층빈공간에는 건축자재가 쌓여있	저당권 관악은행) 2003.07.12. 1,300,000,000 소유자 김호석 2004.02.09 전소유자 윤창열 가등기 박병호 2004.03.26 저당권 윤호원 2005.05.30 300,000,000 가압류 정호영 2005.06.15

-가장형동고 평탄지 -도시지역 -1종지구단위계획구역(입안)		2008.02.20 종결 2008.04.23	고 외부에는 공사용 알미늄펜스가 설치된 상태로 있음. 공사현장에는 아무도 없어서 누가 목적토지에 대하여 어떤 권원에 의해 빌딩을 짓고 있는지를 확인할 수 없음.	60,000,000 가압류 윤미자 2005.11.29 50,000,000 가압류 (주)오에스티 2005.12.14 132,104,000 가압류 오경미 2006.04.27 20,000,000 임의경매 관악은행 2007.08.29 청구액 1,000,000,000원

<유치권 경매사례의 8번 해설>

1) 자료의 출처를 보면, 유치권이 신고된 사건으로 분류되어 있고, 실제로 공사업자가 공사대금에 기하여 유치권이 신고된 사례이다.

2) 그리고 법원임차인 란을 보면, "공사현장에는 아무도 없어서 누가 목적 토지에 대하여 어떤 권원에 의해 빌딩을 짓고 있는지를 확인할 수 없음"이러고 기재되어 있다. 따라서 현장에 대한 점유자가 없는 상태이며, 공사업자들이 유치권을 신고는 하였지만 어떤 이유인지 점유를 안 하고 있다. 통상의 건축현장의 살벌한 분위기를 연출하는 것과는 너무 다르다. 그러나 이런 물건에 대하여 입찰을 준비하는 입장에서는 현장조사를 통하여 점유관계를 입증할 수 있는 자료를 남겨야 한다. 다시 말하면 경매개시결정기입 등기 후의 점유를 이유로 유치권을 무력화시킬 자료를 만들어야 한다는 말이다.

3) 다음으로 이 사건은 유치권이 신고된 사건이지만 유치권 보다는 민법 제366

VI. 공사도급계약에 기한 공사수급인의 유치권 183

조의 법정지상권을 염두에 두어야 하는 사건이다. 관악은행에 의하여 임의경매가 진행되었으며, 관악은행이 근저당을 설정할 당시 토지 위에 건물이 건축 중 이었다면 법정지상권의 성립을 염두에 두어야 한다. 이 때 입찰을 준비하는 사람은 필히 관악은행을 통하여 근저당설정 당시 감정평가서를 통하여 어떤 상태에서 근저당을 설정하였는지를 알아야 한다. 사실상 건축허가서는 공시되는 자료도 아니며, 이 사건의 건물의 소유지가 누구인지도 알 수 없으므로 가장 많은 자료를 가지고 있는 자는 은행뿐이기 때문이다.

[사례용 판례주체 37] 설계대행, 철거공사, 가설공사 등과 유치권의 성부

서울고법 2005나26415 판결

<판례핵심>

이 사건 건물에 대한 신축공사 중 <u>설계대행</u>, <u>철거공사</u>, <u>가설공사</u>를 한 것으로 인하여 발생한 공사대금채권은 이 사건 건물 자체로부터 발생한 것이 아니므로 이 사건 건물과의 견련성이 없다는 판례(서울고법 2005나26415 판결)

<사실관계>

① 이 사건 건물은 □□건설의 소유였는데, 원고는 임의경매절차에서 이 사건건물을 낙찰 받아 2003. 12.29.에 소유자가 되었다.

② 피고는 2003. 10. 22. 임의경매 사건의 집행법원에 자신을 유치권자로 신고하였는데 그 신고된 내용은 아래와 같다.

③ 피고는 1997. 7.28.에 □□건설로부터 이 사건 건물에 대한 신축공사 중 <u>설계대행</u>, <u>철거공사</u>, <u>가설공사</u>를 6억원에 하도급 받아서 그 공사를 완료하였으며, 공사대금을 지급받지 못하여 채권단 대표로서 이 사건 건물을 점유해 왔다.

④ 피고는 □□건설로부터 그 신고내용과 같은 공사를 하도급 받은 것으로 되어 있는 1997.7.28.자 공사도급계약서를 제출하였다.

⑤ 그리고 피고는 1999.9.1.부터 2003.10.경까지 이 사건건물을 관리하면서, 이 사건 건물에 대하여 노후시설의 교체, 안정관리용역, 유지, 보수 등을 위해 금 4억원을 지출하였으며, 이를 근거로 유익비상환청구권도 신고하였다.(판례 출처 : 유치권 법정지상권 119. 신창용저. p250-253)

<서울고법의 판단>
1. 채권과 목적물 간의 견련성에 대한 판단

    민법 제320조에 의한 유치권이 성립되기 위해서는, 그 피담보채권이 목적물 자체로부터 발생하거나, 목적물의 반환청구권과 동일한 법률관계나 사실관계로부터 발생하였다는 등 피담보채권과 목적물 사이에 견련관계가 있음을 요한다 할 것이므로, □□건설의 채권 중 공사대금채권은 그 당시 모두 변제되었다고 볼 여지가 있을 뿐만 아니라, 설사 존재한다고 하더라도 그 채권은 □□건설이 가설물설치 및 기존건물의 철거공사를 함으로써 취득한 것으로서 그 발생 당시에는 이 사건 건물 자체가 존재하지 않은 상태여서 그것이 그 이후에 건립된 이 사건 건물과의 사이에 어떠한 견련관계가 있다고 볼 수도 없다.

2. 피고의 유치권 포기 여부에 대한 판단

    그리고 나아가 피고가 이 사건 공사현장을 인수한 □□건설에게 향후 어떠한 명목으로도 추가로 금원의 지급을 요구하지 않을 것을 확인함으로써 공사대금채권에 기한 유치권을 포기하였다고 봄이 상당하며, 나머지 채권은 대여금 등의 채권으로서 그것이 이 사건 건물과 견련관계가 있다는 점을 인정할 아무런 증거가 없으므로, 결국 위 채권을 피담보채권으로 한 민사상의 유치권 주장은 이유 없다.

3. 피고의 유익비에 기한 유치권의 인정여부

    피고가 그 주장과 같은 유치권을 취득하기 위해서는 피고가 이 사건 건물을 점유하면서 자신의 비용으로 필요비나 유익비를 지출하여 당시 건물 소유였던 □□건설에 대하여 그 비용상환청구권을 취득하였을 것을 요한다 할 것인바, 피고의 건물의 유지·보수 비용은 피고가 채권단 대표로서 이 사건 건물을 제

3자에게 임대하여 그 임차인들로부터 차임 및 관리비로 합계 147,700,000원 가량을 지급받아 그 자금 중 일부로 그와 같이 한 것일 뿐이어서 그로써 피고가 □□건설에 대하여 그 상환청구권을 취득하였다고 볼 수 없다.

<해설>
1. 채권과 목적물 간의 견련성의 의의
    1) 필자는 앞에서 채권과 목적물의 견련관계를 설명한 내용을 다시금 인용해 본다. 즉 민법 제320조에서는 『그 물건이나 유가증권에 관하여 생긴 채권』이라고 규정되어 있는데, 이를 『그 부동산에 관하여 생긴 채권』이라고 풀이하여 쓸 수가 있는데, 이 말에 대하여 대법원은 2005다16942 판결에서 "민법 제320조 제1항에서 '그 물건에 관하여 생긴 채권'은 유치권 제도 본래의 취지인 공평의 원칙에 특별히 반하지 않는 한 채권이 목적물 자체로부터 발생한 경우는 물론이고 채권이 목적물의 반환청구권과 동일한 법률관계나 사실관계로부터 발생한 경우도 포함한다"고 판시하고 있다.
    2) 따라서 판례가 말하는 "채권이 목적물 자체로부터 발생한 경우"란 점유자가 타인 소유의 부동산에 대하여 직접적으로 노동 또는 가공의 행위를 하여서 공사비 등 비용상환청구권이 생겼을 때, 그 비용상환청구권이라는 채권은 타인 소유의 부동산 자체로부터 직접 발생한 것이라고 말할 수 있으며, 이런 경우 채권과 목적물 사이에 견련관계가 있다고 말하며, 이런 직접인 견련성이 있는 타인소유의 부동산을 점유해야 유치권으로 인정받을 수 있다.
2. 본 사례용 판례의 경우에 있어서의 견련성의 존부
    1) 위 서울고법의 판례는 공사업자의 공사비채권과 목적물 간의 견련관계의 전형적인 예를 제시하고 있는 판례이다. 사례를 살펴보면, 공사업자라는 피고는 "이 사건 건물에 대한 신축공사 중 설계대행, 철거공사, 가설공사를 6억원에 하도급 받아서 그 공사를 완료하였다"고 주장한다.
    2) 따라서 설계대행은 사람에게 향후 이러 이러한 건물을 건축해 보겠다는 계

획을 표현한 것이라서 신축건물 자체로부터 발생한 것은 아니며, 또 <u>철거공사도 신축건물을 건축하기 전에 이루어진 것으로서 신축건물 자체에 대한 것이 아니며, 가설공사도 신축건물을 공사하기 위하여 보조적으로 이루어지는 것으로서 신축건물이 완성된 후에는 철거되어 현장에 남아있지 않는 것이다.</u> 따라서 이 역시 신축건물 자체에 대한 것은 아니다.

3) 그렇다면 <u>설계대행비채권, 철거공사비채권, 가설공사비채권은 모두 신축건물 자체로부터 발생한 채권이 아니므로, 공사업자가 주장하는 채권은 이 사건 건물과의 견련성이 없어서 그의 유치권 주장은 이유가 없는 것이다.</u>

4) 그래서 서울고법은 "<u>설사 존재한다고 하더라도 그 채권은 □□건설이 가설물설치 및 기존건물의 철거공사를 함으로써 취득한 것으로서 그 발생 당시에는 이 사건 건물 자체가 존재하지 않은 상태여서 그것이 그 이후에 건립된 이 사건 건물과의 사이에 어떠한 견련관계가 있다고 볼 수도 없다</u>"고 판시하고 있는 것이다.

3. 피고의 공사대금 채권이 기한 유치권 포기의 여부

1) 다음으로 유치권의 일반적인 이론으로 보면, 공사업자가 향후 건축주 또는 소유자에게 공사비청구를 하지 않겠다는 약정(약속)을 한 경우, 이는 유치권의 포기로 볼 수 있다. 왜냐하면 유치권 자체가 채권의 청구를 전제로 한 것이며, 청구할 채권이 없다면 유치권은 성립되지 않기 때문이다. 그래서 서울고법은 "<u>피고가 이 사건 공사현장을 인수한 □□건설에게 향후 어떠한 명목으로도 추가로 금원의 지급을 요구하지 않을 것을 확인함으로써 공사대금채권에 기한 유치권을 포기하였다고 봄이 상당하다</u>"고 판시하고 있는 것이다.

2) 다만, 위 서울고법의 판결 내용 중 "<u>추가로 금원의 지급을 요구하지 않을 것을 확인함으로써</u>"라는 부분이 나오는데, 이 말을 반대로 해석하면 종전의 채권은 존재하며 그 것마저 포기했다고 보기는 어려울 텐데, 서울고법은 위와 같이 판결했다. 더 자세한 사실관계를 알 수 없어서 더 이상의 평가는 줄인다.

4. 피고의 유익비에 기한 유치권의 주장

1) 다음으로 피고가 주장한 필요비와 유익비의 비용상환청구의 문제인데, 원래 임차인이 필요비와 유익비를 지출한 경우 이의 상환을 청구할 수 있는데, 각각 상환의 근거는 다르다. 즉 필요비는 원래 임대인이 지출해야 하는 것을 임차인이 대신 지출하였으니 돌려달라고 요구하는 것이며, 유익비의 경우는 임차인이 비용을 투입하여 임차물을 개량한 경우 그 개량된 부분이 임대인에게도 이익이 된다는 판단을 받은 경우 즉 객관적 가치가 증가된 경우 부당이득의 반환의 법리를 유추하여 인정되는 것이며, 비용지출의 주체도 역시 임차인이다.

2) 그런데 피고의 주장을 보면, 노후시설의 교체, 안정관리 용역, 유지, 보수 등이며, 이는 의당 유익비가 아니고 필요비임을 알 수 있다. 그리고 이런 비용은 피고가 아니라 이 사건 건물의 임차인들이 관리비로 지출한 것이며, 피고는 관리자의 입장에서 임차인들로부터 비용을 수령하여 지출한 것에 불과하다. 따라서 피고가 이런 필요비를 근거로 유치권을 주장하지만 이는 청구의 근거가 없는 허위의 채권이며, 이중의 이익을 취하려는 것에 불과하여 서울고법은 피고의 상환청구를 배척하였다.

3) 그래서 위 서울고법은 "피고가 이 사건 건물을 점유하면서 <u>자신의 비용으로 필요비나 유익비를 지출하여</u>"라고 말하며, 비용지출의 주체를 언급하고 있는 것이다.

4) 여기서 관리비를 한번 생각해 보면, 관리비도 필요비이며, 이와 같은 필요비는 원래 임대인이 지출해야 민법의 임대차규정에 맞지만, 임차인의 비용상환청구에 관한 규정이 임의규정이며, 또한 판례에 의하면 임차인은 비용상환청구를 포기할 수 있고, 임대임이 경제적 강자의 입장에서 관리라는 미명하에 월차임과는 또 다른 명목으로 임차인에게 지급을 강요하는 월차임에 불과한 것이다. 관리! 그 얼마나 허울 좋은 말인가? <u>참고로, 필요비에는 보험료도 포함된다고 본다</u>(민법강의 제7판 지원림 저 P.535 참조)

188   제1장 유치권의 이론과 실무

[사례용 판례주제 38] 지상건물철거공사와 유치권의 성부

서울고법 2007나77370 판결

<판례핵심>

공사내용이 이 사건 건물의 신축공사 자체가 아니라 이 사건 건물의 신축공사를 하기 이전에 기존의 지상건축물 등을 철거하고 공사부지 및 그 주변 등을 정리하는 것을 내용으로 하는 공사에 불과하다면, 그러한 공사에 따라 발생한 공사대금채권은 이 사건 건물에 관하여 생긴 채권이라고 볼 수 없다는 판례(서울고법 2007나77370 판결, 판례출처 : 유치권 법정지상권 119 신창용 저. P236)

<사실관계>

① 갑회사는 건물을 신축하면서 을에게 건물의 신축공사를 위한 사전공사라고 할 수 있는 건물부지 지상의 건축물·구축물의 처리, 폐기물처리, 건축예정지의 정지작업, 임시주차장·진출입도 개설박스 신축공사(1차도급)을 주었고, 그 후 갑회사는 다시 을에게 건물의 신축공사(2차도급)를 도급 주었다.

② 그 후 시공사가 을에서 병으로 변경되어 공사가 진행하던 중 건물이 완공되기 이전에 건물부지와 건물이 동시에 경매가 진행되었고, 이 과정에서 을과 병이 유치권을 신고를 하였다.

③ 그리고 건물과 부지에 저당권을 설정한 원고가 을·병을 상대로 유치권부존재확인소송을 제기하였다.

<서울고법의 판단>

1. 이 사건 건물에 대한 병과 을의 유치권 존부에 대한 판단

법원은, 병의 유치권 주장에 대해서는 병이 이 사건 목적물에 대한 점유를 하고 있다는 증거가 없다는 이유로, 을의 2차 도급 공사계약에 기한 유치권 주장에 대하여는 을이 이 사건 건물의 신축공사를 실제로 시행하였다는 점을 인

정하기에 부족하다는 이류로 유치권 주장을 각각 인정하지 않았다.

2. 을의 1차공사비와 이 사건 건물과의 견련성에 대한 판단

1) 한편 을이 주장하는 이 사건 1차 공사에 기한 유치권 주장에 대해서는 민법 제320조 제1항 소정의 '그 물건에 관하여 생긴 채권'은 채권이 목적물 자체로부터 발생한 경우 또는 채권이 목적물의 반환청구권과 동일한 법률관계나 사실관계로부터 발생한 경우를 말하는 것이다.

2) 그런데 이 사건 1차 공사는 그 공사내용이 이 사건 건물의 신축공사 자체가 아니라 이 사건 건물의 신축공사를 하기 이전에 기존의 지상건축물 등을 철거하고 공사부지 및 그 주변 등을 정리하는 것을 내용으로 하는 공사에 불과하므로 그러한 공사에 따라 발생한 공사대금채권까지 유치권의 목적물인 이 사건 건물에 관하여 생긴 채권이라고 볼 수 없다.

3. 을의 1차공사비의 소멸시효 완성 여부에 대한 판단

가사 위와 같은 채권이 유치권에 의하여 담보되는 피담보채권에 해당한다 하더라도 위 공사는 공사를 완료된 때로부터 민법 제163조 제3호 소정의 소멸시효 기간인 3년이 이미 경과하였음이 분명한 만큼 그 공사대금채권은 소멸시효가 완성되었다고 할 것이어서 위와 같은 채권을 담보하기 위하여 어떠한 유치권이 성립한다고 볼 수는 없다고 하여 유치권의 주장을 배척하였다.

<해설>

1. 사실관계의 해석

1) 이 사건에서 유치권의 목적물은 경매에서 매각이 대상이 되는 건물이다. 즉 다시 말하면 토지가 아니다. 물론 토지도 경매의 대상이긴 하지만, 어찌 되었든 유치권의 목적물을 건물이다.

2) 따라서 사례를 다시금 보면 을회사는 갑회사와 사이에 1차공사계약을 맺었는데, 그 내용은 "을회사가 건물의 신축공사를 위한 사전공사라고 할 수 있는 건물부지 지상의 건축물·구축물의 처리, 폐기물처리, 건축예정지의 정지작업, 임시주차장·진출입도 개설박스 신축공사(1차도급) 등을 하는

것"이다. 이와 같은 을회사의 공사내용을 보면 토지에 대한 공사계약이며, 공사계약의 체결도 1차도급계약, 2차도급계약으로 나누어지고 있다.

2. 을의 1차 공사의 결과물의 존부

1) 위에서 을의 1차 공사 내용을 다시금 살펴보았다. 그리고 을이 1차 공사한 자리에는 신축건물이 들어서 있다. 그렇다면 을이 1차 공사한 결과물은 현장에 존재하지 않으며, 그 결과 을이 자신이 행한 공사비를 근거로 점유할 객체가 없는 상태이다. 따라서 을이 이 사건 건물을 점유하고 있다고 하여도, 이 사건 건물은 을이 공사한 것이 아니므로 을의 공사비와 견련성이 없게 된다.

2) 그래서 서울고법은 "이 사건 1차 공사는 기존의 지상건축물 등을 철거하고 공사부지 및 그 주변 등을 정리하는 것을 내용으로 하는 공사에 불과하므로 그러한 공사에 따라 발생한 공사대금채권까지 유치권의 목적물인 이 사건 건물에 관하여 생긴 채권이라고 볼 수 없다"고 판시하고 있는 것이다.

3. 을이 1차 공사비를 근거로 토지에 대한 유치권 행사의 가부

1) 일단 토지 위에 건물이 있는 경우 그 토지를 누가 점유하고 있는 가에 대한 대법원의 판례를 본다.

2) 건물부지의 점유 여부에 대한 판례의 예(대판2009다28462)

① 사회통념상 건물은 그 부지를 떠나서는 존재할 수 없으므로 건물의 부지가 된 토지는 건물의 소유자가 점유하는 것이고, 이 경우 건물의 소유자가 현실적으로 건물이나 그 부지를 점거하고 있지 않다 하더라도 건물의 소유를 위하여 그 부지를 점유한다고 보아야 한다. 한편 미등기 건물을 양수하여 건물에 관한 사실상의 처분권을 보유하게 됨으로써 건물부지 역시 아울러 점유하고 있다고 볼 수 있는 등의 특별한 사정이 없는 한 건물의 소유명의자가 아닌 자는 실제 건물을 점유하고 있다 하더라도 그 부지를 점유하는 자로 볼 수 없다(대법원 2002다57935 판결, 대법원 2006다39157 판결 등 참조).

② 원심은 그 판시와 같은 인정 사실을 토대로, 피고가 유치권자로서 이

사건 건물을 점유하였다고 하더라도 이 사건 건물의 소유자는 피고가 아니라 원고이므로, 피고는 이 사건 건물의 부지부분(이하 '이 사건 부지'라 한다)을 점유·사용하였다고 볼 수 없다는 이유를 들어, 이 사건 부지에 관한 원고의 소유권에 기하여 피고를 상대로 그 부지의 점유·사용에 따른 부당이득반환을 구하는 원고의 주장을 배척하였는바, 앞서 본 법리에 비추어 원심의 판단은 정당하다.

3) 위 대법원의 판례(대판2009다28462)에 의하면, 을이 1차 공사를 이유로 이 사건의 건물을 점유하고 있더라도 그가 공사한 토지를 점유하는 것으로 판단을 받을 수 없어서, 사실상 토지에 대한 유치권의 행사도 부정당하게 된다.

4. **만약 을의 공사가 신축건물의 지하부분 공사를 위한 터파기 토목공사라면, 을이 지상의 건물을 점유함으로서 유치권을 행사할 수 있는가?**

1) 위 대법원의 판례(대판2009다28462)에 의하면, 토지에 대한 점유자는 건축주이다. 그러나 을이 지하 터파기 토목공사를 한 부분에는 건물의 지하층부분이 자리 잡고 있지만, 을의 공사의 결과물이 전혀 없다고 볼 수는 없다. 그런 경우 을은 건물을 점유하면서 부지부분에 대하여 건축주와 공동점유를 한다고 주장한다면 어떨까 한다.

2) 다음으로 토지에 대한 점유의 방법으로 건물을 점유하고 있는 경우 토지에 대하여도 점유를 하고 있다고 본 대구고법의 2007나2122 판결을 검토할 필요가 있다. 먼저 대구고법이 견련성 부분에 대한 판단을 보면, "피고와 "갑"은 이 사건 긴물의 신축공사의 일부로써 토목공사를 하여 각 토지를 이 사건 건물을 신축할 수 있는 대지로 사용할 수 있는 상태로 만들었고, 이 사건 건물의 신축이 끝난 이후에는 준공검사를 할 수 있도록 마무리로 조경공사를 하였기 때문에, 그로 인하여 발생한 공사대금채권에 대하여는 각 토지 및 이 사건 건물 전부에 대한 견련관계를 인정할 수 있다"라고 판시한 부분이다.

3) 즉 위 대구고법의 판결문을 보면, 피고와 "갑"이 행한 공사는 토목공사와 조경공사이며, 건물의 신축자체에 대한 공사는 아니다. 그럼에도 대구고법

은 "그로 인하여 발생한 공사대금채권에 대하여는 각 토지 및 이사건 건물 전부에 대한 견련관계를 인정할 수 있다"고 판시하였다.

[사례용 판례주제 39] 콘크리트기초파일 항타공사와 토지에 대한 유치권의 성부

대법원 2007다60530 판결

<판례핵심>

토지에 대하여 콘크리트기초파일을 항타하여 삽입하는 공사를 수행한 공사업자는 토자가 경매되었을 때, 해당 토지를 공사비를 근거로 유치권을 행사할 수 있다는 판례(대법원 2007다60530 판결, 판례출처: 유치권,법정지상권 119. 신창용 저. P230-233, 본 판례는 대법원 홈페이지 법률정보서비스에 게재되지 않은 판례임)

<사실관계>

① 공부상 지목이 과수원, 전, 하천 등으로 구선된 이 사건 토지의소유자는 피고와의 사이에 이 사건 토지위에 임대아파트를 건축하기 위하여 임대아파트 신축공사중 토목공사 부분에 대하여 공사대금 680,000,000원으로 하는 공사도급계약을 체결하였다.

② 위 토지에 대한 공사도급계약의 내용은 이 사건 토지에 아파트 3개동이 들어설 아파트 단지를 조성하되, 장차 지하 침반을 막기 위하여 그 자리에 콘크리트 기초파일을 시공하는 것이었다.

③ 피고는 위와 같은 계약에 따라 이 사건 토지위에 기초파일공사를 진행하여 거의 완료단계에 이르렀으며, 그 결과 현재 이 사건 토지는 장차 아파트 3개동이 들어설 부지로 조성하기 위하여 그 지하에 약 1,283개의 콘크리트기초파일이 항타하여 삽입되어 있는 사실이 인정되었다.

④ 이러한 상태에서 이 사건 토지는 경매되어 원고가 낙찰 받고 토지인도청구를

한 사건이며, 유치권의 성립여부만을 본다(판례출처: 유치권,법정지상권 119. 신창용 저. P230-233).

<대법원의 판단>

1. 피고의 토목공사비채권과 토지와의 견련성에 대한 판단

위 인정사실에 의하면, 이 사건 토목공사는 공부상 지목이 과수원, 전, 하천으로 잡다하게 구성된 이 사건 토지를 대지화시켜 아프트 3개동이 들어설 단지로 조성하기 위한 콘크리트기초파일 공사로 볼 여지가 있고, 그러한 경우에는 이 사건 토목공사를 위 각 토지에 대한 공사로 볼 수 있으므로 그 공사대금채권은 위 각 토지에 관하여 발생한 채권으로서 위 각 토지와의 견련성이 인정된다고 할 것이다.

2. 부합이 유치권 성립상의 견련성의 인정근거가 될 수 있는지?

그리고 피고는 콘크리트 기초파일이 토지에 부합되었음을 전제로 공사대금채권은 토지와 사이에 견련성이 인정도니다고 주장하나, 가사 콘크리트 기초파일이 토지에 부합되었다고 하더라도 부합의 효과로서 토지의 소유자가 콘크리트 기초파일에 대한 소유권을 취득하게 될 뿐 그로 인하여 토지에 대한 유치권이 당연히 성립되는 것은 아니고, 또한 위 콘크리트 기초파일 자체에 대한 유치권이 성립되어 있었다고 하더라도 부합의 효과로서 그러한 유치권은 당연히 소멸되는 것이므로, 피고의 이 부분 상고이유는 부합여부에 관하여 나아가 살펴볼 필요 없이 이유 없다.

<해설>

1. 피고의 토목공사비채권과 토지와의 견련성 부분

1) 대법원의 공사대금채권과 목적물과의 견련을 인정하는 제1의 원칙은 "채권이 목적물 자체로부터 발생한 경우"이다. 사실관계를 보면, 피고는 이 사건 토지에 대하여 콘크리트 기초파일을 항타하여 삽입하는 공사를 하였으며, 그 공사의 본질은 원래 아파트를 건축할 수 없는 토지에 대하여 아파

트 건축이 가능한 대지로 조성하는 공사를 한 것이며, 토지 자체에 대한 공사이다. 따라서 피고가 행한 공사에 따른 공사비채권은 토지 자체로부터 발생한 경우에 해당되며, 경매의 목적물도 이 사건 토지이다.

2) 그렇다면 피고는 이 사건 토지를 점유하고 있는 경우 콘크리트 기초파일 설치공사비채권을 피담보채권으로 하여 이 사건토지에 대하여 유치권을 행사할 수가 있다.

3) 그래서 대법원은 "그러한 경우에는 이 사건 토목공사를 위 각 토지에 대한 공사로 볼 수 있으므로 그 공사대금채권은 위 각 토지에 관하여 발생한 채권으로서 위 각 토지와의 견련성이 인정된다고 할 것이다"라고 판시하고 있다.

2. 유치권의 객체로서의 물건(부동산)

1) 위 대법원의 판단의 후단부분은 언뜻 보면, 앞의 부분과 모순되는 것같이 보이지만 전혀 모순되는 것이 아니다. 필자가 보기에 피고가 이 사건토지에 대하여 유치권이 성립하고 있다는 법적인 근거를 제시하기 위하여 부합의 이론에 의한 유치권의 성립을 시도한 것으로 보인다.

2) 일단 대법원의 판단을 검토하기 전에 유치권의 객체는 독립하여 거래될 수 있는 물건이어야 한다. 쉽게 말하면 1물 1권주의를 생각하면 된다. 따라서 독립한 거래의 객체가 될 수 없는 것은 유치권의 객체가 될 수 없다. 예컨대, 연립주택을 건축하는데 창호공사를 한 공사업자는 연립주택 전체에 대하여 유치권을 주장하는 것이지 그가 공사한 창문과 창문틀에 대하여 유치권을 주장하는 것이 아니다. 단, 유치권의 객체성 여부의 판단에서 1물1권주의가 항시 엄격하게 적용되는 것은 아니지만, 원칙은 1물1권 주의라는 말이다.

3) 그래서 대법원은 피고의 주장에 대하여, "부합의 효과로서 토지의 소유자가 콘크리트 기초파일에 대한 소유권을 취득하게 될 뿐 그로 인하여 토지에 대한 유치권이 당연히 성립되는 것은 아니다"라고 판시하고 있으며, 그 다음에는 "위 콘크리트 기초파일 자체에 대한 유치권이 성립되어 있었다고

VI. 공사도급계약에 기한 공사수급인의 유치권 195

하더라도 부합의 효과로서 그러한 유치권은 당연히 소멸되는 것이다"라고 판시하고 있다.

4) 왜 그런가? 피고가 항타하여 공사한 콘크리트 기초파일은 이미 독립한 물건으로서의 성격을 상실하였기 때문이다.

5) 그렇다면 피고의 유치권은 성립했다는 말인가 아니면 성립하지 않았다는 말인가? 당연히 피고의 유치권은 성립되었다. 다만 그 성립의 근거는 부합이 아니고 "토지 자체로부터 발생한 채권"이라는 것이며, 해당 토지를 점유하고 있으면 되는 것이다.

[사례용 판례주제 40] 부당한 점유와 사용이익의 반환여부

인천지법 2006가단130455 판결

<판례핵심>

1. 유치권자가 유치물을 사용, 수익함으로써 얻은 차임 상당의 사용이익은 법률상 원인이 없는 것이므로 이로 인하여 소유자 등 사용수익권자에게 손해를 끼치는 한에서 부당이득으로서 소유자 등 사용수익권자에게 반환하여야 한다.

2. 유치권자가 채무자(소유자)의 승낙을 받거나 유치물의 보존에 필요한 사용을 하는 등 유치물을 적법하게 사용하여 얻은 차임 상당의 이익은 유치물의 과실에 준하여 유치권의 피담보채권의 변제에 우선 충당할 수 있다고 봄이 상당하다.

3. 신축주택을 4년이 넘는 장기간 유치권의 사무실이나 주거지 용도로 줄곧 사용하는 것은 유치물의 보존에 필요한 사용이라 볼 수 없다.

<기초사실관계>

① ◎◎농업협동조합은 2004. 6.17. 당초 ●○○이 소유하던 이 사건 빌라 101호에 관해 채권최고액 1억 6,800만원, 채무자 ●○○으로 된 근저당권을 취

득하고, 같은 달 30. 위 근저당권에 기해 이 법원 2004타경00000호 부동산 임의경매(이하 이 사건부동산경매라 한다)를 신청하였다.

② 원고는 이 사건부동산 경매 절차에서 '이 사건빌라 101호'를 낙찰 받아 2006. 9.8. 낙찰대금 1,869만원을 전액 납부하였다. 위 101호에 관한 원고 명의의 소유권이전등기는 같은 해 9.26.마쳐졌다.

③ 피고는 ●○○와의 공사도급계약에 따라 2003.6.경 이사건 빌라 공사를 완공하고, 이 사건 빌라 101호에 관한 유치권을 주장하면서, 그의 가족과 함께 위 101호를 피고의 주거지 및 사무실로 본 소송이 종결될 때까지 점유, 사용하고 있다.

④ 원고는 피고에게 '이 사건빌라 101호'를 명도하라고 청구하며, 임료상당의 부당이득의 반환을 청구하고 있다. 따라서 판단의 쟁점은 원고의 명도청구에 대한 피고의 유치권의 항변이 인용될 수 있느냐이다.(판례출처 : 인천지방법원 홈페이지 우리법원 주요판결)

<인천지법의 판단>

1. 피고의 유치권의 인정

1) 피고는 2003. 3.13. ●○○과 사이에 공사대금 347,580,000원, 공사기간 2003. 3.14부터 2003. 6.14.까지를 사이로 정하여 인천 □□구 □□동 000-00 지상에 이 사건 빌라 1동을 건축하는 신축공사도급계약을 체결하였다.

2) 그리고 ●○○은 2003. 3.31. 피고에게 " ●○○은 유치권을 행사 중인 피고가 이 사건 건물의 분양대금으로 공사대금을 충당할 때까지 분양권을 피고에게 위임한다"는 내용의 분양위임계약서를 작성해 주었다.

3) 다음으로 피고는 2003. 6.경 위 도급계약에 따라 이사건 건물을 완공하였으나, ●○○으로부터 공사대금을 지급받지 못하였다. 이에 피고는 이 사건 빌라 101호를 포함한 이 사건 건물 전체를 점유하면서 ●○○에게 공사대금의 지급을 독촉하였는데, 2003년 말경부터는 이사건 빌라 101호를 사무실로 사용하면서 계속 점유하면서, 이 사건 부동산경매 절차에서유치권

신고를 하였다.
4) 피고는 2004. 6.25. ●○○를 상대로 한 이 법원 2004가합 3365호 공사대금 사건에서 " ●○○이 피고에게 3억 1,000운 만원 및 이에 대하여 2004. 2.13.부터 다 갚는 날까지 연 20%의 비율에 의한 돈을 지급하라"라는 취지의 승소판결을 받았고, 이 판결은 그대로 확정되었다.
5) 그렇다면 위 인정사실에 의하면, 피고는 이 사건 빌라 101호를 비롯한 이 사건 건물 신축공사의 수급인으로 그 공사대금을 모두 변제받을 대까지 자신의 점유하고 있는 위 101호를 유치할 권리가 있으며, 피고의 유치권 주장은 이유 있다.

2. 피고의 유치권을 부정하기 위하여 원고가 한 주요 주장사항

1) 위와 같은 인천지법이 피고의 유치권을 인정하기 전에, 원고는 신의칙을 근거로 피고의 유치권이 성립될 수 없다는 주장을 하였지만 인천지법은 이런 원고의 주장을 배척하였다. 그 내용을 참고로 본다.
2) 원고는, 피고가 ●○○의 재산상태가 좋지 않아 장차 경매절차가 개시될 가능성이 있음을 충분히 인식하고서도 거액의 공사도급계약을 체결하고 공사하였으므로, 그가 유치권을 주장하는 것이 민법 제320조 제2항의 유추적용에 의해 제한되거나 신의칙에 반하여 허용될 수 없다는 취지로 주장된다.

3. 원고의 주장에 대한 인천지법의 판단

그러나 위에서 살피거나 위에서든 증거에 의해 인정되는 다음과 같은 사정, 즉 피고가 이 사건 빌라 신축공사를 실제 도급받이 이를 완공하였고, 현재 이 시건 빌라 101호만을 점유하고 있는 점, 원고는 피고가 위 101호를 점유한 후에 설정된 ◎◎농업협동조합 명의의 근저당권에 기한 이 사건 부동산 경매절차에서 위 101호를 매수한 점, 피고가 ●○○ 등과 위 101호에 관한 사용, 수익약정을 체결하였다거나 그 밖에 위 101호의 점유에 관한 묵시적 담합을 하였다고 볼 자료가 없는 점 등을 고려할 때, 원고가 드는 사정만으로 피고의 점유가 불법행위로 인한 경우에 준한다거나 피고의 유치권 행사가 신의칙에 반한다고 보기 어렵고, 달리 볼 증거가 없다. 원고의 이 부분 주장 또한 받아

들일 수 없다.

4. 원고의 부당이득 반환청구에 대한 판단

1) 유치권자는 채권담보를 위하여 유치물을 점유할 수 있을 뿐, 원칙적으로 유치물을 사용, 대여하거나 담보로 제공할 수 없다. 따라서 <u>유치권자가 유치물을 사용, 수익함으로써 얻은 차임 상당의 사용이익은 법률상 원인이 없는 것이므로 이로 인하여 소유자 등 사용수익권자에게 손해를 끼치는 한에서 부당이득으로서 소유자 등 사용수익권자에게 반환되어야 한다.</u>

2) 이 사건에 관해 보건대, 피고는 자신이 이 사건 빌라 101호를 2006. 9.8.(원고의 소유권취득일)부터 2007. 10. 경까지 사이에는 사무실로, 그 이후부터 현재까지 사이에는 그의 가족과 함께 거주지 및 사무실로 계속 점유, 사용하고 있음을 자인하고 있다.

3) 그리고 이 법원의 주식회사 ☆☆감정평가법인 ○○지사에 대한 임료감정촉탁결과에 의하면, 이사건 빌라 101호의 보증금 없는 월차임이 2006년 325,000원, 2007년 387,000원, 2008년 427,000원인 사실을 인정할 수 있고, 위 101호의 2009년 이후의 보증금 없는 월차임은 위 427,500원을 밑돌지 않을 것이라고 추인된다.

4) 따라서 피고는 원고에게 8,439,166 {325,000× (3+23/30) + 387,000×12 +427,500× 6, 원미만은 버림} 및 2008. 7.1.부터 이 사건 빌라 101호의 사용종료일(원고는 명도완료일까지의 금원지급을 구하나, 피고가 위 101호를 명도하지 않더라도 그 사용을 종료하면 부당이득은 발생하지 아니한다)까지 원고가 구하는 매월 427,500원의 비율에 의한 돈을 부당이득금으로 반환할 의무가 있다.

5. 원고의 부당이득 반환청구에 대한 피고의 항변

이에 대하여 피고는, <u>위 부당이득금 전액이 이 사건 빌라에 관한 공사대금채권의 변제에 충당되어야 하고, 이로써 원고에게 반환할 부당이득금은 소멸하였다</u>고 주장한다.

6. 피고의 항변에 대한 인천지법의 판단

1) 살피건대, 유치권제도의 취지인 공평의 원칙과 유치권자의 유치물의 과실을 수취하여 다른 채권자보다 먼저 그 채권의 변제를 충당할 수 있다는 민법 제322조 제1항의 규정 내용에 비추어 보면, <u>유치권자가 채무자(소유자)의 승낙을 받거나 유치물의 보존에 필요한 사용을 하는 등 유치물을 적법하게 사용하여 얻은 차임 상당의 이익은 유치물의 과실에 준하여 유치권의 피담보채권의 변제에 우선 충당할 수 있다고 봄이 상당하다.</u>

2) 그러나 이 사건에서, 원고가 피고의 이 사건 빌라 101호에 대한 사무실 내지 주거지 용도로의 사용을 승낙하였다고 볼 아무런 증거가 없다. 또 앞서 살핀바와 같이, <u>피고는 2003년 말경부터 자신이 신축한 이 사건 빌라 101호를 사무실 용도로 사용하기 시작하여, 현재까지 가족과 함께 사무실 및 주거지 용도로 계속 사용하고 있는데, 이와 같이 사용된 바 없는 신축주택을 4년이 넘는 장기간 유치권자의 사무실이나 주거지 용도로 줄곧 사용하는 것은 유치물의 보존에 필요한 사용이라 볼 수 없다.</u>

3) <u>따라서 피고는 이 사건 빌라 101호를 부적법하게 사용하였으므로, 위와 같은 사용이익에 관한 우선변제권능을 행사할 수 없다.</u> 피고의 위 주장은 받아들일 수 없다.

4) 나아가 <u>피고는, 이 사건 빌라 101호에 거주하면서 드는 매월 240만원 상당의 수도세, 전기세, 청소비, 전화요금 등의 유치권행사비용을 원고가 피고에게 상환하여야 하는데,</u> 이러한 비용상환청구권으로써 원고의 피고에 대한 부당이득반환채권을 상계한다고 주장한다. <u>그러나 위 비용이 위 101호를 보존하거나 개량하기 위하여 지출된 것이라고 볼 아무런 증거가 없고,</u> 오히려 위에서 든 증거에 의하면, 위 비용은 피고 및 그의 가족이 위 101호에 거주하면서 지출한 생활비로 보일 뿐이다. 따라서 피고의 위 주장도 더 나아가 살필 필요 없이 이유없다.

7. 결론

그러므로 원고의 명도청구는 이유 없어 기각하고(변론의 전체의 취지상 상환이행판결은 원고의 의사에 반한다고 보인다), 금원지급청구는 이유 있어 인용한다.

<해설>

1. 피고의 점유 시기와 상태

1) 피고는 2003.6.경 위 도급계약에 따라 이사건 건물을 완공하였으나, ◉○○으로부터 공사대금을 지급받지 못하였고, 이에 피고는 ◉○○에게 공사대금을 독촉하다가, 2003년 말경부터는 이사건 빌라 101호를 사무실로 사용하면서 계속 점유하였다.

2) 위 인천지법의 판결문에는 나타나지 않지만, 피고가 공사를 완공한 후 약 6개월이 경과한 시점부터 이 사건 빌라 101호를 점유하기 시작하였다. 그리고 건축주인 ◉○○가 피고의 이 사건 빌라 101호를 점유하는데 대하여 허락이 있었다는 말이 없다. 그러나 건축주인 ◉○○은 "이 사건 건물의 분양대금으로 공사대금을 충당할 때까지 분양권을 피고에게 위임한다"는 내용의 분양위임계약서를 피고에게 작성해 주었다.

3) 따라서 피고가 이 사건 빌라를 분양을 하려면 이 사건 빌라를 점유하면서 고객들이 오면 설명을 해주어야 하므로, 적어도 건축주 ◉○○은 피고의 이 사건 빌라의 점유를 허락했다고 봐야 하며, 또한 피고는 공사대금채권을 가지고 있고, 이 공사대금채권은 이 사건 빌라 자체로부터 발생한 것이므로, 피고의 유치권 행사는 정당하다고 해야 한다.

2. 원고의 부당이득 반환청구와 유치권자의 유치물의 사용

1) 원칙적으로 유치권자는 유치물을 사용, 수익할 수 없다. 다만 보존에 따른 사용은 허용된다.

2) 위 판례에서 보면, 원고는 이 사건 빌라 101호를 경락받은 매수인이며, 피고의 이 사건 빌라 101호를 사용하여 얻은 차임 상당의 부당이득의 반환을 구하는데, 구하는 범위는 원고가 소유권을 취득한 2006. 9.8부터 2009. 7. 변론종결시까지이다.

3) 그리고 이에 대하여 인천지법은 "유치권자가 채무자(소유자)의 승낙을 받거나 유치물의 보존에 필요한 사용을 하는 등 유치물을 적법하게 사용하여 얻은 차임 상당의 이익은 유치물의 과실에 준하여 유치권의 피담보채권의

변제에 우선 충당할 수 있다고 봄이 상당하다.

그러나 이 사건에서, 원고가 피고의 이 시건 빌라 101호에 대한 사무실 내지 주거지 용도로의 사용을 승낙하였다고 볼 아무런 증거가 없다"고 판시하였다.

따라서 원고(매수인)가 피고에게 이 이사건 빌라101호의 사용에 대하여 승낙을 한 바 없으므로, 피고는 적어도 2006. 9.부터 2009. 7.까지의 차임상당의 부당이득을 원고에게 반환할 의무가 있다고 한다.

4) 또한 인천지법은 위와 같은 피고의 부당이득의 반환의무를 인정하면서, "사용된 바 없는 신축주택을 4년이 넘는 장기간 유치권의 사무실이나 주거지 용도로 줄곧 사용하는 것은 유치물의 보존에 필요한 사용이라 볼 수 없다"고 판시하여, 피고의 과실수취권을 부정하였다.

5) 그러나 만약 피고가 이 사건 빌라 101호를 주거용으로만 사용하였을 경우에도 위와 같은 판단을 할 수 있을 지는 의문이다. 왜냐하면 주거용 건물을 사무실로 사용하는 것은 보존행위로 볼 수 없지만, 주거용을 그 용도에 맞게 사용하는 것은 보존행위에 해당하기 때문이다.

6) 그래서 대법원은 2009다40684 판결에서, "공사대금채권에 기하여 유치권을 행사하는 자가 스스로 유치물인 주택에 거주하며 사용하는 것은 특별한 사정이 없는 한 유치물인 주택의 보존에 도움이 되는 행위로서 유치물의 보존에 필요한 사용에 해당한다고 할 것이다"라고 판시하고 있는 것이다.

❖ 유치권 경매 [사례 9번]

서울남부 2007-21471(출처: 지지옥션)

경매구분	임의(기일)	채권자	중앙은행	경매일시	기타물건
용 도	근린주택	채무자/소유자	김용준/성신방주재단	다음예정	종결(기타)
감정가	1,167,065,700	청구액	302,490,410	경매개시일	07.10.11

제1장 유치권의 이론과 실무

최저가	746,922,000 (64%)	토지 총면적	284.8㎡ (86평)	배당종기일	07.12.27
입찰보증금	10% (74,692,200)	건물 총면적	994.55㎡	조회수	누적 2,702
주의사항	\multicolumn{5}{l}{• 유치권 • 1. 2007.12.26.자 대한예수교장로교회 충성교회의 ○○건설산업이 한 리모델링공사대금으로 금 4억원의 유치권신고. 2. 2007.12.26자 (주)○○건설산업이 대한예수교장로회 충성교회에 시행한 공사대금 3억5천만원 및 2006.12.10부터 2007.6.18까지는 연5%, 그 다음날부터 다 갚는 날까지 연20%의 지연손해금의 유치권신고. 3. 2007.12.27자 박정미 금2억3천만원의 유치권신고.}

우편번호및 주소/ 감정서	물건번호/면적 (㎡)	감정가/최고가/과정	임차조사	등기권리
157-010 서울 강서구 화곡동 220-40 감정평가서 정리 -철콘조철콘 지붕 -강서구청 북 서측 인근 -단독, 다세대 아파트 근린 상가동 혼재 -대체로장방 형평지 -공항시설호 보지구 -대공방어협 조지역 -도시가스난방	물건번호:단독 물건 대지 284.8 (86.15평) 건물 1층 주차장 관리실 2층 교회 3층 교회 4층 주택 5층 주택 지하1층 교회 옥탑 기계실 제시외 1층 창고30 창고38 4층발코니 12 5층발코니 18 보존 05.07.08	감정가 1,167,065,700 대지 683,520,000 (58.57%) 건물 479,865,700 (41.12%) 제시 3,680,000 최저가 746,922,000 (64.0%) 경매과정 1차 변경 2회차 유찰 3회차 유찰 4회차 정지 2008.06.23	•법원임차인조사 강현미 전입1981.04.08 조성림 전입 2006.11.21 성 문 전입 2007.02.09 오미정 전입 2007.03.21 오미영 전입2007.06.18 박경수 전입2007.06.28 지하1층-지상5층 건물로 그 중 지상1층은 ○○건설에서 유치권을 행사하고 있으며, 나머지부분은 충성교회에서 점유/사용중임.	소유권성신방주 재단 2005.07.08 전소유자 성도교회 저당권 중앙은행 2005.08.17 360,000,000 가등기 평민교회 2006.10.30 소유권이전청구권 가처분신성 방주재단 2006.12.13 평민교회가등기가 처분 가등기 오성기업 2006.12.22. 소유권이전가등기 가처분김성오 2007.05.09 압류북인천세무서

		기타 2009.09.01	충성교회 담임목사라는 조성림(4층거주)에 의하면 매매계약당시 매도인의 은행채무를 매수인이 인수하기로 한 조건으로 계약금을 치렀으나 그 뒤 계약조건이 지켜지지 않아 잔금을 이행하지 않은 사이 이건 경매가 시작되었다고 함(조성림이 매수인임) 전입자중 오미정 남매를 제외한 다른자는 거주하지 않는다고 함.	2007.05.10. 임의 중앙은행 2007.10.12 청구액 302,490,410

<유치권 경매 사례 9번의 해설>

1) 다른 부분은 뒤로 하고 우선 점유부분을 본다. 이 사건 교회 건물에 대하여 공사업자는 지하1층 관리실, 주차장 부분만을 점유하고 있으며, 나머지 2,3층은 교회에서 점유하고 있고, 4,5층 주택에는 담임목사 조성림과 임차인이 점유하고 있다.

2) 따라서 공사업자가 유치권을 주장하며, 인도를 거절할 수 있는 부분은 지하1층의 관리실과 주차장이다. 물론 교회와 주택의 임차인을 상대로 임의로 인도를 받고 빠르게 점유를 취함이 관건일 수도 있지만, 인도명령을 집행해도 별 문제는 없는 것으로 보인다.

3) 문제는 공사업자가 주장하는 공사대금이 얼마이든 간에 그들이 주차장을 점유하여 수익을 취득할 수 있느냐이다. 만약 유치권자에 대한 채무자인 충성교

회가 주차장의 사용를 승낙하였다면, 공사업자 ○○건설산업은 외부의 사람들이 이 사건의 교회에 주차할 때 주차비를 받고, 이를 자신의 채권의 변제에 충당할 수 있을 것이다.

4) 그러나 충성교회에서 주차장의 사용에 대한 승낙이 없는데도 불구하고 공사업자 ○○건설산업이 주차장을 통하여 수익을 창출하고 있다면 이는 채무자의 동의 없는 사용에 해당되어 유치권이 소멸청구의 대상이 된다. 그러면 공사업자 ○○건설산업이 보존행위 차원에서의 사용은 어떠한가? 보존행위의 본질은 점유상태의 유지이며, 적극적인 사용수익권의 부여는 아니다. 따라서 보존행위 차원에서의 사용이라면 공사업자 ○○건설산업이 점유를 유지하기 위하여 자신의 직원들 정도의 주차는 허용될 수 있다고 봐야할 것이다. 주거용 건물에의 거주가 보존행위 차원에서 허용될 수 있는 것과 같이. 또한 주거용 건물의 점유의 한 방법으로 거주하는 것은 수익창출행위와는 다르다고 봐야 한다. 즉 수익형부동산의 경우와는 다른 것이다.

5) 다음으로 유치권자의 보존행위 차원에서의 주차문제를 풀기 위하여 대법원 2009다40684 판결을 살펴본다. 즉 "<u>공사대금채권에 기하여 유치권을 행사하는 자가 스스로 유치물인 주택에 거주하며 사용하는 것은 특별한 사정이 없는 한 유치물인 주택의 보존에 도움이 되는 행위로서 유치물의 보존에 필요한 사용에 해당한다고 할 것이다. 그리고 유치권자가 유치물의 보존에 필요한 사용을 한 경우에도 특별한 사정이 없는 한 차임에 상당한 이득을 소유자에게 반환할 의무가 있다</u>"고 대법원의 판단을 하였는데, 이를 위 사례에 적용시킬 수 있는 지를 고민해보고자 한다.

6) 위 판례에서 유치물의 보존에 필요한 사용을 한 경우에도 특별한 사정이 없는 한 차임에 상당한 이득을 소유자에게 반환할 의무가 있다는 점을 주목할 필요가 있는데, 위 경매사례에서 적용시켜 보면, 유치권자가 주차장에 대한 보존행위의 일환으로 직원들이나 대표자가 주차를 한 경우에도 이를 통하여 얻은 무료주차에 대응하는 주차이익은 소유자에게 반환하라는 것으로 볼 수 있다. 물론 주차이익의 반환방법은 공사대금과 상계처리하는 방법으로 처리될

것이다.

7) 만약 위와 같은 물건에 입찰을 하고자 한다면 채무자를 통하여 주차장에 대한 사용승낙의 여부를 파악하는 것이 급선무이다. 다만, 유치권이 신고된 물건이라 은행대출이 어려울 수 있지만 논리적 접근으로 은행을 설득할 수 있다면 대출도 가능할 것으로 파악된다.

4. 건축도급공사에서 하수급인의 유치권

건축도급공사에서 하수급인의 유치권도 앞에서 설명한 건축도급공사에서 수급인의 유치권의 성부의 문제를 파악하는 방법과 같다. 따라서 일반적인 유치권의 성립요건 즉 ㉠ 유치권의 목적물은 타인의 건물 또는 토지이어야 하며, ㉡ 그 건물 또는 토지를 적법하게 점유하고 있어야 하고, ㉢ 채권 즉 피담보채권은 그 건물이나 토지에 관하여 직접 생긴 것이어야 하며, ㉣ 그 채권은 변제기에 있어야 하고, ㉤ 유치권의 성립을 배제하는 특약이 없어야 한다 등을 순서대로 점검하여 공사대금채권을 피담보채권으로 하여 행사하는 하수급인의 유치권의 성립여부를 따져야 한다. 이 중에서 가장 중요한 것은 첫째가 점유여부를 파악하는 것이며, 특히 원수급인이 점유할 권리를 상실한 상태에서는 기본적으로 하수급인의 점유도 그 정당성을 상실하게 되는 점이, 일반적인 건축도급공사에서의 원수급인의 점유와 다른 점이다. 그 다음으로는 채권과 목적물 간의 견련성을 파악하는 일이다. 이런 점을 고려하여 아래의 사례용 판례들을 보자.

[사례용 판례주제 41] 하수급인의 유치권과 유치권의 불가분성

대법원 2005다16942 판결

<판례핵심>

다세대주택의 창호 등의 공사를 완성한 하수급인이 공사대금채권 잔액을 변제 받기 위하여 위 다세대주택 중 한세대를 점유하여 유치권을 행사하는 경우 그 유치권은 다세대주택 전체에 대하여 시공한 공사대금채권의 잔액 전부를 피담보 채권으로 하여 성립한다고 본 판례(대법원 2005 다 16942 판결 건물명도청구 사건)

<사실관계>

① 서울 은평구 ○○1동 (각 지번 생략)의 각 토지 소유자들을 대표한 "소외 갑" 은 2002. 2. 1. "소외 을"에게 위 각 토지상에 7동 총 56세대 규모의 다세대 주택을 재건축하는 공사를 도급하였다.

② 피고는 2002년 7월경 위 "소외 을"로부터 위 재건축공사 중 창호, 기타 잡철 부분 공사(이하 '이 사건 공사'라 한다)를 하도급 받았으며, 피고는 2003년 5 월경 이 사건 공사를 완료하였는데 위 "소외 을"이 총 공사대금 267,387,000 원 중 110,000,000원만을 지급하고 나머지 157,387,000원을 지급하지 아니 하자 그 무렵 원심판결 별지목록 기재 부동산(신축된 다세대주택 중 구분소유 권의 목적인 한 세대이다. 이하 '이 사건 주택'이라 한다)을 점유하기 시작하 였다.

③ 2003. 5. 13. 위 "소외 갑"에게 공사대금채권에 기하여 이 사건 주택을 포함 한 7세대의 주택에 대하여 유치권을 행사한다는 통지를 하였으며, 원심 변론 종결일 현재 나머지 주택에 대한 점유는 상실하고 이 사건 주택만을 점유하고 있었다.

④ 이 사건 주택에 대한 공사대금은 합계 3,542,263원이며, 한편 원고는 2003. 4. 25. 이 사건 주택에 관하여 "소외 병" 등과 공유로 소유권보존등기를 마쳤 다가 2003. 12. 3. 다른 공유자들의 지분을 모두 이전받아 이를 단독소유하게 되었다.

<대법원의 판단>

1. 유치권의 견련성과 불가분성

민법 제320조 제1항은 "타인의 물건 또는 유가증권을 점유한 자는 그 물건이나 유가증권에 관하여 생긴 채권이 변제기에 있는 경우에는 변제를 받을 때까지 그 물건 또는 유가증권을 유치할 권리가 있다."라고 규정하고 있는바, 여기서 '그 물건에 관하여 생긴 채권'이라 함은, 위 유치권 제도 본래의 취지인 공평의 원칙에 특별히 반하지 않는 한, 채권이 목적물 자체로부터 발생한 경우는 물론이고 채권이 목적물의 반환청구권과 동일한 법률관계나 사실관계로부터 발생한 경우도 포함한다고 할 것이다.

2. 피고가 수임한 하도급공사계약의 성격에 대한 판단

원심의 인정 사실에 의하더라도, 이 사건 공사계약은 위 다세대주택에 대한 재건축공사 중 창호와 기타 잡철 부분을 일괄적으로 하도급한 하나의 공사계약임을 알 수 있고, 또 기록에 의하면, 이 사건 공사계약 당시 공사대금은 구분건물의 각 동호수 별로 구분하여 지급하기로 한 것이 아니라 이 사건 공사 전부에 대하여 일률적으로 지급하기로 약정되어 있었고, 그 공사에는 각 구분건물에 대한 창호, 방화문 등뿐만 아니라 공유부분인 각 동의 현관, 계단 부분에 대한 공사 등이 포함되어 있으며, 위 "소외 을"이 피고에게 이 사건 공사대금 중 일부를 지급한 것도 특정 구분건물에 관한 공사대금만을 따로 지급한 것이 아니라 이 사건 공사의 목적물 전체에 관하여 지급하였다는 사정을 엿볼 수 있다.

3. 피고의 공사대금채권과 목적물 간의 견련성에 대한 판단

이와 같이 이 사건 공사의 공사대금이 각 구분건물에 관한 공사부분별로 개별적으로 정해졌거나 처음부터 각 구분건물이 각각 별개의 공사대금채권을 담보하였던 것으로 볼 수 없는 이상, 피고가 "소외 을"에 대하여 가지는 이 사건 공사 목적물(7동의 다세대주택) 전체에 관한 공사대금채권은 피고와 '소외 을" 사이의 하도급계약이라는 하나의 법률관계에 의하여 생긴 것으로서 그 공사대금채권 전부와 공사 목적물 전체 사이에는 견련관계가 있다고 할 것이다.

4. 유치권의 불가분성에 대한 판단

피고가 2003년 5월경 이 사건 공사의 목적물 전체에 대한 공사를 완성하여 이를 점유하다가, 현재 나머지 목적물에 대하여는 점유를 상실하고, 이 사건 주택만을 점유하고 있다고 하더라도, 유치물은 그 각 부분으로써 피담보채권의 전부를 담보한다고 하는 유치권의 불가분성에 의하여 이 사건 주택은 이 사건 공사로 인한 공사대금채권 잔액 157,387,000원 전부를 담보하는 것으로 보아야 할 것이고, 그렇게 보는 것이 우리 민법상 공평의 견지에서 채권자의 채권확보를 목적으로 법정담보물권으로서의 유치권 제도를 둔 취지에도 부합한다고 할 것이다.

<위 판례의 원심인 서울서부지법 2004나1664에서 인정한 사실관계 - 상고심에 포함되지는 않았지만 참고할 가치가 있어서 추가함>

피고는 2002. 7.경 소외 을로부터 재건축공사 중 창호와 기타 잡철부분공사(이하 '이 사건 공사'라고 한다)를 하도급받았는데, 그 공사대금의 지급에 관하여는 현금으로 50%를, 완공된 주택으로 50%를 지급받기로 약정하였으며, 피고는 2003. 5.경 소외 을로부터 하도급받은 이 사건 공사를 완료하였는데, 당시까지 소외 을로부터 지급받은 공사대금은 금 1억 1천만 원이었고, 피고와 소외 을은 나머지 공사대금에 관하여 2003. 6. 19. 서울 은평구 갈현1동 (지번 생략) 지상에 신축된 빌라(제4동) 301호와 302호를 피고에게 대물변제하기로 약정하였으나, 소외 을은 위 대물변제약정을 이행하지 않았는데, 이에 대한 원심의 판단이다.

<원심의 판단>

1. 피보전채권의 발생 여부에 대한 원심의 판단

  1) 주택건물의 신축공사를 한 수급인이 그 건물을 점유하고 있고, 또 그 건물에 관하여 생긴 공사대금채권이 있다면, 수급인은 그 채권을 변제받을 때까지 건물을 유치할 권리가 있다고 할 것인바(95다16219 판결 참조), 위 인정사실에 의하면 피고는 소외 을로부터 하도급받은 이 사건 공사에 관하여 아직 변제받지 못한 공사대금채권이 잔존하고 있고, 소외 을에 대한 위

공사대금채권은 이 사건 주택에 관하여 생긴 채권에 해당한다.
2) 피담보채권의 채무자 아닌 제3자 소유의 물건이라고 하더라도 피담보채권과 유치물 사이의 견련성이 인정되는 이상, 피고는 소외 을에 대한 이 사건 공사대금채권을 피담보채권으로 하여 이 사건 주택에 대한 유치권을 행사할 수 있다.

2. 원고의 주장

이에 대하여 원고는, 가사 피고가 소외 을로부터 지급받지 못한 공사대금이 있다고 하더라도, 피고는 이미 현금으로 지급받은 공사대금을 제외한 나머지 공사대금은 서울 은평구 갈현1동 (지번 생략) 지상에 신축된 빌라(제4동) 301호와 302호로 대물변제받기로 하였으므로, 피고가 주장하는 공사대금채권은 특정물인 위 각 부동산에 대한 인도청구권 내지 소유권이전등기청구권으로 바뀌었고, 따라서 피고는 이 사건 주택에 대하여 유치권을 포함한 어떠한 권리도 주장할 수 없다고 주장한다.

3. 원심의 결론

1) 살피건대, 앞서 본 바와 같이 소외 2는 피고와 나머지 공사대금에 관하여 2003. 6. 19. 서울 은평구 갈현1동 (지번 생략) 지상에 신축된 빌라(제4동) 301호와 302호를 피고에게 대물변제하기로 약정하였으나, 위 대물변제약정은 이행되지 않았는바, 우선 을 3호증의 2의 기재에 변론 전체의 취지를 종합하여 보면, 위 약정의 취지는 소외 을이 2003. 7. 30.까지 피고에 대한 공사대금채권을 완제하는 것을 선세로 하여 다만 이를 담보하기 위하여 위 각 부동산에 대한 대물변제약정을 체결한 것으로 봄이 상당하다.

2) 그런데, 소외 을은 위 약정에서 정하여진 기한 내에 공사대금을 지급하지 아니하였을 뿐만 아니라, 비록 피고와 소외 을 사이에 위와 같은 대물변제약정이 있었다고 하더라도 그 약정이 현실로 이행되지 아니한 이상, 피고의 소외 을에 대한 공사대금채권이 위 약정으로 인하여 소멸되었다거나, 대물변제받기로 한 위 각 부동산에 대한 인도청구권 내지 소유권이전등기청구권으로 전화되었다고 볼 수는 없으므로 원고의 위 주장은 이유 없다.

<해설>
1. 하수급인의 유치권 인정

   1) "갑"은 건축주로서 "을"과 이 사건 재건축공사에 대한 공사도급계약을 체결한 상태에서 "을"은 피고에게 재건축공사 중 창호와 기타 잡철부분공사(이하 '이 사건 공사'라고 한다)를 하도급 주었는데, 피고는 자신이 하도급 받은 공사를 완료하여 "을"에 대하여 피담보채권 금 157,387,000원을 청구할 수 있는 지위에서, "을"이 아닌"갑"에게 유치권을 행사한다는 통지를 하고, 위 재건축된 다세대주택중 한 세대만을 최종적으로 점유한 상태이다.

   2) 하수급인이 원수급인이 아닌 원도급인의 소유인 건물에 대하여 유치권을 행사할 수 있느냐의 문제와 그러한 하수급인의 유치권 행사가 인정된다면 위 판례상의 하수급인처럼 다세대건물 중 단지 한세대를 점유한 것만으로도 피담보채권 금 157,387,000원 전부를 변제받을 때까지 유치권을 행사할 수 있느냐가 쟁점이었다.

   3) 이에 대하여 대법원은, 유치권을 인정하는 근거로 『피고가 "소외 을"에 대하여 가지는 이 사건 공사 목적물(7동의 다세대주택) 전체에 관한 공사대금채권은 피고와 '소외 을" 사이의 하도급계약이라는 하나의 법률관계에 의하여 생긴 것으로서 그 공사대금채권 전부와 공사 목적물 전체 사이에는 견련관계가 있다고 할 것이고』를 제시하고 있으며, 원심에서 보여준 피보전권리의 인정부분도 대법원과 같은 해석을 하고 있다

   4) 따라서 위 판례는 하수급인이 건축주에 대하여 직접적인 유치권을 인정하였다는 점에서 그 의의가 크다. 이는 적어도 하수급인인 피고가 "을"로부터 공사대금채권을 일부 이전받지 않았으며, 또한 피고가 "을"로부터 점유의 승계도 없었는데도 원심뿐 만 아니라 대법원도 하수급인의 원도급인에 대한 유치권을 인정한 점에서 다른 판례와는 구별되는 중요한 판례이다.

2. 유치권의 불가분성의 인정

   1) 다음으로 일반적으로 담보물권의 불가분성은 하나의 가분적인 담보물에 대하여 채무자의 변제 등이 있는 경우 채권자의 채권은 줄어들었지만 그렇다

고 하여 담보물의 범위도 그 만큼 축소되지 않는다는 것이다.

2) 그런데 위 판례는 반대로 피고가 유치권에 기하여 점유하여 담보하고 있는 부분은 전체 중 작은 부분으로 줄어들었고, 따라서 피고의 유치권에 의하여 담보되는 피담보채권의 범위도 전체 중 담보되는 부분이 줄어든 부분만큼 축소된 범위에서만 담보되는 것이 아닌가라는 의문에 대하여, 비록 피고가 유치권을 행사하여 점유하고 있는 부분은 작을 지라도 이 유치권의 행사는 그의 공사대금채권 전부를 변제받을 때까지 행사할 수 있다고 대법원이 선언하였다는 점에서 큰 의의를 찾을 수 있다.

[사례용 판례주제 42] 줄눈 시공과 내부 돌계단 시공을 한 하수급인의 유치권

서울중앙지법 2000가단 21882 판결

<판례핵심>

건물신축공사에서 하수급인이 원수급인으로부터 줄눈 시공, 내부 돌계단 시공 등의 공사를 하도급 받아 공사한 경우 하수급인의 유치권을 인정한 지방법원의 판례(서울중앙지법 2000가단 21882 판결, 판례출처 : 유치권실무연구 김응용 저,P376)

<사실관계>

① <u>원고는 이 사건 건물에 대한 경매절차에서 경락을 받은 소유자이며, 피고는 이 사건 건물의 신축공사의 하수급인으로 이 사건 건물을 점유</u>하고 있는 사례이다.

② 소외 최○○은 1997.봄 경 소외 김○○에게 이 사건부동산의 신축공사를 도급주었는데, 피고는 1997. 5. 24.경부터 1997. 8. 30.경까지 소외 김○○으로부터 위 신축공사 중 줄눈 시공, 내부 돌계단 시공 등의 공사를 하도급 받아 시행하였다.

③ 이 사건 부동산은 1997. 8.28.경 완공되었으나, 건축주 소외 최○○은 공사업자인 소외 김○○에게 공사대금을 완불하지 못하였고, 이에 따라 소외 김○○ 또한 피고에게 공사대금을 지급하지 못하였다.

④ 그러던 중 소외 최○○, 김○○, 피고는 1998. 2.3.피고가 지급받아야할 공사대금을 금 41,400,000원으로 확정하였는데, <u>이 때 소외 최○○은 직접 피고에게 이 사건부동산 중 1층 102호를 임대할 권한을 위임하여 그 임대보증금으로부터 위 공사대금채권을 우선 회수하도록 하고</u>, 위 102호에 대하여 자신을 임대인으로 피고를 임차인으로 기재한 전세계약서를 작성하여 주었다.

⑤ 피고는 1998. 2.4. 위 102호에 전입한 후 이를 임대하여 자신의 공사대금을 회수하려 하였으나 임대가 되지 않아서 현재까지 점유하고 있다.

⑥ 원고는 2000. 5. 8. 이 사건 건물을 경락받아 그 대금을 완납하고 2000. 5. 18.그 소유권이전등기를 마쳤으며, 위 피고가 현재 이 사건 건물을 점유하고 있는 사실 등은 당사자 사이에 대하여 점유할 권원이 없어서 이 사건 건물을 원고에게 명도할 의무가 있다고 주장한다.

<법원의 판단>

피고는 현재 점유 중인 이 사건 건물의 신축공사를 한 수급인으로서 이 사건 건물에 관하여 생긴 공사대금채권이 있다면, 피고는 그 채권을 변제받을 때까지 이 사건 건물을 유치할 권리가 있다.

<해설>

1. 피담보채권 발생 후의 점유개시

위 판례의 사실관계를 보면, 피고는 소외 김○○으로부터 이 사건건물의 신축공사중 일부 공사를 하도급받은 하수급인이며, <u>피고는 그의 공사를 1997. 8. 30.경 마쳤으며, 이 사건 건물도 이즈음에 완공되었다. 그리고 피고는 1998. 2. 4.에 이 사건 건물에 대한 점유를 시작하였다</u>. 따라서 피고가 그의 공사를 마쳤을 때 공사대금채권은 발생하였으며, 이로부터 약 7 개월 후에 이 사건건물에 대한 점유를 시작하여 유치권을 행사하고 있는데, 이는 곧 피담보채권이 발생하여 일정 시간이 경과한 후에 목적물을 점유하며 유치권을 행사하여도 적법한 유치권의 행사가 된다는 뜻이다.

2. 물건의 점유와 채권과의 견련성 요부

1) 그리고 서울동부지방법원 2000가합14963 판결에서는, 도급인인 건축주가 자신의 신축건물에 대하여 공사대금채권을 갖고 있는 수급인에게 공사대금의 변제를 위하여 그 신축건물의 일부를 임차하도록 하여 점유를 하도록 한 사안에서, 현재 피고(수급인)이 목적물을 점유하고 있고, 피담보채권과 목적물 사이에 견련성이 인정되는 이상, 비록 피담보채권이 발생 이후에 비로소 목적물을 점유하게 되었고, 그 점유의 원인이 피담보채권과는 별개의 법률관계에서 발생한 것이라 하더라도 유치권의 성립에 영향이 없다고 할 것이다 라고 판시하고 있는데, 이 말은 곧 "물건의 점유와 채권과는 관련 있음을 요하지 않는다"는 것을 표현하고 있는 것이다.

2) 따라서 위 서울중앙지법의 판결에서, 소외 최○○가 피고에게 "이 사건부동산 중 1층 102호를 임대할 권한을 위임하여 그 임대보증금으로부터 위 공사대금채권을 우선 회수하도록 하였고", 피고는 이런 임대계약서에 기하여 이 사건 부동산 1층 102호에 대한 점유를 개시하였다고 하여도, 피고의 물건에 대한 점유와 채권과의 견련성은 유치권의 성립요건이 아니므로, 피고의 점유는 적법하다.

3. 유치권의 목적물의 소유자가 곧 채무자는 아니다

끝으로 위 판례에서 이 사건 건물의 도급인인 소외 최○○는 피고에 대한 직접적인 공사비채무자도 아니다. 그리고 소외 최○○가 피고에게 이 사건건물 중 102호의 임대할 권한을 주어서 공사비를 회수할 수 있도록 하였다고 하여도, 소외 김○○이 피고에 대한 공사비채무를 채무인수 하였다고도 볼 수 없다. 그렇지만 피고는 소외 최○○ 소유의 이 사건 건물에 관하여 발생된 공사비채권을 가지고 있기 때문에 피고의 유치권 행사를 위한 이 사건 건물의 점유를 적법한 점유로 인정하였다.

[사례용 판례주제 43] 불법점유에 기한 하수급인의 유치권의 부정한 사례

서울중앙지법 2004가단342086 판결

<판례핵심>

불법점유를 이유로 유치권의 항변이 배척된 사례(서울중앙지법 2004 가단 342086 건물명도청구사건, 판례출처 : 이론사례 유치권실무연구 김응용 편저 P. 42 - 45)

<사실관계>

① 소외 주식회사 ○○상호신용금고는 이사건 연립주택에 관한 근저당권에 기초하여 약 20억원을 집행채권으로 하여 소외 □□건설 주식회사(이하 □□건설이라 칭함)를 채무자 겸 소유자로 하여, 이 법원에 부동산임의경매신청을 하였고, 원고는 금융감독위원회의 계약이전결정에 따라 위 ○○상호신용금고의 자산과 부채를 인수하고 그 지위를 승계한 후 위 경매절차에서 이 사건 연립주택을 경락받아 2004. 6.15. 그 대금을 완납한 사실, 원고가 이 사건 연립주택을 위와 같이 경락취득하기 이전부터 피고 구○○는 이사건 연립주택의 402호를, 피고 김○○과 유○○는 403호를, 피고 강○○과 피고 정○○은 404호를 각각 점유하고 있다.

▶ □□건설 : 시행사로서 원도급인임.
▶ △△건설 : 시공사이며, 수급인이며, 하도급인임.
▶ 피고 구○○ : 건축사로서 설계와 감리를 담당함.
▶ 피고 김○○ : □□건설로부터 조경공사를 하도급 받음.
▶ 피고 유○○ : 피고 김○○에 의한 일부점유의 임차인
▶ 피고 강○○ : △△건설로부터 창호, 도배공사를 하도급받음.
▶ 피고 정○○ : 피고 강○○에 의한 일부점유의 임차인

② 이 사건 연립주택(8세대)인 1동의 건물(□□빌라 제 105동, 4층 연립주택 16

세대)은 □□건설이 건축주로서 소외 △△건설주식회사(이하 △△건설이라 칭함)를 시공사로 하여 신축하였고, 피고 유○○, 피고 정○○를 제외한 나머지 피고들은 △△건설과의 사이에 하도급계약을 체결하고 직접 시공자금을 마련하여 위 1동의 건물을 시공하던 중, △△건설의 자금상태가 악화되어 공사대금확보가 어려워 그 공사대금 채무의 보증인이자 건축주인 □□건설과 시공사인 △△건설의 점유 허락을 받아 점유를 개시하고 위 경매절차에서 유치권자로서 권리신고도 하였다.

③ 피고 구○○는 건축사로서 ○○건축사사무소의 명의로 □□건설과의 사이에 1995. 9.5.경 건축물 감리계약을 5,000만원에 체결하고, 1995. 8. 10.경 건축물설계를 5,313만 1,000원에 체결하여 이를 모두 처리하고 1998.10.10경부터 제402호를, 피고 김○○은 □□건설로부터 조경공사를 9,600만원에 하도급 받아 그 공사를 완공하고 1998. 10.2.경부터 제403호를, 피고 강○○은 1997. 9.20. 도배, 창호공사를 1억 8,700만원에 하도급 받아 그 공사를 완공하고 1998.11.10경부터 제 404호를 각 점유하고 있다.

④ 한편 원고는 2004. 6.15. 경락대금의 완납으로 이사건 연립주택의 소유권을 취득하였다 할 것이므로, 피고들은 그 점유권원을 입증하지 못하는 한 원고에게 위 각 점유부분을 명도할 의무가 있다고 주장한다.

⑤ 피고들은 적법한 유치권자로서 그 점유는 유치권에 기한 것이므로 각 공사대금채권을 변제받을 때까지 이 사건연립주택을 유치할 권리가 있어 원고의 청구에 응할 수 없다고 항변한다.

<법원의 판단>

1. 공사대금채권과 유치권의 견련성의 인정의 원칙

    1) 유치권은 타인의 물건을 점유한 자가 그 '물건에 관하여 생긴 채권'이 변제기에 있는 경우에 변제를 받을 때까지 그 물건을 유치할 권리이므로, 그 요건으로 채권이 유치권의 목적물에 관하여 생긴 것 즉 물건과 채권 사이에 견련성 또는 견련관계가 인정되는 경우에 한하여 성립하고, 그 견련관

계는 채권이 목적물 자체로부터 발생한 경우와 채권이 목적물의 반환청구권과 동일한 법률관계 또는 사실관계로부터 발생하는 경우에 인정될 수 있다.

2) 그리고 건물신축공사의 수급인의 공사대금채권과 도급인의 건물인도청구권은 모두 그들 사이의 건물신축도급계약이라고 하는 동일한 법률관계로부터 생긴 것이므로 건물과 공사대금채권 사이에 견련관계가 인정될 수 있는 것이다.

2. 피고들의 공사대금채권과 이 사건 건물과의 견련성 여부

1) 피고들의 공사대금채권은 이 사건 건물과의 견련성의 부존재

위 피고들의 주장에 의하면, 피고들의 공사대금채권은 △△건설과 사이의 하도급계약에 기한 △△건설에 대한 것이고, 피고들의 □□건설에 대한 보증채권은 □□건설과 피고들 사이의 △△건설 공사대금채무의 보증계약에 기한 것이므로, 결국 피고들의 △△건설에 대한 공사대금채권과 □□건설의 소유권에 기한 이 사건 연립주택 인도청구권이 동일한 법률관계로부터 발생하는 것이라고 할 수 없다.

2) 피고들의 공사비에 대한 □□건설에 대한 보증채권의 성격

그리고 피고들의 □□건설에 대한 보증채권 역시 이 사건 연립주택에 관하여 생긴 채권이거나, □□건설의 소유권이 기한 이 사건 연립주택 인도청구권과 동일한 법률관계로부터 발생하는 것이라고 할 수 없을 뿐만 아니라, 보증채권이 공사대금을 담보하기 위한 것이라 하여도 공사도급계약과 별개의 채권계약에 기하여 발생한다고 보아야 하는 보증채권을 공사대금채권의 연장이라고 볼 수도 없을 것이므로 어느 모로 보나 피고들의 이 사건 연립주택에 관하여 생긴 채권을 갖는다고 볼 수 없다.

(유치권의 성립요건으로 물건과 채권 사이에 견련성의 요구는 유치권의 법정담보물권으로서의 특성에 비추어 그 성립의 한계를 설정하는 것이고, 공사수급인의 공사대금채권에 대하여 건물인도청구권과 동일한 법률관계로부터 발생하는 것이라는 근거로 건물과 사이에 견련성을 인정하는 것도 위 견련성을 확장하여 해석한 것이므로, 더 이상 확장되는 경우에는 위 견련

성이라는 요건은 아무런 의미가 없게 되므로 인정될 수 없다.)

3. **감리비·설계비·조경공사비 채권과 이 사건 건물과의 견련성 여부**

　　그리고 피고 구○○와 피고 김○○은 □□건설과 직접 도급계약을 체결하였다고 주장하므로 보건대, 앞서 본 법리에 비추어 위 피고들이 주장하는 피고 구○○의 □□빌라에 대한 감리용역 및 설계용역대금 채권이나, 피고 김○○의 □□빌라 조경공사대금 채권이 이 사건 연립주택에 관하여 생긴 채권이라고 볼 수 없으므로(건축공사자재를 공급한 자의 자재대금 채권도 건물과 견련성이 인정될 수 없는 것이고, 수급인의 공사대금채권도 수급인의 그 노력과 자재로 건물을 시공하였다는 이유로 견련성이 인정되는 것은 아니다) 이 부분 주장도 이유 없다.

4. **피고 유○○의 점유와 피고 정○○의 점유의 성격**

　　피고 유○○은 유치권자인 피고 김○○으로부터 제403호 일부를 임차하여 거주하고, 피고 정○○은 유치권자인 피고 강○○으로부터 제404호의 일부를 임차하여 거주하여 각 점유하고 있으므로 적법한 점유권원이 있는 것이므로 원고의 청구에 응할 수 없다고 주장하나, 피고 김○○, 피고 강○○의 유치권이 인정되지 아니함이 앞서 본 봐와 같으므로 이를 전제로 하는 위 주장은 이유 없고, 하물며 소유자의 승낙 없는 유치권자의 임대차 또는 사용대차에 의하여(민법 제324조 제2항) 유치권의 목적물을 대여 받은 자의 점유는 소유자에 대항할 수 있는 적법한 권원에 기한 것이라고 볼 수 없는 것이므로(대법원 2003다56694 판결참조) 위 주장역시 어느 모로 보나 이유 없다.

5. **근저당설정등기 후에 이루어진 점유에 기한 유치권의 당부**

　　1) 나아가 □□건설은 이사건 연립주택의 대지에 대하여는 이미 1997. 1.16. ○○상호신용금고 앞으로 근저당설정을 마쳤고, 이 사건 연립주택을 1998. 6.30.경 준공하자 1998. 7. 3. 그 명의로 소유권보존등기를 마치면서 같은 날 ○○상호신용금고를 근저당권자로 하는 근저당을 설정하여 위 각 근저당권에 기한 임의경매절차에서 원고가 이를 경락받아 그 소유권을 취득하였고, 위 피고들은 1998.7.3. 근저당권설정등기 이후에 이 사건 연립주택

을 점유한 사실을 인정할 수 있으며, 이에 반하여 일부 피고들에 대하여는 그 이전에 점유를 승낙하였다는 취지의 □□건설과 △△건설의 확인서의 기재는 믿지 아니하고 달리 반증이 없다.

2) 그렇다면 이는 이미 저당권이 설정된 부동산에 관하여 취득한 유치권으로써 경매절차에서 그 부동산을 매수한 사람을 상대로 대항하는 것이 허용되는지 여부의 문제가 되는데, 유치권의 법정담보물권으로서의 특성과 담보물의 교환가치에 대한 저당권자 등의 신뢰와 이익의 보호, 유치권 인정의 기초인 공평의 이념 등에 비추어, 이미 저당권이 설정된 부동산임을 알거나 알 수 있으면서도 기존 공사대금채권을 회수할 목적으로 당해 부동산의 점유를 취득한 경우에는 민법 제320조 제2항 불법행위로 인한 점유의 규정을 유추적용하여 장차 경매절차에서 당해 부동산을 매수한 사람을 상대로 유치권을 내세워 대항하는 것은 허용되지 않는다고 볼 것이다(대법원 1987.3.10. 선고 86 다카1718 판결, 대법원 1999. 4. 23. 선고 98다32939판결 등이 임차권이나 전세권에 대하여 같은 취지로 해석한다).

3) 따라서 위 피고들은 이 사건연립주택에 관하여 위 각 근저당권이 설정된 사실을 알 수 있으면서도 기존 공사대금채권을 회수하는 목적으로 □□건설이나 △△건설의 이른바 협조를 받아 점유를 취득한 경우에 해당 하므로 위 근저당권에 기한 경매절차에서 이 사건 연립주택의 소유권을 취득한 원고에 대하여 불법행위로 인한 점유에 해당하여 유치권으로 대항할 수 없다고 할 것이므로, 같은 취지로 위 피고들의 점유가 불법점유에 해당한다는 원고의 재항변은 이유 있어 결국 이점에서도 위 피고들의 유치권항변은 이유 없다.

<해설>

1. 공사대금채권과 이 사건 건물과의 견련성의 개요

1) 위 판례에서 도급인은 □□건설이고, 수급인은 △△건설이다. 그리고 피고 구○○는 건축사로서 □□건설과의 사이에 건축물 감리계약과 건축물설계계

약을 체결하여 처리한 자인데, 피고 구○○의 □□건설에 대한 설계비 채권은 이사건 연립주택에 대하여 직접적인 노무 기타 급부행위를 한 것으로 평가받기에는 어렵다. 따라서 <u>설계비와 감리비는 이 사건 건물인 연립주택 자체로부터 직접 발생한 채권이 아니어서 견련성이 인정되지 않는다</u>.

2) 다만, 감리비의 경우는 현장에서 이 사건 연립주택에 대하여 건축허가대로 건축되고 있는지의 여부를 지시하고 감독하는 행위이므로 이 사건 연립주택에 관하여 생긴 채권이 아니냐 라고 반문할 수 있으나, 감리행위의 대상은 건물이 아니고 사람의 행위이다. 따라서 감리비 역시 유치권의 성립요건 즉 채권과 목적물 간의 견련성의 내용인 채권이 목적물 자체로부터 발생한 것이 아니어서 유치권이 부정된다.

2. 조경공사비와 이 사건 건물과의 견련성

1) 피고 김○○은 □□건설로부터 조경공사를 도급받아 그 공사를 완공하여 제403호를 점유하는 자이며, 피고 유○○은 유치권자인 피고 김○○으로부터 제403호 일부를 임차하여 거주하고 있다.

2) 적어도 피고 김○○에 대하여 □□건설로부터 조경공사를 직접 도급받아 조경공사를 하였음이 인정된다면, 피고 김○○의 조경공사비와 이 사건 연립주태 간의 견련성은 인정해야 한다. 왜냐하면 연립주택에 대한 조경설비는 그 부지에 부합되어 있으며, 연립주택은 집합건물로 건물과 부지가 일체를 이루어 처분이 되며, 따라서 건물을 점유하는 방법으로 부지를 점유할 수밖에 없기 때문이다. 또한 조공공사비는 이 사건 연립주택의 부지 지체로부터 직접 발생한 채권이기도 하다.

3) 그럼에도 불구하고 법원이 피고 김○○의 이사건 연립주택에 대한 유치권을 부정함에 대하여 쉽게 납득이 가질 않는다.

4) 다만, <u>사회통념상 건물은 그 부지를 떠나서는 존재할 수 없으므로 건물의 부지가 된 토지는 건물의 소유자가 점유하는 것이고, 이 경우 건물의 소유자가 현실적으로 건물이나 그 부지를 점거하고 있지 않다 하더라도 건물의 소유를 위하여 그 부지를 점유한다고 보아야 한다</u>. 한편 미등기건물을 양

수하여 건물에 관한 사실상의 처분권을 보유하게 됨으로써 건물부지 역시 아울러 점유하고 있다고 볼 수 있는 등의 특별한 사정이 없는 한 건물의 소유명의자가 아닌 자는 실제 건물을 점유하고 있다 하더라도 그 부지를 점유하는 자로 볼 수 없다(대법원 2002다57935 판결, 대법원 2006다39157 판결 등 참조)라는 판례에 근거하여 조경업자가 건물을 점유하면서 부지를 점유하고 있는가를 판단해보면 건물을 점유하고 있다고 하여도 부지를 점유하고 있지는 않은 것으로 확인되고, 그 결과 위 서울중앙지법의 판례처럼 조경업자의 유치권은 부정될 수 있지만, 조경업자의 입장에서 봤을 때, 조경공사비를 근거로 유치권 행사 자체를 법률이 원천적으로 차단하고 있다는 불합리한 점이 있다. 따라서 이런 문제는 판례가 새로운 견해를 밝혀 주기를 바랄 수밖에 없다.

3. 도배·창호 공사비와 이 사건 건물과의 견련성

1) 다음으로 하수급인인 피고 강○○은 원수급인인 △△건설부터 도배, 창호 공사를 하도급 받아 이를 완성하고 404호를 점유하고 있다. 그리고 피고 정○○은 유치권자인 피고 강○○으로부터 제404호의 일부를 임차하여 거주하여 각 점유하고 있다.

   피고 강○○은 전형적인 하수급인으로서의 점유이며, 이에 대하여는 대법원 2005다16942 판결에서 하수급인의 유치권을 인정하고 있으므로, 피고 강○○의 이 사건 연립주택에 대한 유치권도 인정받을 수 있다고 봄이 타당하다.

2) 그러나 법원은 "피고들의 공사대금채권은 △△건설과 사이의 하도급계약에 기한 △△건설에 대한 것이고, 피고들의 △△건설에 대한 공사대금채권과 □□건설의 소유권에 기한 이 사건 연립주택 인도청구권이 동일한 법률관계로부터 발생하는 것이라고 할 수 없다"고 하면서 하수급인인 피고 강○○의 유치권을 부정하였다.

3) 살펴보건대, 하수급인인 피고 강○○의 공사한 내용은 이 사건 연립주택에 대한 도배와 창호공사이며, 이런 공사로 인하여 발생한 공사대금채권은 이

사건 연립주택 자체로부터 발생한 것임을 부정하기는 어려울 것이다. 그렇다면 하수급인인 피고 강○○의 공사대금채권과 이 사건 연립주택과의 견련성이 인정되고, 그에 따라 404호를 점유하고 있으므로 피고 강○○의 유치권 행사는 인정되어야 할 것으로 보이는데, 법원이 이를 부정함에 대하여 동의하기가 힘들다.

4. 피고 유○○와 피고 정○○의 점유의 성격

1) 일단 피고 유○○와 피고 정○○은 유치권을 주장하는 자들로부터 유치물의 일부에 대한 사용허가를 받아 점유하고 있는 자들인데, 이들은 민법 제324조 상의 채무자의 동의 없는 사용, 대여, 담보제공의 금지 규정에 위반하여 유치권의 주장은 일단 어려울 것으로 보인다.

2) 다만, 서울고법 판례 72나1978, 1979 판결 즉 "유치권자인 피고가 위 건물(1층 66.73평 2층 75.71평)의 대부분을 사용하고 그 1층중 56.73평을 다른 사람에게 대여한 것이라면 위 건물의 보존에 필요한 정도의 사용이라 못 볼 바 아니다"에 비추어 보면 이들의 점유가 정면으로 불법점유라고 판단되지는 않을 것으로 보이지만, 그렇다고 하여 피담보채권에 대한 권리없이 행사하는 유치권 주장은 유치권의 기본적인 요건을 갖추지 못하여 의당 배척되어야 할 주장이다.

5. 피고들의 □□건설에 대한 보증채권

1) 다음으로 법원은 "피고들의 □□건설에 대한 보증채권 역시 이 사건 연립주택에 관하여 생긴 채권이거나, □□건설의 소유권에 기한 이 사건 연립주택 인도청구권과 동일한 법률관계로부터 발생하는 것이라고 할 수 없을 뿐만 아니라"라고 하는데, <u>피고들의 보증채권이 이 사건 연립주택 자체로부터 발생한 채권이 아님은 분명하다.</u>

2) 그리고 피고들의 □□건설에 대한 보증채권의 발생경위를 보면, 딱히 언제라고는 기초사실에 적시 되어 있지는 않지만 적어도 이 사건 연립주택 공사 중에 발생하였음은 짐작할 수 있으며, □□건설이 피고들의 공사대금에 대하여 보증한 이유도 피고들이 이 사건연립주택을 공사한다는 기본적인

사실관계에 기초하여 보증채무를 부담했음은 쉽게 짐작할 수 있다.

그렇다면, 피고들의 □□건설에 대한 보증채권의 발생과 □□건설의 소유권이 기한 이 사건 연립주택 인도청구권과는 적어도 동일한 사실관계에서 발생한 것이라고 볼 수도 있다. 또한 여기서의 "동일한 사실관계"라는 말을 법률관계처럼 각각의 계약관계로 구분하여 해석할 필요가 있는가 하는 점이다. 그러나 아쉽게도 법원에서 "동일한 사실관계"의 포섭범위를 적시하며, 판단을 하였다면 더 좋았을 것이라는 생각이 든다.

6. 서울서부법원 2004나1664 판결에서의 하수급인의 유치권

위 서울중앙지법 2004가단342086 판결 상의 유치권을 주장하는 자들은 기본적으로 공사도급계약에서의 하수급인임으로 대법원 2005다16942의 판결의 원심이 되는 서울서부지방법원 2004나1664 판결에서 하수급의 유치권을 인정하는 근거를 제시한 것을 인용하고자 한다.

즉 주택건물의 신축공사를 한 수급인이 그 건물을 점유하고 있고, 또 그 건물에 관하여 생긴 공사대금채권이 있다면, 수급인은 그 채권을 변제받을 때까지 건물을 유치할 권리가 있다고 할 것인바(대판 95다16219 참조), 위 인정사실에 의하면 피고는 소외 을로부터 하도급받은 이 사건 공사에 관하여 아직 변제받지 못한 공사대금채권이 잔존하고 있고, 소외 을에 대한 위 공사대금채권은 이 사건 주택에 관하여 생긴 채권에 해당하며, 피담보채권의 채무자 아닌 제3자 소유의 물건이라고 하더라도 피담보채권과 유치물 사이의 견련성이 인정되는 이상, 피고는 소외 을에 대한 이 사건 공사대금채권을 피담보채권으로 하여 이 사건 주택에 대한 유치권을 행사할 수 있다.

7. 근저당 설정 등기 후에 이루어진 유치권의 효력

근저당설정등기 후에 이루어진 점유에 기한 유치권의 당부의 문제에서 대법원은 적어도 경매개시결정 기입등기 전이면 유치권의 피담보채권이 근저당설정 후에 성립해도 아무 문제가 없는 것으로 파악하고 있다. 다만, 근저당설정 등기 후에 성립된 유치권의 당부의 문제가 논해지는 이유는 유치권도 물권이므로 성립의 순위에 영향을 받아야 하는 물권 자체의 기본적인 논리를 적용시켜 보자는 의도이며, 이에 따르면 유치권이라 해도 선순위의 근저당권에는 대항하지 못한다고 해야 하기 때문이다.

[사례용 판례주제 44] 최고가매수신고인이 정해진 후의 하수급인의 유치권 신고

대법원 2007마128 결정

<판례핵심>
부동산 임의경매절차에서 최고가매수신고인이 정해진 이후 매각결정기일 사이에 하수급인에 의하여 유치권 신고가 있는 경우 집행법원의 조치에 대한 것이 중심이지만 하수급인이 신축건물에 대하여 공사비에 근거한 유치권행사를 인정할 수 있다는 내용이 있는 판례(대법원 2007.5.15. 자 2007마128 결정 부동산임의경매)

<대법원의 판단>
1. 최고가매수신고 후의 유치권 신고에 대한 법원의 조치사항

　　재항고이유를 본다. 부동산 임의경매절차에서 매수신고인이 당해 부동산에 관하여 유치권이 존재하지 않는 것으로 알고 매수신청을 하여 이미 최고가매수신고인으로 정하여졌음에도, 그 이후 매각결정기일까지 사이에 유치권의 신고가 있을 뿐만 아니라 그 유치권이 성립될 여지가 없음이 명백하지 아니한 경우, 집행법원으로서는 장차 매수신고인이 인수할 매각부동산에 관한 권리의 부담이 현저히 증가하여 민사집행법 제121조 제6호가 규정하는 이의 사유가 발생된 것으로 보아 이해관계인의 이의 또는 직권으로 매각을 허가하지 아니하는 결정을 하는 것이 상당하다(대법원 2005마643 결정 참조).

2. 유치권자가 신고한 유치권의 성립여부에 대한 판단

　　1) 이러한 법리에 비추어 이 사건의 경우를 보면, 재항고인(유치권 신고인)이 이 사건 부동산 임의경매절차에서 매각기일을 지나 매각결정기일 이전에 유치권의 신고를 함과 아울러 그 유치권의 발생원인을 주장함에 있어, ○

○종합산업 주식회사(이하'○○산업'이라함)가 채무자(도급인)로부터 이 사건 다세대주택 12세대의 신축공사를 도급받아 그 중 골조공사 부분을 재항고인에게 하도급하는 계약을 체결하되, 총 12세대 중 4세대는 채무자가 직접 분양하는 반면, 나머지 8세대는 ○○산업이 분양하여 재항고인과 사이에 그 분양대금을 일정 비율로 나누어 공사비에 충당하기로 하였다.

2) 그러나 다세대주택의 준공 후에도 분양이 되지 아니하자, 재항고인이 ○○산업으로부터 담보조로 이 사건 다세대주택 2세대를 인도받아 현재 점유하고 있다는 내용의 주장을 내세우고 있다면, 하수급인 재항고인이 자신의 공사대금채권을 위한 독립한 유치권을 취득·행사하는 것이거나, 최소한 수급인인 ○○산업의 유치권을 원용하여 행사하는 것으로 볼 여지가 있고, 따라서 재항고인의 유치권은 그 때까지 성립 여부가 불분명한 경우에 해당될 뿐, 성립할 여지가 없음이 명백한 경우에 해당된다고 볼 수 없으므로, 집행법원으로서는 이해관계인인 최고가매수인의 이의를 정당한 것으로 인정하여 매각을 허가하지 아니한 결정을 하는 것이 상당하다.

<해설>

1. 하수급인의 유치권 인정

위 판례는 원도급인 채무자, 원수급인 겸 하도급인 ○○산업, 하수급인 재항고인의 구조 하에, 하수급인인 재항고인이 자신의 공사대금채권을 위한 독립한 유치권을 취득·행사하는 것이거나 최소한 수급인인 ○○산업의 유치권을 원용하여 행사하는 것으로 볼 여지가 있다고 판시하고 있어서 하수급인의 유치권 인정에 긍정적이다.

2. 항고인(채권자인 상호저축은행)이 제항고인의 유치권의 성립을 부정하기 위하여 주장한 내용

1) 골조공사와 다세대주택은 다른 물건이라는 주장에 대하여

① 사안에서 항고인(채권자인 상호저축은행)은 주장하기를, 재항고인(유치권 신고인)은 골조공사 완공 후 ○○산업에게 골조공사 완공부분의 점

유를 인도함으로써 유치권은 상실한 것이고, 그 후 이건 다세대주택의 점유를 인도받았다고 하더라도 <u>골조공사 완공부분과 이 건 다세대주택은 사회관념상 다른 물건으로 평가되므로 유치권을 취득한 것으로 볼 수 없다고 주장하였지만</u>, 대법원은 이런 항고인의 주장을 받아드리지 않았다.

② 위와 같은 항고인의 주장을 보면, 재항고인이 완성한 골조부분을 독립한 물건으로 보는 듯하다. 그러나 특정 건물에서의 골조부분은 독립한 물건이 아니며, 그 골조부분은 건물 전체와의 관계에서 부합의 논리에 의하여 건물의 구성부분으로 되어 있다. 따라서 골조부분에 대하여만 별도의 점유를 할 수 없고, 건물을 점유함으로써 건물에 대하여 유치권을 행사할 수 있으며, 또한 골조부분이 건물에 부합되어 결국 골조공사비라는 피담보채권도 건물 자체로부터 발생한 것이 되어 견련성도 인정된다.

2) 골조부분은 인도하여서 유치권이 부정된다는 주장에 대하여

① 항고인은 주장하기를, "재항고인은 골조공사 완공 후 ○○산업에게 골조공사 완공부분의 점유를 인도함으로써 유치권은 상실한 것이고"라고 한다.

② 아마도 항고인인 이런 주장을 하는 이유는, 재항고인은 이 사건 다세대주택의 골조공사만을 하였고, 그래서 골조 공사가 완료되면 주벽이나 창호 기타 공사를 위하여 재항고인은 의당 골조공사 부분을 ○○산업에게 인도하고 해당 공사에서는 물러나야 하기 때문인 것으로 보인다. 항고인이 이런 주장이 일응 타당한 것으로 보이지만, <u>통설과 판례는 물건의 점유와 채권과의 견련성은 유치권의 성립요건이 아니라고 한다. 따라서 피담보채권이 성립하고 나서 일정한 시간이 경과 후에 어떤 기회에 목적물을 점유하여도 유치권은 인정된다.</u> 물론 위 판례의 경우도 재항고인은 건물 준공 후 일정한 시간이 경과 후에 다시금 점유를 한 것이며, 대법원은 이런 재항고인의 점유에도 유치권을 인정한 것이다(대법원 64다1977 판결참조).

③ 그리고 첨언하다면, 피담보채권을 가진 자가 목적물을 점유하고 있고 이 상태에서 유치권을 주장하다가 목적물을 소유자 기타 채권자에게 인도하였다면, 이는 유치권의 포기로 볼 수 있다. 그러나 위와 같은 유치권 포기로 볼 수 없는 한, 점유를 상실하였다가 다시 점유를 회복해도 유치권 주장은 가능하다고 해석함이 통설과 판례의 태도이다. 따라서 위 판례에서 재항고인이 완성된 다세대주택을 인도받아 점유하고 있는 것은 정당한 유치권의 행사가 된다.

[사례용 판례주제 45] 하수급인은 원수급인의 유치권을 원용, 주장할 수 있다

대법원 2004다8197,8203 판결

<판례 핵심>

아래의 사안은 항소심의 심판 범위와 불이익변경금지 원칙에 대한 판례이나, 하수급인의 유치권을 인정하는 내용이 있는 판례이며, 하수급인의 유치권 부분만 발췌함(대법원 2004다8197,8203 판결 건물명도등)

<대법원의 판단>

1. 원수급인의 공사대금채권

기록에 의하면, 피고 박○수가 배○오에 대한 이 사건 공사대금 채권 전액을 이○구에게 양도하기로 하는 내용의 채권양도계약을 체결하고서도, 배○오에게 채권양도의 통지를 하거나 배○오가 채권양도를 승낙하지 않고 있는 가운데, 그들 사이의 채권양도계약을 합의해제하여 피고 박○수는 배○오에 대하여 여전히 이 사건 공사대금 채권을 가지고 있다.

2. 하수급인의 원수급인의 유치권 원용 여부

1) 다음으로 피고 김○채, 피고 하○수는 위 피고 박○수로부터 이 사건 공사 중 창호, 난방 공사 등을 하도급받아 각 해당 부분의 공사를 완공하여 피

고 박○수에 대하여 판시와 같은 각 공사대금 채권을 가지고 있는 사실을 알 수 있다.

2) 그러므로, 원심이 <u>피고 박○수는 이 사건 공사대금 채권에 기하여 유치권을 행사하고, 피고 김○채, 피고 하○수는 피고 박○수의 유치권을 원용하여 주장할 수 있다고 판단한 것은 정당하고</u>, 거기에 상고이유에서 주장하는 것과 같은 채증법칙 위배로 인한 사실오인, 유치권 행사에 관한 법리오해 등의 위법이 없다.

3) 또한, 원고와 <u>피고 박○수</u> 사이의 분쟁의 경위와 이 사건 변론에 나타난 제반 사정을 종합해 보면, <u>피고 박○수가 자신의 공사대금을 지급받기 위하여 이 사건 공사대금 채권을 다시 양수받아 유치권을 주장하는 것이 신의칙에 반한다거나 권리남용에 해당한다고 할 수 없으므로</u> 이 부분 상고이유도 받아들일 수 없다.

<해설>

위 판결의 연결되는 내용을 보면, 하수급인들인 피고 김○채, 피고 하○수는 각각 이 사건 건물의 일부를 점유하고 있어서 그들의 유치권이 인정받고 있는데, <u>위 판결에서는 "피고 김○채, 피고 하○수는 피고 박○수의 유치권을 원용하여 주장할 수 있다고 판단한 것은 정당하고"라고 말하여 하수급인이 하도급인(원수급인)의 유치권을 원용할 수 있음을 인정하고 있지만, 이런 논리라 하여 수급인을 직접점유로 하고 하수급인을 간접점유로 하여 행사하는 유치권이 인정될 수 있다는 뜻은 아니며, 대법원이 하수급인의 유치권을 인정하는 판례는 모두 하수급인이 직접점유하는 경우임을 주의할 필요가 있다.</u>

◆ 유치권 경매 [사례 10번]

서울서부 2007-15376 (출처 : 지지옥션)

사우나임차인의 유익비에 기한 유치권임.

경매구분	임의(기일)	채권자	김수련	경매일시	취하물건
용 도	목용시설(상가)	채무자/소유자	호정개발	다음예정	종결(취하)
감정가	2,000,000,000	청구액	100,000,000	경매개시일	07.09.13
최저가	2,000,000,000 (100%)	토지총면적	222.28㎡(67평)	배당종기일	08.01.14
입찰보증금	10% (200,000,000)	건물총면적	820.24㎡	조회수	누적195
주의사항	• 유치권 • 현황은 사우나시설임/박수만으로부터 금1,243,231,000원의 유치권신고가 있으나 성립여부는 불분명함.				

우편번호및 주소 / 감정서	물건번호/면적 (㎡)	감정가/최고가/과정	임차조사	등기권리
120-090 서울 서대문구 ○○동 250-3, 24 101호 감정평가서 정리 -진주사우나 -○○삼거리 서남측인근 -정비구역으로 지정되어 향후개발예상 -교통사정편리 -도시가스난방 -주하주차장	물건번호: 단독물건 대지 222.28/1446 (67.24평) 건물 820.24 (248.12평) 12층 보존 03.03.29	감정가 2,000,000,000 대지 600,000,000 (30%) 건물 1,400,000,000 (70%) 최저가 2,000,000,000 (100%) 경매과정 1차 유찰 2008.02.19 취하 2008.02.27	•법원임차인조사 김미자 전입2003.04.21 확정2003.04.21 배당2007.12.06 보60,000,000 남탕이발 (유치권자 박수만의전차인). 김정남 전입2006.06.16 확정2006.12.14 배당2007.12.18 보40,000,000 여탕좌욕 (유치권자 박수만의 전차인) 강지선 전입2006.09.21 보340,000,000	소유권 호정개발 2005.06.30 전소유자 대안산업 저당권 기술은행 2005.06.30 480,000,000 저당권 남주일 2006.12.01 200,000,000 저당권 조덕호 2006.12.01 100,000,000 가압류 황응남 2007.04.09 18,961,724 전세권 성희재, 최지영 2007.06.15 900,000,000 존속기간

VI. 공사도급계약에 기한 공사수급인의 유치권

-대공방어협조지역 -도시지역 2종일반주거지역		남녀공용까운 (유치권자 박수만의 전차인) 박수만 전입 보 1,242,000,000 전부사우나시설 (유치권주장) 그 외 유치권자 박수만의 전차인 5인, 여탕세신, 남탕구두, 남탕매점, 남탄세신, 여탕매점 등은 생략함. • 유치권을 주장하는 박수만과와 위 박수만의 전차인이 점유, 1층과2층은 사우나시설로 이건은1층부분에 대한 점유관계조사임. 위 임차인은 임차인1번 박수만의 진술임. 총보증 2,142,000,000	2008.06.14 임의 조덕호 2007.09.13 청구액 100,000,000 임의 기술은행 2007.10.04

<유치권 경매사례 10번의 해설>

1) 위 사례는 공사업자의 공사대금채권에 기한 유치권은 아니지만 종합적인 사고를 위하여 필자가 강의 중에 수강생들에게 연구를 권유했단 사례이다.
2) 일차적으로 유치권 신고인은 박수만은 임차인이며, 보증금은 약 12억원이다.

그리고 유치권 신고액도 약 12억4천만원 정도 된다. 그러면 위 사우나의 임차인은 약 24억원을 들여서 위 사우나를 경영하고 있다는 샘이 된다. 이런 고액을 투자하여 사우나를 경영하는 현상이 타당성이 있는 지는 필자는 모르겠으나, 만약 법원에 유치권 부존재 소송을 제기하면 유치권자의 유치권 신고액의 많은 부분이 인정받지 못할 가능성이 있다.

3) 따라서 위와 같은 부동산에 대한 입찰을 준비하는 사람은 필히 법원의 감정평가서를 출력하여 면밀하게 검토해야 한다. 아무래도 위 건물의 객관적인 용도가 목욕장이다 보니 임차인이 시설한 내역들이 어느 정도는 이 사건 건물의 객관적인 가치를 증가시켰다는 판단을 받을 것이다. 다만, 매수인이 고려할 것은 현존가치의 증가액이다.

4) 여기서 현존가치의 증가액은 감정평가서상의 평가액이 아니라 기존 건물의 평가액에서 얼마만큼 가치가 증가했는가이다. 따라서 이 부분은 별도의 감정이 필요할 수 있다는 차원에서 다루어져야 하고, 다음으로 위 사우나 같은 경우 임차인이 무척 많다. 그리고 의당 사우나에 임차인이 많을 것을 예상하고 소유자가 전대차에 동의했을 가능성도 높다.

따라서 가장 큰 문제는 신고된 유치권이 아니고 명도문제일수 있다. 또 하나 반드시 배당관계도 확인해서 매수인이 부담할 부분은 없는지를 확인해야 한다. 그리고 위 사례에서 유치권 신고인의 전입일자가 없어서 판단이 어려운 점이 있으나, 경매입찰을 위한 공부목적의 사례이므로 세심하게 관찰하기를 바란다.

Ⅶ. 유치권의 효력

1. 유치적 효력

가. 의의

　피담보채권에 터잡아 채권자가 민법 제320조 상의 유치권의 성립요건을 갖춘 경우, 동조에 의하여 목적물에 대하여 유치할 권한을 갖는다. 유치한다는 말은 자신의 지배영역 안에 점유하여 소유자 채무자 기타 제3자에 대하여 인도를 거절할 수 있다는 뜻이다.

나. 민사집행법 제95조 제5항의 적용

(1) 민사집행법 제95조 제5항과 이를 준용하는 동법 제268조에 의하면 『매수인은 유치권자에게 그 유치권으로 담보하는 채권을 변제할 책임이 있다』라고 규정하고 있어서, 유치권자는 경매절차에서 낙찰받은 매수인에 대하여 직접 변제청구를 할 수 있느냐가 문제되는데, 이에 대하여 판례는, 민사소송법 제728조에 의하여 담보권의 실행을 위한 경매절차에 준용되는 같은 법 제608조 제3항은 경락인은 유치권자에게 그 유치권으로 담보하는 채권을 변제할 책임이 있다고 규정하고 있는바, 여기에서 「변제할 책임이 있다」는 의미는 부동산상의 부담을 승계한다는 취지로서 인적 채무까지 인수한다는 취지는 아니므로, 유치권자는 경락인에 대하여 그 피담보채권의 변제가 있을 때까지 유치목적물인 부동산의 인도를 거절할 수 있을 뿐이고 그 피담보채권의 변제를 청구할 수는 없다고 판시하고 있다(대법원 95다 8713 판결 참조, 구 민사소송법 제608조 제3항은 현행 민사집행법 제95조 제5항과 같고, 구 민사소송법 제728조는 준용규정이다).

(2) 위 민사집행법 제95조 제5항과 이를 준용하는 동법 제268조에 의하면 『매수인은 유치권자에게 그 유치권으로 담보하는 채권을 변제할 책

임이 있다』라는 규정은 유치권자가 경매절차에서 비록 유치권의 신고를 하지 않는 경우에도 적용된다고 해석되고 있다.

다. 유치권의 항변의 인용에 따른 재판상의 처리

판례는 물건의 인도를 청구하는 소송에 있어서 피고의 유치권 항변이 인용되는 경우에는 그 물건에 관하여 생긴 채권의 변제와 상환으로 그 물건의 인도를 명하여야 한다고 판시하고 있으며(대판 69다1592), 통설도 같은 입장이다.

2. 경매신청권과 간이변제충당권

가. 경매신청권

(1) 의의

민법 제322조 제1항에 의하면, 『유치권자는 채권의 변제를 받기 위하여 유치물을 경매할 수 있다』고 규정하고 있는데, 이런 경매신청권은 담보물권에 기한 경매신청과는 다른 목적물을 환가하여 받은 대금으로부터 변제를 받으려는 경매로서 통상 환가를 위한 경매라고 한다. 다만, 환가를 위한 경매이지만, 이 경매는 담보권 실행을 위한 경매의 예에 따라 실시되며(민사집행법 제274조 제1항 참조), 대법원의 법원경매정보를 보다보면, 유치권자에 의한 경매신청이라는 언급이 나오는데, 이런 경매가 바로 민법 제322조 제1항에 의한 경매이다.

〔민사집행법 제274조(유치권 등에 의한 경매) 제1항 『유치권에 의한 경매와 민법·상법, 그 밖의 법률이 규정하는 바에 따른 경매(이하 "유치권등에 의한 경매"라 한다)는 담보권 실행을 위한 경매의 예에 따라 실시한다〕

(2) 유치권에 기한 경매신청의 방식과 첨부서류

유치권에 기하여 경매를 신청하는 경우 일반적인 담보권의 실행을 위한 경우는 담보권과 피담보채권의 표시를 기재하지만, 이와 달리 유치권에 기하여 경매를 신청하는 경우는 「담보권과 피담보채권의 표시」는 「경매신청권의 표시」로 바꾸어 기재하면 된다. 자세한 양식은 부록으로 첨부되는 양식을 참고하기를 바란다. 그리고 일반적인 경매신청의 경우와 마찬가지로 당사자의 표시를 하는데, 유치권에 기한 경매의 경우에는 유치권의 피담보채권의 채무자와 경매목적물의 소유자가 다른 경우가 문제되는데, 이 경우에는 임의경매에서 채무자와 소유자가 다른 경우에 준하여 신청인, 상대방, 채무자로 신청서에 기재하면 된다(법원실무제요, 민사집행 ⅡP.708 참조).

다음으로 민사집행법 제264조에 의하면, 부동산을 목적으로 하는 담보권을 실행하기 위하여 경매신청을 함에는 담보권이 있다는 것을 증명하는 서류를 첨부해야 하며(임의경매의 경우 부동산등기등본), 유치권에 기한 경매의 경우도 민사집행법 제274조에 기하여 담보권 실행의 경매의 예에 따라 경매가 진행되므로, 당연히 담보권이 있다는 것을 증명하는 서류를 첨부해야 하는데, 이에 대하여 법원실무제요, 민사집행Ⅱ에서는 "유치권에 의한 경매의 경우 유치권의 존재를 증명하는 서류로는 유치권의 존재에 관한 판결(이유란에 기재된 것이라도 무방할 것이다)이나 공정증서 등이 있으면 가장 확실하겠지만 이러한 서류가 아니라도 집행기관에 대하여 유치권의 존재를 증명할 수 있는 서류라고 인정될 수 있으면 충분하다고 해석된다. 따라서 이러한 서류는 사문서라도 무방하다"고 말하고 있다. 그렇다면 공사도급계약서나 임대차계약서도 유치권의 존재를 증명하는 서류가 된다. 경매신청과 관련된 다른 사항들은 통상의 강제, 임의경매 신청에 준하면 된다.

(3) 유치권에 기한 경매에서의 소멸주의의 채용여부

1) 서설

현재까지 유치권에 기한 경매의 경우 판례가 직접적으로 경매가 되는 부동산 위에 존재하는 부담에 대하여 소멸주의(소각주의, 말소주의)를 할지 아니면 인수주의를 취할 지에 대한 명백하게 판시한 것은 없다. 다만 공유물분할과 관련된 판례에서는 인수주의가 아니고 소멸주의임을 밝히고 있으며, 이는 사건 자체는 공유물분할을 위한 경매이지만 본질적인 면에서 소위 형식적 경매이므로 이를 유치권에 기한 경매에 적용해도 문제가 없으리라 본다.

참고로, 부동산 경매에서 인수주의니 소멸주의니 하는 말은 모두 민사집행법 제91조 제2항, 제3항, 제4항에서 나온 말이다. 제1항은 잉여주의를 말하는 것이고, 제2항은 『매각부동산 위의 모든 저당권은 매각으로 소멸한다』, 제3항은 『지상권·지역권·전세권 및 등기된 임차권은 저당권·압류채권·가압류채권에 대항할 수 없는 경우에는 매각으로 소멸한다』, 제4항은 『제3항의 경우 외의 지상권·지역권·전세권 및 등기된 임차권은 매수인이 인수한다. 다만, 그 중 전세권의 경우에는 전세권자가 제88조에 따라 배당요구를 하면 매각으로 소멸한다』라고 규정하고 있어서 이 민사집행법 제91조 제2항 이하가 유치권에 기한 경매의 경우에도 적용되느냐의 문제가 유치권에 기한 경매에서의 소멸주의의 채용여부의 문제이다.

2) 관련 판례

[사례용 판례주제 46] 형식적 경매인 공유물분할을 위한 경매의 성격과 소멸주의의 수용여부

대법원 2006다37908 판결

1. 형식적 경매의 성격의 판단기준

구 민사소송법(2002. 1. 26. 법률 제6626호로 전부 개정되기 전의 것, 이하 같다) 제734조 제1항은 "유치권에 의한 경매와 민법·상법 기타 법률의 규정에

의한 환가를 위한 경매는 담보권의 실행을 위한 경매의 예에 의하여 실시한다."고만 규정하고 있으므로, 민법 제269조에 의하여 실시되는 공유물분할을 위한 경매에 있어서 목적부동산 위의 부담을 소멸시켜 매수인이 완전한 소유권을 취득하게 되는 이른바 소멸주의를 취할 것인지, 아니면 매수인이 목적부동산 위의 부담을 인수하는 이른바 인수주의를 취할 것인지 여부는 경매의 목적이 채권의 회수에 있는가 또는 단순한 환가에 있는가에 따라 논리 필연적으로 도출되는 것이 아니라, 경매의 취지와 목적 및 성질, 경매가 근거하는 실체법의 취지, 경매를 둘러싼 소유자와 채권자 및 매수인 등의 이해관계 등을 종합하여 결정하여야 할 것이다.

2. 공유물분할을 위한 경매에서의 소멸주의 적용여부

   (1) 그런데 구 민사소송법은 제608조 제2항에서 "저당권 및 존속기간의 정함이 없거나 제611조의 등기 후 6월 이내에 그 기간이 만료되는 전세권은 경락으로 인하여 소멸한다."고 함과 아울러 제728조에서 이를 담보권의 실행을 위한 경매절차에도 준용하도록 함으로써 경매의 대부분을 차지하는 강제경매와 담보권 실행을 위한 경매에서는 소멸주의를 원칙으로 하고 있고, 공유물분할을 위한 경매에서 인수주의를 취할 경우 구 민사소송법이 목적부동산 위의 부담에 관하여 그 존부 및 내용을 조사·확정하거나 인수되는 부담의 범위를 제한하는 규정을 두고 있지 않을뿐더러 목적부동산 위의 부담이 담보하는 채무를 매수인이 인수하도록 하는 규정도 두고 있지 않아 매수인 및 피담보채무의 채무자나 물상보증인이 매우 불안정한 지위에 있게 되며, 목적부동산 중 일부 공유지분에 관하여만 부담이 있는 때에는 매수인으로 하여금 그 부담을 인수하도록 하면서도 그러한 사정을 고려하지 않은 채 공유자들에게 매각대금을 공유지분 비율로 분배한다면 이는 형평에 반하는 결과가 될 뿐 아니라 공유물분할소송에서나 경매절차에서 공유지분 외의 합리적인 분배비율을 정하기도 어려우므로, 공유물분할을 위한 경매 등의 이른바 형식적 경매가 강제경매 또는 담보권의 실행을 위한 경매와 중복되는 경우에 관하여 규정하고 있는 구 민사소송법 제

734조 제2항 및 제3항을 감안하더라도, 공유물분할을 위한 경매도 강제경매나 담보권 실행을 위한 경매와 마찬가지로 목적부동산 위의 부담을 소멸시키는 것을 법정매각조건으로 하여 실시된다고 봄이 상당하다. 다만, 집행법원은 필요한 경우 위와 같은 법정매각조건과는 달리 목적부동산 위의 부담을 소멸시키지 않고 매수인으로 하여금 인수하도록 할 수 있으나, 이 때에는 매각조건 변경결정을 하여 이를 고지하여야 할 것이다.

(2) 원심판결 이유에 의하면, 이 사건 부동산은 소외 갑이 10분의 1 지분, 제1심 공동피고 '을'이 10분의 9 지분으로 공유하고 있던 사실, 제1심 공동피고 '을'의 공유지분에 관하여 소외 2 명의의 가압류등기 및 원고 명의의 가등기가 순차로 마쳐진 사실, 소외 갑은 제1심 공동피고 '을'을 상대로 이 사건 부동산에 관한 공유물분할의 소를 제기하여, 법원으로부터 '이 사건 부동산을 경매하여 그 대금을 공유지분비율대로 분배한다'는 내용의 판결을 선고받아 확정된 사실, 그에 따라 실시된 경매절차에서 피고가 이 사건 부동산을 경락받아 그 대금을 완납한 사실, 그 후 경매법원의 촉탁에 따라 이 사건 부동산에 관하여 피고 앞으로 소유권이전등기가 마쳐지면서 위 가압류등기 및 그보다 후순위인 원고의 가등기가 말소된 사실을 알 수 있다.

3. 결론

(1) 이를 앞서 본 법리에 비추어 살펴보면, 위 경매절차에서 매수인이 위 가압류 등을 인수할 것을 특별매각조건으로 삼지 않은 이상 이 사건 부동산 위의 부담은 피고가 이 사건 부동산을 경락받음으로써 소멸하므로, 경매법원이 위 가압류등기 및 그보다 후순위인 위 가등기의 말소를 촉탁한 조치에는 아무런 잘못이 없다 할 것이다. 같은 취지에서 원심이 위 가등기가 소멸되지 않고 피고에게 인수되어야 함을 전제로 피고에 대하여 위 가등기의 회복등기절차에 관한 승낙의 의사표시를 구하는 원고의 청구를 배척한 것은 정당하고, 거기에 주장하는 바와 같은 법리오해 등의 위법이 없다.

(2) 그러므로 상고를 기각하고 상고비용은 패소자의 부담으로 하여, 관여 대법관의 일치된 의견으로 주문과 같이 판결한다.

나. 간이변제충당권

민법 제322조 제2항에 의하면, 『정당한 이유있는 때에는 유치권자는 감정인의 평가에 의하여 유치물로 직접변제에 충당할 것을 법원에 청구할 수 있다. 이 경우에는 유치권자는 미리 채무자에게 통지하여야 한다』라고 규정하고 있는데, 이 경우 법원에서 변제충당을 허가하는 결정이 내려지면, 채권자는 다른 별다른 절차 없이 해당 목적물로 변제받은 것이 되고, 따라서 이에 의하여 해당 목적물에 대한 소유권을 취득하며, 이때의 물권변동은 통설에 의하면 법률의 규정(민법 제187조 상의 경매)에 의한 것으로 해석되고 있다.

3. 유치권자의 과실수취권

가. 의의

민법 제323조 제1항에 의하면,『유치권자는 유치물의 과실을 수취하여 다른 채권보다 먼서 그 채권의 변제에 충당힐 수 있다. 그러니 과실이 금전이 아닌 때에는 경매하여야 한다』라고 규정하여, 유치권자는 유치하고 있는 목적물에 대한 과실을 수취할 수 있다.

나. 과실수취권의 인정근거

유치권자의 과실수취권은 유치권자의 선관주의의무에 대한 대가의 성질을 가지고 있으며, 과실수취권을 인정하더라도 채무자의 이익을 해하지 않기 때문에 인정된다(민법강의 제7판. 지원림 저. P.705).

다. 수취할 수 있는 과실의 범위

유치권자가 수위할 수 있는 과실의 종류를 제한하지 않고 있으며, 법정과실도 수취가 가능하다. 따라서 유치물이 건물인 경우 그 사용이익은 법정과실에 준하므로 유치권자는 해당 건물을 유치하면서 얻은 사용이익을 자산의 채권에 대한 변제에 충당할 수 있다. 다만, 법정과실은 물건의 사용대가로 받는 금전 기타 물건이기에 유치권자가 유치물을 보존행위로서 사용하지 않고, 이를 제3자에게 대여 또는 임대차 할 경우에는 채무자의 동의를 요한다.

라. 유치물의 소유권과 유치권자의 과실수취권과의 관계

[사례용 판례주제 47] 유치권자의 과실수취권

대법원 2009다40684 판결

<판례핵심>
유치권자가 유치물의 보존에 필요한 사용을 한 경우에도 특별한 사정이 없는 한 차임에 상당한 이득을 소유자에게 반환할 의무가 있으며, 유치권자가 가지는 과실수취권은 유치물의 소유자가 채무자가 아닌 제3자인 경우에는 과실수취권이 인정된다.

<대법원의 판단>
1. 유치권자의 유치물에 대한 거주행위와 부당이득 반환의무

   1) 민법 제324조에 의하면, 유치권자는 선량한 관리자의 주의로 유치물을 점유하여야 하고, 소유자의 승낙 없이 유치물을 보존에 필요한 범위를 넘어 사용하거나 대여 또는 담보제공을 할 수 없으며, 소유자는 유치권자가 위 의무를 위반한 때에는 유치권의 소멸을 청구할 수 있다고 할 것이다.

VII. 유치권의 효력 239

2) 공사대금채권에 기하여 유치권을 행사하는 자가 스스로 유치물인 주택에 거주하며 사용하는 것은 특별한 사정이 없는 한 유치물인 주택의 보존에 도움이 되는 행위로서 유치물의 보존에 필요한 사용에 해당한다고 할 것이다. 그리고 유치권자가 유치물의 보존에 필요한 사용을 한 경우에도 특별한 사정이 없는 한 차임에 상당한 이득을 소유자에게 반환할 의무가 있다.

2. 유치권자의 부당이득 반환의무와 그 방법

원심판결 이유에 의하면, 원심은, 판시와 같은 이유로 피고들이 이 사건 건물 2, 3층을 사용함으로써 얻은 이익이 피고들의 공사대금채권에서 공제되어야 한다고 판단하였는바, 이러한 원심의 판단은 피고들이 유치권자로서 이 사건 건물 2, 3층을 사용하는 것은 유치물의 보존에 필요한 사용이라는 판단을 전제로 차임에 상당한 이득을 반환할 의무가 있다는 취지로 판단한 것으로서 위 법리에 비추어 정당하고, 거기에 상고이유로 주장하는 법리오해 등의 위법이 없다.

3. 유치권자의 과실수취권

그리고 유치물의 소유자가 채무자인 경우에만 유치권자에게 과실수취권이 있고, 유치물의 소유자가 채무자가 아닌 제3자인 경우에는 과실수취권이 생기지 않는다는 취지의 주장은 유치권의 물권적인 성격에 반하는 주장으로 받아들일 수 없다.

<해설>

1. 유치권자의 보존행위와 차임상당의 부당이득의 반환의무

1) 유치권자는 적법하게 유치하고 있는 유치물에 대하여 보존행위에 준하여 사용할 수 있으며, 이에 대하여 위 판례는 "공사대금채권에 기하여 유치권을 행사하는 자가 스스로 유치물인 주택에 거주하며 사용하는 것은 특별한 사정이 없는 한 유치물인 주택의 보존에 도움이 되는 행위로서 유치물의 보존에 필요한 사용에 해당한다"고 판시하고 있다.

2) 위와 같이 유치권자가 보존행위로 사용한다고 하더라도 그 사용에 따른 수

익을 취득할 권리까지는 없으므로, 차임상당의 부당이득이 발생한 경우 이는 원래의 귀속권자에게 반환해야 한다. 그래서 위 판례도 유치권자의 부당이득은 원고에게 반환할 의무가 있다고 말하고 있다.

2. 공사업자인 유치권자의 부당이득 반환의 방법

1) 위 판례에서 원고는 이 사건 건물에 대하여 경매를 통하여 경락받은 매수인이고, 피고들은 공사업자들이며, 정당한 유치권을 행사하고 있다. 그래서 원고가 이 사건 건물을 피고들로부터 인도 받으려면, 원고는 피고들이 주장하는 유치권의 피담보채권을 변제해주어야 한다. 그리고 피고들은 이 사건 건물을 사용함으로써 얻은 부당이득을 원고에게 반환하여야 한다.

2) 따라서 원고의 공사대금의 변제책임과 피고들의 부당이득반환은 상계적상에 있게 된다. 그래서 위 사건의 원심과 대법원은 "피고들이 이 사건 건물 2, 3층을 사용함으로써 얻은 이익이 피고들의 공사대금채권에서 공제되어야 한다고 판단하였는바, 그러한 판단은 정당하다"고 판시하고 있는 것이다. 즉 피고들의 부당이득을 공사대금에서 공제하면, 그 만큼 원고인 매수인이 피고들의 공사대금에 대한 변제책임이 공제되는 만큼 줄어들기 때문이다.

3. 피고들의 과실수취권에 따라 얻은 건물사용이익의 처리

1) 피고들이 얻은 차임상당은 유치물로부터 얻은 과실이 된다. 그리고 그러한 과실 즉 사용이익은 자신들의 채권의 변제에 충당하게 되므로, 그 충당되는 만큼 원고인 매수인이 피고들에 대한 책임에서 공제되므로 결국 부당이득을 반환하는 하나의 방법으로 취득한 부당이득을 공사대금채권에서 공제하는 것과 같은 논리이다. 다만 부당이득이라는 명목으로 공제하든, 과실이라는 명목으로 변제에 충당하든 같은 말이다.

2) 그리고 대법원이 "유치권자가 가지는 과실수취권은 유치물의 소유자가 채무자가 아닌 제3자인 경우에는 과실수취권이 인정된다."고 판시한 부분도 유념할 부분이다.

마. 과실수취권의 한계

(1) 문제의 제기

예컨대, 주자창건물의 건축주(소유자)가 주차장건물을 건설한 회사에게 공사비를 지체하고 있을 경우, 수급인인 건설회사는 자신들이 공사한 주차장을 공사비채권의 미지급을 이유로 점유하고 유치권을 행사하면서, 외부의 사람들에게 주차비를 받고 그들의 차를 주차시킬 수 있겠는가?

(2) 수급인인 건설회사가 수취할 수 있는 과실수취권

1) 필자의 판단으로는 주자창건물의 건축주(소유자)의 승낙이 있을 때에만 가능하다고 본다. 본래 수급인인 건설회사는 해당 주차장을 점유하면서 유치권을 행사하지만 점유하는 방식은 기본적으로 선관주의의무에 바탕을 둔 점유를 해야 하며, 선관주의의무를 다하는 점유가 곧 보존행위이고, 유치권자는 그러한 보존행위의 대가적 성질을 가지는 과실을 수취할 수 있는 것이다.
2) 그리고 주차장에서 수취할 수 있는 과실은 첫 째 수급인인 건설회사의 사람들이 무료로 주차하여 얻은 이익이며, 두 번째는 외부사람들의 차를 주차시켜 주어서 받는 주차비이다. 그러나 두 번째의 과실수취는 보존행위의 차원을 넘는 것이며, 이는 적극적인 사용행위이며 또한 수익적 이용행위이다. 따라서 이 경우는 채무자 즉 건축주의 승낙이 있어야 한다.
3) 여기서 본래의 주자창의 건축주(소유자)의 경우, <u>위 두 번째의 예에 대하여 어차피 수급인인 건설회사의 사람들이 외부의 사람들의 차를 주차시켜 주어서 받는 주차비를 자신들의 채권의 변제에 충당하므로 이에 대하여 이의를 달지 묵인하고 있는 상태에서, 만약 그 주차장이 경매를 당하였고, 이에 낙찰 받은 매수인이 있는 경우 그 매수인도 본래의 주자창의 건축주(소유자)가 묵인한 것과 같은 수인의무를 부담하는 가는 전혀 다른 문제이다.</u>

(3) 유치물의 소유권과 유치권자의 과실수취권과의 관계성

1) 대법원은 "유치물의 소유자가 채무자가 아닌 제3자인 경우에는 과실수취권이 생기지 않는다는 취지의 주장은 유치권의 물권적인 성격에 반하는 주장으로 받아들일 수 없다"하였는데, 결국 이 말을 목적물의 소유자가 바뀌어도 유치권자는 여전히 과실을 수취할 수 있다는 뜻과 같다.

2) 그러나 위 대법원의 판단이 유치권자에게 적극적인 사용이익의 향유를 인정하는 것은 아니며, 따라서 유치권자가 수취할 수 있는 과실의 범위는 본래의 과실수취권의 인정근거인 보존행위의 대가성이 머물러야 한다. 왜냐하면 유치권자의 과실수취권은 유치권자의 선관주의의무에 대한 대가의 성질을 가지고 있기 때문이다.

3) 그렇다면, 유치물에 대한 소유자가 바뀌었을 경우, 유치권자의 과실수취의 범위 역시 보존행위의 대가성에 한정되어야 하며, 그 결과 위 사례에서 해당 주차장이 경매를 당하여 소유자가 바뀌었다면, 그 건설회사는 더 이상 외부의 사람들로부터 주차비를 받고 주차시켜 주는 행위는 보존행위의 차원을 넘는 것이 되며, 매수인의 동의 없는 유치물의 사용에 해당 되어 유치권 소멸청구의 대상이 될 수 있다. 또는 본래의 주차장 소유자의 묵인행위가 언제나 주차장에 대한 사용승낙을 의미하는 것은 아니다. 참고로, 묵인행위를 묵시적 승낙으로 볼 수 있지 않은가 하는 의문이 있는데, 적어도 묵시적 승낙은 이의를 할 수 있어도 안 하면서 수용하는 것이고, 묵인행위는 이의를 하고 싶지만 상황상 하지 못하는 것으로서 일종의 이의의 유보이므로 양자의 법적인 의미는 다르다고 봐야 한다. 즉 참는 것이 곧 승낙은 아닌 것이며, 결국은 입증책임의 문제로 귀착될 것이다.

4. 유치권자의 비용상환청구권

(1) 민법 제325조에서는,『유치권자가 유치물에 관하여 필요비를 지출한

때에는 소유자에게 그 상환을 청구할 수 있으며, 유치권자가 유치물에 관하여 유익비를 지출한 때에는 그 가액의 증가가 현존한 경우에 한하여 소유자의 선택에 좇아 그 지출한 금액이나 증가액의 상환을 청구할 수 있으나, 법원은 소유자의 청구에 의하여 상당한 상환기간을 허여할 수 있다』라고 규정하여 유치권자의 비용상환청구를 인정하고 있다.

이와 관련하여 판례는, 유치권자의 점유하에 있는 유치물의 소유자가 변동하더라도 유치권자의 점유는 유치물에 대한 보존행위로서 하는 것이므로 적법하고 <u>그 소유자변동 후 유치권자가 유치물에 관하여 새로이 유익비를 지급하여 그 가격의 증가가 현존하는 경우에는 이 유익비에 대하여도 유치권을 행사할 수 있으며</u> 라고 판시하고 있다(대법원 71다2414 판결 참조).

(2) 그러나 위와 같은 유치권자의 비용상환청구는 적법한 유치권의 행사에서 나오는 것이며, 유치권자 또는 임차인 등이 점유할 권리를 상실한 후에 지출한 수리비 등에 대하여는 유치권을 행사할 수 없다(대법원 66다 2144 판결 참조).

5. 유치권자의 의무

가. 선관의무

(1) 민법 제324조에서는 유치권자의 선관의무라는 제목 하에 제1항에서는, 『<u>유치권자는 선량한 관리자의 주의로 유치물을 점유하여야 한다</u>』라고 규정하고 있는데, 이는 직무에의 충실성을 요구하는 것으로서 통상 요구되는 주의를 다하여 유치물을 점유, 관리하여야 한다는 뜻이다.

(2) 따라서 <u>유치권자가 유치하고 있는 목적물에 대하여 선량한 관리자로서의 주의의무를 다하여 관리하지 않았다고 판단되는 한 채무자 기타 매수인은 민법 제324조 제1항의 의무위반을 들어 유치권의 소멸을 청</u>

구할 수 있다. 참고로, 유치권자가 점유하고 있는 목적물에 대하여 사진촬영을 통하여 유치물 자체의 목적에 어긋나는 점유를 하고 있는 경우 예컨대, 주거용 건물을 사무실 기타 다른 용도로 사용하는 경우 또는 주거용 건물의 실내에 쓰레기를 적치한 경우, 내부 정리가 전혀 되어 있지 않는 경우 등의 사정이 있을 때에는 매수인 기타 권리자는 유치권자의 선관의무위반을 지적하여 유치권을 소멸을 주장할 수 있다.

나. 채무자의 동의 없는 사용, 대여, 담보제공의 금지

(1) 서설

다음으로 민법 제324조 제2항에서는, 『유치권자는 채무자의 승낙없이 유치물의 사용, 대여 또는 담보제공을 하지 못한다』라고 규정하고 있는데, 유치권자는 선량한 관리자의 지위에서 목적물을 점유하고 있어야 하며, 보존에 필요한 범위를 넘어 목적물을 사용하거나, 타인에게 대여 또는 는 담보제공을 할 수 없다는 원칙적인 모습을 규정하고 있다.

(2) 채무자의 승낙 없는 임대차의 효력

민법 제324조 제2항의 법문에는 『유치권자는 채무자의 승낙 없이 유치물을 대여하지 못한다』라고 되어 있으나, 채무자의 동의 없는 대여에는 임대차도 포함되는 것으로 해석된다.

그리고 이와 관련하여 판례는, "유치권의 성립요건인 유치권자의 점유는 직접점유이든 간접점유이든 관계없지만, 유치권자는 채무자의 승낙이 없는 이상 그 목적물을 타에 임대할 수 있는 처분권한이 없으므로, 유치권자의 그러한 임대행위는 소유자의 처분권한을 침해하는 것으로서 소유자에게 그 임대차의 효력을 주장할 수 없고, 따라서 소유자의 동의 없이 유치권자로부터 유치권의 목적물을 임차한 자의 점유는 구 민사소송법 제647조 제1항 단서에서 규정하는 「경락인에게 대항할 수 있는 권원」에 기한 것이라고 볼 수 없다"라고 판시하고 있다(대법원 2002. 11. 27. 자

2002마3516 결정).

〔참고로 구 민사소송법 제647조 제1항 단서는 현 민사집행법 제136조(부동산의 인도명령) 제1조 단서에 해당한다.〕

〔민사집행법 제136조(부동산의 인도명령 등) ① 법원은 매수인이 대금을 낸 뒤 6월 이내에 신청하면 채무자·소유자 또는 부동산 점유자에 대하여 부동산을 매수인에게 인도하도록 명할 수 있다. 다만, 점유자가 매수인에게 대항할 수 있는 권원에 의하여 점유하고 있는 것으로 인정되는 경우에는 그러하지 아니하다.〕

(3) 채무자의 승낙 없는 유치물의 사용의 예

1) 인천지방법원의 판례(2006가단130455 판결)에 의하면, "유치권자가 사용된 바 없는 신축주택을 유치하면서 장기간 자신의 사무실이나 주거지 용도로 사용하는 것은 유치물의 보존에 필요한 사용이라고 볼 수 없다"고 하였다.

2) 사실상, 민법 제324조 제2항 본문에서는 채무자의 승낙없는 사용을 금하고 있지만 보존행위로서의 사용은 인정하고 있으므로 유치권자의 사용을 가지고 유치권의 소멸여부를 청구할 수 있을 지는 판단하기가 매우 어렵다. 다만, 유치권자가 목적물을 사용한다고 하여도 이는 어디까지나 선량한 관리자의 주의의무를 가지고 유치물을 점유하여야할 의무를 제대로 이행하도록 하기 위하여 인정된 권리이며, 따라서 유치권자에게 이익을 주기 위한 목적으로 하는 권리가 아니라는 점에서 판단하면 결론이 나오리라 본다(이론사례 중심 유치권과 경매 곽용진 저 P. 169 참조). 그런 측면에서, 위 인천지법의 판례(2006가단130455 판결)는 하나의 길잡이가 될 것이다.

(4) 채무자의 동의 없는 사용 등의 금지에서 "채무자"의 범위의 문제

1) 문제의 제기

다시금 제324조 제2항의 법문을 보면, 『유치권자는 채무자의 승낙없이 유치물의 사용, 대여 또는 담보제공을 하지 못한다』라고 규정하고 있다. 따라서 채무자의 승낙이 있으면, 유치권자는 유치물을 사용하거나 대여도 할 수 있는데, 이와 같이 유치권자의 피담보채권에 대한 직접적인 "채무자"의 승낙의 효과가 경매 후 낙찰 받은 매수인에게 미치느냐이다.

2) 학설의 검토

학자 중에는 "채무자의 동의 없는 유치물 사용 등"에서 "채무자"가 소유자와 다르면 소유자이어야 한다고 주장하시는 분도 있다(민법강의 제7판의 저자인 지원림 저. P705,706 참조).

다만, 위의 견해에서, 소유자의 의미가 해당 부동산이 경매되기 전의 소유자에 한정하고 있는지, 아니면 경락되어 변경된 소유자 즉 매수인도 포함하고 있는지는 알 수 없다. 만약, 경락되어 변경된 소유자 즉 매수인도 포함하고 있다면, 경락되기 전의 채무자 또는 소유자가 유치물의 사용을 유치권자에게 승낙하였다고 하여도, 그런 승낙의 효과는 해당 경매에서 낙찰 받은 매수인에게 대항할 수 없다는 결과에 이른다.

3) 대전지방법원 2008나700 건물명도 판결의 검토

① 원고는, 피고가 홍○○의 승낙 없이 보존에 필요한 범위를 넘어서 이 사건 건물 중 3층 부분을 사용하고 있고, 이를 이유로 하는 원고의 유치권소멸청구의 의사표시가 기재된 준비서면이 피고에게 송달되었으므로 피고의 유치권은 소멸되었다고 주장한다.
② 이에 대하여 대전지법은, 피고가 이 사건 건물 3층 부분에 관하여 유치권을 행사함에 있어 원고의 소유권 취득일 이후에도 종전과 마찬가지로 홍○○와의 사이에 전세권계약을 체결하고 점유·사용하여 온 사실에 기하여 이를 계속 사용하는 것은 보존행위에 포함되는 것이거나 일종의 유치방법으로 보아야 함이 상당하다고 판시하였다.(판례출처 : 유치권 법정지상권 119. 신창용 저. P.100)

4) 소결

 아직까지 "채무자의 동의 없는 유치물 사용 등"에서 "채무자"라 는 말이 포섭하는 범위에 관한 대법원 판결은 없는 것으로 보인다. 필자의 생각으로는 유치권이 물권이라는 측면에서의 효력을 중시하여, 경락되기 전 소유자의 유치물에 대한 사용승낙·임대승낙의 효과는 경낙 후의 매수인에게는 미칠 수 없다고 봐야 한다. 원칙적으로 경매의 결과는 제한 없는 부동산물권의 취득이며, 경매 전에 있었던 종전 소유자 기타 채무자의 채권적 행위가 경매로 인하여 소유자가 변경된 경우에도 그대로 유지되어야 한다는 법원칙은 어디에도 없다. 다만, 경매의 목적물에 대한 유치권자는 보존행위 차원에서의 사용에 그쳐야하며, 이렇게 하여도 유치권 본래의 효력은 유지되므로, 더욱더 경매 전에 있었던 종전 소유자 기타 채무자의 목적물에 대한 사용승낙의 효과를 경락 후의 매수인에게까지 미치게 할 이유가 없는 것이다.

다. 유치권자의 민법 제324조 위반행위의 효과

 민법 제324조 제3항에서는, 『유치권자가 전2항의 규정에 위반한 때에는 채무자는 유치권의 소멸을 청구할 수 있다』라고 규정하고 있는데, 통설은 채무자의 소멸청구권을 형성권으로 해석한다. 따라서 채무자의 의사표시만으로 유치권자의 유치권은 소멸하는 법률효과를 가져온다. 특히 유치권자가 민법 제324조를 위반한 경우, 매수인은 인도명령을 통하여 유치권을 무력화시킬 때 인도명령의 신청이유에 민법 제324조 위반 사실과 함께 관련 사진을 첨부하면 좋은 효과를 거둘 수 있다.

6. 유치권자의 유치물인 주택에 대한 거주행위(보존행위)

가. 보존행위로서 거주행위와 차임상당의 반환의무

(1) 민법 제324조 제2항 단서에서는, 『그러나 유치물의 보존에 필요한 사용은 그러하지 아니하다』라고 규정하여 동조 제2항에서 사용행위를 금지하면서도 보존행위에 기한 사용행위는 인정하고 있다.

(2) 이와 관련하여 판례에서는, "민법 제324조에 의하면, 유치권자는 선량한 관리자의 주의로 유치물을 점유하여야 하고, 소유자의 승낙 없이 유치물을 보존에 필요한 범위를 넘어 사용하거나 대여 또는 담보제공을 할 수 없으며, 소유자는 유치권자가 위 의무를 위반한 때에는 유치권의 소멸을 청구할 수 있다고 할 것인 바, 공사대금채권에 기하여 유치권을 행사하는 자가 스스로 유치물인 주택에 거주하며 사용하는 것은 특별한 사정이 없는 한 유치물인 주택의 보존에 도움이 되는 행위로서 유치물의 보존에 필요한 사용에 해당한다고 할 것이다. 그리고 유치권자가 유치물의 보존에 필요한 사용을 한 경우에도 특별한 사정이 없는 한 차임에 상당한 이득을 소유자에게 반환할 의무가 있다(대법원 2009다40684 판결)"라고 판시하고 있다.

(3) 또한 건물임차인이 건물에 관한 유익비상환청구에 터잡아 취득하게 된 유치권은 임차건물의 유지·사용이 필요한 범위 내에서 임차대지부분에도 그 효력이 미친다고 말하고 있다(대법원 79다1170 판결, 판례출처 :민법요해Ⅰ. 권순한 저 P.1583).

나. 보존행위 중의 유익비 지출에 대한 유치권행사 가능성

(1) 그리고 판례는,"유치권자의 점유하에 있는 유치물의 소유자가 변동하더라도 유치권자의 점유는 유치물에 대한 보존행위로서 하는 것이므로 적법하고 그 소유자변동 후 유치권자가 유치물에 관하여 새로이 유익비를 지급하여 그 가격의 증가가 현존하는 경우에는 이 유익비에 대하여도 유치권을 행사할 수 있으며, 유치권자가 유치물에 대한 보존행위로서 목적물을 사용하는 것은 적법행위이므로 불법점유로 인한 손해배상책임이 없는 것이다"라고 판시하고 있다(대법원 71다2414 판결 참조).

(2) 앞에서는 보존행위로서 거주행위를 하는 경우 차임상당의 반환의무가 있다고 것과 뒤의 불법행위로의 손해배상책임과는 전혀 다르다. 목적물에 대한 사용행위가 불법행위가 되는 경우는 유치권 소멸청구의 사유가 된다.

Ⅷ. 유치권의 소멸과 한계

1. 유치권의 소멸사유

가. 물권, 담보물권 일반의 소멸사유

(1) 유치권도 물권이므로 물권의 일반적인 소명 사유의 발생에 의하여 소멸한다, 예컨대, 목적물의 멸실, 수용, 공용징수, 혼동, 포기 등을 들 수 있다. 여기서 유치권과 관련하여 논의할 수 있는 것은 포기인데, 일반적인 부동산물권의 포기는 등기를 요하는데, 유치권의 포기는 어떠한 방식으로 해야 하는가에 대하여 판례는, <u>유치권자가 유치권을 포기하는 경우 그 의사표시만으로써는 효력이 발생하지 아니한다는 논지주장은 부당하며</u> 라고 판시하여 단순한 포기의 의사표시 만으로도 유치권 포기의 효과가 발생한다고 보고 있다(대법원 80다1174 판결 참조).

(2) 유치권도 담보물권이므로 부종성이 있기에 피담보채권의 소멸에 의하여 함께 소멸한다. 이와 관련하여 민법 제326조에서는, 『유치권의 행사는 채권의 소멸시효의 진행에 영향을 미치지 아니한다』라고 규정하고 있는데, 통상 유치권을 주장하는 이들이 목적물에 대하여 소유자 또는 채무자들을 상대로 출입금지가처분을 행하는 데, 이런 출입금지가처분이 피담보채권의 소멸시효 중단의 사유가 되어서 민법 제326조의 적용을 배제시킬 수 있는지 문제되는데, 이에 대하여는 앞의 유치권의 부종성 부분을 참고하기 바란다.

나. 채무자 등의 유치권 소멸청구

민법 제324조 제3항에서는, 『유치권자가 선관주의의무에 위반한 경우나 채무자의 동의없이 유치물을 사용, 대여, 담보제공 등을 하는 경우 채무자는 유치권의 소멸을 청구할 수 있다』고 규정하고 있다.

여기서 주의해야 할 점은, 건축주에 대하여 공사대금채권을 가지고 있는 수급인이나 하수급인이 유치권을 행사한다는 목적 하에 점유하고 있는 목적물에 대하여 소유자의 동의 없이 제3자에게 임대 또는 사용하게 하는 경우 본조에 의하여 소멸청구를 당할 수 있다는 점이다. 다만, 서울고법 판례 72나1978, 1979 판결에서, 유치권자인 피고가 위 건물(1층 66.73평 2층 75.71평)의 대부분을 사용하고 그 1층중 56.73평을 다른 사람에게 대여한 것이라면 위 건물의 보존에 필요한 정도의 사용이라 못 볼 바 아니어서 이러한 경우에는 채무자인 원고에게 유치권소멸청구권이 발생할 여지가 없다고 판시한 점은 참고할 만하다.

다. 채무자 등에 의한 다른 담보의 제공

(1) 담보력의 상당성 평가

민법 제327조에 의하면, 『채무자는 상당한 담보를 제공하고 유치권의 소멸을 청구할 수 있다』고 규정하고 있는데, 채무자의 의미에는 소유자도 포함된다고 해석되며, 법문상 담보라고만 되어 있어서 인적담보(보증인)도 가능하다고 해석된다.

다만, 담보물의 적정성에 대한 평가와 관련하여 판례는, 민법 제327조에 의하여 제공하는 담보가 상당한가의 여부는 그 담보의 가치가 채권의 담보로서 상당한가, 태양에 있어 유치물에 의하였던 담보력을 저하시키지는 아니한가 하는 점을 종합하여 판단하여야 할 것인바, 유치물의 가격이 채권액에 비하여 과다한 경우에는 채권액 상당의 가치가 있는 담보를 제공하면 족하다고 할 것이고, 한편 당해 유치물에 관하여 이해관계를 가지고 있는 자인 채무자나 유치물의 소유자는 상당한 담보가 제공되어 있는 이상 유치권 소멸 청구의 의사표시를 할 수 있다.(대법원 2001다59866 판결참조).

(2) 담보로서의 공탁의 가능성

다음으로 담보를 제공하는 방법으로 공탁도 가능한가에 대하여, 하급심 판례는 부정하고 있다. 즉 담보를 위한 공탁은 그 근거법령에서 이를 규정하고 있는 경우에 허용되는 것인데, 타담보제공에 의한 유치권 소멸 청구의 근거법령인 민법 제327조는 담보를 위한 공탁을 규정하고 있지 아니하므로 유익비 상당의 금전을 공탁하는 것을 조건으로 하는 유치권의 소멸 청구는 허용될 수 없다고 판시하였다(부산지방법원 동부지원 2003가합652판결).

라. 유치권자의 점유의 상실

(1) 민법 제328조에 의하면, 『유치권은 점유의 상실로 인하여 소멸한다』고 규정하고 있는데, 이 때 점유상실의 원인이 무엇인지는 묻지 아니한다(광주고법 2009나6447 판결참조). 그리고 <u>민법 제328조 상의 점유의 상실은 유치권을 행사하다가 중간에 점유를 상실한 경우를 말하며</u>, 처음부터 목적물을 점유하여 유치권 행사를 하고 있지 않았다면 위 조문은 적용될 여지가 없다.

왜냐하면 유치권에서의 점유는 유치권의 성립과 존속요선이기에 본조에서 점유의 상실에 의한 유치권의 소멸을 규정하고 있는 것이다. 그러나 물건에 관한 채권을 가지고 있는 자가 후에 그 물건을 점유하기에 이른 경우 또는 유치권자가 일시 물건의 점유를 상실하였다가 후에 다시 동일 물건을 점유하게 된 경우에는 그 채권을 위하여 유치권을 취득할 수 있는 것이다(대법원 4288 민상 136 판결 참조, 판례출처 : 이론사례 유치권실무연구 김웅용 저. P85).

(2) 다만, 피담보채권에 대한 승계 없이 점유만을 승계한 경우에 대하여

판례는, 본래의 유치권자도, 점유의 승계자도 유치권을 상실한다고 보고 있다. 즉 소외인 이○휘가 이 사건 건물에 관하여 공사금 채권이 있어 이○휘가 이 건물을 점유하고 있다면 이○휘에게는 위 공사금 채권을 위하여 이 건물에 대한 유치권이 인정될 것이다. 그러나 피고들이 이○휘로부터 그 점유를 승계한 사실이 있다고 하여 피고들이 이○휘를 대위하여 유치권을 주장할 수는 없다. 왜냐하면 피대위자인 이○휘는 그 점유를 상실하면서 곧 유치권을 상실한 것이기 때문이다. 이 사건에서는 원심이 정당하게 판단하고 있는바와 같이 이○휘의 위의 공사금 채권이 피고들에게 이전된 사실도 없는 것이다(대법원 72다548 판결 참조).

2. 유치권의 한계

일반적으로 유치권의 한계라 하여 민법교과서에 논해지지는 않지만, 판례에서는, 일반적으로 유치권이 인정될 수 있는 경우이지만 다른 사정에 의하여 유치권으로 보호받지 못하는 경우를 다루고 있어서, 이를 유치권의 한계라는 항목을 정하여 이를 정리한다.

[사례용 판례주제 48] 경매개시결정 기입등기 후에 점유이전에 의한 유치권

대법원 2008다70763 판결

<판례핵심>
경매개시결정 기입등기 후에 목적물의 점유이전에 의하여 성립된 유치권은 민사집행법 압류의 처분금지효에 저촉되어 매수인에게 대항할 수 없다는 판례(대법원 2008다70763 판결)

<대법원의 판단>

VIII. 유치권의 소멸과 한계   253

부동산 경매절차에서의 매수인은 민사집행법 제91조 제5항에 따라 유치권자에게 그 유치권으로 담보하는 채권을 변제할 책임이 있는 것이 원칙이나, 채무자 소유의 건물 등 부동산에 경매개시결정의 기입등기가 경료되어 압류의 효력이 발생한 후에 채무자가 위 부동산에 관한 공사대금 채권자에게 그 점유를 이전함으로써 그로 하여금 유치권을 취득하게 한 경우, 그와 같은 점유의 이전은 목적물의 교환가치를 감소시킬 우려가 있는 처분행위에 해당하여 민사집행법 제92조 제1항, 제83조 제4항에 따른 압류의 처분금지효에 저촉되므로 점유자로서는 위 유치권을 내세워 그 부동산에 관한 경매절차의 매수인에게 대항할 수 없다. 그러나 이러한 법리는 경매로 인한 압류의 효력이 발생하기 전에 유치권을 취득한 경우에는 적용되지 아니하고, 유치권 취득시기가 근저당권설정 후라거나 유치권 취득 전에 설정된 근저당권에 기하여 경매절차가 개시되었다고 하여 달리 볼 것은 아니다.

<해설>
1. 위 판례의 가치성
  1) 위 판례의 핵심은 경매개시결정의 등기가 경료되어 압류의 효력이 발생한 후에 비로소 목적물에 대한 점유를 개시하여 유치권을 주장하는 유치권자는 매수인에게 대항할 수 없다는 것이다. 즉 매수인이 인도명령을 신청하면 유치권을 주장하는 자는 그 인도명령에 응하여 목적물에 대한 점유를 풀고 매수인에게 인도해야 한다는 점이다.
  2) 그리고 위 판례는 실제 경매에서 대단히 유용한 판례이다. 공사업자의 유치권 중 신축건물에 대한 것이 아닌 한 허위채권이 기한 것이 많은데, 만약 기존건물에 대하여 공사업자임을 주장하며 유치권을 행사하는 경우 그 점유의 시작에 대하여 입증을 못하는 경우가 대부분이다.
    그래서 유치권의 주장이 허용되지 않는 요건사실의 충족여부와 관련하여, 유치권을 주장하는 자의 점유가 압류 이후에 개시되었는지 여부가 쟁점이 되는 경우에, 다른 특별한 사정이 없는 한 현황조사보고서, 감정평가서에 유치권을 주장하는 자의 유치권에 기한 목적물 점유 사실이 기재되어 있지 않은 경우에는 위 요건이 충족된 것으로 보아야 할 것이다.(이론사례 유치권실무연구 김응용 저.P302 참조, 후술하는 현황조사보고서 참조)

3) 끝으로 위의 판례는 대법원의 확고한 입장으로 보인다. 즉 대법원 2005다22688 판결에서도, "채무자 소유의 건물 등 부동산에 강제경매개시결정의 기입등기가 경료되어 압류의 효력이 발생한 이후에 채무자가 위 부동산에 관한 공사대금 채권자에게 그 점유를 이전함으로써 그로 하여금 유치권을 취득하게 한 경우, 그와 같은 점유의 이전은 목적물의 교환가치를 감소시킬 우려가 있는 처분행위에 해당하여 민사집행법 제92조 제1항, 제83조 제4항에 따른 압류의 처분금지효에 저촉되므로 점유자로서는 위 유치권을 내세워 그 부동산에 관한 경매절차의 매수인에게 대항할 수 없다"고 판시하고 있다.

[사례용 판례주제 49] 경매개시 가능성이 농후한 경우의 유치권 신고의 효력

대전고법 2002나5475 판결

<판례핵심>

경매개시 가능성이 농후한 경우의 유치권 신고는 허용될 수 없다는 고등법원의 판례(대전고법 2002나5475 판결)

<대전고법의 판단>

건물 및 대지에 거액의 근저당권, 전세권, 가압류등기 등이 설정되어 있는 등으로 부동산 소유자의 재산상태가 좋지 아니하여 위 부동산에 관한 경매절차가 개시될 가능성이 있음을 충분히 인식하고서도 수급인이 거액의 공사도급계약 및 그 후의 사용·수익 약정을 체결하여 건물의 일부를 점유하였다면 수급인이 전 소유자와 사이에 위 건물 부분에 관한 공사도급계약을 하고 그 계약에 따른 공사

를 일부라도 실제로 진행하여 상당한 공사비용을 투하하였다고 하더라도, 만약 이러한 경우에까지 유치권의 성립을 제한 없이 인정한다면 전 소유자와 유치권자 사이의 묵시적 담합이나 기타 사유에 의한 유치권의 남용을 막을 방법이 없게 되어 공시주의를 기초로 하는 담보법질서를 교란시킬 위험이 있다는 점을 고려할 때, 수급인의 공사도급계약 전에 가압류등기와 근저당권설정등기를 마친 자의 신청에 의한 경매절차의 매수인(낙찰자)에 대한 관계에서는, 민법 제320조 제2항을 유추적용하여 수급인이 공사대금채권에 기초한 유치권을 주장하여 그 소유자인 낙찰자에게 대항할 수 없다고 하거나, 그 유치권을 행사하는 것이 신의칙에 반하여 허용될 수 없다고 보아야 한다.

<해설>

1) 위 판례는 하급심 판례이지만, 많은 경매 사건에서 소유자 등이 채권자에 의한 경매개시될 것을 예상하고 공사업자와 도급계약을 체결하여 공사를 하는 형태를 갖추고, 공사업자로 하여금 경매법원에 유치권 신고를 하게 한 후, 매수하려는 자의 입찰을 어렵게 하거나 아니면 낙찰자와의 협의를 통하여 유치권으로 신고된 채권액을 받아 내어 공사업자와 소유자가 나누어 가지려는 의도로 유치권을 악용하는 예가 많은 데, 위 판례를 근거로 이를 어느 정도 무력화시킬 수 있으리라 본다.

2) 그리고 위 판례는 유치권 관련 소송에서, 유치권을 무력화시키려는 측의 공격무기로 단골처럼 등장하는 하는 판례이며, 신축건물이 아닌 기존 건물에 대하여 건축주의 발주로 공사를 하고, 이후 경매를 당한 사안에서는 공사업자의 유치권을 무력화시키는 아주 훌륭한 무기이다.

[사례용 판례주제 50] 대지사용권이 없는 건물에 대한 유치권의 효력

대법원 87다카3073 판결

제1장 유치권의 이론과 실무

<판례핵심>

대지사용권이 없는 건물이 있는 경우, 대지소유자에 대한 관계에서 건물에 대한 유치권으로서는 대지에 대하여는 그 효력을 주장할 수 없다는 판례(대법원 87다카3073 판결)

<대법원의 판단>

건물철거는 그 소유권의 종국적 처분에 해당하는 사실행위이므로 원칙으로는 그 소유자에게만 그 철거처분권이 있으나, 미등기건물을 그 소유권의 원시취득자로부터 양도받아 점유 중에 있는 자는 비록 소유권취득등기를 하지 못하였다고 하더라도 그 권리의 범위 내에서는 점유 중인 건물을 법률상 또는 사실상 처분할 수 있는 지위에 있으므로 그 건물의 존재로 불법점유를 당하고 있는 토지소유자는 위와 같은 건물점유자에게 그 철거를 구할 수 있으며, 사정이 이러한 경우 건물점유자가 건물의 원시취득자에게 그 건물에 관한 유치권이 있다고 하더라도 그 건물의 존재와 점유가 토지소유자에게 불법행위가 되고 있다면 그 유치권으로 토지소유자에게 대항할 수 없다.

[사례용 판례주제 51] 신의칙에 의한 유치권의 부정

대구고법 2007나2122 판결

<판례핵심>

유치권에 기하여 해당 건물을 점유하고 있는 자가 그 건물에 대하여 금융기관이 담보를 설정하기 위하여 현장 조사를 할 때, 유치권의 존재를 알리지 아니한 경우, 유치권자는 신의칙에 의해 담보권자에게 대항할 수 없다는 판례(대구고법 2007나2122판결, 판례출처 : 유치권법정지상권 119. 신차용저.P186))

<대구고법의 판단>

1. 대구고법의 판단기준

이 사건에서 유치권의 담보물권으로서의 특성과 담보물의 교환가치에 대한 저당권자의 신뢰이익의 존중이라는 두 가지 판단요소를 종합하여 볼 때, 다음과 이유로 갑의 유치권은 부정된다.

2. 유치권을 부정하는 이유의 나열

1) 피고는 이 사건의 대출을 통해 자신의 공사대금채권의 만족을 얻기로 을과 합의 한 점,

2) 이에 대하여 (주)창조도예가 이 사건 대출을 상담을 받을 때 피고 ○○건설의 점유매개자 내지 점유보조자인 갑은 을과 함께 참석하여 자신을 (주)창조도예의 영업이사로 소개한 점,

3) 갑은 대출 전후에 걸쳐 대출의 적정성을 판단하기 위하여 한국 감정원 직원이 각 부동산을 방문하였을 때나 원고의 직원들이 현장방문을 하였을 때도 피고를 위해 유치권 행사를 위한 점유를 하고 있다는 취지의 어떠한 말도 하지 않았고, 유치권의 존재를 알리는 어떠한 표식도 해두지 않았던 점,

4) 그럼에도 불구하고 피고는 원고가 대출의 담보를 위하여 설정한 근저당에 기하여 임의경매 신청을 하여 절차가 진행되자 비로소 유치권 신고를 한 점 등이 인정된다.

3. 대구고법의 결론

위와 같은 사실에 비추어 보면, 피고가 각 부동산을 점유하고 있고 견련관계가 있는 공시대금채권을 기지고 있다고 하더라도 근저당권자인 원고의 신뢰를 보호되어야 할 것이어서 피고가 원고나 장차 임의경매절차에서 이 사건 부동산을 매수한 사람들 상대로 하여 유치권을 내세워 대항 하는 것은 신의칙상 허용되지 않는다. 따라서 유치권의 부존재에 관한 주장은 이 점에서 이유 있다.

Ⅸ. 유치권의 행사와 불법행위의 성립여부

1. 불법행위의 개념과 유치권

(1) 민법 제750조는 불법행위의 내용이라는 제목 하에 『고의 또는 과실로 인한 위법행위로 타인에게 손해를 가한 자는 그 손해를 배상할 책임이 있다』라고 규정하고 있다. 따라서 타인에게 손해배상책임을 지우는 불법행위가 되려면, 고의 또는 과실에 기한 위법행위를 가해야만 한다. 그러나 유치권은 민법에서 보장된 권리이며, 따라서 유치권의 행사 역시 적법행위가 되어서, 설령 타인의 유치권자의 유치권 행사로 말미암아 손실을 입었다 하여도 이는 손해배상의 대상이 되지 않는다.

(2) 그래서 아래의 판례에서도, "피고가 본건 건물을 점유하고 있는 것이 유치권에 의한 것이라면, 피고가 원고들의 명도청구에 대하여 불응하였다 할지라도 원고들에게 불법행위를 가한 것이라고는 볼 수 없다"고 판시하고 있는 것이다. 또한 대법원은 71다2414 판결에서도, "유치권자가 유치물에 대한 보존행위로서 목적물을 사용하는 것은 적법행위이므로 불법점유로 인한 손해배상책임이 없는 것이다"라고 판시하였다.

(3) 그렇지만 위 판례들이 유치권의 행사가 불법행위가 되지 않는다 하여, 사용이익을 취득하는 것을 정당화하는 것은 아니므로 사용이익은 소유자 기타 회복자에게 반환하여야 한다. 이러한 관계에 대한 이해를 돕기 위하여 아래에 사례용 판례를 소개한다.

[사례용 판례주제 52] 적법한 유치권의 행사와 불법행위의 성부

대법원 66다2111 판결

<판례핵심>

IX. 유치권의 행사와 불법행위의 성립여부

적법한 유치권의 행사로 인하여 소유자 기타 회복자에게 손해가 발생해도 불법행위가 아니라는 판례(66다2111 판결)

<사실관계>

① 본건 건물은 본래 소외인 한○팔의 소유건물인데, 소외인이 위 건물을 건축할 때 기초공사, 벽체공사, 옥상스라브공사만을 완성하고, 나머지 부분에 대한 공사를 하지 않은 채 이것을 1962.11.21 피고에게 전세금 250,000원에 대여하였다.

② 피고는 위 건물을 전세로 든 뒤에 매수하기로 위의 한○팔과 합의가 되어서 위 건물의 미완성부분을 자기 자금으로 완성시켰고, 이때에 피고가 들인 돈이 507,000원 상당이었다 한다.

③ 반면, 원고는 피고와 위의 한○팔이 본건 건물을 공동건축하여 피고가 매수하기로 한 것이므로, 피고는 한○팔에 대하여서만 그 청산 잔금을 청구할 수 있고, <u>이미 이 건물이 한○팔의 소유로 보존등기가 되고, 이것이 다시 소외인 이○애에게 이전되고, 다시 원고들이 이○애로부터 본건 건물을 경락에 의하여 취득한 경우에 있어서는</u> 피고는 본건 건물의 점유자로서 제3취득자인 원고들에게 대하여 유치권을 주장할 수 없다고 주장하였다.

<대법원의 판단>

1. 피공의 유치권의 성립여부에 대한 판단

사실이 위와 같다면, 피고가 타인의 물건을 점유하면서 이 물건에 관하여 받을 채권(507,000원)을 취득한 것이요, 따라서 피고는 변제기에 있는 이 채권의 변제를 받을 때까지 이 물건을 유치할 수 있다할 것이다. 그리고 위에서 본 바와 같이 <u>피고가 본건 건물에 관하여 들인 돈은 피고가 적법하게 본건 건물을 점유하고 있는 동안에 들인 것이므로 유치권의 성립에 아무런 영향이 없다.</u>

2. 피고의 유치권 행사와 불법행위 성립여부에 대한 판단

이처럼 <u>피고가 본건 건물을 점유하고 있는 것이 유치권에 의한 것이라면 피고</u>

가 원고들의 명도청구에 대하여 불응하였다 할지라도 원고들에게 불법행위를 가한 것이라고는 볼 수 없다. 즉, 원고들이 본건 부동산을 제3자에게 전매하였다가 약정 기일 안에 명도의무를 이행하지 못하여 가사 원고 주장대로 65,000원의 손실을 보았다 할지라도 이러한 손해가 피고가 부당하게 본건 건물을 점유하고 이것을 내주지 아니한 탓이라고는 말할 수 없는 것이다.

X. 법원의 현황조사보고서와 매각물건명세서

1. 현황조사명령

(1) 민사집행법 제85조 제1항에 의하면, 법원은 경매개시결정을 한 뒤에 바로 집행관에게 부동산의 현상, 점유관계, 차임 또는 보증금의 액수, 그 밖의 현황에 관하여 조사하도록 명하야야 한다. 이것을 일반적으로 현황조사명령이라 한다(위 명령서 참조).
(2) 실무에서는 임의경매의 경우는 경매개시결정일로부터 3일 안에, 강제경매의 경우는 경매개시결정등기필증 접수일로 3일 안에 조사명령을 내리고 있으며, 조사명령을 받은 집행관은 2주안에 현황조사를 하여야 한다.

2. 법원의 현황조사명령의 내용 중 유치권에 대한 사항

(1) 법원의 현황조사명령의 내용에는 크게 부동산의 현상 및 점유관계와 임대차관계로 나누어지는데, 유치권과 관련 있는 사항은 부동산의 현상 및 점유관계이며, 여기에는 『부동산의 소유자와 점유자가 다른 경우에는 점유자, 점유권원, 점유기간, 점유부분(일부를 점유하는 경우에는 점유부분을 도면에 특정하여 표시)』들을 자세하게 조사하도록 되어 있다.

(2) 또한 법원의 현황조사명령 중에 점유관계에 관한 사항은 유치권의 주장되고 있는 부동산을 낙찰받은 매수인이 자칭 유치권자라고 주장하는 자를 만나서 질문할 때 또는 협의할 때 반드시 확인, 점검해야하는 사항들이다.

3. 집행관의 현황조사

가. 집행관의 조사권한

집행관은 현황조사를 위하여 건물에 출입할 수 있으며, 채무자 또는 그 건물을 점유하는 제 3자에게 질문하거나 문서를 제시하도록 요구할 수 있고, 건물에 출입하기 위하여 필요한 때에는 잠긴 문을 여는 등 적절한 처분을 할 수 있다(민사집행법 제85조 제2항, 제82조 제1항, 제2항 참조).

나. 현황조사보고서

집행관은 민사집행법 제85조 제1항에 규정된 사항과 법원이 명한 사항을 조사하며, 조사한 현황조사보고서는 법원에 제출하고, <u>법원은 매각기일 1주 전부터 매각실시기일까지 계속하여 비치하여 누구든지 열람할 수 있도록 한다.</u>

다. 집행관의 현황조사시 주의의무

(1) <u>경매절차에 있어서 부동산현황조사 및 매각물건명세서의 작성은 매각대상 부동산의 현황을 정확하게 파악하여 일반인에게 그 부동산의 현황과 권리관계를 공시함으로써 매수희망자가 매각대상 물건에 관하여 필요한 정보를 쉽게 얻을 수 있게 하여 예상 밖의 손해를 입는 것을 방지하고자 함에 그 목적이 있다</u>(대법원2004마94 결정 참조).
(2) 따라서 부동산현황조사를 하는 집행관은 집행법원에 대하여는 물론

부동산의 매수희망자에 대한 관계에서도 목적부동산의 현황을 가능한 한 정확하게 조사할 주의의무를 부담하고, 집행관이 현황조사를 행함에 있어서 통상 행하여야 하는 조사방법을 채택하지 아니하거나 조사결과에 대하여 충분한 검토 및 평가를 하지 아니하여 그 기재 내용과 목적부동산의 실제 상황 사이에 간과하기 어려운 차이가 발생한 경우에는 집행관이 그 주의의무를 위반하였다고 인정할 수 있다.(대법원 2009다40615판결)

(3) 한마디로 집행관이 작성하는 현황조서보고사의 목적은 해당 부동산에 대한 정보제공과 입찰자가 받을 수 있는 불측의 손해예방이다.

[사례용 판례주제 53] 집행관의 주의의무 위반여부와 '시티빌리지'와 '씨티빌리지'는 다르다는 사건

대법원 2009다40615 판결

<판례핵심>

해당 경매대상부동산에 대하여 건축물관리대장상의 공동주택 명칭은 '시티빌리지'이지만, 그 건물의 외벽에는 '씨티빌리지'로 표시되어 있고, 주민등록상의 주소에도 '씨티빌리지'로 되어 있을 때, '시티빌리지'와 '씨티빌리지'는 같은 것으로 볼 수 없다는 판례(대법원 2009다40615판결)

<사실관계>

① 이 사건 건물은 부천시 소사구 (동명 및 지번 생략)에 위치한 공동주택으로 건축물관리대장상 명칭은 '시티빌리지'이지만 그 건물의 외벽에는 '씨티빌리지'로 표시되어 있다.

② 소외인은 이 사건 건물 중 401호(이하 '이 사건 부동산'이라고 한다)를 그 소유자로부터 임대차보증금 4,300만 원에 임차한 후 2004. 2. 12. 전입신고를 하면서 '씨티빌리지' 가동 401호로 전입신고를 마쳤다.

③ 한편 이 사건 부동산에 관하여 인천지방법원 부천지원 2004타경23474호로 임의경매절차가 진행됨에 따라 위 법원 소속 집행관은 임대차관계 등의 현황조사를 위하여 3회에 걸쳐 이 사건 부동산을 방문하였으나 문이 잠겨 있어 점유자 등을 만나지 못한 사실이 있다.

④ 그리고 위 집행관은 2004. 7. 16. 부천시 소사구 ○○동사무소에서 이 사건 부동산의 건축물관리대장상 주소인 '부천시 소사구 (동명 및 지번 생략) 시티빌리지 가동 401호'로 주민등록전입세대 열람을 신청한 결과 "해당 주소의 세대주가 존재하지 않음"이라는 내용의 주소별세대열람내역을 받은 사실이 있다.

⑤ 그래서 위 집행관은 이 사건 부동산에 관한 같은 달 31일자 현황조사보고서에 "점유관계 : 미상. 기타 : 본건 현황차 수회 방문하였으나 폐문으로 인하여 거주자 및 이해관계인을 만날 수 없어 자세한 임대차관계는 미상이고, 전입세대 주민등록등본을 열람한 바 주민전입자가 없습니다"라고 기재하면서 위 세대열람내역을 첨부하였다.

⑥ 따라서 집행법원은 위 현황보고서에 따라 2005. 3. 8.자 매각물건명세서에 "조사된 임차내역 없음. 임대차관계 미상 현황보고서 참조"라고 기재한 사실이 있다.

⑦ 한편 원고는 위 경매절차에서 이 사건 부동산을 낙찰받아 소유권을 취득한 후 소외인에 대하여 이 사건 부동산의 인도청구를 하였으나 소외인의 위 전입신고가 그의 임차권을 공시하는 효력이 있어 주택임대차보호법상의 대항력을 갖추었다는 이유로 2007년 5월에 원고의 패소가 확정된 사실이 있으며, 그리하여 원고는 같은 해 8월에 소외인에게 임대차보증금 4,300만 원을 반환한 사실을 알 수 있다.

⑧ 이에 대하여 원심은 '시티빌리지'와 '씨티빌리지'는 외래어의 표기방법에 따른 차이로 일반적으로 동일한 명칭으로 인식되는 점, 이 사건 건물의 외벽에 '씨티빌리지'로 표시되어 있는 점 등 그 판시와 같은 사정을 들어 위 집행관으로서는 이 사건 부동산의 전입세대를 열람할 당시 '씨티빌리지' 명칭으로도 열람

을 하여야 할 주의의무가 있음에도 이를 다하지 아니하였다고 판단하여, 피고에 대하여 위 4,300만 원의 손해배상을 구하는 원고의 이 사건 청구를 인용하였다.

<대법원의 판단>

1. 부동산현황조사 및 매각물건명세서의 작성목적

그러나 원심의 위와 같은 판단은 다음과 같은 이유로 이를 수긍하기 어렵다. 경매절차에 있어서 부동산현황조사 및 매각물건명세서의 작성은 매각대상 부동산의 현황을 정확하게 파악하여 일반인에게 그 부동산의 현황과 권리관계를 공시함으로써 매수희망자가 매각대상 물건에 관하여 필요한 정보를 쉽게 얻을 수 있게 하여 예상 밖의 손해를 입는 것을 방지하고자 함에 그 목적이 있다 (대법원 2004마94 결정 참조).

2. 집행관의 부동산현황조사시 주의의무

따라서 부동산현황조사를 하는 집행관은 집행법원에 대하여는 물론 부동산의 매수희망자에 대한 관계에서도 <u>목적부동산의 현황을 가능한 한 정확하게 조사할 주의의무를 부담하고</u>, 집행관이 현황조사를 행함에 있어서 통상 행하여야 하는 조사방법을 채택하지 아니하거나 조사결과에 대하여 충분한 검토 및 평가를 하지 아니하여 그 기재 내용과 목적부동산의 실제 상황 사이에 간과하기 어려운 차이가 발생한 경우에는 집행관이 그 주의의무를 위반하였다고 인정할 수 있다.

3. 집행관의 부동산현황조사시의 조사대상

한편 민사집행법 제85조 제1항은 집행관에 의한 부동산현황조사의 대상으로 부동산의 점유관계, 차임 또는 보증금의 액수 등 임대차관계에 관한 사항을 포함하여 정하고 있고, '부동산 경매·입찰절차에서 현황조사시 유의사항'(대법원 재판예규 제880호)은 "<u>현황조사의 대상이 주택인 경우 임대차관계의 확인을 위하여 매각부동산 소재지에 주민등록 전입신고된 세대주 전원에 대한 주민등록 등·초본을 발급받아 현황조사보고서에 첨부하여야 한다</u>"고 정하고 있다. 그러므로 집행관은 주택에 대한 현황조사시 임대차관계의 확인을 위하여 그 주택의 소재지에 전입신고된 세대주의 주민등록을 확인할 주의의무가 있다고 할 것이다.

4. 공동주택에 관한 주민등록표에 대한 구 주민등록법 시행령

1) 그런데 구 주민등록법 시행령(2009. 8. 13. 대통령령 제21683호로 개정되기 전의 것. 이하 같다) 제9조 제3항은 "공동주택에 관한 주민등록표 등 주민등록 관계서류의 주소는 지번 다음에 건축물관리대장 등에 따른 공동주택의 명칭과 동·호수를 기록한다"고 정하고 있다.

2) 그렇다면 공동주택에 대한 임대차관계의 현황조사를 하는 집행관으로서는 위와 같이 그 공동주택의 소재지에 전입신고된 세대주의 주민등록을 확인함에 있어서 다른 특별한 사정이 없는 한 전입신고가 구 주민등록법 시행령 제9조 제3항에 따라 건축물관리대장 등에 표시된 공동주택의 명칭과 동·호수로 이루어졌을 것이라는 전제 아래 그 명칭으로 전입신고된 세대주가 있는지를 확인하면 족하고 그와 다른 명칭으로 전입신고된 세대주가 있는지 여부까지 확인할 주의의무가 있다고 할 수 없다. 이는 그 공동주택의 외벽에 건축물관리대장 등에 표시된 명칭과 다른 명칭이 표시되어 있다고 하여도 기본적으로 달리 볼 것이 아니다.

5. 결론

그럼에도 불구하고, 원심이 그 판시와 같은 사정만으로 집행관이 관계 법령에 따라 이 사건 부동산의 주민등록진입세대 열람을 함에 있어서 외벽 표시에 좇아서도 열람을 할 의무가 있다고 판단한 것은, 공동주택에 대한 임대차관계의 현황조사를 하는 집행관의 전입신고 세대주 주민등록 확인에 관한 주의의무에 관한 법리를 오해하여 판결 결과에 영향을 미친 위법이 있다. 이 점을 지적하는 상고취지는 이유 있다.

4. 매각물건명세서

가. 매각물건명세서의 작성권자

(1) 집행법원은 매각물건의 현황과 함께 그 권리관계, 특히 매수희망자가 매수 후에 인수하게 될 물적부담에 관하여 쉽게 정보제공을 받아 예측하지 못한 손해를 입지 않도록 하기 위하여 매각물건명세서를 작성하야야 한다(민사집행법 제105조 제1항).
(2) 그리고 법원은 매각물건명세서를 작성함에 있어서 필요한 경우에 이해관계인과 참고인을 심문할 수 있다.

나. 매각물건명세서의 작성한계

(1) 집행법원은 매각대상 부동산에 관한 이해관계인이나 그 현황조사를 실시한 집행관 등으로부터 제출된 자료를 기초로 매각대상 부동산의 현황과 권리관계를 되도록 정확히 파악하여 이를 매각물건명세서에 기재하여야 하고, 만일 경매절차의 특성이나 집행법원이 가지는 기능의 한계 등으로 인하여 매각대상 부동산의 현황이나 관리관계를 정확히 파악하는 것이 곤란한 경우에는 그 부동산의 현황이나 권리관계가 불분명하다는 취지를 매각물건명세서에 그대로 기재함으로써 매수신청인 스스로의 판단과 책임하에 매각대상 부동산의 매수신고가격이 결정될 수 있도록 하여야 한다.
(2) 그럼에도 집행법원이나 경매담당 공무원이 위와 같은 직무상의 의무를 위반하여 매각물건명세서에 매각대상 부동산의 현황과 권리관계에 관한 사항을 제출된 자료와 다르게 작성하거나 불분명한 사항에 관하여 잘못된 정보를 제공함으로써 매수인의 매수신고가격 결정에 영향을 미쳐 매수인으로 하여금 불측의 손해를 입게 하였다면, 국가는 이로 인하여 매수인에게 발생한 손해에 대한 배상책임을 진다(대법원 2009다40790 판결).

다. 매각물건명세서의 기재사항

(1) 기본적인 기재사항

매각물건명세서에는 부동산의 표시, 부동산의 점유자와 점유의 권원, 점유할 수 있는 기간, 차임 또는 보증금에 관한 관계인의 진술, 등기된 부동산에 대한 권리 또는 가처분으로서 매각으로 효력을 잃지 아니하는 것, 매각에 따라 설정되는 것으로 보게 되는 법정지상권의 개요 등을 기재하게 된다.

(2) 기재항목의 누락, 잘못된 기재 등에 대한 책임

대법원은, 주택임대차보호법상 임차인으로서의 지위와 최선순위 전세권자로서의 지위를 함께 가지고 있는 자가 임차인으로서의 지위에 기하여 배당요구를 하였으나, 집행법원이 매각물건명세서를 작성하면서 '등기된 부동산에 관한 권리 또는 가처분으로 매각허가에 의하여 그 효력이 소멸하지 아니하는 것'란에 아무런 기재를 하지 않고 경매를 진행한 사안에서, 위 최선순위 전세권은 경매절차에서의 매각으로 소멸되지 않고 매수인에게 인수되는 것이므로 매각물건명세서를 작성함에 있어서 위 전세권이 인수된다는 취지의 기재를 하였어야 할 것임에도 위와 같은 매각물건명세서의 잘못된 기재로 인하여 위 전세권이 매수인에게 인수되지 않은 것으로 오인한 상태에서 매수신고가격을 결정하고 매각대상 부동산을 매수하였다가 위 전세권을 인수하여 그 전세금을 반환하여야 하는 손해를 입은 매수인에 대하여 경매담당 공무원 등의 직무집행상의 과실로 인한 국가배상책임이 인정된다고 판시하였다(대법원 2009다40790).

라. 매각물건명세서의 효력

(1) 집행관의 현황조사보고서와 매각물건명세서에 대하여 일반적으로 공신력은 없다고 한다. 그러나 매각물건명세서에 중대한 흠이 있으면 매

각불허가사유가 된다(민사집행법 제121조 5호).

그래서 유치권이 없는 것으로 알고 부동산을 매수하였는데, 피담보채권이 엄청난 유치권이 붙어 있는 경우 민사집행법 제121조 6호의 사유 즉 책임없는 사유로 인한 부동산의 현저한 훼손 또는 중대한 권리관계의 변동에 해당되어 매각불허가 사유가 될 수 있다(신민사집행법 이시윤. 저 P271 참조).

(2) 또한 판례는, 입찰기일까지 입찰물건명세서에 입찰 목적물인 주택의 임차인의 전입신고일자가 저당권 설정일자보다 앞선 일자로 잘못 기재되어 있어 임차인이 대항력을 갖춘 것처럼 보이게 되었는데 임차인이 입찰기일까지 배당요구를 하지 않은 경우, 일반 매수희망자들은 그 주택을 낙찰받을 경우 임대인으로서의 지위를 승계하게 될 것으로 생각할 것이므로, 그러한 입찰물건명세서상의 하자는 매수희망자들이 매수의사나 매수신고가격을 결정함에 있어 중대한 영향을 미치는 중대한 하자에 해당한다고 판시하고 있다(대법원 99마2696 판결).

5. 매각허가에 대한 이의신청

(1) 집행법원은 매각기일과 매각결정기일이 정해지면 이를 이해관계인에게 통지를 하여야 하며(민사집행법 제104조 제2항), 집행법원은 매각기일(입찰기일)에 최고가매수신고인이 결정되면 매각기일로부터 1주일 안에 매각허가결정을 하게 되는데, 이 때 집행법원은 매각결정기일에 통지받고 출석한 이해관계인에게 매각허가에 대한 의견을 진술하게 하야야 하며(민사집행법 제120조), 이런 진술절차가 끝나면 집행법원은 바로 매각허가여부에 대한 결정을 하게 된다.

따라서 이때 유치권이 없는 것으로 알고 부동산을 낙찰 받은 매수인은 이 매각결정기일에 집행법원의 사전진술절차에서 "유치권이 없는 것으로 알고 부동산을 낙찰 받았지만 확인결과 유치권 존재한다는 사정"을 진술하고, 이는 곧 민사집행법 제121조 6호의 사유 즉 책임 없는 사유로 인한 부동산의 중대한 권리관계의 변동에 해당됨을 주장하여 동 경매절차에서 해방될 수 있으며, 이런 주장을 매각허가에 대한 이의신청이라 한다.

(2) 관련 판례

매각허가에 대한 이의신청사유를 규정한 민사집행법 제121조 제6호에서 말하는 '부동산에 관한 중대한 권리관계의 변동'이라 함은 부동산에 물리적 훼손이 없는 경우라도 선순위 근저당권의 존재로 후순위 처분금지가처분(내지 가등기)이나 대항력 있는 임차권 등이 소멸하거나 또는 부동산에 관하여 유치권이 존재하지 않는 것으로 알고 매수신청을 하여 매각허가결정까지 받았으나, 그 이후 선순위 근저당권의 소멸로 인하여 처분금지가처분(내지 가등기)이나 임차권의 대항력이 존속하는 것으로 변경되거나 또는 부동산에 관하여 유치권이 존재하는 사실이 새로 밝혀지는 경우와 같이 매수인이 소유권을 취득하지 못하거나 또는 매각부동산의 부담이 현저히 증가하여 매수인이 인수할 권리가 중대하게 변동되는 경우를 말한다(대법원 2005. 8. 8.자 2005마643 결정 참조).

6. 최고가매수신고인 결정 후의 유치권신고에 대한 대응

부동산 임의경매절차에서 매수신고인이 당해 부동산에 관하여 유치권이 존재하지 않는 것으로 알고 매수신청을 하여 이미 최고가매수신고인으로 정하여졌음에도 그 이후 매각결정기일까지 사이에 유치권의 신고가 있을 뿐만 아니라 그 유치권이 성립될 여지가 없음이 명백하지 아니한 경우, 집행법원으로서는 장차 매수신고인이 인수할 매각부동산에 관한 권리의 부담이 현저히 증가하여 민사집행법 제121조 제6호가 규정하는 이의 사유가 발생된 것으로 보아 이해관계인의 이의 또는 직권으로 매각을 허가하지 아니하는 결정을 하는 것이 상당하다(대법원 2008마459 결정).

7. 매각허가결정에 대한 즉시항고

(1) 만약 유치권의 존재로 인하여 매각의 부담에서 벗어나고자 매각허가

에 대하여 이의신청을 하였으나 그대로 매각허가결정이 난 경우, 매수인은 민사집행법 제129조 제2항 즉 매각허가에 정당한 이유가 없거나 결정과는 다른 조건으로 허가하여야 한다고 주장하며 즉시항고 할 수 있다. 따라서 이런 경우 매수인은 즉시항고를 함으로써 동 경매절차에서 해방될 수 있는 길을 찾아야 한다(신민사집행법 이시윤. 저 P274 참조).

(2) 참고로 매각허가결정은 송달된 때가 아니라 선고된 때에 고지의 효력이 생기므로, 선고된 대로부터 즉시항고의 기간이 기산됨을 주의할 필요가 있다. 즉시항고의 제기기간은 원재판을 고지한 날로부터 1주간이 불변기간이다.

(3) 부동산에 입찰하여 문제가 생긴 경우 즉시항고를 해야 하는 경우가 있는데, 필자의 경험으로 즉시항고를 잘 이용할 것을 권한다.

[서식례] 법원의 현황조사명령서

□ □ 지 방 법 원
현 황 조 사 명 령

□ □ 지방법원 집행관 귀하

사건 20   타경   부동산에 대한 임의(강제)경매

별지기재의 부동산에 대한 다음 사항을 조사하여 그 결과를 기재한 현황조사보고서를 2010. .   .까지 제출하되(사본 1부 첨부), 야간·휴일 현황조사를 실시할 때에는 그 사유를 기재하여 주시기를 바랍니다.

1. 부동산의 현상 및 점유관계
    가. 부동산의 위치, 현상, 사용용도 및 내부구조 등(현장 도면 및 사진을 첨부하고 특히 등기부상 지목은 농지이나 현황이 농지에 해당하는지 여부에 의문이 있는 경우에는 이를 즉시 집행법원에 보고)
    나. 현황조사 대상물건이 멸실되고 다른 건물이 신축되어 있는 경우에는

관계인의 진술과 신·구 건물의 동일성 상실여부에 대한 집행관의 의
　　　견(구건물에 대한 멸실등기가 경료되었으면 그 등기부등본을 첨부)
　　다. 부동산의 소유자와 점유자가 다른 경우에는 점유자, 점유권원, 점유
　　　기간, 점유부분(일부를 점유하는 경우에는 점유부분을 도면에 특정
　　　하여 표시)
　　라. 감정평가에 중대한 영향을 미칠 수 있는 부합물, 종물, 구성부분(제
　　　시외 건물, 고가의 정원석, 건축 중인 건물 등)이 있는 경우에는 그
　　　내용 및 제시외 건물의 보존등기 여부(제시외 건물의 본 건물에의
　　　부합여부와 종물성을 판단할 수 있는 제시외 건물부분에 대한 사진
　　　등 자료첨부)
2. 임대차관계
　　가. 임차목적물의 용도, 주민등록(상가 건물의 경우에는 등록사항 등의
　　　현황서) 상의 동·호수와 등기부 등 공부상에 표시된 동·호수가 상
　　　이한 경우에는 실제 동·호수, 주민등록(또는 등록사항등의 현황서)
　　　상의 동·호수와 공부상의 동·호수(용도가 주거와 영업의 겸용인
　　　경우에는 주거부분 및 영업부분을 명확히 도면에 구분하여 표시)
　　나. 임대차계약의 내용(임차인의 성명, 임차보증금, 임차기간, 확정일자
　　　유무 등)
　　다. 매각부동산의 여러 명의 임차인이 있는 경우에는 각 임차인의 해당
　　　임차부분, 입주인원수, 임차목적물이 주택인 경우 임차인 본인 및
　　　그 가족들의 전·출입 상황(건물의 내부구조와 각 부분별로 임차인
　　　을 표시한 도면을 첨부함)
　　라. 매각부동산의 주택인 경우 그 소재지에 전입신고된 세대주 전원에 대
　　　한 주민등록등·초분, 상가건물인 경우 임차인 전원에 대한 등록사항
　　　등의 현황서및 건물도면의 등본 첨부
3. 기타 현황
4. 야간·휴일 현황조사를 실시한 사유

2010. . .

판 사　　　　　　　　　　(인)

272 제1장 유치권의 이론과 실무

XI. 인도명령에 의한 허위 유치권자의 식별

1. 인도명령의 의의

매수인이 매각대금을 모두 납부하고 소유권을 취득하여 해당 부동산에 대한 점유를 정당화할 수 있음에도 불구하고 전 소유자, 채무자 기타 대항력이 없는 점유자가 매수인에게 해당 부동산의 점유이전을 거부하는 경우 매수인이 그들을 상대로 소송대신에 집행법원으로부터 인도명령 즉 해당 부동산을 매수인에게 인도하라는 명령을 받아 해당 부동산의 인도의 강제집행을 하는 것을 말한다.
위와 같은 인도명령은 민사집행법 제56조 제1호의 집행권원이며 집행문의 부여를 받아야 한다.

2. 인도명령의 당사자

가. 신청권자

인도명령을 신청할 수 있는 자는 매수인 또는 그의 일반승계인이며, 이들은 집행법원에 매각대금을 낸 뒤 6월 이내에 신청한다.(법 136조 제 1항 참조)

나. 상대방

인도명령의 상대방은 채무자·소유자 또는 부동산 점유자이며, 점유자는 직접 점유자를 말한다.

3. 점유자에 대한 심문에 의한 허위유치권의 판단

(1) 법원이 채무자 및 소유자 외의 점유자에 대하여 민사집행법 제1항 또는 제3항의 규정에 따른 인도명령을 하려면 그 점유자를 심문하여야

한다. 다만, 그 점유자가 매수인에게 대항할 수 있는 권원에 의하여 점유하고 있지 아니함이 명백한 때 또는 이미 그 점유자를 심문한 때에는 그러하지 아니하다.
(2) 위와 같은 점유자에 대한 심문은 해당 점유자에 대한 진술의 기회를 주기 위한 것인데, 매수인은 이 때 집행법원에 해당 점유자가 정당한 유치권자가 아니라는 증거를 첨부한 문서를 제출할 수 있으며, 이로써 허위유치권자를 배제시켜 인도명령을 받고 집행할 수 있다.

4. 인도명령에 대한 즉시항고

인도명령의 신청에 대한 기각결정이나 인용결정에 대하여 즉시항고를 할 수 있다(법 136조 제 5항 참조).

XII. 허위유치권에 대한 형사적 대응

1. 경매, 입찰방해죄 등과 관련된 범죄

가. 경매입찰 방해의 죄

(1) 형법 제315조(경매, 입찰의 방해)는 『위계 또는 위력 기타의 방법으로 경매 또는 입찰의 공정을 방해한 자는 2년 이하의 징역 또는 700만원 이하의 벌금이 처한다』고 규정하고 있다.
(2) 형법 제315조의 입찰방해죄는 위계 또는 위력 기타의 방법으로 입찰의 공정을 해하는 경우에 성립하는 위태범으로서, 여기서 '입찰의 공정을 해하는 행위'란 공정한 자유경쟁을 통한 적정한 가격형성에 부당한 영향을 주는 상태를 발생시키는 것으로, 그 행위에는 가격결정뿐 아니라 적법하고 공정한 경쟁방법을 해하는 행위도 포함된다 할 것이지만, 이러한 입찰방해 행위가 있다고 하기 위해서는 그 방해의 대상이 되는 입찰절차가 존재하여야 할 것이다.(대법원 2006도8070 판결, 대법

원 2007도9287 판결 참조).
따라서 허위의 유치권신고는 공정한 자유경쟁을 통한 적정한 가격형성에 부당한 영향을 주는 상태를 발생시키는 것으로 경매방해죄 해당되며, 또한 부당한 이득을 목적으로 하였다면 사기죄의 미수까지 될 수 있다. 또한 채무자와 유치권자가 공모하여 허위의 유치권신고한 경우 경매방해 및 강제집행면탈죄를 각각 구성하며, 공동정범으로 처벌될 수 있도 있다.

나. 강제집행면탈죄

(1) 형법 제327조(강제집행면탈)는 『강제집행을 면할 목적으로 재산을 은닉, 손괴, 허위위양도 또는 허위의 채무를 부담하여 채권자를 해한 자는 3년 이하의 징역 또는 1천만원 이하의 벌금에 처한다』고 규정하고 있다.
(2) 강제집행면탈죄가 경매와 관련되는 점은 「허위의 채무를 부담하여 채권자를 해한 경우」이다. 즉 허의의 유치권을 신고하도록 하는 행위 자체가 곧 허위의 채무를 부담하는 행위이기 때문이며, 유치권을 신고한 자와 강제집행면탈죄의 공동점범이 될 수 있다.

다. 협박죄

(1) 협박죄의 의의

1) 협박죄가 성립하려면 고지된 해악의 내용이 행위자와 상대방의 성향, 고지 당시의 주변 상황, 행위자와 상대방 사이의 친숙의 정도 및 지위 등의 상호관계, 제3자에 의한 해악을 고지한 경우에는 그에 포함되거나 암시된 제3자와 행위자 사이의 관계 등 행위 전후의 여러 사정을 종합하여 볼 때에 일반적으로 사람으로 하여금 공포심을 일으키게 하기에 충분한 것이어야 하지만, 상대방이 그에 의하여 현실적으로 공포

심을 일으킬 것까지 요구하는 것은 아니며, 그와 같은 정도의 해악을 고지함으로써 상대방이 그 의미를 인식한 이상, 상대방이 현실적으로 공포심을 일으켰는지 여부와 관계없이 그로써 구성요건은 충족되어 협박죄의 기수에 이르는 것으로 해석하여야 한다(대법원 2007도606 전원합의체 판결).
2) 결국, 협박죄는 사람의 의사결정의 자유를 보호법익으로 하는 위험범이라 봄이 상당하고, 협박죄의 미수범 처벌조항은 해악의 고지가 현실적으로 상대방에게 도달하지 아니한 경우나, 도달은 하였으나 상대방이 이를 지각하지 못하였거나 고지된 해악의 의미를 인식하지 못한 경우 등에 적용될 뿐이다(대법원 2007도606 전원합의체 판결).
3) 유치권자라고 신고된 자가 유치권의 행사를 하면서 매수인에게 공포심을 일으킬 목적으로 폭언 등을 한 경우 협박죄가 성립될 수 있다.

(2) 권리행사와 협박죄

1) 권리행사나 직무집행의 일환으로 상대방에게 일정한 해악을 고지한 경우, 그 해악의 고지가 정당한 권리행사나 직무집행으로서 사회상규에 반하지 아니하는 때에는 협박죄가 성립하지 아니하나, 외관상 권리행사나 직무집행으로 보이더라도 실질적으로 권리나 직무권한의 남용이 되어 사회상규에 반하는 때에는 협박죄가 성립한다고 보아야 할 것인 바, 구체적으로는 그 해악의 고지가 정당한 목적을 위한 상당한 수단이라고 볼 수 있으면 위법성이 조각되지만, 위와 같은 관련성이 인정되지 아니하는 경우에는 그 위법성이 조각되지 아니한다.
2) 정보보안과 소속 경찰관이 자신의 지위를 내세우면서 타인의 민사분쟁에 개입하여 빨리 채무를 변제하지 않으면 상부에 보고하여 문제를 삼겠다고 말한 사안에서, 객관적으로 상대방이 공포심을 일으키기에 충분한 정도의 해악의 고지에 해당하므로 현실적으로 피해자가 공포심을 일으키지 않았다 하더라도 협박죄의 기수에 이르렀다고 판례는 보았다.

라. 사기죄

(1) 사기죄의 형법상의 규정

형법 제347조(사기) 제1항은 『사람을 기망하여 재물의 교부를 받거나 재산상의 이익을 취득한 자는 10년 이하의 징역 또는 2천만원 이하의 벌금에 처한다』규정하고 있으며, 제2항은 『전항의 방법으로 제3자로 하여금 재물의 교부를 받게 하거나 재산상의 이익을 취득하게 한 때에도 전항의 형과 같다』고 규정하고 있다.

(2) 사기죄의 의의

1) 사기죄는 타인을 기망하여 그로 인한 하자있는 의사에 기하여 재물의 교부를 받거나 재산상의 이익을 취득함으로써 성립하고 사기죄의 본질은 기망에 의한 재물이나 재산상 이익의 취득에 있고 이로써 상대방의 재산이 침해되는 것이므로, 상대방에게 현실적으로 재산상 손해가 발생함을 요하지 아니한다(대법원 98도2526 판결 등 참조).
2) 또 기망행위를 수단으로 한 권리행사의 경우 그 권리행사에 속하는 행위와 그 수단에 속하는 기망행위를 전체적으로 관찰하여 그와 같은 기망행위가 사회통념상 권리행사의 수단으로서 용인할 수 없는 정도라면 그 권리행사에 속하는 행위는 사기죄를 구성한다(대법원 2002도6410 판결 등 참조).
3) 사기죄와 부동산 경매 상의 유치권의 관련성은 유치권자가 허위의 유치권을 신고하여 이를 통하여 매수인 등으로부터 재물이나 금전을 교부 받은 경우에 해당된다.

(3) 사기에 의한 권리행사의 예

1) 기록에 의하면, 피고인은 (이름 생략)연합회의 하계수련대회를 진행하던 중 술에 취한 상태에서 위 연합회의 다른 임원들과 말다툼을 하다가

홧김에 스스로 화장실 유리문을 발로 차는 바람에 깨진 유리조각에 오른쪽 발을 찔리는 상해를 입은 사실이 있다.
그럼에도 피고인은 "회사 하계수련대회 기간에 체력증진을 위한 훈련을 하던 중 모래사장을 맨발로 뛰다가 유리에 발을 찔려 상처를 입었다"라고 허위 내용의 산업재해보상보험 요양신청서를 작성한 후 피해자 근로복지공단에 제출하여 산업재해보상 보험급여를 지급받은 사실을 인정할 수 있다(대법원 2007도1780 판결).

2) 피고인이 위와 같이 산업재해보상보험 요양신청서에 부상 발생경위를 허위로 기재하는 등의 부정한 방법으로 요양신청을 하여 산업재해보상 보험급여를 지급받았다면, 이는 다른 특별한 사정이 없는 한 그 자체로 이미 사회통념상 권리행사의 수단으로서 용인할 수 있는 범위를 벗어난 것으로서 사기죄에 있어서의 기망행위에 해당한다 할 것이다. 그리고 설령 피고인이 산업재해보상 보험급여를 지급받을 수 있는 지위에 있었다고 하더라도 위와 같은 판단에 영향이 생기는 것은 아니다(대법원 2007도1780 판결).

3) 유치권자라도 허위의 채권을 거론하며 유치권을 행사하고 있다면 사기에 의한 권리행사가 되어 사기죄가 될 수 있다는 예를 보여주기 위하여 위 판례를 소개하며, 구체적으로는 위 판례의 논리적 구조에 따라 유치권의 행사와 사기죄의 성부를 따져야 할 줄로 믿는다.

2. 주거침입죄

가. 서설

(1) 형법 제319조는 주거침입, 퇴거불응이라는 제목하에 『사람의 주거, 관리하는 건조물, 선박이나 항공기 또는 점유하는 방실에 침입한 자는 3년 이하의 징역 또는 500만 원 이하의 벌금에 처한다』라고 규정하고 있다. 여기서 '사람의 주거'라 함은 사람이 기거하고 침식에 사용하는 장소를 의미한다고 보고 있다.

(2) 따라서 매수인(낙찰자)가 인도명령 신청을 위하여 또는 낙찰받은 집의 상태를 알아보기 위하여 경매를 통하여 매수한 주거에 거주자의 동의 없이 열쇠를 따고 들어간 경우 주거침입죄가 되는지에 대한 고찰을 위하여 아래의 판례를 소개한다.

나. 주거침입죄와의 관련 판례

(1) 원심은, 이 사건 가옥은 설시와 같은 건축의 정도로 보아 주거침입의 대상이 되는 주거라 할 수 있고, 또 이를 피해자가 점유관리하고 있었음을 인정할 수 있으니, <u>이 사건 가옥이 가사 피고인 주장과 같이 피고인의 소유라 할지라도 주거침입죄의 성립에는 아무런 장애가 되지 아니한다고 하였다</u>(대판 89도889).

(2) 또 원심은 <u>이 사건 범행당시 피고인과 피해자 사이에는 이 사건 가옥의 소유권에 대한 분쟁이 있어 현재까지도 그 분쟁이 계속되고 있는 사실에 비추어 볼 때, 피고인이 이 사건 가옥에 침입하는 것에 대한 피해자의 추정적 승낙이 있었다거나, 피고인의 이 사건 범행이 사회상규에 위배되지 아니한다고 볼 수 없다고 판시하였는데</u>, 기록에 비추어 원심의 증거채택관계와 판단을 살펴보면 이는 정당한 조치로 수긍이 간다(대판 89도889).

다. 주거침입죄에 대한 위법성의 조각

형법 제20조에 정하여진 '사회상규에 위배되지 아니하는 행위'라 함은, 법질서 전체의 정신이나 그 배후에 놓여 있는 사회윤리 내지 사회통념에 비추어 용인될 수 있는 행위를 말하므로, 어떤 행위가 그 행위의 동기나 목적의 정당성, 행위의 수단이나 방법의 상당성, 보호법익과 침해법익과의 법익균형성, 긴급성, 그 행위 외에 다른 수단이나 방법이 없다는 보충성 등의 요건을 갖춘 경우에는 정당행위에 해당 한다(대판 2007도4378).

XII. 허위유치권에 대한 형사적 대응 279

라. 소결

따라서 원칙적으로 매수인이 해당 경매에서 낙찰 받은 집을 거주자 또는 점유자의 동의 없이 열쇠를 따고 들어가는 행위는 주거침입죄가 될 수 있다.

다만, 매수인이 거주자를 만나려고 하여도 만나주지도 않고, 해당 집에 갔을 때 문을 잠가서 열어주지도 않는 상황에서 점유자와 대화를 시도하기 위하여 강제로 열쇠를 따서 주거에 들어갔다면, '사회상규에 위배되지 아니하는 행위'로 보아서 위법성이 조각될 수도 있다. 조각된다는 말은 소멸된다는 의미로 이해하면 된다. 즉 위법성이 소멸되어서 위법성이 없어 진다는 말이 된다.

[사례용 판례주제 54] 주거침입죄의 성부

대법원 2003도7393 판결

<판례핵심>
연립주택 아래층에 사는 피해자가 위층 피고인의 집으로 통하는 상수도관의 밸브를 임의로 잠근 후 이를 피고인에게 알리지 않아 피고인의 집에 하루 동안 수돗물이 나오지 않은 고통을 겪었던 피고인이 상수도관의 밸브를 확인하고 이를 열기 위하여 부득이 피해자를 밀치고 아래층 피해자의 집에 들어간 행위가 정당행위에 해당한다고 한 사례(대법원 2003도7393 판결 폭행·주거침입)

<사실관계>
① 피고인과 피해자는 판시 연립주택 2 - 3층에 각 거주하면서 1여 년 전부터 2층에 사는 피해자의 집 화장실 천정의 누수문제로 여러 차례 다투어 왔다.
② 2층에 사는 피해자는 자기 집의 누수가 3층의 피고인의 집 상수도관 등의 누수나 목욕탕 등의 방수상태가 불량한 데 그 원인이 있다고 주장하며 보수를

요구하였다.

③ 이에 피고인은 연립주택 전체가 불실하게 시공된 데다가 노후되어 자신의 집을 포함하여 연립주택에 전체적으로 누수현상이 발생한 것이므로 전체 보수가 필요하다면서 피고인 집만의 보수공사를 거부하여 서로 감정이 악화되어 있었던 사실이 있다.

④ 한편 3층에 사는 피고인의 집으로 통하는 상수도관 밸브가 2층에 있는 피해자의 집 주방 싱크대에 설치되어 있었는데, 이 사건 전날인 2002. 5. 2. 아침 피해자가 피고인의 집으로 통하는 상수도관 밸브를 임의로 잠가 버려, 하루 동안 피고인 집에 수돗물이 나오지 않아 피고인과 피고인 가족들이 큰 고통을 겪은 사실이 있었다.

⑤ 그리고 연립주택의 다른 세대에는 수돗물이 나오는 것을 확인한 피고인은 피해자가 자신의 집으로 통하는 상수도관 밸브를 잠갔을 것으로 믿고, 이를 확인하고 상수도관 밸브를 열기 위하여 이 사건 당일 오전 9시경 피해자의 집에 갔다.

⑥ 그러나 피해자가 자기 집에도 수돗물이 나오지 않는다고 말하면서 출입을 거부하므로, 피고인은 피해자를 밀치고 그 집에 들어가서 상수도관 밸브가 잠긴 것을 확인하고 이를 열어 놓은 사실, 피해자의 신고에 따라 경찰관이 현장에 출동하였으나 피해자가 피고인의 처벌을 요청하지 아니하여 그대로 돌아갔는데, 피고인이 보수공사를 하지 아니하자 피해자는 그로부터 25일 후에 피고인을 처벌하여 줄 것을 요청한 사실을 알 수 있다.

<대법원의 판단>

1. 형법 제20조의 사회상규의 의미에 대한 판단

형법 제20조 소정의 '사회상규에 위배되지 아니하는 행위'라 함은 법질서 전체의 정신이나 그 배후에 놓여 있는 사회윤리 내지 사회통념에 비추어 용인될 수 있는 행위를 말하고, 어떠한 행위가 사회상규에 위배되지 아니하는 정당한 행위로서 위법성이 조각되는 것인지는 구체적인 사정 아래서 합목적적, 합리적으로 고찰하여 개별적으로 판단되어야 하므로, 이와 같은 정당행위를 인정하려면 첫째 그 행위의 동기나 목적의 정당성, 둘째 행위의 수단이나 방법의 상당성, 셋째 보호이익과 침해이익과의 법익권형성, 넷째 긴급성, 다섯째 그 행위 외에 다른 수단이나 방법이 없다는 보충성 등의 요건을 갖추어야 한다(대법원 2002도5077 판결, 2003도3000 판결 등 참조).

2. 피고인이 무단으로 피해자의 집에 들어간 행위에 대한 판단

    (1) 위와 같이 연립주택 위층에 있는 집으로 통하는 상수도관 밸브가 아래층 집에 설치되어 있는 경우 그 상수도관 밸브의 이상 유무의 확인이나 고장의 수리를 위한 위층 거주자의 아래층 집 출입은 그로 인하여 주거의 평온을 심하게 침해하는 것이 아닌 경우에는 특별한 사정이 없는 한 허용되어야 한다고 봄이 상당하다고 할 것이다.

    (2) 아래층에 사는 피해자가 위층 피고인의 집으로 통하는 상수도관의 밸브를 임의로 잠근 후 이를 피고인에게 알리지 않아 하루 동안 수돗물이 나오지 않은 고통을 겪었던 피고인이 상수도관의 밸브를 확인하고 이를 열기 위하여 부득이 피해자의 집에 들어간 것이므로 이는 피해자의 주거생활의 평온이 다소 침해되는 것을 정당화할 만한 이유가 될 수 있다고 보여지고, 오전 9시경 피해자의 집을 방문하여 문은 열어 주었으나 출입을 거부하는 피해자를 밀치는 것 외에 다른 행동을 하지 않았고 이로 인하여 피해자에게 별다른 피해가 발생하지 않은 점, 피해자 역시 피고인이 자신의 집에 들어오는 것을 적극적으로 제지하지 않았고 당일 출동한 경찰관들에게 피고인을 처벌해 달라는 요청을 하지 않은 점 등 여러 사정에 비추어 보면, 피고인의 위와 같은 행위가 그 수단과 방법에 있어서 상당성이 인정된다고 보여질 뿐만 아니라 긴급하고 불가피한 수단이었다고 할 것이므로, 피고인이 피해자의 주거에 침입한 행위는 형법 제20조의 '사회상규에 위배되지 않는 행위'에 해당한다고 할 것이다.

    그러므로 상고를 기각하기로 하여 관여 대법관의 일치된 의견으로 주문과 같이 판결한다.

XIII. 상사유치권

1. 의의

상법 제58조(상사유치권)에서는, 『상인간의 상행위로 인한 채권이 변제기에 있는 때에는 채권자는 변제를 받을 때까지 그 채무자에 대한 상행위로 인하여 자기가 점유하고 있는 채무자소유의 물건 또는 유가증권을 유치할 수 있다. 그러나 당사자 간에 다른 약정이 있으면 그러하지 아니하다』라고 하여 상사유치권을 규정하고 있다. 따라서 상사유치권의 핵심적인 요소는 ㉠ 상인간의 상행위로 인하여 채권이 발생해야 하며, ㉡ 그 채권은 변제기이 있어야 하고, ㉢ 채권자는 그 채무자에 대한 상행위로 인하여 채무자소유의 물건 또는 유가증권을 자신이 점유하고 있어야 하며, ㉣ 이런 경우 채권자는 점유하고 있는 채무자 소유의 물건 또는 유치증권을 채권의 변제를 받을 때까지 유치할 수 있다는 것이며, 이와 같은 상사유치권은 상법에 규정되어 있어서 상사유치권이라 하는 것이다. 이하에서 상법 제58조를 분석하여 상사유치권의 성립요건을 살펴본다.

2. 성립요건

가. 상인간의 상행위로 인하여 채권이 발생해야 한다

(1) 위 법문 그대로 상인간의 상행위로 채권이 발생해야 한다고 하므로, 양당사자는 상인이어야 한다. 여기서 상인이란 자기명의로 상행위를 하는 자(상법 제4조)와 점포 기타 유사한 설비에 의하여 상인적 방법으로 상행위 이외의 영업을 하는 자(상법 제5조)를 말한다. 쉽게 말하여 회사이건 개인사업자이건 세무서에 사업자등록을 마치고 계속적으로 영리활동을 하면 상인이 되며, 그런 상인이 하는 영업적 행위가 상행위가 된다. 그래서 판례는, 금전의 대여를 영업으로 하지 아니하는 상인이라 하더라도 그 영업상의 이익 또는 편익(편익)을 위하여 금전을

대여하거나 영업자금의 여유가 있어 이자 취득을 목적으로 이를 대여하는 경우가 있을 수 있으므로, 이러한 상인의 금전대여행위는 반증이 없는 한 영업을 위하여 하는 것으로 추정된다.

따라서 음식점업을 영위하는 상인이 부동산중개업을 영위하는 상인에게 금원을 대여한 행위는 상법 제47조 제2항에 의하여 영업을 위하여 하는 것으로 추정된다고 판시하고 있다(대법원 2006다54378 판결). 또한 <u>상법 제47조 제1항은 "상인이 영업을 위하여 하는 행위는 상행위로 본다"고 규정하고 있고, 같은 조 제2항은 "상인의 행위는 영업을 위하여 하는 것으로 추정한다"고 규정하고 있으므로</u>(대법원 2006다54378 판결), 영업을 위하여 하는 것으로 추정되는 행위는 곧 상행위가 되는 것이다.

(2) 다음으로 위와 같은 상인간의 상행위로 인하여 채권이 발생해야 한다. 따라서 민법상의 유치권에 관한 민법 제320조에 나오는 '그 물건이나 유가증권에 관하여 생긴 채권'이라는 채권과 목적물 간의 견련성에 관한 내용이 상법 제58조에는 없다. 그래서 학자들은 상사유치권의 피담보채권은 상인인 당사자 간에 쌍방적인 상행위로 인하여 발생한 채권이면 모두 포함된다는 의미에서 민사유치권과 구별된다고 보고 있다. 또한 상행위가 아닌 행위에 의하여 발생한 채권이나 일방적 상행위에 의하여 발생한 채권은 상사유치권의 피담보채권이 되지 않는다(상법강의(상) 제3판, 정찬형 저, P202).

(3) 따라서 채권자는 채권의 발생과 직접 관련이 있는 물건 등 뿐 아니라 채무자의 상행위로 인하여 점유하게 된 것이라면 채권과 직접 관련이 없는 다른 상행위로 인하여 점유하게 된 물건 또는 유가증권이라도 유치할 수 있다(부동산권리분석과 배당, 손진홍 저. P484). 그리고 여기의 물건에는 부동산도 포함된다.

나. 그리고 그 채권은 변제기이 있어야 한다.

채권이 변제기에 있어야 한다는 요건에서는 민사유치권과 차이가 없다.

만약 변제기에 이르지 않은 채권에 기하여 채무자 소유의 물건을 점유하면서 인도를 거절하는 것은 간접적으로 변제기 전에 채무의 변제를 강요하는 것이 되어 부당하기 때문이며, 변제기 도래의 여부의 판단은 채권자와 채무자 간의 각각의 상행위를 기초로 판단해야 한다.

다. 채무자에 대한 상행위로 인하여 채무자소유의 물건·유가증권을 점유해야한다

(1) 채권자는 그 채무자에 대한 상행위로 인하여 채무자소유의 물건 또는 유가증권을 자신이 점유하고 있어야 한다. 따라서 채권자가 채무자 소유인 물건이나 유가증권을 취득하는 원인은 채무자에 대한 상행위로 인한 것이어야 하며, 또한 이러한 상행위는 채권자의 입장에서도 상행위가 되어야 한다(상법강의(상) 제3판, 정찬형 저, P202).

(2) 다음으로 채권자는 채무자의 소유의 물건이나 유가증권을 점유하고 있어야 한다. 여기서 학자들은 채무자 소유이어야 한다는 요건은 상사유치권 성립 당시에만 존재하면 충분하므로 그 후 채무자가 목적물의 소유권을 타인에게 이전하여도 상사유치권은 존속하는 것으로 보고 있다(상법강의(상) 제3판, 정찬형 저, P203).

라. 유치권 배제의 특약이 없어야 한다

3. 효력

(1) 상사유치권에 대해서는 민사유치권에 관한 민법의 규정의 규정이 준용되며, 양자는 적법하게 점유를 계속할 수 있는 유치권의 권능과 과실수취권, 환가를 위한 경매청구권 등을 갖는다는 점에서 동일하다. 또한 목적물의 유치에 있어서 선관주의의무를 부담한다(부동산권리분석과 배당(개정판), 손진홍 판사 저. P484). 또한 민법의 규정이 적용되므로 채무자의 동의없는 사용, 대여, 담보제공 등이 금지된다.

(2) 이와 같은 상사유치권의 경우를 부동산경매에 적용시켜 보면, 공사업자의 유치권의 경우 건축주의 경우도 상인이고, 공사업자의 경우도 상인인 경우, 공사업자는 그 건축주와의 다른 공사계약에 기하여 공사대금이 발행한 경우 현재 경매가 진행중인 건물이 반드시 자신이 건축한 건물이 아닌 경우라 하더라도 적법하게 점유하고 있으면서 상사유치권을 주장하면 입찰을 고려하는 매수인은 이런 상사유치권에 의한 피담보채권에 대하여 변제할 책임을 부담하게 된다. 왜냐하면 상사유치권은 채권과 목적물 간의 견련성을 요하지 않기 때문이며, 또한 공사업자의 공사비채권은 건축주와 공사도급계약이란 쌍방적 상행위에 의하여 발생한 것이기에, 자신이 직접적으로 건축하지 않는 건물에 대하여도 점유할 수 있는 것이다. 이런 점에 대하여 정찬형교수는 "유치목적물과 피담보채권과는 개별적인 견련성을 요하지 않고, 「영업을 통하여 관련」되어 있으면 된다"고 설명하고 있다(상법강의 (상) 제3판, 정찬형 저, P203).

◆ 유치권에 대한 민법조문

제320조 (유치권의 내용) ① 타인의 물건 또는 유가증권을 점유한 자는 그 물건이나 유가증권에 관하여 생긴 채권이 변제기에 있는 경우에는 변제를 받을 때까지 그 물건 또는 유가증권을 유치할 권리가 있다.
② 전항의 규정은 그 점유가 불법행위로 인한 경우에 적용하지 아니한다.

제321조 (유치권의 불가분성) 유치권자는 채권전부의 변제를 받을 때까지 유치물 전부에 대하여 그 권리를 행사할 수 있다.

제322조 (경매, 간이변제충당) ① 유치권자는 채권의 변제를 받기 위하여 유치물을 경매할 수 있다.
② 정당한 이유있는 때에는 유치권자는 감정인의 평가에 의하여 유치물로 직접변제에 충당할 것을 법원에 청구할 수 있다. 이 경우에는 유치권자는 미

리 채무자에게 통지하여야 한다.

제323조 (과실수취권) ① 유치권자는 유치물의 과실을 수취하여 다른 채권보다 먼저 그 채권의 변제에 충당할 수 있다. 그러나 과실이 금전이 아닌 때에는 경매하여야 한다.
② 과실은 먼저 채권의 이자에 충당하고 그 잉여가 있으면 원본에 충당한다.

제324조 (유치권자의 선관의무) ① 유치권자는 선량한 관리자의 주의로 유치물을 점유하여야 한다.
② 유치권자는 채무자의 승낙없이 유치물의 사용, 대여 또는 담보제공을 하지 못한다. 그러나 유치물의 보존에 필요한 사용은 그러하지 아니하다.
③ 유치권자가 전2항의 규정에 위반한 때에는 채무자는 유치권의 소멸을 청구할 수 있다.

제325조 (유치권자의 상환청구권) ① 유치권자가 유치물에 관하여 필요비를 지출한 때에는 소유자에게 그 상환을 청구할 수 있다.
② 유치권자가 유치물에 관하여 유익비를 지출한 때에는 그 가액의 증가가 현존한 경우에 한하여 소유자의 선택에 좇아 그 지출한 금액이나 증가액의 상환을 청구할 수 있다. 그러나 법원은 소유자의 청구에 의하여 상당한 상환기간을 허여할 수 있다.

제326조 (피담보채권의 소멸시효) 유치권의 행사는 채권의 소멸시효의 진행에 영향을 미치지 아니한다.

제327조 (타담보제공과 유치권소멸) 채무자는 상당한 담보를 제공하고 유치권의 소멸을 청구할 수 있다.

부 록

◆ 유치권의 진위여부에 대한 판단자료 수집방법

1. 공사업자가 유치권을 신고한 경우
   (1) 유치권의 신고가 된 건물이 신축건물인지 아니면 기성건물인지를 파악한다.
      ▶ 신축건물인 경우는 건물신축도급계약에 기하여 공사대금을 가지고 유치권을 행사하는 경우는 적법한 유치권으로 인정받을 가능성이 높지만, 기성건물에 대하여 공사대금을 가지고 유치권을 주장하는 예는 건축주가 경매를 방해하거나 부당한 이득을 노려서 유치권을 신고하는 경우가 있으므로 양자를 구별해야 한다.
   (2) 해당 건물을 점유하고 있는 자는 누구 인지를 파악한다.
      ▶ 일차적으로 공사도급계약 상의 원수급인 인지 아니면 하수급인 인지를 파악한다.
      ▶ 점유자가 하수급인인 경우 원수급인은 누구인지를 파악해야 한다. 이는 건축주와 원수급인 간의 공사도급계약이 종료되고 공사비가 청산되어 원수급인이 해당 건물을 점유할 권한이 없는데도 하수급인이 불법으로 점유하고 있는 경우를 파악하기 위한 것이다. 만약 원수급인이 점유할 권한이 없다면 하수급인의 점유는 권한 없는 자의 점유에 터잡아(근거하여) 하는 점유이므로 역시 권한 없는 점유이어서 불법점유가 되며, 이는 유치권의 불성립 요건이 되기 때문이다.
      ▶ 다음으로 점유자가 공사수급인이 아니고 건축주의 하락을 받고 점유하고 있는 자라면 이는 공사대금채권이라는 피담보채권을 가지지 않은 자로써 유치권을 주장할 지위에 있는 자가 아니므로, 이런 자가 유치권을 주장해도 이는 유치권

으로써 성립하지 못한다. 즉 민법 제320조 상의 목적물과 관련된 채권을 가지고 있지 않기 때문이다.
- ▶ 끝으로 공사수급인의 허락(임대, 대여포함)을 받고 점유하고 있는 제3자라면 이는 소유자의 허락이 없는 유치물의 대여, 담보제공 기타 사용행위가 되어서 소유자 기타 매수인은 민법 제324조에 의하여 유치권의 소멸청구가 가능하므로 적법한 유치권 상의 점유라고 할 수 없다. 단 공사수급인의 종업원 또는 지휘감독을 받는 자인 경우는 다르다. 이들은 점유보조자가 되기 때문에 이 경우 공사수급인은 직접 점유하고 있다는 판단을 받기 때문이다.
- ▶ 위의 경우 어느 누구의 점유이든 모두 적법한 점유이어야 하며, 이는 곧 건축주의 허락 또는 묵시적 승낙이 있는 점유이어야 한다. 따라서 점유자에게 건축주의 허락을 받고 점유하고 있는지를 물어야 한다.
- ▶ 유치권을 신고한 점유자에 대한 정보를 파악할 때 경매신청채권자에게 연락하여 경매신청채권자가 유치권의 존재를 인정하는지 그리고 인정한다면 어떤 근거로 인정하는지도 파악해야 한다.
- (3) 점유자를 파악하였으며 점유상태가 적합한가를 파악해야 한다.
  - ▶ 어느 누구가 점유를 하던 점유자는 기본적 선량한 관리자의 지위에서 목적물을 점유하고 있어야 한다. 이 말은 점유하고 있는 목적물의 용도에 맞게 점유, 관리하고 있어야 한다는 뜻이다. 따라서 주거용건물에 창고처럼 많은 물건들을 적치한 경우, 각종 쓸모없는 물건들을 무단으로 보관하다는 명목으로 방치한 경우, 관리하다면서 청소도 하지 않고 무단으로 신발 등을 신고 출입하는 경우 등 모두 선관의무 즉 선량한 관리자의 주의의무에 위반되어 민법제 324조에 의하여 유치권소멸청구의 사유가 된다. 참고로 선관의무는 직무에 충실할 의무라고 보면 된다.

    따라서 유치권의 신고가 있을 경우 입찰을 준비하는 자나 매수인은 현장 사진을 통하여 점유상태를 확인하고 있어야 한다. 집행관의 현황조사보고서의 사진도 좋은 자료기 된다.
(4) 집합건물의 점유에서 주의사항
▶ 그리고 집합건물의 일부를 점유하고 있는 경우 구체적으로 점유하고 있는 구분건물은 어느 부분인지를 파악해야 한다. 실상 유치권 신고를 해도 모든 구분건물을 점유하고 있지 않고 일부만을 점유하고 있을 때 점유하고 있지 않은 구분건물에 대하여는 유치권이 성립하지 않는다.
▶ 다만 집합건물의 점유와 관련하여 유치권자가 해당 집합건물의 시건 장치를 한 후, 별도로 직접점유자를 두지 않고 열쇠를 보관하여 타인의 출입을 통제하고 있는 상태에 있다면, 서울중앙지법의 2009.9.4. 선고 2009가합49365 판결을 주의할 필요가 있다. 즉 "원고가 이 사건 아파트에 관하여 생긴 징수금 채권 등을 담보하기 위하여 2003. 9. 20.부터 <u>이 사건 아파트의 출입문을 시정하고, 그 열쇠를 보관하는 한편, 원고가 유치권을 행사하고 있다는 내용의 경고문을 이 사건 아파트 출입문에 게시하였다면, 원고는 타인의 지배를 배제하고 사회관념상 이 사건 아파트를 사실상 지배하여 이 사건 아파트의 점유를 취득하였다고 봄이 상당하다</u>"고 판시하였기 때문이다. 따라서 위 판결에 비추어 보면 집합건물에 대하여 별도의 시건장치를 하고 열쇠를 보관하고 있는 것은 점유하고 있다는 판단을 받을 수 있다.
(5) 점유하고 있다면 언제부터 점유하고 있는가를 파악한다.
▶ 점유의 개시시점에 대한 정보의 수집은 매우 중요하다. 유치권자가 누구이든 간에 점유의 시점은 반드시 파악해야 한다. 그 이유는 대법원 판결에서, "채무자 소유의 건물 등 부동산에 강제경매개시결정의 기입등기가 경료되어 <u>압류의 효력이 발생한 이후에 채무자가 위 부동산에 관한 공사대금 채권자에게 그 점유를 이전함으로써 그로 하여금 유치권을 취득하게 한 경우</u>, 그와 같은 점유의 이전은 압류의 처분금

지효에 저촉되므로 점유자로서는 위 유치권을 내세워 그 부동산에 관한 경매절차의 매수인에게 대항할 수 없다"고 판시하고 있기 때문에 만약 유치권을 주장하는 자가 압류의 효력 발생 이후라면 이는 유치권의 불성립을 주장하여 유치권을 무력화시킬 수 있기 때문이다.

(6) 점유의 근거가 되는 공사계약서의 존재 및 공사내역을 파악한다.
▶ 공사계약서와 공사내역을 통하여 언제 어떠한 목적을 위하여 어떤 공사를 수행하였는지를 파악하야 한다. 이를 통해서 『경매개시 가능성이 농후한 경우에 공사도급계약에 기한 유치권 신고는 허용될 수 없다는 고등법원의 판례(대전고법 2002 나 5475 판결)』를 적용할 수 있는 지를 파악하기 위해서이다.

즉 <u>건물 및 대지에 거액의 근저당권, 전세권, 가압류등기 등이 설정되어 있는 등으로 부동산 소유자의 재산상태가 좋지 아니하여 위 부동산에 관한 경매절차가 개시될 가능성이 있음을 충분히 인식하고서도 수급인이 거액의 공사도급계약 및 그 후의 사용·수익 약정을 체결하여 건물의 일부를 점유하였다면</u> 수급인이 전 소유자와 사이에 위 건물 부분에 관한 공사도급계약을 하고 그 계약에 따른 공사를 일부라도 <u>실제로 진행하여 상당한 공사비용을 투하하였다고 하더라도,</u> 만약 이러한 경우에까지 유치권의 성립을 제한 없이 인정한다면 전 소유자와 유치권자 사이의 묵시적 담합이나 기타 사유에 의한 유치권의 남용을 막을 방법이 없게 되어 공시주의를 기초로 하는 담보법질서를 교란시킬 위험이 있다는 점을 고려할 때, <u>수급인의 공사도급계약 전에 가압류등기와 근저당권설정등기를 마친 자의 신청에 의한 경매절차의 매수인(낙찰자)에 대한 관계에서는, 민법 제320조 제2항을 유추적용하여 수급인이 공사대금채권에 기초한 유치권을 주장하여 그 소유자인 낙찰자에게 대항할 수 없다고 하거나, 그 유치권을 행사하는 것이 신의칙에 반하여 허용될 수</u>

없다고 보아야 한다.
- ▶ 위 대전고법 2002나5475 판결은 기존(기성) 건물에 대한 공사업자의 유치권을 무력시킬 때 단골처럼 등장하는 아주 중요한 판결이어서 꼭 알고 있어야할 판결이다.
- ▶ 공사내역의 파악에는 임차권의 경우와 마찬가지이다

(5) 임차인에게 유치권이 인정되려면 목적물에 대하여 유익비를 지출해야 하는데 임차인이 공사를 하였다는 내역은 무엇인지를 파악한다.
- ▶ 구체적인 공사내역은 무엇인지를 파악한다. 예, 실내장식, 주방수리 등.
- ▶ 공사를 자력으로 하지 않고, 외주를 주었다면 공사계약서가 있을 것이며, 수급인이 누구인지, 연락처는 어떻게 되는지와 수급인은 어떻게 자재를 공급받아 공사를 하였는지, 공사수급인은 자재대금을 은행계좌로 결재한 적이 있는지, 법인이라면 장부기재가 되었는지를 질문해야 한다. 단순한 견적서, 세금계산서는 공사를 하였다는 증빙자료가 되지 않는다. 소송이 진행될 경우 상대방에게 이러한 사항들에 대하여 입증책임을 전가시켜야 한다.
- ▶ 공사업자의 유치권신고에서 신고된 금액과 감정평가서 상의 금액 상의 차이를 확인한다.

(6) 다음으로 유치권을 배제하는 특약은 없었는지를 파악하며, 공사완료와 관련하여 공사대금채권의 소멸시효가 완성하지는 않았는지를 함께 파악한다.

2. 임차인이 유치권을 신고한 경우도 공사업자가 유치권을 신고한 경우를 유추하여 적용하면 된다. 임차인의 유치권의 경우 언제나 임차인이 행한 공사가 건물의 객관적인 가치를 증가시켰는가를 중심으로 파악하면 답은 나온다. 건물의 객관적인 가치를 증가시켰는가는 곧 구조적으로 개량되었다와 상통하는 말이다.

제2장

유치권해결과 투자를 위한 건물소유권의 귀속의 문제

I. 서 설
II. 완성된 건물의 소유권 귀속에 대한 판례와 해설
III. 미완성된 건물의 소유권 귀속에 대한 판례와 해설

제2장 유치권의 해결과 투자를 위한 건물소유권 귀속의 문제

Ⅰ. 서설

1. 논의의 출발점

(1) 시중에 보면, 거의 완성된 건물인데 유치권 신고중이라는 현수막을 걸고 있으며, 채권자가 점유하고 있다고 하는 안내판 같은 것도 걸려 있는 건물들을 간혹 볼 수 있다. 따라서 본 제2장은 굳이 경매사건이 아니라고 하더라도 저 정도의 건물이면 위치도 좋고 건물에 붙여진 문제만 풀면 돈이 되겠다하는 생각을 필자 뿐 만이 아니고 다른 사람들도 했으리라고 본다. 이 때 가장 중요한 문제가 해당 건물의 진정한 소유권자가 누구인가를 판단하는 것이다.

(2) 소유권자야 당연히 건축주 또는 건축허가명의자가 되는 것이 아니냐고 반문하는 독자도 있으리라고 본다. 맞는 말이다. 대개는 그렇다. 그러나 그렇지 않은 경우도 있음을 필자는 여기서 떠들고 있는 것이다. 그래서 해당 건물의 진정한 소유권자 즉 법률상으로 처분권한이 있음을 인정받을 수 있는 소유권자를 알 수 있는 실력을 키우기 위하여 본 장에서 판례를 통하여 건물의 소유권의 귀속에 대하여 공부하는 것이며, 이를 통하여 유치권자라고 날선 주장을 하는 사람들이 실상은 유치권자가 될 수 없는 경우도 있게 됨을 알아서, 해당 건물에 대하여 투자를 하고자 하는 경우 협상의 유리한 고지를 점할 수 있도록 함에 본래의 의도가 있으며, 또한 진짜 소유자라고 철석같이 믿고 투자를 하였는데 나중에 보니까 아니더라 하면서 투자를 잘못하여 후회하는 일이 없도록 하기 위하여 "제2장 유치권의 해결과 투자를 위

한 완성·미완성 건물의 소유권의 귀속의 문제"를 다루게 되었다. 처음에는 완성된 건물의 소유권의 귀속의 문제를 다루며, 그 다음에 미완성 건물의 소유권의 귀속여부를 다룬다. 미완성 건물의 소유권의 귀속여부라고 하지만, 실상은 미완성인 건물을 인수하여 완성하였을 경우 누가 민법상 소유권자가 되느냐의 문제이므로 제목이 딱 떨어지지는 않지만 필자의 의도는 전달되리라고 본다.

2. 유치권과의 관련성

(1) 본 장은 기본적으로 건축공사도급계약의 법률관계의 의미를 파악하는 것이며, 논의의 기초는 완성된 건물의 소유권의 귀속에 관한 판례의 원칙이라 할 수 있는 "수급인이 자기의 노력과 재료로 완성한 건물의 소유권은 도급인과 수급인 사이의 특약에 의하여 그 귀속을 달리 정하거나 기타 특별한 사정이 없는 한 수급인에게 귀속된다"에 두고 있다. 따라서 앞의 제1장의 공사업자의 유치권 부분과 연결되는 것이며, 이 부분을 심화시킨 부분이라고 봐도 되겠다.

(2) 그러면 왜 유치권과 연결되는지를 살펴보자. 우리민법은 수급인이 건축도급계약에 기하여 해당 건축물 공사를 완성하고, 이를 도급인에게 인도하기 전에 그 완성된 목적물의 소유권은 누구에게 있느냐에 대하여 어떤 규정도 두고 있지 않고 있으며, 이에 대하여는 판례에 위임되어 있다. 위 판례의 원칙에 따르면, 도급인과 수급인 사이에 특약이나 특별한 사정이 없으면, 해당 건물의 소유권은 수급인에게 귀속되고, 수급인은 자신의 소유물에 대하여는 유치권을 행사할 수 없다는 결론이 도출된다(대법원 91다14116 판결). 그러나 실제로 대부분의 경우는 도급인과 수급인 사이의 특약이나 기타 특별한 사정에 의하여 수급인이 완성한 건축물은 도급인의 소유로 판정되는 경우가 그렇지 않은 경우보다 훨씬 많다.

(3) 그리고 일반적인 건축공사도급에 관한 표준계약서에서는 건축허가 또는 건축사업인허가는 도급인 명의로 취득하고 또한 완성된 건축물에

대한 소유권보존등기도 도급인 명의로 한다는 내용이 들어간 계약서를 사용함으로서, 사실상 소유권을 도급인에게 귀속시킴으로써 많은 문제가 해결 되고 있으나, 소규모 건축공사에서는 표준계약서가 아닌 당사자가 임의로 작성된 계약서를 대부분 사용함으로 인하여 완성된 건축물의 소유권이 누구에게 귀속하느냐의 문제는 여전히 중요하다.

3. 건물의 미완성 상태에서의 소유권의 귀속의 문제

(1) 미완성 상태에서의 소유권의 귀속의 문제는 두 가지 측면에서 봐야 한다. 첫째는 도급인과 수급인사이에서 소유권의 귀속의 문제이며, 둘째는 미완성의 건물을 인수하여 이를 완성한 경우 양도인과 양수인 사이에서 해당 건물의 소유권의 원시적 취득자가 누구인가 하는 문제이다. 전자의 경우는 완성된 건물의 소유권 귀속에서 다루며, 후자는 미완성건물의 소유권의 귀속에서 다룬다.
(2) 따라서 이하에서는 완성된 건축물 또는 미완성된 건축물의 소유권 귀속과 관련된 판례를 살펴본다.

II. 완성된 건물의 소유권 귀속에 대한 판례와 해설

[사례용 판례주제 1] 도급인과 수급인 간의 특약에 의한 소유권의 귀속여부

대법원 62다743 판결

<판례핵심>
수급인이 자기의 재료와 노력으로 건물을 건축하였을 경우 <u>그 건물을 인도하기 전이라도 도급계약의 취지상 건물의 소유권은 도급인에게 있다</u>는 판례(대법원 62다743 판결 부동산소유권보존등기 말소 청구 사건)

제2장 유치권의 해결과 투자를 위한 건물소유권 귀속의 문제

<사실관계>

① 피고가 도급인이 되어, 소외 원수급인과 이 사건 건물에 대하여 금 42,716,950 환(구화임)에 공사도급계약을 체결하였다.

② 그런데 원수급인이 약 1할 정도의 공사를 한 상태에서 자금 난으로 인하여, 원수급인은 원고와 이익을 반분하기로 하는 동업계약을 체결한 상태에서 원수급인은 이에 대하여 피고의 승인을 받고, 원고는 자기의 자금으로 이 사건 건물을 준공하였다.

③ 이후 피고가 이 사건 건물에 대하여 보존등기를 하자 원고가 말소등기를 청구한 사건이다.

<대법원의 판단>

1. 도급계약의 취지에 따라 건물의 소유권은 도급인에게 있다

수급인이 자기의 자료(재료)과 노력으로 건물을 건축하였을 경우에 있어서 특별한 의사표시가 없으면 건물의 소유권은 도급계약의 성질상 도급인에게 인도하기 이전에는 수급인에게 있는 것이므로, 도급인과 수급인 사이에 특별한 의사표시가 있으면 그 의사표시에 따라 소유권 귀속이 정해진다 할 것인 바, 이 사건 건물의 도급계약의 취지에 의하면 원수급인이 이 사건 건물의 소유권을 피고인 도급인에게 귀속시키기로 한 뜻으로 해석되므로 원고의 청구는 이유가 없다는 판결이다.

<해설>

1. 원수급인과 하수급인 간의 계약의 성격

이 사례에서 눈여겨 볼 점은 도급계약에서 도급금액이 정해져 있었으며, 원수급인과 하수급인 간에 이 사건 건물을 완공하여 이익을 반분한다는 약정은 이미 수급인이 자기의 노력과 재료로 이 사건 건물을 완공하여도 이익을 받는데 의도가 있을 뿐 소유권 귀속의 문제는 의당 도급인에게 있었음을 인정하였다고 추정된다는 점이며, 명백하지는 않을 지라도 도급인과 원수급인 간의 계약

Ⅱ. 완성된 건물의 소유권 귀속에 대한 판례와 해설

이 취지에 의해서도 이 사건 건물의 소유권이 누구에게 귀속하는 가를 판단할 수 있다는 점이다.

2. 수급인이 완성한 건물을 인도하기 전의 소유권의 귀속

    1) 다시금 판례상의 원칙을 보면, "수급인이 자기의 노력과 재료로 완성한 건물의 소유권은 도급인과 수급인 사이의 특약에 의하여 그 귀속을 달리 정하거나 기타 특별한 사정이 없는 한 수급인에게 귀속된다"이다. 따라서 위 판례의 적용을 수급인인 완성한 건물을 도급인에게 인도한 후에만 적용되는지, 아니면 인도하기 전에도 위 원칙이 적용될 수 있는지의 여부가 정확하게 나타나지는 않는다.

    2) 그러나 위 사례용 판례를 보면, "수급인이 자기의 자료(재료)과 노력으로 건물을 건축하였을 경우에 있어서 특별한 의사표시가 없으면 건물의 소유권은 도급계약의 성질상 도급인에게 인도하기 이전에는 수급인에게 있는 것이다"라고 말하고 있다. 따라서 자기의 재료와 노력으로 건물을 완성한 수급인은 완성한 건물을 도급인에게 인도하기 전에 그 소유권이 자신에게 있음을 인정받을 수 있다.

3. 도급인과 수급인 사이에 특약에 의한 소유권의 귀속

    그러나 "도급인과 수급인 사이에 특별한 의사표시가 있으면 그 의사표시에 따라 소유권 귀속이 정해진다 할 것인바"라고 말하고 있어서, 당사자 간의 합의가 있으면 해당 건물을 수급인이 도급인에게 인도하기 전이라도 도급인에게 원시적으로 소유권을 귀속시킬 수 있다는 뜻으로 해석된다. 따라서 이 경우 건물의 소유권은 도급인에게 있으므로 수급인에게 미지급된 공사비가 있다면 수급인은 그 건물을 점유하여 유치권을 행사할 수 있게 된다.

[사례용 판례주제 2] 수급인 명의로 보존등기한 경우의 소유권 귀속

대법원 80다177 판결

제2장 유치권의 해결과 투자를 위한 건물소유권 귀속의 문제

<판례핵심>

도급계약에 따라 수급인의 노력과 재료로 건축공사를 완료하여 수급인명의로 보존등기를 하되 도급인이 공사대금을 수급인에게 지급하면 그 때 소유권이전등기를 한다는 합의가 있는 경우 소유권은 수급인에게 있다는 판례(대법원 80다177 판결 건물분할청구사건)

<사실관계>

① 피고회사(수급인)는 원고(도급인)와의 도급계약에 따라 이 사건 상가 및 아파트 건물을 피고 회사의 노력과 재료로 건축하던 중, 1972. 7. 15. 원고와 피고회사 사이에 지하실, 및 지상 1층, 2층 건물의 공사금을 160,000,000원으로 확정하고, 그 공사가 완공되면 위 피고회사 명의로 소유권보존등기 하되 원고가 공사대금을 지급하면 원고에게 소유권이전등기를 하기로 하였다.

② 이에 따라 건축허가 명의를 원고에서 피고회사 명의로 변경하여 피고회사가 건물을 완공한 사안인데, 위 1972. 7. 15.에 도급계약서와는 별도로 피고회사와 원고 사이에 협정서를 맺어 원고가 공사대금을 지급할 때까지 잠정적인 조치로 위 건물에 대한 권리를 피고회사에게 양도한다는 협정서가 있었으며, 대법원의 판단이 있을 때까지 원고가 피고에게 공사대금을 지급하지 아니한 사건이다.

<대법원의 판단>

1. 도급인과 수급인 간의 특약에 기하여 소유권은 수급인에게 있다

 1) 수급인이 자기의 노력과 재료로 완성한 건물의 소유권은 도급인과 수급인 사이의 특약에 의하여 그 귀속을 달리 정하거나 기타 특별한 사정이 없는 한 수급인에게 귀속된다고 보아야 할 것이다. 사실관계가 위와 같다면 수급인인 피고회사가 자기의 노력과 재료를 들여 완공한 위 건물의 소유권은 피고회사에게 귀속된다고 볼 수밖에 없을 것이다.

 2) 처음에 건축허가명의를 도급인명의로 받았다가 그 후 건축허가명의를 수급

인인 피고회사 이름으로 변경하고 소유권보존등기까지도 피고회사 명의로 마친 이 사건에서 완성된 위 건물의 소유권을 도급인인 원고에게 귀속시키기로 위 원고와 피고회사 사이에 특약이 있었다고 볼 여지가 없으며, 또 원고와 피고회사 사이의 협정서에서 위 공사금을 완불할 때까지 "잠정적인 조치로" 위 건물이 권리를 피고회사에게 양도한다는 취지의 표현을 쓰고 있다고 하여도 이러한 표현만으로는 내부적으로 위 건물의 소유권을 원고에게 유보하고 다만, 공사금 담보를 위하여 신탁적으로 등기를 한 것에 불과하다고 인정할 수 없다.

<해설>
1. 원고와 피고의 특약에 의하여 건물의 소유권은 수급인에게 있다
   1) 원심이 확정한 사실관계에서 이미, 그 공사가 완공되면 위 피고(수급인) 명의로 소유권보존등기 하되 원고(도급인)가 공사대금을 지급하면 원고에게 소유권이전등기를 하기로 하였기 때문에 판례상의 원칙대로 이 사건 건물의 소유권은 수급인에게 있다는 사례이다.
   2) 또 원고와 피고회사 사이에 별도의 협정서를 작성하여 위 공사금을 완불할 때까지 "잠정적인 조치로" 위 건물이 권리를 피고회사에게 양도한다는 취지의 표현을 쓰고 있지만, 이런 협정서가 원래 도급계약의 취지를 뒤집을 수 없다고 보고 있으며, 종국적으로 원고는 공사비를 모두 지급한 후 건물의 소유권을 찾아오겠다는 취지이므로 위 건물의 원시적 소유권은 수급인인 피고회사에게 있는 것이다.

[사례용 판례주제 3] 원도급계약상의 특약의 효력에 대한 하수급인이 승인 여부

대법원 89다카11401 판결

<판례핵심>

제2장 유치권의 해결과 투자를 위한 건물소유권 귀속의 문제

하수급인의 노력과 출재로 완성한 건축물의 소유권 귀속의 문제와 도급인과 수급인 간의 건물소유권 귀속에 관한 원도급계약상의 특약의 효력을 하수급인이 승인한 것으로 보아야 한다는 판례(대법원 89다카 11401 판결 지상권설정등기 청구사건)

<사실관계>

① 피고(원도급인)는 서울 도봉구 ○○동 산 ○○의 1 일대에 서울○○랜드 공원을 설치, 운영할 계획을 세우고 이에 따라 1986. 8. 19.에 소외 회사(원수급인)와의 사이에 위 공원시설중의 일부인 이 사건 공연장을 위 소외 회사(원수급인)의 비용으로 신축하여 그 소유권을 피고에게 귀속시키기로 하되, 그 대가로 위 소외 회사가 준공일로부터 10년간 이 사건 공연장의 점용권 및 운영수익권을 가진다고 약정하였다.

② 또한 위 소외 회사가 자신의 비용으로 위 공원 내에 편익시설물을 설치하여 그 소유권을 피고에게 귀속시키되 위 소외 회사는 설치된 시설물에 대한 광고권과 판매시설에서의 판매품목 및 독점공급업체 선정권을 공원 개원일로부터 10년간 갖기로 하는 내용의 도급계약을 체결하였다.

③ 그 다음 위 소외 회사는 위 공사를 위하여 위 계약상의 지위를 소외 주식회사 코스모에게 양도하였으며, 피고는 이 양도를 승인하였고, 위 주식회사 코스모는 1986.11.25.에 원고(하수급인)에게 공사대금, 준공일, 인도일 등을 정한 후 피고의 승낙하에 이 사건 공연장의 신축공사를 하도급 주었다.

④ 이어 위 소외 회사(원수급인)와 원고(하수급인)는 이 사건 공연장 신축공사의 하도급계약에 관하여 추가로 1987. 2. 11.에 공사대금 88,000,000원을 증액하고, 또한 그 무렵에 공사대금 30,030,000원을 증액한 후에, 원고(하수급인)는 위 하도급계약에 따라 그의 출재로써 이 사건 공연장을 신축하고 1987. 4. 21.에 준공검사를 받아 그 무렵 이를 피고(원도급인)에게 인도하였다.

⑤ 이후 원고(하수급인)은 피고(원도급인)을 상대로 위 건물의 소유권 귀속을 다툰 사례이다.

<대법원의 판단>

1. 도급인과 수급인 간의 특약에 의하여 소유권을 도급인에게 귀속되었다

수급인이 자기의 노력과 출재로 완성한 건물의 소유권은 도급인과 수급인 사이의 특약에 의하여 달리 정하거나 기타 특별한 사정이 없는 한 수급인에게 귀속된다고 보아야 할 것임은 논지가 지적하는 바와 같다.

그런데 이 사건에서 보면, 원심이 적법하게 확정한 바와 같이 피고와 이 사건 공연장신축의 수급인인 위 소외 회사(원수급인) 사이의 공사도급계약에 있어서 수급인의 비용으로 신축하여 피고에게 그 소유권을 귀속시키기로 특약을 하였던 것이고, 더욱이 그 시설공사는 수급인의 책임으로 수급인이 지정한 원고 회사로 하여금 시공하기로 약정한 사실이 인정된다.

2. 하수급인은 도급인과 수급인 간의 원도급계약에 저촉되는 하도급계약을 하도급인과 체결하지 않았다

그리고 위 수급인의 계약상 지위는 하도급인인 위 주식회사 코스모에게 그대로 양도되었고, 기록에 의하면 원도급계약상의 공사시공자로 지정되어 있는 원고가 위 코스모와 이 사건 공연장 하도급계약을 체결함에 있어서, 원도급계약상의 위 소유권특약에 관하여 이에 저촉되는 약정을 한 바 없고, 이에 대한 아무런 이의제기가 없었음이 인정되니 원고는 위 특약의 효력을 승인한 것으로 보아야 할 것이다.

3. 결론

원심의 판시이유가 미흡하기는 하나 이 사건 공연장의 소유권은 위 특약의 효력에 좇아 피고에게 귀속된다고 판단하여 원고의 이 사건 청구를 배척한 결론에 있어서는 정당하다고 할 것이니 이 점에 관한 논지도 이유 없다.

<해설>

1. 하수급인이 도급인과 수급인(하도급인) 간의 계약을 수용했다

위 판례의 핵심은 공사도급계약에 있어서 수급인의 비용으로 신축하여 도급인에게 소유권을 귀속시키기로 특약을 한 경우, 수급인(하도급인)과 하수급인 사

이에 원공사도급계약에 터잡아 하도급계약을 체결함에 있어서 원도급계약상의 위 특약에 저촉되는 약정을 한 바 없고, 이에 대한 이의 제기가 없었다면 하수급인은 위 특약의 효력을 승인한 것으로 봐야 한다는 점이다.

2. 반대해석의 가능성

따라서 반대해석을 해 보면 하도급인이 원도급계약의 내용에 관계없이 그의 노력과 비용으로 건축된 건물에 관하여 그 소유권은 원시적으로 하수급인에게 있다는 내용의 계약을 하수급인과 맺었다면 그 계약대로 신축건물의 소유권은 하수급인에게 있다고 볼 수 있다는 점이다. 위 판례의 사실관계에도 나오지만 위 공연장건물은 하수급인의 노력과 출재로 이루어 졌으며, 원고(하수급인)은 피고와 소외회사 간의 원도급계약이 중간에 해제로 실효되어 위 공연장건물은 원고에게 있다고 주장한 사례이다. 그러나 원심과 대법원은 이러한 원고의 주장은 증거가 없어서 모두 배척하였다.

[사례용 판례주제 4] 채권담보목적으로 건축허가명의를 채권자로 한 경우의 소유권의 귀속

대법원 89다카 18884 판결

<판례핵심>

자기의 노력과 재료를 들여 건물을 건축한 경우의 건물소유권의 귀속의 문제와 채무담보를 위하여 채무자가 자기의 비용과 노력으로 신축하는 건물의 건축허가명의를 채권자명의로 한 경우의 건물소유권의 귀속에 관한 판례인데, 소유권 귀속 여부에 관한 부분만 발췌함(대법원 89다카 18884 판결 가옥명도청구사건)

<사실관계>

① 소외 유○각은 1984.9.25. 다세대주택의 신축과 분양을 목적으로 소외 윤○자 소유의 수원시 ○동 113의16 대 688㎡를 대금 97,000,000원에 매수하고,

계약금 10,000,000원은 계약당일에, 중도금 10,000,000원은 같은 해 10.5.에 각 지급하였으며, 잔금 77,000,000원은 같은 해 11. 30.에 지급하기로 하였다.
② 그리고 나머지 잔금 77,000,000원의 지급전에 위 토지상에 주택을 신축할 수 있되, <u>위 잔금의 지급을 담보하기 위하여 신축건물의 건축허가 명의를 위 윤○자로 하기로 하고, 위 토지에 대한 소유권이전등기는 그 지상에 위 유○각이 주택을 건축하여 분양할 때 그가 요구한 자에게 경료하여 주기로 약정한 후, 위 유○각은 소외 윤○자 명의로 건축허가를 받아 자기의 자재와 비용으로 이 사건 건물 등 4채의 다세대주택을 신축하여 완공하였다.</u>
③ 그 후 소외 유○각은 이 사건 건물 2층 및 1층 일부를 피고들에게 임대하여 그 임대차보증금을 수령하고도 위 윤○자에게는 위 잔금지급기일이 지나도록 잔금을 지급하지 아니하였다.
⑤ 그러자 <u>위 윤○자는 1985.8.19. 이 사건 건물에 관하여 그 명의로 소유권보존등기를 경료하고</u>, 원고로부터 합계금 5,000만원을 차용하고 이사건 건물 및 그 대지 위에 원고 앞으로 근저당권을 설정하였다가 <u>위 차용금에 대한 대물변제로 원고에게 이 사건 건물 및 그 대지의 소유권을 이전하여 주었고</u>, 원고들이 임차인인 피고들을 상대로 가옥명도를 청구한 사안이다

<대법원의 판단>
1. 완성된 건물의 소유권 귀속에 대한 원칙
　<u>일반적으로 자기의 노력과 재료를 들여 건물을 건축한 사람은 그 건물의 소유권을 원시취득하는 것이고, 다만 도급계약에 있어서는 수급인이 자기의 노력과 재료를 들여 건물을 완성하더라도 도급인과 수급인 사이에 도급인 명의로 건축허가를 받아 소유권보존등기를 하기로 하는 등 완성된 건물의 소유권을 도급인에게 귀속시키기로 합의한 것으로 보여질 경우에는 그 건물의 소유권은 도급인에게 원시적으로 귀속된다.</u>
2. 토지의 매매잔금을 담보하기 위한 채권자 명의의 건축허가의 성격
　1) 이 사건에서 원심이 확정한 사실에 의하면 소외 유○각은 소외 윤○자로부

제2장 유치권의 해결과 투자를 위한 건물소유권 귀속의 문제

터 그 소유 토지를 매수하고 매매잔대금의 지급을 담보하기 위하여 위 토지위에 신축하는 건물의 건축허가명의를 위 윤○자 명의로 하였다는 것이므로 두 사람의 관계를 도급관계로는 보기 어렵다.

2) 따라서 이와 같이 단지 채무의 담보를 위하여 채무자가 자기 비용과 노력으로 신축하는 건물의 건축허가명의를 채권자명의로 하였다면, 이는 완성될 건물을 담보로 제공키로 하는 합의로서 법률행위에 의한 담보물권의 설정에 다름 아니므로, 완성된 건물의 소유권은 일단 이를 건축한 채무자인 유○각이 원시적으로 취득한 후 채권자인 윤○자 명의로 소유권보존등기를 마침으로써 담보목적의 범위 내에서 위 채권자에게 그 소유권이 이전된다고 보아야 할 것이며, 이와 달리 위 채권자가 완성될 건물의 소유권을 원시적으로 취득한다고 볼 것이 아니다.

<해설>

1. 채권자 명의의 소유권보존등기의 적법성의 범위

1) 이 사안에서 첫째로 주목할 점은 건축허가도 윤○자 명의이고, 소유권보존등기도 윤○자 명의라는 사실이다. 겉으로 보기에는 아무런 문제가 없는 것으로 보여 지지만 이 사건 건물의 완공되는 과정을 보면 진정한 소유권자는 따로 있으며, 윤○자 명의의 소유권보존등기는 채권담보를 위한 목적에서만 적법성을 가지는 것이며, 윤○자는 자기의 채권을 실현하기 위하여는 가등기담보에 관한 법률에 따라 청산절차를 거쳐야 한다.

2) 다음으로 이 사건의 원심은 원고들이 피고들(임차인)에 대한 건물명도청구를 받아들여 피고들이 패소하자 피고들이 상고하였는데, 상고심은 이 사건 건물의 소유권은 담보목적의 범위에서만 윤○자에게 있으며, 담보목적 외의 부분에서는 여전히 유○각의 처분권한을 인정하였다는 점이다. 그래서 피고들이 이 사건 건물을 임차하여 입주한 것은 정당하다고 판단하여 원심판결을 파기환송하였다.

2. 원고들의 소유권이전등기의 효력

1) 다음으로 의문점은 윤○자가 원고들에게 자신의 소유권보존등기에 터잡아 대물변제로 원고에게 이 사건 건물 및 그 대지의 소유권을 이전하였는데, 이러한 이전등기의 효력을 어떻게 볼 것인가 하는 점인데 이에 대한 대법원의 판단이 없어서 아쉬운 면이 있다.
2) 우선 가등기담보법의 규정을 볼 수밖에 없다.
   ① 가담기담보법 제4조 제2항 "채권자는 담보목적 부동산에 관하여 이미 소유권이전등기를 마친 경우에는 청산기간이 지난 후 청산금을 채무자 등에게 지급한 때에 담보목적부동산의 소유권을 취득한다."
   ② 가담기담보법 제4조 제4항 "제2항의 규정에 어긋나는 특약으로서 채무자에게 불리한 것은 그 효력이 없다"
   ③ 가담기담보법 제11조 "채무자등은 청산금채권을 변제받을 때까지 그 채무액(반환할 때까지의 이자와 손해금을 포함한다)을 채권자에게 지급하고, 그 채권담보의 목적으로 마친 소유권이전등기의 말소를 청구할 수 있다. 다만, 그 채무의 변제기가 지난 때부터 10년이 지나거나, 선의의 제3자가 소유권을 취득한 경우에는 그러하지 아니하다"
3) 소결
   ① 가등기담보법 상의 규정에 의하면, 소외 윤○자는 유○각에게 청산의무를 다하지 아니하여 원칙적으로 이 사건 부동산의 정당한 소유권자는 아니며, 따라서 그의 소유권보존등기에 터잡아 원고들에게 소유권이전등기를 넘겨줄 권한도 없다.
   ② 그런대도 소외 윤○자처럼 소유권을 넘긴 경우, 선의의 제3자가 소유권을 취득한 경우는 진정한 소유권자인 유○각은 선의의 제3장의 소유권이전등기에 대하여 말소청구를 할 수 없다(가등기담보법 제11조 후단).
   ③ 그렇다면 유○각이 원고들로부터 이 사건 부동산의 소유권을 찾아올 수 있는 방법은 원고들은 악의의 제3자임을 입증해야 한다. 따라서 일단 유○각 이 사건부동산에 대하여 소유권이전등기를 받은 원고들을 상대로 처분금지가처분을 신청한 후, 원고들이 악의의 제3자임을 입증한 후,

308 제2장 유치권의 해결과 투자를 위한 건물소유권 귀속의 문제

자신의 채무를 변제하고 순차로 말소등기를 청구하면 문제는 해결될 것으로 보인다. 이렇게 못하면 유○각은 윤○자에게 청산금을 초과하는 부분에 대하여 부당이득반환청구로서 자신의 권리를 찾아야 한다.

3. 피고들과 원고들 간의 후속적인 관계

일단 피고들은 이사건 부동산의 진정한 소유자인 유○각의 임대행위에 기하여 임차하였으므로 적법하다. 그리고 이들은 사실관계로 볼 때 원고들의 이전등기보다 앞선 일자에 임차를 하였고, 따라서 원고들은 주택임대차보호법 상 피고들의 임대차관계를 수인해야 하는 지위에 있다. 피고들이 임대차기간이 만료되면, 원고가 계약의 갱신을 해주지 않으면 피고들은 퇴거하고 이 사건 부동산을 원고들에게 명도해야 할 것으로 보인다. 원고들이 선의의 제3자인 경우에 한하여.

[사례용 판례주제 5] 도급인에게 소유권을 귀속시키는 약정과 건물의 인도여부, 대금지급여부와의 관련성

대법원 91다 34790 판결

<판례핵심>

건물신축공사도급계약서에 수급인이 자신의 노력과 재료로 건물신축공사를 하지만, 도급인이 건물 소유권 취득을 전제로 한 약정이 있을 경우, 건물의 인도나 대금지급과 관계없이 소유권은 도급인에게 있으며, 80% 정도 공사를 한 건물의 소유권의 경우도 소유권은 원시적으로 도급인에게 귀속된다는 판례(대법원 91다 34790 판결 건물소유권보존등기말소 등)

<사실관계>

① 원고는 수급인의 지위에서 <u>도급인인 소외 갑</u>과 이 사건 건물신축공사도급계약을 체결하였다.

② 그리고 건물신축공사도급계약서에 의하면 수급인이 자신의 노력과 재료로 건물신축공사를 하고, 도급인이 공사대금을 미지급할 때에는 그 미지급한 금액에 대하여 완성된 건물로 대물변제하거나 또는 수급인에게 그 건물소유권에 대한 가등기를 하여 주기로 하는 약정은 있었지만, 명백하게 신축건물의 소유권을 도급인에게 귀속시킨다는 내용은 없었다. 그래서 원고가 신축건물에 대한 소유권의 귀속을 다툰 사례이다.

<대법원의 판단>
1. 완성된 건물의 소유권 귀속에 관한 원칙
일반적으로 자기의 노력과 재료를 들여 건물을 건축한 사람은 그 건물의 소유권을 원시취득하는 것이고, 다만 도급계약에 있어서는 수급인이 자기의 노력과 재료를 들여 건물을 완성하더라도 도급인과 수급인 사이에 도급인 명의로 건축허가를 받아 소유권보존등기를 하기로 하는 등 완성된 건물의 소유권을 도급인에게 귀속시키기로 합의한 것으로 보여질 경우에는 그 건물의 소유권은 도급인에게 원시적으로 귀속된다(89다카18884 판결 참조).

2. 도급인이 소유권 취득을 전제로 한 약정이 있는 경우 소유권은 도급인에게 있다
원심은 이 사건 건물 신축공사에 있어서 그 건축허가 명의가 도급인측으로 되어 있고, 공사도급계약상 도급인이 공사대금을 미지급할 때에는 그 미지급한 금액에 대하여 완성된 건물로 대물변제하거나 또는 수급인에게 그 건물소유권에 대한 가등기를 하여 주기로 하는 등 도급인이 완성된 건물의 소유권을 취득함을 전제로 한 약정이 있음을 인정한 후, 이에 의하면 원고가 그의 노력과 재료를 들여 위 공사를 80퍼센트 가량 진행하고 중단할 당시 사회통념상 독립한 건물의 형태를 갖추고 있었다 하더라도 그 건물의 원시적 소유권은 그 인도 여부나 공사대금의 지급 여부에 관계없이 도급인에게 귀속시키기로 합의한 것으로 볼 수 있다는 취지로 판시하여, 수급인인 원고가 이 사건 건물소유권을 원시취득 하였다는 주장을 배척하였는바, 관계증거 및 앞서 본 법리에 비추어 원심의 판단은 정당한 것으로 수긍되고 거기에 소론과 같이 위 공사도

310 제2장 유치권의 해결과 투자를 위한 건물소유권 귀속의 문제

급계약서의 해석을 그르치거나 도급계약의 법리를 오해한 위법이 있다할 수 없다고 하였다.

<해설>

1. 도급인과 수급인 간에 특약에 의하여 소유권을 도급인에게 귀속시키기로 한 경우 공사대금지급이나 인도여부에 관계없이 소유권은 도급인에게 있다

   1) 위 판례에서 주목할 점은 <u>도급계약상 완성된 건축물의 소유권을 도급인에게 귀속시키려는 취지의 합의사항이 있으면, 그 건물의 원시적 소유권은 그 인도 여부나 공사대금의 지급 여부에 관계없이 도급인에게 귀속시키기로 합의한 것으로 볼 수 있다</u> 점을 지적했다는데 있다.

   2) 그리고 공사도급계약상 도급인이 공사대금을 미지급할 때에는 그 미지급한 금액에 대하여 완성된 건물로 대물변제하거나 또는 수급인에게 그 건물소유권에 대한 가등기를 하여 주기로 하는 약정의 성격은 완성된 건축물의 소유권을 도급인에게 귀속시키려는 합의사항이라고 본 점이다.

[사례용 판례주제 6] 도급인과 수급인 간에 소유권에 관한 특약이 없는 건물의 소유권 귀속

대법원 96누16834 판결

<판례핵심>

도급인이 수급인과 공사도급계약을 체결하면서 공사대금은 준공검사에 합격한 때에 주기로 하되, 공사대금일부를 사전에 지급할 수도 있다고 약정하고 건축허가명의자인 도급인 명의로 공사를 완료하였지만, 도급인은 공사대금의 약 10%만 지급한 상태에서 위 건축물의 소유권 귀속이 문제된 판례(대법원 96누16834 판결 부가가치세부과처분 취소 등)

<사실관계>

Ⅱ. 완성된 건물의 소유권 귀속에 대한 판례와 해설 311

① 원고는 1989. 7. 6. <u>소외 주식회사(시공사)와 사이에</u> 부산 중구 ○○동 10가 100 대지상에 지상 13층의 일반업무시설(이하 이 사건 건물이라 한다)의 신축공사에 대하여 1차 공사(터파기 및 철골공사)를 약 35억 원에 도급하는 내용의 공사계약을 체결하고, 공사대금은 준공검사에 합격한 때에 지급하기로 하되 준공검사 전이라도 쌍방합의에 의해 일부 지급할 수 있다고 약정하였다.

② 그리고 같은 달 11. <u>원고 명의로 건축허가를 받아</u> 소외 주식회사로 하여금 공사를 하게 해오던 중 <u>공사대금으로 약 20억 원을 지급한 후, 소외 주식회사와 원고가 지정하는 제3자를 건축공사의 공동계약자로 참여시킬 수 있다는 특약을 하였다.</u>

③ 그 후 원고는 <u>1992. 12. 4.</u> 소외 ○○통상과의 사이에 신축중인 이 사건 건물을 4:6의 비율로 공동취득하기로 하여, 원고는 ○○통상에게 이 사건 건물 부지의 60%를 약 44억원에 양도하고, <u>같은 달 12. 건축주를 원고와 ○○통상의 공동명의로 변경하였다.</u>

④ 그리고 원고와 ○○통상은 공동으로 1992. 12. 15. 소외 주식회사와 사이에 2차 공사를 약 161억 원에 도급하는 내용의 본계약을 체결하면서 공사대금 중 약 39억원은 원고가, 약 122억원은 ○○통상이 각 지급하기로 약정하였다.

④ 그런데 <u>1992. 12. 4.</u> 당시 신축중인 이 사건 건물은 이미 골조 및 외벽공사가 완료되었을 뿐만 아니라 전체적으로 완성도가 88.94%에 이르렀고, <u>그 후 이 사건 건물이 1993. 2. 13. 준공되자 원고 및 ○○통상은 같은 해 6. 28. 취득지분에 따라 그들 공동명의로 소유권보존등기를 마쳤다.</u>

⑤ 위 사실을 종합하면 원고가 신축중인 이 사건 건물에 관한 건축주 명의를 ○○통상과 공동으로 한 것은 사업상 재화의 공급에 해당되는지의 여부가 문제 사례이지만, 신축건물의 소유권 귀속여부를 다루고 있어서 여기에 실어 넣었다(판례상의 사실관계가 복잡하여 약간 수정하여 줄였다).

<대법원의 판단>
1. 도급인과 수급인 간의 건물의 소유권 귀속에 관한 원칙

부가가치세법 제6조 제1항, 같은 법 시행령 제14조가 정하는 바를 모아 보면, 계약상 또는 법률상의 모든 원인에 의하여 재화를 인도 또는 양도하는 것을 부가가치세의 과세원인이 되는 재화의 공급이라고 하고, 부가가치세의 성질에 비추어 그 인도 또는 양도는 재화를 사용·소비할 수 있도록 소유권을 이전하는 행위를 전제로 하는 것이며, 수급인이 자기의 노력과 출재로 건축 중이거나 완성한 건물의 소유권은 도급인과 수급인 사이의 특약에 의하여 달리 정하거나 기타 특별한 사정이 없는 한 도급인이 약정에 따른 건축공사비 등을 청산하여 소유권을 취득하기 이전에는 수급인의 소유에 속한다고 봄이 상당할 것이다(대법원 72다2204 판결, 89다카11401 판결 등 참조).

2. 위 사실관계에서 소유권을 도급인에게 귀속시키는 특약이 없다

1) 원심이 확정한 사실 및 기록에 의하면, 이사건 건물의 건축공사비 총액은 금22,222,860,000원)이고, 원고와 ○○통상과 사이에서의 위 약정 당시 이 사건 건물의 완성도는 88.94%이나, 원고가 그 때까지 소외 주식회사에게 지급한 공사대금 2,091,760,000원은 기성고에 따른 공사대금의 약 10%에 불과하며, 1차공사계약서와 2차공사가도급계약서의 모든 내용에 의하더라도 원고가 공사비를 지급하고 완공된 건물을 인수하기 전에 신축중인 건물의 소유권을 원고에게 귀속시킨다는 취지의 특약을 찾아 볼 수 없다.

2) 그러므로 원고와 ○○통상과 사이에 이 사건 건물을 공동취득하기로 약정할 당시 신축 중이던 이 사건 건물의 소유권은 수급인인 소외 주식회사에게 있었던 것일 뿐, 원고에게 그 소유권이 있었다고 볼 수는 없고, 따라서 원고가 소유자의 지위에서 신축 중이던 이 사건 건물의 10분의 6 지분을 ○○통상에게 이전시킨 것으로 볼 수는 없다 할 것이다.

3. 결론

그런데도 원심은 이와 달리, 원고가 ○○통상과 사이에 이 사건 건물을 공동취득하기로 약정하고, 건축주를 공동명의로 변경한 조치가 사업상 재화의 공급에 해당된다고 본 이 사건 부가가치세 부과처분이 적법하다고 하였으니, 이는 사업상 재화의 공급에 관한 법리오해의 위법을 저지른 것이라고 아니할 수 없다.

Ⅱ. 완성된 건물의 소유권 귀속에 대한 판례와 해설

<판결요지>

부가가치세법 제6조 제1항, 부가가치세법시행령 제14조가 정하는 바를 모아 보면, 계약상 또는 법률상의 모든 원인에 의하여 재화를 인도 또는 양도하는 것을 부가가치세의 과세원인이 되는 재화의 공급이라고 하고, 부가가치세의 성질에 비추어 그 인도 또는 양도는 재화를 사용·소비할 수 있도록 소유권을 이전하는 행위를 전제로 하는 것이며, 수급인이 자기의 노력과 출재로 건축 중이거나 완성한 건물의 소유권은 도급인과 수급인 사이의 특약에 의하여 달리 정하거나 기타 특별한 사정이 없는 한 도급인이 약정에 따른 건축공사비 등을 청산하여 소유권을 취득하기 이전에는 수급인의 소유에 속한다고 봄이 상당한바, 건축공사 도급계약상의 도급인이 제3자와의 사이에 신축중인 건물을 공동취득하기로 약정하여 건축주를 제3자와 공동명의로 변경하고 수급인의 동의아래 도급인을 제3자와 자신으로 하여 본계약을 체결한 경우, 원래의 도급인이 제3자와의 사이에 건물을 공동취득하기로 약정할 당시 신축 중이던 건물의 소유권은 수급인에게 있었던 것일 뿐, 원래의 도급인에게 그 소유권이 있었다고 볼 수는 없고 따라서 원래의 도급인이 소유자의 지위에서 신축 중이던 건물의 지분을 제3자에게 이전시킨 것으로 볼 수는 없다. [위 판결요지를 별도로 실은 이유는 판결요지를 통하여 위 사안에 대한 대법원의 판단을 좀 더 잘 이해할 수 있도록 하기 위해서이다.]

<해설>

1. **도급인과 수급인 간의 건물의 소유권 귀속에 관한 원칙은 건축 중인 건물의 소유권 귀속의 문제에도 그대로 적용된다**

    1) 앞의 판례(91다34790 판결)에서는 도급계약상 완성된 건축물의 소유권을 도급인에게 귀속시키려는 합의사항이 있으면, 그 건물의 원시적 소유권은 그 인도 여부나 공사대금의 지급 여부에 관계없이 도급인에게 귀속시키기로 합의한 것으로 볼 수 있다고 판시하였는데, 96누16834 판결에서도 1차 공사계약서와 2차공사가도급계약서의 모든 내용에 의하더라도 원고가 공사비를 지급하고 완공된 건물을 인수하기 전에 신축중인 건물의 소유권을

원고에게 귀속시킨다는 취지의 특약을 찾아 볼 수 없다고 언급을 함으로써, 이사건 건물의 소유권은 소외 주식회사(시공사)에게 있다고 판결하였다.

2) 따라서 이런 판결을 반대로 해석해 보면, 수급인에 의하여 건축 중인 건물이나 또는 완성된 건축물을 도급인에게 귀속시킨다는 특약이 있었다면, 설령 도급인이 공사비를 전부 지급하지 않았다하더라도 해당 건물의 소유권은 도급인에게 있다는 점을 다시금 확인하고 있다는 점이다.

3) 그리고 위 판결문의 앞부분에서도, "수급인이 자기의 노력과 출재로 건축 중이거나 완성한 건물의 소유권은 도급인과 수급인 사이의 특약에 의하여 달리 정하거나 기타 특별한 사정이 없는 한 도급인이 약정에 따른 건축공사비 등을 청산하여 소유권을 취득하기 이전에는 수급인의 소유에 속한다고 봄이 상당한 바"라고 판시하고 있는데, 이 문구 중에 "건축 중인 건물"이 나오는데 위 판례에 따르면, 도급인과 수급인 간에 특약이 있거나 특별한 사정이 있는 경우는 건축 중인 건물에 대하여도 그 소유권의 귀속을 도급인으로 할 수 있음을 보여주고 있으며, 특약의 내용으로 도급인이 공사비를 전부 지급하지 않았다하더라도 해당 건물의 소유권 특히 건축 중인 건물의 소유권도 원시적으로 도급인에게 귀속시킬 수 있다는 점을 위 판례는 확인하여 주고 있다.

4) 일반적으로 판례상의 원칙은, "수급인이 자기의 노력과 재료로 완성한 건물의 소유권은 도급인과 수급인 사이의 특약에 의하여 그 귀속을 달리 정하거나 기타 특별한 사정이 없는 한 수급인에게 귀속된다고 보아야 할 것이다" 또는 "일반적으로 자기의 노력과 재료를 들여 건물을 건축한 사람은 그 건물의 소유권을 원시취득하는 것이고"라고 하여 완성된 건물을 전제로 소유권의 귀속을 정하므로, 건축 중인 건물의 경우도 그런 해석이 가능한가라는 의문이 있었는데, 위 판례는 건축중인 건물도 여전히 위 판례의 원칙이 적용됨을 보여주는 점이 위 판례(대법원 96누16834 판결)의 의의가 있다고 하겠다.

5) 위 판례(대법원 96누16834 판결)의 결론에 따르면 소외 주식회사가 공사

대금을 주장하며, 유치권을 행사하고 있으면서 이 사건 건물에 대하여 투자나 인수를 원하는 자와 대면하고 있다면, 그런 유치권은 성립될 수 없는 것이며, 소외 주식회사의 유치권이 무력화되면 투자결정은 한 결 쉬워질 것이다. 물론 건물의 대가는 지불하겠지만, 이중의 지불위험은 없지 않는가.

[사례용 판례주제 7] 담보목적 범위 내의 채권자명의의 소유권보존등기의 법적인 의미

대법원 97다8601 판결

<판례핵심>

채무담보를 위하여 채무자가 자기의 비용과 노력으로 신축하는 건물의 건축허가 명의를 채권자 명의로 하고, 채권자 명의로 소유권보존등기를 해도 이는 담보목적의 범위에서 효력이 있다는 판례(대법원 97다8601 판결 건물명도 청구사건)

<사실관계>

① <u>소외 갑은</u> 1991. 7.경 소외 주식회사 ○○건설(이하 소외 회사라 한다)로부터 소외 회사의 일반건설업 면허를 대여 받은 후 <u>1991. 8.경 소외 을, 소외 병과 사이에 그들의 공동소유 토지인 경남 창녕읍 ○○리 46의 2 대 909㎡ 지상에 지하 1층, 지상 5층 규모의 상가(1층) 및 아파트 16세대(창녕빌라, 이하 이 사건 건물이라 한다)를 금 1,142,400,000원에 신축하기로 하는 내용의 공사도급계약을 체결하였다.</u>

② 위 공사도급계약의 내용은, <u>위 소외 을과 병이 위 토지를 소외 갑에게 제공하고, 그 토지 위에 위 소외 갑은 자신의 자금과 노력으로 이 사건 건물을 신축하면서 위 소외 을과 병은 그 부지대금으로 1층 상가 전부(142평) 및 지하 일부(106평)를 갖고, 시공자인 위 소외 갑은 나머지 아파트 16세대를 위 소외 을과 병의 이름으로 분양하여 위 공사대금에 충당하기로 약정하였다.</u>

③ 이에 따라 위 소외 갑은 토지 소유자인 위 소외 을과 병의 명의로 건축허가를 받은 다음, 공사를 진행하던 중 형법 위반으로 구속되어 위 공사가 중단되자 같은 달 31. 소외 회사와의 사이에 소외 회사가 위 아파트를 분양하거나 이미 분양된 아파트의 분양대금을 수령할 권한을 갖되, 위 분양대금으로 위 소외 갑으로부터 하도급을 받은 이 사건 건물의 공사업자들에게 지불할 공사비를 지불하거나 또는 위 소외 갑이 발행한 당좌수표를 회수하는데 사용하기로 하는 내용의 위임약정을 한 사실이 있다.

④ 그 후 소외 회사가 위 마무리 공사를 맡아 하다가 위 소외 갑이 1993. 2.경 석방됨에 따라 위 소외 갑을 내세워 나머지 마무리 공사를 한 다음 같은 해 9. 24. 위 아파트의 준공검사를 받고, 같은 해 12. 29. 이 사건 건물에 관하여 위 소외 을과 병 명의로 소유권보존등기를 경료하였으며, 원고는 소외 갑과 위 소외회사 간의 분양약정에 터잡아 소외 회사로부터 분양받아 이 사건 건물 부분의 소유권이전등기를 받았으며, 피고는 소외 갑으로 이 사건 건물의 부분을 임차한 임차인이다.

⑤ 그리고 위 소외 갑은 소외 회사와 사이에 위 분양권 위임약정을 하면서 소외 회사가 위 소외 갑이 발행한 당좌수표를 전부 회수하지 못할 경우에는 위 분양위임약정을 무효로 하기로 한 사실이 있었으며, 그 후 소외 회사가 위 소외 갑 발행의 당좌수표를 일부 회수하지 못하여 소외 갑과 소외회사는 위 분양위임 약정은 소외회사의 약정위반으로 인하여 무효가 되었다고 판단받은 사례인데, 소유권이전등기를 받은 원고가 피고에게 명도청구를 한 사건이고, 쟁점은 원고의 소유권취득의 작법성이다.

<대법원의 판단>

1. 도급인과 수급인 간의 건물의 소유권 귀속에 관한 원칙

일반적으로 자기의 노력과 재료를 들여 건물을 건축한 사람은 그 건물의 소유권을 원시취득하는 것이고, 다만 도급계약에 있어서는 수급인이 자기의 노력과 재료를 들여 건물을 완성하더라도 도급인과 수급인 사이에 도급인 명의로

건축허가를 받아 소유권보존등기를 하기로 하는 등 완성된 건물의 소유권을 도급인에게 귀속시키기로 합의한 것으로 보여질 경우에는 그 건물의 소유권은 도급인에게 원시적으로 귀속된다.

2. 담보목적 범위 내에서의 소유권의 채권자 귀속의 효과

그러나 단지 채무의 담보를 위하여 채무자가 자기 비용과 노력으로 신축하는 건물의 건축허가 명의를 채권자 명의로 하였다면 이는 완성될 건물을 담보로 제공하기로 하는 합의로서 법률행위에 의한 담보물권의 설정에 다름 아니므로, 완성된 건물의 소유권은 일단 이를 건축한 채무자가 원시적으로 취득한 후 채권자 명의로 소유권보존등기를 마침으로써 담보목적의 범위 내에서 채권자에게 그 소유권이 이전된다고 보아야 한다(89다카18884 판결, 91다34790 판결 등 참조).

3. 사실관계에 대한 위 원칙의 적용

1) 그런데 원심이 적법하게 증거로 채택한 판시 각 증거들에 의하면, 위 소외 갑은 위 소외인들로부터 이 사건 토지를 제공받는 대가로 이 사건 건물 완공시 1층 상가 142평 전부와 지하층 중 일부 106평을 위 제공된 토지의 매매대금조로 대물변제하기로 하되, 위 대물변제의 이행을 담보하기 위하여 이 사건 건물의 건축허가 명의를 위 소외인들로 하였다는 것이다.

2) 그리고 위 소외 갑과 위 소외인들 사이에 체결된 도급계약서에 의하더라도 특약사항으로 대지 제공자는 1층 상가 전체(142평), 지하(106평)를 땅값 대신으로 소유하여 이전등기하고, 시공자(위 소외 갑을 의미한다)는 아파트 전체(16세대)를 분양하여 공사비로 충당하여 시공하고 일체의 제세공과금 및 세금을 부담하며, 시공자가 분양하는 아파트에 대하여는 시행자(위 소외 을과 병을 의미함)는 일체 관여할 수 없으며 시공자의 재량에 따른다고 되어 있는 점 등을 알 수 있는바, 이러한 점들에 비추어 보면 이 사건 건물 부분이 포함된 위 아파트 부분(16세대)에 대하여는 수급인인 위 소외 갑이 전적으로 소유하기로 하되 다만 위 토지에 대한 매매대금을 담보하기 위하여 위 아파트 부분의 건축허가 명의를 위 소외인들로 한 것에 불과하므로,

318 제2장 유치권의 해결과 투자를 위한 건물소유권 귀속의 문제

이 사건 건물 부분이 포함된 위 아파트 부분은 이를 건축한 위 소외 갑이 원시적으로 취득한 것으로 보여진다.

4. 소외 갑이 소외회사에게 한 분양권위임약정의 효력

다음 원심이 적법하게 확정한 사실과 같이 위 소외 갑과 소외 회사 사이에 소외 회사가 위 소외 갑 발행의 당좌수표를 전부 회수하지 못할 경우에는 위 분양권 위임약정을 무효로 하기로 약정하였는데, 소외 회사가 위 소외 갑 발행의 당좌수표를 일부 회수하지 못하였다면 위 소외 갑과 소외 회사 사이의 위 분양권 위임약정은 실효되었다 할 것이고, 위 분양권 위임약정이 실효된 이후에 한 소외 회사와의 분양계약도 분양권 없는 자가 분양계약을 체결한 것이 되어 그 효력이 이 사건 건물 부분의 소유 명의자에게 미치지 아니한다 할 것이므로, 원고가 위 분양권 위임약정이 실효된 이후에 소외 회사와 이 사건 건물 부분에 대하여 분양계약을 체결하였다면 비록 위 소외 을과 병으로부터 소유권이전등기를 넘겨받았다 하더라도 그 소유권이전등기는 원인 없이 된 무효의 등기라 할 것이다.

<해설>

1. 소외 갑과 소외회사 간의 분양권위임약정에 대한 해석

소와 갑과 소외 회사 간의 약정을 종합해 보면, 소외 갑이 소외 회사와의 사이에 소외 회사가 위 아파트를 분양하거나 이미 분양된 아파트의 분양대금을 수령할 권한을 갖되, 위 분양대금으로 위 소외 갑으로부터 하도급을 받은 이 사건 건물의 공사업자들에게 지불할 공사비를 지불하거나 또는 위 소외 갑이 발행한 당좌수표를 회수하는데 사용하기로 하는데, 소외회사가 소외 갑이 발행한 당좌수표를 전부회수하지 못하면 소외 갑과 소외회사 갑의 분양대행 및 분양대금의 처리에 관한 약정은 무효가 된다 라는 것이다.

2. 대법원의 판단 : 위임약정의 해제가 아니라 실효

1) 이에 대하여 대법원은 소외회사가 소외 갑이 발행한 당좌수표를 전부회수하지 못하여 위 약정은 실효되었다고 판단한 점을 주목할 필요가 있다. 즉

위임약정의 해제가 아니라 실효라는 표현을 쓴 점은 양 당사자 간의 별도의 해제의 의사표시 없이도 계약관계가 종료되었다는 점을 확인해 준 것이며, 이처럼 계약관계를 해소하기 위하여 별도의 해제 또는 해지의 절차를 회피하는 약정을 하려면 "어떠 어떠한 조건이 충족되지 못할 시는 자동적으로 해제된다, 실효된다 또는 무효이다"라는 자동해제(실효), 무효조항을 삽입해야 한다.

2) 따라서 대법원은 자동해제(실효), 무효조항에 따라 소외 갑과 소외회사 간의 위임약정이 실효되었다고 판단한 것으로 보인다. 약정은 무효라는 용어를 썼지만, 내용은 실효 즉 효력이 상실되어, 소외회사는 어떠한 법적인 권한을 갖지 못하는 상태가 된 것이다.

3) 그렇다면 자동해제(실효), 무효조항에 따라 소외회사는 이 사건 아파트에 대하여 분양을 할 권한을 상실하였고, 이렇게 분양할 권한이 없는 자가 행한 처분행위는 권한 없는 자의 처분행위에 해당하여 원인무효이고, 이에 터잡은 소유권이전등기도 뒤따라서 무효가 된다는 점을 상시시키는 판례이다. 주의할 점은, 위 자동해제조항의 조건이 실현되면, 당사자의 해제의 의사표시 없이도 전제된 조건충족으로 해당 계약이 언제나 항시 자동적으로 해제된다는 뜻은 아니다.

3. 위 판례(대법원 97다8601 판결)과 앞의 대법원 89다카18884 판결과의 차이점

대법원 89다카 18884 판결에서의 이전등기는 담보권자의 청산 전의 소유권이전등기이며, 따라서 가등기담보법이 적용되며, 대법원 97다8601 판결에서는 담보권자의 소유권이전등기가 아니라 실질적으로 전혀 처분권한 없는 자의 소유권이등기라서 대법원은 이에 대하여 원인 없이 된 무효의 등기라고 판단하였던 것으로, 양자 모두 채권담보 목적의 범위 내에서 보존등기를 하고 나서 소유권이전등기를 하였지만, 법리의 구성은 다를 수밖에 없다.

[사례용 판례주제 8] 건축허가서의 사법상 효력 및 건축허가가 타인의 명의로 된 경우 건물 소유권의 귀속

대법원 2000다16350 판결

<판례핵심>

건축업자가 타인의 대지를 매수하여 그 대금을 지급하지 아니한 채 자기의 노력과 재료를 들여 건물을 건축하면서 건축허가 명의를 대지소유자로 한 경우 건축허가서의 사법상 효력 및 건축허가가 타인의 명의로 된 경우 건물 소유권의 귀속에 대한 판례(대법원 2000다16350 판결 소유권보존등기말소청구 사건)

<사실관계>

① 원고들은 안산시 ○○동 540의 15 대 1355.6㎡(이하 '이 사건 대지'라고 한다)의 공유자들이며, 피고 김○곤은 1986. 8. 1. 당시 원고들의 대표인 원고 갑과 사이에, 이 사건 대지상에 위 피고가 지하 1층, 지상 5층 규모의 상가건물(이하 '이 사건 건물'이라고 한다)을 피고의 비용으로 건축한 다음, 그 중 지상 1층은 위 원고들의 소유로 하되, 그에 대한 대가로 위 원고들은 이 사건 대지에 관한 각자 지분의 5/6를 피고 김○곤에게 이전하기로 약정하였다.

② 이후 피고 김○곤은 자신만을 건축주로 하는 건축허가신청서를 작성하여 건축사설계사무소에 건축허가절차를 위임하였으나, 원고 갑이 원고들의 권익이 침해될 것을 우려하여 건축허가신청서의 신청인 란에 임의로 '원고 갑 외 29명'이라고 추가 기재하고 그 옆에 자신의 인장을 찍어 건축허가신청을 하게 하였다.

③ 안산시장은 이를 적법한 것으로 보고 1986. 10. 6. 피고 김○곤과 원고 등을 공동건축주로 하는 이 사건 건물에 관한 건축허가를 내주었으며, 그 후 피고 김○곤은 원고 등과의 공동건축주 명의를 용인하고 이후의 건축절차를 진행하였다.

④ 그러나 피고 김○곤과 원고들이 분쟁이 발생하였으며, 그 과정에서 원고 갑이 위와 같이 건축허가신청서를 변조한 범죄사실로 서울형사지방법원에서 유죄판결을 선고받게 되었다.
⑤ 그러자 피고 김○곤은 원고 갑에 대한 유죄판결을 첨부하여 안산시장으로부터 건축주를 피고 김○곤 단독으로 하는 건축주명의변경처분을 받고, 피고 김○곤은 1991. 8. 20. 안산시장으로부터 준공검사를 받은 후 이 사건 건물에 관하여 피고 김○곤 명의의 소유권보존등기를 경료하였는데, 원고들이 피고를 상대로 소유권보존등기말소를 청구하였고, 그 소송에서 건축허가서의 효력과 이 사건 건물의 소유권 귀속에 대하여 대법원이 판단한 판례이다.

<대법원의 판단>
1. **건축허가서의 효력**
   건축허가는 행정관청이 건축행정상 목적을 수행하기 위하여 수허가자에게 일반적으로 행정관청의 허가 없이는 건축행위를 하여서는 안 된다는 상대적 금지를 관계 법규에 적합한 일정한 경우에 해제하여 줌으로써, 일정한 건축행위를 하여도 좋다는 자유를 회복시켜 주는 행정처분일 뿐, 수허가자에게 어떤 새로운 권리나 능력을 부여하는 것이 아니다.
2. **건축허가서에 건축주로 기재된 자가 건물의 소유권을 취득하는 것은 아니다**
   그리고 건축허가서는 허가된 건물에 관한 실체적 권리의 득실변경의 공시방법이 아니며 주성력도 없으므로 건축허가서에 건축주로 기재된 자가 건물의 소유권을 취득하는 것은 아니므로(대법원 96다10638 판결 참조), 자기 비용과 노력으로 건물을 신축한 자는 그 건축허가가 타인의 명의로 된 여부에 관계없이 그 소유권을 원시취득 한다 할 것이다(대법원 84다카2452 판결 참조).
3. **채권자 명의의 소유권보존등기는 담보목적의 범위 내에서의 소유권이전에 불과하다**
   1) 건축업자가 타인의 대지를 매수하여 그 대금을 지급하지 아니한 채 그 위에 자기의 노력과 재료를 들여 건물을 건축하면서 건축허가 명의를 대지소

유자로 한 경우에는, 부동산등기법 제131조의 규정에 의하여 특별한 사정이 없는 한 건축허가명의인 앞으로 소유권보존등기를 할 수밖에 없는 점에 비추어 볼 때, 그 목적이 대지대금 채무를 담보하기 위한 경우가 일반적이라 할 것이다(대법원 97다1976 판결 참조).

2) 이 경우 완성된 건물의 소유권은 일단 이를 건축한 채무자가 원시적으로 취득한 후 채권자 명의로 소유권보존등기를 마침으로써 담보 목적의 범위 내에서 위 채권자에게 그 소유권이 이전된다고 보아야 한다(대법원 89다카18884 판결, 97다8601 판결, 99다47501 판결 등 참조).

4. 사실관계에 대한 법리판단

1) 따라서 피고 김○곤이 도급인이 되어 최○철과 사이에 이 사건 건물 도급계약을 체결하고 그에 따라 모든 공사를 시행하였음이 기록상 명백한 이 사건에 있어서 원심 인정과 같이 피고 김○곤이 건축허가명의를 자신과 원고 등의 공동명의로 한 것을 사후에 용인하였다고 하더라도 그것을 가지고 피고 김○곤이 원고 등이 이 사건 건물 1층의 소유권을 대내외적으로 원시취득하는 것을 용인하였다고 볼 수는 없다 할 것이고, 건축허가명의를 공동명의로 한 것을 피고 김○곤이 사후에 용인한 것은, 원심판결도 인정하고 있다시피, 피고 김○곤 단독의 건축주 명의로 해 두면 원고 등의 권익이 침해될 수 있으므로 이를 막기 위한 담보 목적에 불과한 것이라 할 것이다.

2) 원고 등이 이 사건 건물 1층 부분의 소유권을 원시취득하였다고 인정하기 위해서는 결국, 이 사건 건물 1층 부분의 건축을 위하여 원고 등이 비용과 노력을 들인 사실이 인정되어야만 된다 할 것이다.

5. 미완성 건물에 대한 추가적인 공사와 소유권의 귀속의 기준점

1) 그런데 기록에 의하면 1988. 6.경 이후에는 원고 갑이 원고 등을 대표하여 이 사건 건물 건축을 위하여 비용과 노력을 들인 것으로 볼 여지는 있어 보이나, 한편, 건축주의 사정으로 건축공사가 중단되었던 미완성의 건물을 인도받아 나머지 공사를 마치고 완공한 경우, 그 건물이 공사가 중단된 시

점에서 이미 사회통념상 독립한 건물이라고 볼 수 있는 형태와 구조를 갖추고 있었다면 원래의 건축주가 그 건물의 소유권을 원시취득하고(대법원 93다1527, 1534 판결, 96다54867 판결 등 참조), <u>최소한의 기둥과 지붕 그리고 주벽이 이루어지면 독립한 부동산으로서의 건물의 요건을 갖춘 것이라고 보아야 할 것이다</u>(대법원 2000다51872 판결 등 참조).

2) 비록 원고 등이 이 사건 건물 건축을 위하여 1988. 6.경 이후에 비용과 노력을 들였다 할지라도, 그 이전에 이 사건 건물이 사회통념상 독립한 건물이라고 볼 수 있는 형태와 구조를 갖추고 있었다면 피고 김○곤이 단독으로 이 사건 건물에 관한 소유권을 원시취득하고, 원고 등이 그 소유권을 원시취득할 수는 없다 할 것이다.

3) 따라서 원고들이 이 사건 건물 1층의 공유자로서 피고들에 대하여 위 각 등기의 말소를 청구할 권리가 있다고 본 원심의 위 판단은 수긍하기 어렵다.

<해설>

1. 건축허가서의 효력

1) 원래 사람은 자신의 판단과 노력으로 건축행위를 할 수 있는 자유가 있다. 이는 헌법에 보장된 행복추구권의 한 내용이며, 거주이전의 자유에도 포함된다. 그러나 이런 자유가 무제한으로 허용되면 위험한 건축물이 양산되고 그에 따라 사회적인 폐해가 발생하므로, 건축법을 통하여 이런 건축행의의 자유를 제한하고 있는데, 일정한 경우 건축허가를 통하여 역시 이 자유를 회복시켜 주고 있는 것이다. 그래서 학자들은 건축법을 건축경찰법 또는 건축행정법이라고 부르기도 한다.

2) 그래서 위 판례는 건축법을 통한 제한을 "<u>일반적으로 행정관청의 허가 없이는 건축행위를 하여서는 안 된다는 상대적 금지</u>"라고 표현하고 있는 것이며(참고로, 절대적 금지는 살인하지 말라를 들 수 있다), 그러한 상대적 금지를 회복시켜 주는 것이 건축허가라는 것이다. 회복시켜 준다는 말은 원래부터 가지고 있었다는 의미가 내포되어 있다.

3) 따라서 건축허가서의 효력이 상대적 금지를 회복시켜주는 행정처분이므로, 당연히 건축허가서에 어떤 새로운 권리가 부여되는 것은 아닌 것이다. 이 점을 이해할 필요가 있다.

2. 건축허가의 양도성

구 건축법(2008. 3. 21. 법률 제8974호로 전부 개정되기 전의 것) 제10조 제1항 및 구 건축법 시행령2008. 10. 29. (대통령령 제21098호로 개정되기 전의 것) 제12조 제1항 제3호 각 규정의 문언내용 및 형식, 건축허가는 대물적 성질을 갖는 것이어서 행정청으로서는 그 허가를 할 때에 건축주가 누구인가 등 인적 요소에 관하여는 형식적 심사만 하는 점, 건축허가는 허가대상 건축물에 대한 권리변동에 수반하여 자유로이 양도할 수 있는 것이고, 그에 따라 건축허가의 효과는 허가대상 건축물에 대한 권리변동에 수반하여 이전되며 별도의 승인처분에 의하여 이전되는 것이 아닌 점, 민사집행법에 따른 경매절차에서 매수인은 매각대금을 다 낸 때에 매각의 목적인 권리를 취득하는 점 등의 사정을 종합하면, 토지와 그 토지에 건축 중인 건축물에 대한 경매절차상의 확정된 매각허가결정서 및 그에 따른 매각대금 완납서류 등은 건축 관계자 변경신고에 관한 구 건축법 시행규칙(2007. 12. 13. 건설교통부령 제594호로 개정되기 전의 것) 제11조 제1항 제1호에 규정한 '권리관계의 변경사실을 증명할 수 있는 서류'에 해당한다고 봄이 상당하다.(대법원 2010두2296 판결). 따라서 건축허가 나와 있는 토지를 경락받았을 경우 별도의 건축허가를 득해야 하는 것이 아니고, 위 판례에 따라 건축관계자 변경신고를 하면 되는 것이다. 근본적으로 건축허가는 특정의 토지 위에 어떤 건물을 건축할 수 있다는 것이며, 그러기에 대인적인 것이 아니라 대물적인 것이며, 토지에 종속되는 것이다.

3. 사실관계의 재분석

위 사실관계를 잘 살펴보면, 원고들은 피고에게 토지를 주고 대신에 장래 건축될 건물의 일부를 받는 교환계약을 체결하고, 건물은 피고의 비용과 노력으로 건축하게 되었기에 앞의 교환계약이 제대로 이행되었는지는 별론으로 하

II. 완성된 건물의 소유권 귀속에 대한 판례와 해설 325

고, 적어도 신축된 이사건 건물에 대한 소유권은 원시적으로 피고에게 귀속된 다고 본 판례이다.

4. 미완성 건물의 소유권 귀속의 시점

그리고 이 사건 건물이 독립한 하나의 건물로 인정받을 수 있는 시점에 원고들의 비용이 투입되어 마무리 공사가 진행되었다 하여도 이미 독립한 건물로서의 요건을 간춘 이상 피고이 소유권 귀속에는 문제가 생길 수 없다는 판례이다. 다음으로 이 판례는 건축허가서의 사법적 효력에 대하여 자세하게 설시한 점도 눈여겨 봐야할 점이며, 필자가 추가한 대법원 2010두2296 판결도 알고 있어야 할 사항이다.

[사례용 판례주제 9] 수인이 공동주택을 건축하기로 한 경우 전유부분의 소유권 귀속관계의 결정기준

대법원 2004다36352 판결

<판례핵심>

건물신축도급계약에서 신축건물의 소유권을 도급인에게 귀속시키기로 합의한 경우 도급인에게 원시적으로 귀속되는지의 여부와 신축건물이 집합건물로서 여러 사람이 공동건축주가 되어 위와 같은 도급계약을 체결한 경우 그 집합건물의 각 전유부분이 귀속관계를 결정하는 기준은 공동건축주 들의 약정에 의한다는 판례 (대법원 2004다 36352 판결 소유권확인 청구 사건)

<사실관계>

① 원고 외 7인이 망 소외인이 소유하고 있던 태백시 ○○동 39의 64 지상 2층 건물을 공동투자하여 매입한 한 후, 건물 및 그 대지에 각 8분의1 지분씩 공유하는 것으로 소유권이전등기가 경료되었다(각자의 투자금액은 균등하지 않았음).

② 위 원고 외 7인은 위 태백시 ○○동 39의 64 지상에 건물을 신축하기로 하였는데, 그 과정에서 구 건물에서 각자가 점유하던 위치와 면적에 준하여 신 건물을 점유, 소유하기로 약정하였으며, 순차로 다음과 같은 내용의 합의가 이루어졌다.

③ 즉 원고 외 7인(피고 포함)은 지하 1층, 지상 3층의 건물을 신축하되, 건축비는 최초 구 건물과 대지에 대한 투자비율대로 하는데, ㉠ 각자에게 배당되는 건축비를 지정기일까지 불입하는 것을 원칙으로 하고, ㉡ 지정기일까지 불입하지 못하여 건축비를 차용하여 공사를 진행하게 될 때에는 월 4%의 이자를 가산하여 불입하며, ㉢ 공사완공시까지 융자된 금액을 완납하지 못한 자는 신축건물 중 지분가옥(각자에게 특정하여 배당되는 부분을 뜻하는 것으로 보인다.)에 입주할 수 없고 이를 임대하여 그 보증금을 건축비에 충당하기로 약정하였다.

④ 그 후, 원고가 대표건축주가 되어 도급계약을 체결하고 건축허가를 받아 착공하였으나, 공사가 원활히 진행되지 못하였고, 그 후 김○호가 대표건축주가 되어 공사를 속행한 결과 1984. 7.경 지하 1층, 지상 3층의 신축건물(이하 '신 건물'이라고 한다)에 대하여 준공검사를 마쳤는데, 신 건물에 관하여 작성된 집합건축물대장에는 신 건물 중 2층에 관하여 피고가 소유자로 등재돼 있었으며, 제1층 일부와 제3층은 구분등기가 되어 있었으나, 장작 구 건물이 2층 부분을 점유하고 있던 원고의 명의로 등기된 구분건물은 없었던 사례이다.

<대법원의 판단>

1. 수인이 공동건축주로 집합건물을 완성한 경우 전유부분의 소유권에 대한 귀속의 기준은 공동건축주들의 약정에 따른다

1) 신축건물의 소유권을 원칙상 자기의 노력과 재료를 들여 이를 건축한 사람이 원시취득하는 것임은 물론이나, 건물신축도급계약에 있어서는 수급인이 자기의 노력과 재료를 들여 건물을 완성하더라도 도급인과 수급인 사이에 도급인 명의로 건축허가를 받아 소유권보존등기를 하기로 하는 등 완성된

건물의 소유권을 도급인에게 귀속시키기로 합의한 경우에는 그 건물의 소유권은 도급인에게 원시적으로 귀속되는바(대법원 96다24804 판결 참조), 이때 신축건물이 집합건물로서 여러 사람이 공동으로 건축주가 되어 도급계약을 체결한 것이라면, 그 집합건물의 각 전유부분 소유권이 누구에게 원시적으로 귀속되느냐는 공동 건축주들의 약정에 따라야 할 것이다.

2) 따라서 원심의 판단과 같이 원고와 피고를 비롯한 구 건물의 공유자들 사이에 신 건물이 건축된 후 종전의 점유부분에 상응하는 부분을 원시적으로 구분소유하기로 하는 약정이 있었으며, 수급인과도 신 건물의 소유권을 도급인 측에 귀속시키기로 하는 합의가 있었음이 분명하므로 달리 특별한 사정이 없는 한 신 건물 2층의 소유권은 구 건물의 2층을 점유·사용하던 원고가 이를 원시취득한 것으로 보아야 한다.

2. 원고 외 7인의 공동건축주의 비용부담의 약정에 대한 판단

1) 원고가 신 건물을 건축하는 비용 중 그가 분담하기로 약속한 부분을 준공시점까지 지급하지 아니한 점은 스스로 인정하는 바이나, 구 건물 소유자들 사이에서 신 건물 건축에 관해 최종적으로 이루어진 합의에 의하면, 원고를 포함한 위 8인은 각자에게 배당되는 건축비를 지정기일까지 불입하지 못하여 건축비를 차용하여 공사를 진행하게 될 때에만 월 4%의 이자를 가산하여 불입하며, 공사완공시까지 차용한 금액을 완납하지 못하면 신축건물 중 각자가 구분소유할 전유부분에 입주할 수 없고 이를 임대하여 그 보증금을 건축비에 충당하게 되어 있다.

2) 그렇다면 이와 같은 약정의 의미는 신 건물의 공사비 분담금을 끝내 납부하지 않는 자가 있을 경우 그 미납자의 전유부분을 그의 이름으로 임대하고 보증금을 수령하여 그것으로 미납 분담금에 충당할 권한을 구 건물의 다른 공유자들에게 수여하는 취지로 보아야 하므로, 피고가 자기 이름으로 위 2층을 임대하였더라도, 이는 구 건물 공유자들 사이에서는 원고를 위하여 한 행위로 보아야 할 것이다

3. 결론

1) 따라서 신 건물 완공 후 원고 외 7인이 합의한 각 전유부분 가격(이하 '분양금'이라 한다)의 합계액에서 신 건물 신축공사비 총액을 공제한 잔액을 구 건물 매입 당시의 투자비율로 환산하여 계산한 <u>원고의 배당금, 원고가 실제로 납부한 분담금액 및 2층의 전세보증금 2,500만 원을 모두 더한 금액이, 2층의 위 분양금에 미달하지 아니하는 한, 분담금의 변제를 일시 지체하고 있었다는 사정만으로 원고가 신 건물 제2층의 소유권을 원시취득하지 못할 이유는 없다.</u>

2) 오히려 피고가 이 사건 증거로 제출한 결산 관계 서류에 의하면, <u>원고의 배당금과 기납부한 분담금, 2층의 전세보증금을 합한 금액은 58,122,000원으로서 2층의 분양금 5,500만 원을 넘는 것으로 되어 있으므로, 원고가 신 건물 2층에 관하여 더 납입할 금액이 남아 있다고 보기도 어렵다.</u>

3) 그렇다면 달리 특별한 사정이 없는 한 원고가 신 건물 2층을 원시취득하였다고 보아야 할 것이며, 또한 당사자 간 합의에 따른 금전 정산 문제는 이와 별개이다.

<해설>

1. 위 판례의 핵심과 공부할 점

1) 위 판례의 핵심은 <u>수인 공동으로 새로운 건축물을 건축할 계획을 세우고 신 건물을 건축한 경우 각자에게 분담되는 비용을 전부 납부하지 못한 자에게 신건물의 소유권 귀속을 부정하는 약정이 없다는 점을 지적하고 있는 점이다.</u>

2) 위 사례도 원고가 소유권 회복을 주장하는 2층 부분에 대하여 건축물대장에는 피고가 소유자로 등재되어 있었다. 사실 외부에서는 이런 공동건축주의 내부사정을 모르지만, 만약 위 건물을 취득하려는 사람이라면 의당 공동건축주 간의 내부분쟁이 있음을 알 수 있었을 것이고, 이런 상황에서 그 2층 부분의 소유권이 누구에게 있는지에 대한 판단이 어렵지만, 위 판례를 통하여 2층 부분은 공동건축주의 약정에 따라 원고에게 있다고 판단하여 피고가 아닌 원고와 거래를 해야 하자 없는 거래가 되는 것이다.

Ⅱ. 완성된 건물의 소유권 귀속에 대한 판례와 해설   329

[사례용 판례주제 10] 집합건물의 전유부분의 소유권의 귀속관계를 결정하는 기준

2009다66990 판결

<판례핵심>

신축건물이 집합건물로서 여러 사람이 공동 건축주가 되어 건축도급계약을 하면서 수급인과의 사이에 신축건물의 소유권을 도급인에게 원시적으로 귀속시키기로 합의된 경우 그 집합건물의 각 전유부분의 소유권의 귀속관계를 결정하는 기준은 공동건축주들의 약정이라는 판례(대법원 2009다66990 판결 건물명도청구 사건)

<사실관계>

① "갑"과 "을"은 서울 종로구 ○○동 181-77및 181-78 대지상에 신축하는 공동주택의 건축허가명의자로서, "병"에게 위 공동주택의 신축공사를 도급주었다.

② 그리고 위 "갑", "을", "병"은 합의하기를 "갑"은 신축건물 중 301호와 401호를 소유하고, "을"은 201호를 소유하고, "병"은 공사대금에 갈음하여 나머지 구분건물을 소유하기로 약정하고, "병"은 위 공사를 "정"에게 계약상의 지위를 양도하였다.

③ 이후 "정"은 "을"로부터 그의 대지 181-78 대한 소유권은 취득하였다가 최종적으로 원고에게 대지 181-78 대한 소유권과 시공자로서의 지위를 양도하였다. 이후 건축주명의는 "갑"과 원고로 변경되었다.

④ 그 후 원고가 이 사건 신축건물을 완공하였고, 피고는 위 신축건물 중 지층 1호에 대하여 2005. 9. 16. "갑"을 대리한 소외인과 임대차계약을 체결하고 2005. 10. 21.에 전입신고를 마쳤는데 원고에 의하여 건물명도청구를 당한 사례이다.

⑤ 쟁점은 원고는 위에서 "을"과 "병"의 권리를 양도받았으므로 이 사건 건물의

301호와 401호를 제외한 나머지 부분에 대하여 권리가 있으며, 그 결과 갑은 지층 1호에 대하여 권리도 없는데 임대를 주어서 원고가 피고 상대로 명도청구한 사례이다.

<대법원의 판단>
1. 수인이 공동건축주로 집합건물을 완성한 경우 전유부분의 소유권에 대한 귀속의 기준은 공동건축주들의 약정에 따른다

   1) 신축건물의 소유권은 원칙적으로 자기의 노력과 재료를 들여 이를 건축한 사람이 원시적으로 취득하는 것이나, 건물신축도급계약에서 수급인이 자기의 노력과 재료를 들여 건물을 완성하더라도 도급인과 수급인 사이에 도급인 명의로 건축허가를 받아 소유권보존등기를 하기로 하는 등 완성된 건물의 소유권을 도급인에게 귀속시키기로 합의한 경우에는 그 건물의 소유권은 도급인에게 원시적으로 귀속된다.

   2) 이때 신축건물이 집합건물로서 여러 사람이 공동으로 건축주가 되어 도급계약을 체결한 것이라면, 그 집합건물의 각 전유부분 소유권이 누구에게 원시적으로 귀속되느냐는 공동 건축주들 사이의 약정에 따라야 한다(대법원 2004다36352 판결 참조).

   3) 사실관계가 위와 같다면 이 사건 신축건물의 구분소유약정 및 그에 관한 권리관계의 이전에 따라 공동건축주 "갑"은 301호, 401호만을 원시취득하였고, 이 사건 건물을 비롯한 나머지 구분건물은 원고가 원시취득하였다고 볼 것이다.

<해설>
1. 피고는 권한 없는 자와 임대차계약을 체결하였다

   위 판례에서 "갑"은 301호, 401호401호에 대하여만 원시취득자이다. 따라서 피고가 "갑"의 대리인인 소외인과 2005. 9. 16. 이사건 건물(지층 1호)에 대하여 임대차계약을 체결하였지만, "갑"은 301호, 401호외의 부분에 대하여는

임대할 권한이 없으며, 그 결과 피고는 지층 1호에 대하여 권한 없는 자와 임대차계약을 체결한 것이어서 적법한 임차인이 될 수 없었다는 판례이다.

Ⅲ. 미완성된 건물의 소유권 귀속에 대한 판례와 해설

[사례용 판례주제 1] 30% 정도 건축된 건물을 인수하여 완성한 경우 그 건물의 원시적인 소유권의 귀속주체

대법원 83다카1659 판결

<판례핵심>

건축허가를 받은 자가 공사를 하였는데, 공정이 30% 정도 진척된 건물을 제3자가 인수하여 해당 건물을 완공한 경우 누가 부동산취득세를 부담하느냐에 대한 소송이지만, 본질은 최종적으로 완성된 해당 건물의 원시적인 소유권자는 누구인가를 묻는 판례(대법원 83다카1659 판결 부당이득반환청구사건)

<사실관계>

① 원고는 1978. 5. 17 당시 원고 소유이던 서울특별시 서대문구 ○○동 368의 2의 11필지의 토지상에 피고 서울특별시부터 지하 3층, 지상 15층, 총건평 6,815평의 건축허가를 받아 그 건축공사를 진행하던 중, <u>1979. 6. 12 골조공사등 전체공정의 약 30퍼센트가 진척된 상태에서,</u> 원고가 대주주로 있던 <u>소외 주식회사에 위 대지 및 건축기성고를 대금 1,431,800,000원에 양도하고,</u> 위 회사로부터 위 양도대금을 모두 지급받았으며, 위 회사는 위 공사를 인수한 후 공사비를 투입하고 나머지 공사를 진행하여 공사를 완료하였다.

② 그러나 서울특별시의 건축허가사무취급요령 중 건축공정이 30퍼센트 이상 진

척되었을 때에는 건축주 명의를 변경할 수 없다는 규정 때문에, 위 회사는 공사도중에 건축허가 명의를 위 회사 명의로 변경하지 못하고, 원고 명의로 준공허가신청을 하여, 가옥대장도 원고가 소유명의자로 등재되고, 소유권보존등기도 원고명의로 경료되었다.

③ 그 후 위 회사는 원고를 상대로 하여 서울지방법원에 위 회사가 신축에 의하여 위 건물의 소유권을 원시취득하였다고 주장하며 소유권보존등기말소 소송을 제기하여 승소판결을 받고, 그 판결이 확정됨에 따라 원고 명의의 위 보존등기를 말소하고 위 회사 명의로 소유권보존등기를 마쳤다. 이런 과정에서 원고는 자신이 위 건물에 대한 종국적인 취득세납세의무자라고 생각하고 피고 서울특별시에 취득세를 납부하였는데, 소외 회사도 원고와 별도로 피고 서울특별시에 취득세를 납부하였고, 이에 원고가 피고시를 상대로 부당이득반환청구를 한 사례이다.

<대법원의 판단>
1. 지방세법 상 건물이 사실상 준공된 때의 의미

지방세법 제105조 제2항 본문은 부동산 등의 취득에 있어서는 민법 등의 규정에 의한 등기 등을 이행하지 아니한 경우라도 사실상으로 취득한 때에는 취득한 것으로 본다고 규정하고 있으며, 원고가 이 사건 취득세를 자진 납부한 당시에 시행되던 지방세법시행령 제73조 제4항 본문은, 건축에 의한 건축물의 취득은 그 건축공사가 사실상 준공한 때에 취득한 것으로 본다고 규정하고 있는바, 여기서 말하는 사실상 준공된 때라 함은 당해 건물이 그 부지로부터 독립한 하나의 건물로 볼 수 있을 정도로 완성되었을 때를 말한다고 보아야 할 것이다.

2. 30% 정도 공사된 건물을 인수하여 준공한 경우의 건물의 소유권자

앞서 본 바와 같이 소외 회사가 원고로부터 그 소유의 대지와 공정이 30퍼센트 정도 진행된 기성고를 인수하여 나머지 공사를 준공하였다면, 비록 위와 같은 사정이 있어 준공허가가 원고 명의로 나왔다거나, 가옥대장에 원고가 소

유자인양 올라 있었다 하더라도 이 사건 건물을 준공하여 이를 원시취득한 자는 원고가 아닌 소외 회사라 할 것이므로 위 소외회사가 이 사건 건물에 관한 취득세의 납세의무자라 할 것이고 원고에게는 그 납세의무가 없다고 할 것이다.

<해설>

1. 위 판례의 의미

   1) 이 사건에서 원고는 기성고가 30%인 건물과 토지를 소외 회사에게 양도하고 소외회사로부터 양도대금도 다 받았다. 그리고 소외회사는 이 사건 건물에 대하여 소유권보존등기도 모두 마쳤기에 비록 원고가 피고인 서울특별시에 납부한 취득세의 반환을 구하는 소송에서 이지만, 이사건 건물에 대하여 소외 회사가 원고로부터 그 소유의 대지와 공정이 30퍼센트 정도 진행된 기성고를 인수하여 나머지 공사를 준공하였다면 이 사건 건물을 준공하여 이를 원시취득한 자는 원고가 아닌 소외 회사라 할 것이다 라고 판시하고 있다.

   2) 살펴보건대, 이사건 건물에 대하여 다른 판례에서 보는 바와 같이 공정이 30% 정도 되었다면 이는 독립한 건물로 보아 그 30%의 공정의 범위 내에서는 원고가 소유권을 원시적으로 취득하였다고 판결할 가능성이 보이는데 아마도 조세관련 소송이라서 이 사건 건물의 원시적 취득자는 소외회사라고 보여 지지만, 위 사실관계에서 원고는 이 사건 건물을 소외회사에게 양도하여 양도대금을 모두 받았다는 점도 이 사건 건물에 대하여 피고회사가 소유권을 원시적으로 취득하였다고 판결하는데 일조를 한 것으로 보여진다.

[사례용 판례주제 2] 미완성 아파트를 인수하여 완공한 경우의 소유권의 귀속주체를 정하는 기준

대법원 83다카1858 판결

<판례핵심>

미완성 아파트를 넘겨받아 완공한 자가 그 아파트의 소유권을 원시취득하기 위한 미완성 아파트의 건축정도에 관한 판례(대법원 83다카1858 판결 소유권이전등기등)

<사실관계>
원고는 1981.4.3 피고로부터 그가 건축 중이던 이 사건 3층 아파트 에이(A)동 303호와 그에 대한 대지 지분을 대금 8,000,000원에 매수하는 계약을 체결하고, 그 대금 중 4,000,000원을 지급하고, 원고가 피고로부터 위 아파트를 현상대로 인도받아 원고의 비용으로 완공하였는데, 원심은 이 사건 아파트는 원고가 이를 건축함에 의하여 그 소유권을 원시취득한 것이라는 취지로 판결한 것에 대하여, 대법원이 심리미진을 이유로 파기환송한 사례이다

<대법원의 판단>
1. 건물에 대한 소유권의 원시적 귀속주체가 되기 위한 조건

    원고가 이 사건 아파트를 건축함에 의하여 그 소유권을 원시취득한 것이라고 하기 위하여는 원고가 아직 사회통념상 건물이라고 볼 수 있는 형태와 구조를 갖추지 못한 정도의 아파트를 넘겨받아 이를 건물로 완성하였음을 필요로 한다고 할 것인데, 원고가 피고로부터 이 사건 아파트를 넘겨받을 당시의 건축정도를 심리하여 확정하지 아니한 채 원고가 자신의 비용을 들여 공사를 완성한 사실만 가지고 원고가 이 사건 아파트를 건축함에 의하여 그 소유권을 원시취득하였다고 판시한 원심의 조처는 결국 건물소유권의 원시취득에 관한 법리를 오해하였다.

<해설>
1. 토지에 부합되지 않는 건물에 대한 독립적인 소유권 성립의 조건

    토지에 부합되지 않는 건물에 대한 독립적인 소유권이 성립되려면, 그 건물은 사회통념상 건물이라고 볼 수 있어야 하며, 그 정도가 되려면 벽체(주벽), 기둥, 지붕이 갖추어져야 한다. 따라서 사회통념상 건물이 되어 버리면 일단 그

건물을 건축한 자가 원시적으로 소유권을 취득하고, 그 건물을 인수하여 완공한 자는 소유권이전등기를 경료하여 소유권을 취득할 수 있다는 논리이다.

2. 원심판결의 문제점과 문제의 해결방향

1) 따라서 위 대법원 판례의 2심이 된 원심판례는 건물의 소유권의 원시적 귀속주체를 가리면서, 건물의 건축정도를 살펴보지 않았다고 대법원은 나무라고 있는 것이다.

2) 그러나 앞의 판례 즉 대법원 83다카1659 판결에서는 전체공정 중 약 30% 정도를 공사하여 넘겨준 경우, 30%를 공사한 자는 소유권이 원시취득자가 되지 못하고, 따라서 "이 사건 건물을 준공하여 이를 원시취득한 자는 원고가 아닌 소외 회사라 할 것이다"라고 판시하고 있어서 혼란의 여지가 있다. 사실상 전체 공정율 중 30%를 공사하였다면, 이미 이는 사회통념상 독립한 건물로 보아야 할 터인데, 그렇지 않은 게 이상하지만, 판결 문구에서 "이 사건 건물을 준공하여 이를 원시취득한 자는"라는 표현을 보면, 30%를 공사한 것에 대한 가치평가가 아니라 준공한 것에 대한 가치평가이므로 이해를 못할 바도 아니다. 결국 쟁점의 취지가 어디에 있는 가를 봐야 한다는 것으로 이해해야할 것으로 생각된다.

3. 건물 소유권의 귀속과 토지와의 부합

건물의 소유권 귀속을 논할 때 건축행위를 한 자들끼리의 논쟁이 아니라, 건물이 토지에 부합하지 아니하여 토지로부터 독립적인 소유권의 객체가 될 수 있느냐가 중심인 경우가 간간히 있는데, 이때에는 철저하게 건물의 성립에 관한 판례의 원칙 즉 벽, 기둥, 지붕의 3요소가 갖추어져 있는지의 여부에 따라 판단됨을 주의할 필요가 있다. 법정지상권에 관한 판례를 보면, 지하층만으로도 독립한 건물이라고 판단한 예가 있음을 주의할 필요가 있다.

[사례용 판례주제 3] 미완성 건물이라도 독립한 건물인 경우 소유권의 귀속주체

대법원 93다1527, 1534 판결

336　제2장　유치권의 해결과 투자를 위한 건물소유권 귀속의 문제

<판례핵심>

지하 1층 지상 2층 건물을 신축하기로 하고 공사를 하였으나, 위 신축건물의 2층 일부와 3층 벽 및 지붕공정 등이 완성되지 않은 미완성건물이지만 사회통념상 독립한 건물이며, 이를 인도받아 나머지 공사를 마치고 완공한 경우 소유권의 원시취득자는 원래의 건축주라고 한 판례이며, 별도로 사실관계를 기술하지 않음 (대법원 93다1527,1534 판결 소유권이전등기말소)

<대법원의 판단>

1. 미완성 건물이라도 독립한 건물인 경우 소유권의 귀속주체는 원래의 건축주이다

    1) 건축주의 사정으로 건축공사가 중단되었던 미완성의 건물을 인도받아 나머지 공사를 마치고 완공하였다고 하더라도 그 건물이 공사가 중단된 시점에서 사회통념상 독립한 건물이라고 볼 수 있는 형태와 구조를 갖추고 있었다면, 원래의 건축주가 이를 원시취득하였다고 봄이 상당하다고 할 것이다.

    2) 원심판결의 판시이유를 기록과 대조하여 검토하면, 소외 "갑"은 1985. 9.경 피고 와 이 사건 토지와 인접한 토지상에 건물을 신축해 주기로 도급계약을 체결하였는데, 그 공사와 병행하여 공사대금조로 이전받기로 한 이 사건 토지상에 건축허가명의를 소외 "을"로 하여 같은 크기, 같은 구조의 지하 1층, 지상 2층, 연건평 50평의 건물을 신축하기로 하고, 위 피고의 대지사용승낙을 받아 공사에 착공한 사실이 인정된다.

    3) 그러나 위 신축건물이 2층 일부와 3층 벽 및 지붕공정 등이 완성되지 않은 상태에서 1986.2.경 공사비의 부족으로 공사가 중단되자, 그 후 위 피고가 이를 이어받아 잔여공정을 마쳤다 하여도, 공사가 중단된 시점에서의 위 미완성건물은 사회통념상 독립한 건물로서 당초의 건축주인 위 소외 "을"이 이를 원시취득하였다고 판단한 조치는 정당하다

<해설>

Ⅲ. 미완성된 건물의 소유권 귀속에 대한 판례와 해설 337

1. 이 사건 건물은 최소한 50% 이상의 공정을 마친 건물이다

위 판례와 관련하여, 최소한의 기둥과 지붕 그리고 주벽이 이루어지면 독립한 부동산으로서의 건물의 요건을 갖춘 것이라고 보아야 한다(2000다51872 판결)라는 대법원의 견해를 생각할 수 있어야 한다. 그리고 이사건 건물에 대하여 공사가 중단된 시점을 보면 적어도 50% 이상의 공정을 마쳤을 알 수 있는데 이러한 점도 최초의 건축주에게 소유권이 원시적으로 귀속된다고 판단하는데 영향을 주었으리라 생각된다.

[사례용 판례주제 4] 50%의 공정을 마친 건물을 인수하여 완공한 경우의 소유권의 원시적 귀속주체

대법원 96다54867 판결

<판례핵심>

원래의 건축주로부터 약 50%의 공정에 있는 미완성 건물을 인도받아 공사하던 새건축주가 부도로 인하여 공사를 중지하였고, 그 후 제3자가 나타나 공사를 완료한 경우 완성 건물의 소유권은 원래의 건축주가 원시취득한다고 한 판례(대법원 96다54867 판결 건물명도)

<사실관계>

① 소외 주식회사가 1992. 7. 4. 건축허가를 받아 부산 중구 ○○동 287의 3 대지 상에 지하 1층 지상 4층 총 8세대의 연립주택인 이 사건 건물의 신축공사를 진행하던 중 4층까지 전체 골조 및 지붕공사를 완료하여 전체의 45% 내지 50% 정도의 공정에 이르렀을 무렵 부도가 나서 더 이상 공사를 계속할 수 없게 되었다.

② 이에 소외 회사의 대표이사인 소외 남○○과 원고는 건축허가상의 건축주 명의를 원고로 변경하여, 원고가 공사를 마무리하면 이 사건건물을 분양하여 공

사비를 결재하기로 약정하고 건축주의 명의를 원고로 변경하였는데도, 그 후 원고는 공사업자들에개 남○○이 지급하지 아니한 공사비도 분양 후 한꺼번에 지급하기로 하고서 원고가 약 20%의 공정을 더 시공하였으나 1993. 7. 19.경 원고도 부도를 내어 도피하였다.

③ 그러고 나서 남○○으로부터 이 사건 건물의 일부를 분양받았거나 남○○에 대한 채권의 변제를 위하여 이 사건 건물의 일부를 취득하기로 한 피고들은 이 사건 건물에 관한 잔여 공사를 직접 행한 후 소유권보존등기도 마치지 않은 상태에서 일부는 타에 임대하여, 현재 피고들이 이 사건 건물의 일부씩을 점유하고 있는 상태에서 원고가 피고들을 상대로 건물명도를 청구하였는데, 원고의 상고가 기각된 사례이다.

<대법원의 판단>

1. 미완성의 독립한 건물에 대한 소유권의 귀속주체는 원래의 건축주이다

   1) 건축주의 사정으로 건축공사가 중단되었던 미완성의 건물을 인도받아 나머지 공사를 마치고 완공하였다고 하더라도 그 건물이 공사가 중단된 시점에서 사회통념상 독립한 건물이라고 볼 수 있는 형태와 구조를 갖추고 있었다면 원래의 건축주가 그 건물의 소유권을 원시취득하였다고 봄이 상당하다(대법원 93다1527, 1534 판결 참조).

   2) 건축허가상의 건축주 명의를 변경한 시점에서 이 사건 건물은 4층 전체의 골조와 지붕의 공사가 완료된 상태이어서 사회통념상 독립한 건물이라고 볼 수 있는 형태와 구조를 갖추었으므로 원래의 건축주인 소외 회사가 이 사건 건물을 원시취득하였고, 가사 원고가 이 사건 건물을 소외 회사로부터 양수하였다고 하더라도 그에 관한 등기를 경료받지 아니하는 한 그 소유권을 취득할 수 없다는 이유를 들어, 원고가 이 사건 건물의 소유권을 취득하였음을 전제로 그 명도 등을 구하는 이 사건 청구를 배척한 조치는 정당하고, 신축건물 소유권의 원시취득에 관한 법리오해의 위법이 있다고 할 수 없다.

Ⅲ. 미완성된 건물의 소유권 귀속에 대한 판례와 해설   339

<해설>
1. 사실관계에 대한 분석과 이 사건 건물의 소유권 귀속에 대한 판단
   1) 위 사례의 핵심은 미완성 건물을 다수의 자가 관여하여 완공시킨 경우 소유권은 누구에게 있느냐에 대한 문제이다. 참고로, 건물은 사회통념상 독립한 건물로 볼 수 있으면, 소유권의 객체가 되며, 1개의 건물에 대하여 공유가 아닌 한 소유권은 1개만 성립한다. 따라서 소외회사가 이 사건의 건물의 공사를 중단할 때 약 50%의 공정을 마쳤기 때문에 이 상태는 최소한 벽과 기둥, 지붕이 있는 상태라고 볼 수 있으며, 결국 이 때 사회통념상 독립한 건물이라고 봐야 한다.
   2) 그리고 이 상태에서 원고가 20% 정도를 더 공사하였으나 부도를 내어서 도피하여 최종적으로 피고들이 나머지 30%를 공사하여 완공시켰다. 따라서 판례는 이 사건 건물의 소유권은 원고에게 있다고 판단하였다. 참고로 원시적 소유권과 그냥 소유권은 차이가 있는 말은 아니다. 전자는 처음의 소유권자가 누구이냐를 물을 때 관용적으로 쓰이는 말에 불과하다.
   3) 다음으로 위 판례에서 대법원은 "<u>이 사건 건물은 4층 전체의 골조와 지붕의 공사가 완료된 상태이어서 사회통념상 독립한 건물이라고 볼 수 있는 형태와 구조를 갖추었으므로</u>" 원래의 건축주인 소외 회사가 이 사건 건물을 원시취득하였다고 판단하였는데, 뒤에 나오는 대법원 2004다67691 판결과 비교하였을 때 혼란이 올 수 있으나, 2004다67691 판결의 해설에서, 대법원은 건축정도에 따라 다르게 구별하여 판결하고 있음을 알 수 있다.

[사례용 판례주제 5] 70%의 공정을 마친 미완성 건물을 인수하여 완성한 경우의 소유권의 귀속주체

대법원 98다26194 판결

<판례핵심>
사회통념상 독립한 건물이라고 볼 수 있는 미완성건물(70% 정도 공정율)을 인도

받아 나머지 공사를 마치고 완공한 경우 그 소유권의 원시취득자는 원래의 건축주라는 판례(대법원 98다26194 판결 제 3자 이의의 소)

<사실관계>
건축주인 ○○건설회서가 아파트를 공사하면서 전체 공정의 70%를 마친 상태에서 파산하고, 또한 사업주체의 시공을 보증한 자마져 파산한 상태에서 입주예정자들이 입주자대표회의를 구성하여 잔여공정을 완료하고 사용승인을 받은 건축물의 소유권이 누구에게 있느냐 하는 사례이다.

<대법원의 판단>
1. 원고(입주자대표회의)의 소유권 취득의 부정
   1) 원심이, 원고(입주자대표회의)가 주식회사 ○○건설로부터 그 때까지 시공된 부분 및 향후 공사완공과 관련한 일체의 권리를 양수받았다는 원고의 주장을 배척한 것은 옳고, 거기에 상고이유의 주장과 같은 위법이 없다.
   2) 주택건설촉진법 제33조의2 제4항과 같은 법 시행령 제34조의2 제2항은 주택건설촉진법상의 사업주체와 사업주체의 시공을 보증한 자가 파산 등으로 시공할 수 없는 경우 입주예정자 등이 입주자대표회의를 구성한 후 시공자를 정하여 시공할 수 있고, 이 경우 입주자대표회의는 시공이 완료된 후에 사용검사를 받도록 한 것일 뿐 이에 의하여 입주자대표회의가 소유권을 취득하게 된다는 것은 아니다.
2. 70%의 공정을 마친 건물의 소유권은 원래의 건축주에게 있다
   나아가 건축주의 사정으로 건축공사가 중단되었던 미완성의 건물을 인도받아 나머지 공사를 마치고 완공한 경우, 공사가 중단된 시점에서 사회통념상 독립한 건물이라고 볼 수 있는 형태와 구조를 갖추고 있었다면 원래의 건축주가 그 건물의 소유권을 원시취득하는 바(대법원 96다54867 판결 참조), 원심이 적법하게 확정한 바와 같이 공사 중단 당시 이 사건 아파트 건물 중 가동은 골조공사와 벽체공사가 완료되고 알루미늄 창문틀도 설치되었으며, 내장공사

의 마무리 단계인 초벌도배까지 끝난 상태였고, 나동은 기둥, 벽, 지붕의 골조공사 및 벽체공사가 완료되어 거푸집을 제거한 상태여서, 전체 공정의 70%가 진행된 상태였다면, 공사 중단 당시 위 건물들은 사회통념상 건물로서의 구조와 형태를 갖추고 있어 원래의 건축주인 주식회사 ○○건설이 원시취득하였다고 보인다.

<해설>

1. 미완성의 독립한 건물에 대한 양수자의 소유권 취득여부

    1) 원심이, 원고(입주자대표회의)가 주식회사 ○○건설로부터 그 때까지 시공된 부분 및 향후 공사완공과 관련한 일체의 권리를 양수받았다는 원고의 주장을 배척한 것에 대하여 대법원은 옳다고 판단하였다는 점이 주목된다. 즉 원고가 주식회사 ○○건설로부터 이사건 건축물에 대한 모든 것을 "양수"받았다는 주장에는 대가(반대급부)를 모두 지급했다는 의미가 내포되어 있지만, 정작 대법원은 이런 양수의 의미를 배척하고 해당 건축물의 소유권은 주식회사 ○○건설에게 있다고 판단하였다.

    2) 따라서 위 판례는 입주자대표회의가 구 주택건설촉진법에 의하여 시공사가 파산한 이후 다른 시공자를 정하여 건물을 완공하더라도 그 건물에 대한 소유권을 원시적으로 취득할 수는 없다는 점을 지적한 점을 주목할 필요가 있다.

2. 제3자 이의의 소

    다음으로 위 소송은 제3자 이의 소이다. 이 소송은 강제집행 과정에서 부당집행을 구제하는 제도인데, 집행의 대상물에 대하여 소유권을 가지는 자가 집행채무자가 아님에도 불구하고 강제집행을 당하게 되는 경우 그 소유권자를 보호하는 소송인데, 피고는 이 사건 아파트에 대하여 강제집행을 신청한 집행채권자이다. 따라서 위 판례에서 피고가 주식회사 ○○건설이 70% 정도를 건축한 이 사건 아파트를 대상으로 강제집행을 실시하자, 원고인 입주자대표회의가 이 사건 아파트는 주식회사 ○○건설의 소유가 아니라 자신들에게 있다고

342 제2장 유치권의 해결과 투자를 위한 건물소유권 귀속의 문제

주장하면서 소송을 제기한 사건이지만, 대법원은 원고의 청구를 기각한 것이다.

3. 위 판례와 비교할 판례(대법원 2004다67691 판결)

이 판례와 아래에 제시되는 대법원 2004다67691 판결과 비교를 해보면, 대법원 2004다67691 판결에서는 양수인이 공사가 중단되어 미완성 건물이지만 독립된 건물로의 요건을 갖춘 아파트 및 상가 건물을 양수하여 완공한 건물에 대하여 양수인에게 소유권이 원시적으로 귀속한다는 판례인데, 위 판례(대법원 98다26194 판결)의 경우는 약70%의 공정을 마친 상태에서 공사가 중단되어서, 입주자대표회의가 양수한 것이고(양수했다는 사실자체는 부정되었다)자와 대법원 2004다67691 판결에서는 양수인이 약 40%정도 공정을 보인 건물을 양수한 것으로서 양자는 확연히 차이가 난다. 미완성 건물을 양수한 경우의 소유권 귀속에 대한 자세한 비교는 대법원 2004다67691 판결의 해설란에 설명해 두었다.

4. 미완성 건물에 대한 통상의 소유권 취득의 방법

사실상 미완성 건축물의 양도이전의 방법에 대하여 민법 기타 법률에서 별도로 규정된 바는 없지만 사회에서는 대가를 지급하고 건축허가명의를 변경한 후 변경된 건축허가에 따라 대장소관청(구청, 시청 등)에서 건축물대장을 작성해주면 이를 등기신청서에 첨부하여 등기소에 제출하면 등기소는 소유권보존등기를 하고, 이에 따라 해당 건물에 대하여 양수인이 적법하게 소유권을 취득한다.

[사례용 판례주제 6] 토지에 부합하지 않는 건물의 요건

대법원 2000다51872 판결

<판례핵심>

전체 7층으로 설계된 건축공사에서 공사진척도가 전제 공정의 20 - 30%에 불과하였을지라도 독립된 부동산으로의 요건을 갖추어서 토지에 부합되지 않는다고

본 판례(대법원 2000다51872 판결 소유권확인청구 사건)

<사실관계>
① 원고가 이 사건 공작물과 그 부지인 토지를 경락받을 당시 할 당시 이 사건 공작물은 지하 1, 2층, 지상 1층의 콘크리트 골조 및 천장공사, 지하 1, 2층에 흙이 무너져 내리는 것을 방지하는 옹벽공사가 되어 있었고, 주벽은 설치되지 아니하였으며, 공사 진척도는 약 20 내지 30% 정도였다.
② 이 상태에서 원고가 피고를 상대로 이 사건 공작물의 소유권 확인을 구했는데, 원심은 이 사건 공작물은 독립된 건물이 아니라 토지에 부합되어 토지와 함께 경락되어 원고의 소유가 되었다고 판단하였지만, 대법원은 원심의 판단이 잘못되었다고 지적한 사례이다.

<대법원의 판단>
1. 미완성의 독립한 건물은 토지에 부합하지 않는다

독립된 부동산으로서의 건물이라고 하기 위하여는 최소한의 기둥과 지붕 그리고 주벽이 이루어지면 된다고 할 것인바(대법원 94다53006 판결), 원심이 인정한 증거와 증언을 종합하면, 이 사건 공작물은 위 경락 당시 지하 1, 2층 및 지상 1층까지의 콘크리트 골조 및 기둥, 천장(슬라브)공사가 완료되어 있고, 지상 1층의 전면에서 보아 좌측 벽과 뒷면 벽 그리고 내부 엘리베이터 벽체가 완성된 사실을 인정할 수 있으므로, 이 사건 공작물은 최소한의 지붕과 기둥 그리고 주벽(주벽)이 이루어졌다고 할 것이어서, 원래 지상 7층 건물로 설계되어 있으나, 지상 1층만으로도 구분소유권의 대상이 될 수 있는 구조임이 분명하므로 미완성 상태의 독립된 건물로서의 요건을 갖추었다고 할 것이다.

<해설>
1. 위 판례의 쟁점은 건물이 토지에 부합하느냐 아니냐에 있다
   1) 위 사안의 쟁점은 이사건 건축물이 토지에 부합되었느냐 이며, 원심은 독

립한 건물이 아니므로 토지에 부합되어 독립된 소유권의 객체가 될 수 없다고 판단한 반면, 대법원은 최소한이 기둥과 지붕 그리고 주벽이 이루어졌다면 독립한 건물이라는 전제하에 이 사건 건축물도 독립한 건물로 보았다. 특히 "지상 1층만으로도 구분소유권의 대상이 될 수 있는 구조임이 분명하므로 미완성 상태의 독립된 건물로서의 요건을 갖추었다고 할 것이다"라는 부분을 주목할 필요가 있다.

2) 다만, 대법원은 2004다67691 판결에서 지적하는 바와 같이, 해당 건축물이 토지에 부합되었느냐의 여부를 판단하는 기준으로서의 독립한 건물과 공사가 중단된 후 타인에 의하여 완성된 건물에서 공사가 중단된 상태를 기준으로 소유권의 귀속을 정할 것인지 아니면 완성된 것을 기준으로 소유권의 귀속을 정할 것인지의 문제와는 다르다고 말하고 있다. 그리고 위 판례의 이와 같은 결론은 우리 민법상 건물은 토지에 부합되지 않으므로 토지와 건물은 별개의 부동산으로 다루어지며, 또한 별개이 소유권의 객체이기에 소유권 취득의 법리에 따라 소유권을 취득해야 한다는 점이 기초하고 있다.

3) 이 판례와 더불어 생각해 볼 문제로서, 만약 위 판례의 사실관계와 같이 공정이 20% - 30% 정도 진척된 상태에서 제3자가 이런 건축물을 양수하여 완성하였다면, 이 건물에 대한 소유권은 누구에게 원시적으로 귀속될 것인가 인데, 뒤에 나오는 대법원 2004다67691 판결의 결론에 따르면 양수인에게 있다고 봐야 한다.

[사례용 판례주제 7] 지하층 부분만으로도 독립된 건물이 되기 위한 요건

대법원 2002다21592,21608 판결

<판례핵심>

신축중인 건물의 지상층 부분이 에이치 빔으로 철골조 공사만 진행되었을 뿐이

Ⅲ. 미완성된 건물의 소유권 귀속에 대한 판례와 해설 345

라 하더라도 지하층 부분만으로도 독립된 건물로서의 요건을 갖추었다고 본 판례(대법원 2002다21592,21608 판결 지상권설정등기절차이행등)

<사실관계>

① 주식회사 ○○건설은(이하 '○○건설'이라 칭함)은 1995. 2. 14경 그 소유의 경상북도 구미시 ○○동 491 대 2,426㎡(이사건 토지라 칭함) 지상에 지하 3층 지상 12층의 주상복합건물을 신축하기 위하여, 주식회사 □□과 공사도급계약을 체결하고 그 무렵 공사에 착공하였으며, 1995. 11. 9.에 ○○건설은 이사건 토지 위에 근저당권을 설정하였다.

② 그리고 위 ○○건설은 1996. 7. 경 부도로 공사가 중단될 때까지 지하 1층 내지 지하 3층에는 철근콘크리트 구조물을 설치하였고, 지상 1층부터 지상 4층까지는 에이치빔으로 철골조가 조립되었다.

③ 이후 1995. 11. 9.에 설정된 근저당권에 기하여 임의경매절차가 개시되어 피고들이 1997. 6. 28.에 이사건 토지를 낙찰받아 그 무렵 경락대금을 완납하여 소유권을 취득하였다.

④ 한편 ○○건설은 2000. 3. 30. 신축건물의 건축주 명의를 원고로 변경 한 후, 2000. 4.6. 원고에게 신축건물을 인도하였으며, 원고는 경매로 토지 소유자가 변동될 때까지는 건축 중인 건물이 사회관념상 토지와는 별도의 소유권의 객체로서 독립한 건물로 될 수 있을 정도로 공사가 진행되어서, 그 건물에 대한 별도의 소유권이 성립되어 이를 위한 법정지상권이 성립되었다고 주장하며, 따라서 원고는 동설건설을 대위하여 피고를 상대로 법정지상권 취득을 원인으로 한 지상권설등기절차의 이행을 구하는 사례이다.

<대법원의 판단>

1. 지하층 부분만으로도 독립된 건물이 된다

독립한 부동산으로서의 건물이라고 하기 위하여는 최소한 기둥과 지붕 그리고 주벽이 이루어지면 된다고 할 것이고(2000다51872 판결 참조), 기록에 의하면 신축건물은 경락대금 납부 당시 이미 지하 1층부터 지하 3층까지 기둥, 주벽 및 천장슬라브 공사가 완료된 상태이었을 뿐만 아니라 지하 1층 일부가 일반에 분양되기까지 한 사정을 엿볼 수 있는 바, 비록 피고 등이 경락을 원인으로 이 사건 토지의 소유권을 취득할 당시 신축건물의 지상층 부분이 골조공사만 이루어진 채 벽이나 지붕이 설치된 바 없다 하더라도 지하층 부분만으로도 구분소유권의 대상이 될 수 있는 구조라는 점에서 신축건물은 경락 당시 미완성 상태이기는 하지만 독립한 건물로의 요건을 갖추었다고 봄이 상당하다.

<해설>
1. 원심의 판단

위 사건에 관하여 원심은, 이 사건의 경우 신축건물의 지하 1층 가운데 일부만이 판매시설일 뿐 나머지 지하 1층과 지하 2,3층은 그 용도가 모두 주차장 또는 기계시설로서 완성된 건물을 위한 보조적·부수적 구조물에 불과하고, 나아가 지상부분은 단순한 에이치 빔을 조립한 상태로서 벽체, 바닥 및 천장 등이 완성되지 아니하여 물리적으로도 건물로서의 구조와 형태를 갖추지 못하였으므로 신축건물은 사화관념상 독립한 거래의 객체로 보기에는 부족하다는 이유로 원고의 청구를 배척하였다.

2. 위 판례의 의의

만약 위 원심과 같은 견해에 선다면, 이 사건 건물은 토지에 부합하여 독립된 부동산으로서 소유권의 객체가 될 수 없으며, 따라서 원고의 청구는 기각될 수밖에 없지만, 대법원은 이러한 원심의 판결을 파기함으로서 적어도 지하층 부분만으로도 독립한 건물로 인정한 데 본 판례의 의의가 있다. 즉 위 판례는, 지상 1층만으로도 구분소유권의 대상이 될 수 있는 구조임이 분명하므로 미완성 상태의 독립된 건물로서의 요건을 갖추었다고 할 것이다 라는 대법원 2000다51872 판결과 결론을 같이하는 판례이다.

Ⅲ. 미완성된 건물의 소유권 귀속에 대한 판례와 해설 347

[사례용 판례주제 8] 미완성 건물을 양수받아 건축허가의 내용과 동일하다고
인정될 정도로 건물을 축조한 경우 그 건물의 원시취득자

대법원 2004다67691 판결

<판례핵심>

건물의 구조와 형태가 구분소유권의 객체가 될 수 있을 정도에 이르고 토지의 부합물로 볼 수 없는 미완성 건물을 건축주로부터 양수받아 나머지 공사를 진행하여 그 구조와 형태 등이 건축허가의 내용과 사회통념상 동일하다고 인정될 수 있을 정도로 건물을 축조한 경우 그 건물의 원시취득자는 양수인이라는 판례(대법원 2004다67691 판결 소유권보존등기말소 청구사건)

<사실관계>

① 원심이 인정한 사실에 의하면, 이 사건 건물은 지하 1층, 지상 18층의 아파트 및 판매시설로서, 피고 주식회사 ○○주택(이하 '피고 ○○주택'이라고 한다)이 6층 골조공사까지 마친 후 부도가 나서 공사가 중단된 사실이 있다.

② 이에 소외 주식회사 □□주택건설(이하 '□□주택건설'이라고 한다)이 신축중인 이 사건 건물을 인도받아 공사를 진행하다가 부도로 공사를 중단하였다.

③ □□주택건설의 공사 중단 당시 이 사건 건물 중 18층 구조의 좌측 부분은 18층까지 골조공사, 17층 일부 벽면까지 조적공사, 16층 일부까지 미장공사가 되어 있었고, 7층 구조의 우측 부분은 7층까지의 골조 및 조적공사, 지붕 및 옥상공사가 되어 있었으나, 18층 구조의 좌측 부분의 옥상 지붕공사, 17층 일부 및 18층 전체의 조적공사는 되어 있지 않았고, 건물 전체적으로 일부 배선설비 외에는 전기설비공사가 대부분 시공되지 않았고, 외장 및 실내공사, 난방, 상·하수도 배관설비공사 등은 전혀 시공되지 아니한 상태였다.

④ 원고는 1998. 8. 28. 이 사건 토지를 낙찰받은 소외 정태진으로부터 이 사건 토지를 양수받음과 동시에 피고 ○○주택으로부터 위와 같은 상태에 있던 이 사건 건물(공사 중단 후 4년간 방치한 결과 기성고 부분은 부식, 균열, 구

제2장 유치권의 해결과 투자를 위한 건물소유권 귀속의 문제

조체 손상 등 상당 부분이 보수를 요하는 상태였다.)을 양도받아 이 사건 건물 공사를 재개하여 18층 지붕공사 및 17층까지를 포함한 조적공사 및 전체 건물의 외장공사 및 실내공사 등 전체적인 잔여 공사를 시행하여 이 사건 건물을 완공한 상태에서 원고의 소유권보존등기에 관하여 다툰 사건이다.

<대법원의 판단>

1. 미완성의 독립된 건물을 양도받아 완성한 경우 건물전체를 1개의 소유권의 객체로 보아 양수인이 소유권을 원시적으로 취득한다.

    건물이 설계도상 처음부터 여러 층으로 건축할 것으로 예정되어 있어 이에 따라 같은 내용으로 건축허가를 받아 건축공사를 진행하던 중에 건축주의 사정으로 공사가 중단되었고 그와 같이 중단될 당시까지 이미 일부 층의 기둥과 지붕 그리고 둘레 벽이 완성되어 있어 그 구조물을 토지의 부합물로 볼 수 없는 상태에 이르렀다고 하더라도, 제3자가 이러한 상태의 미완성 건물을 종전 건축주로부터 양수하기로 하고 이를 인도받아 나머지 공사를 계속 진행한 결과, 건물의 구조와 형태 등이 건축허가의 내용과 사회통념상 동일하다고 인정되는 정도에 이르도록 건물을 축조한 경우에는, 그 구조와 형태가 원래의 설계 및 건축허가의 내용과 동일하다고 인정되는 건물 전체를 하나의 소유권의 객체로 보아 그 제3자가 그 건물 전체의 소유권을 원시취득한다고 보는 것이 옳고, 건축허가를 받은 구조와 형태대로 축조된 전체 건물 중에서 건축공사가 중단될 당시까지 기둥과 지붕 그리고 둘레 벽이 완성되어 있던 층만을 분리해 내어 이 부분만의 소유권을 종전 건축주가 원시취득한다고 볼 것이 아니다.

2. 구분건물이 성립하는 시점은 건축물대장에 등록된 시점이다

    또한, 구분소유가 성립하는 시점은 원칙적으로 건물 전체가 완성되어 당해 건물에 관한 건축물대장에 구분건물로 등록된 시점이라고 할 것이므로(대법원 99다1345 판결 참조), 건축공사가 중단될 당시까지 종전 건축주에 의하여 축조된 미완성 건물의 구조와 형태가 구분소유권의 객체가 될 수 있을 정도가 되었다고 하더라도 달리 볼 것이 아니다.

3. 결론

1) 그렇다면 원고는 이 사건 미완성 건물을 피고 ○○주택으로부터 양수하기로 하고 이를 인도받아 나머지 공사를 진행하여, 구조와 형태면에서 원래의 설계 및 건축허가의 내용과 사회통념상 동일하다고 인정될 정도로 건물을 축조함으로써 이 사건 건물 전체의 소유권을 원시취득하였다고 할 것이다.

2) 그리고 상고이유에서 들고 있는 대법원판례들은 토지와의 부합 여부가 문제된 사례 등으로서 이 사건과 사안을 달리하는 것이어서 이 사건에 원용하기에 적절하지 아니하다. 그러므로 상고를 모두 기각하기로 하여 관여 대법관의 일치된 의견으로 주문과 같이 판결한다.

<해설>

1. 건물이 토지에의 부합여부를 따지는 것과 미완성 건물의 완성여부에 따라 소유권의 귀속주체를 따지는 것은 다른 문제이다

위 판례의 끝부분을 보면, "상고이유에서 들고 있는 대법원판례들은 토지와의 부합 여부가 문제된 사례 등으로서 이 사건과 사안을 달리하는 것이어서"라는 말이 나온다. 이 말은 피고(상고인)가 대법원 2000다51872 판결에서 "원래 지상 7층 건물로 설계되어 있으나, 지상 1층만으로도 구분소유권의 대상이 될 수 있는 구조임이 분명하므로 미완성 상태의 독립된 건물로서의 요건을 갖추었다고 할 것이므로"라는 부분을 들어 이 사건의 건물에 대한 소유권은 피고에게 있다고 주장한 것으로 사려 되는데, 대법원은 공사가 중단된 경우에 이를 제3자가 양수하여 완성한 경우의 소유권 귀속의 문제와 대법원 2000다51872 판결에서처럼 해당 건축물이 토지에 부합되었느냐의 판단대상이 될 때의 소유권 귀속여부와는 다른 기준으로 판단하고 있음을 알 수 있다.

2. 미완성 건물을 완성한 경우의 소유권 귀속에 대한 판례의 태도들

1) 다음으로 앞의 판례(대법원 96다54867 판결)에서는, 공사가 중단되었지만 독립한 건물의 요건을 갖추었으므로 원래의 건축주에게 소유권이 있다고 판단한 것은 전제 공정 중 45% 내지 50% 정도까지 공사하여 부도가나서 더 이상 공사를 못하고 제3자가 완공한 사안에서는 건물 전체에 대하여 원

래의 건축주에게 소유권이 있다고 판단하였다.

2) 그리고 대법원 98다26194 판결에서는, 건설회사가 70%의 공정을 마친 상태에서 부도가 나서 공사 중단된 아파트를 입주자대표회의가 별도로 시공사를 정하여 완성한 사안에서도 대법원은 원래의 건설회사에게 소유권이 원시적으로 귀속한다고 보았다.

3) 그런데 위 판례의 사실관계를 보면, 이 사건 아파트 및 상가에 대하여 피고회사는 6층 골조공사까지 마친 상태에서 부도가 나서 더 이상 공사를 진행하지 못하였다고 나온다. 따라서 18층 아파트의 공사로 보면, 20% 내지 25% 정도의 공정을 마친 것으로 보이며, 중간에 다른 회사가 10% - 20%의 공정을 진행하다 다시금 중단되어서 전체공정 약 40% 정도를 마치고, 그 후 약 4년이 경과한 후 양수인이 이를 양도받아 완성하였는데, 이 사건 아파트에 대한 소유권의 원시적 귀속은 양수한 회사에 있다고 대법원은 보았다. 여기서 중간에 공사한 회사는 단순 수급인으로서 소유권 귀속의 주체가 될 수 있느냐의 판단에서 제외된 것으로 보인다.

4) 그리고 대법원 83다카1659 판결에서도 공사가 약 30% 정도 진척된 것을 양수한 회사가 해당 건물을 완성한 경우 소유권은 양수한 회사에게 있다고 보았다.

3. 위 판례의 사실관계 중 공사 중단 시의 건축정도에 대한 분석

1) 이 사건의 건물에 대한 건축계획은 이 사건 건물은 지하 1층, 지상 18층의 1개동 아파트 및 판매시설이며, '피고 ○○주택'는 6층 골조공사까지 마쳤다, 따라서 약 20% 정도의 공사를 하였다고 볼 수 있다.친 후 부도가 나서 공사가 중단된 사실이 있다.

2) 필자가 위 사례에서 피고회사가 진행한 공사의 정도를 약 20%정도라고 보고 있는데, 대법원은 2000다51872 판결에서, "이 사건은 7층을 예정한 건축공사에서 지하 1, 2층 및 지상 1층까지의 콘크리트 골조 및 기둥, 천장(슬라브)공사가 완료되어 있고, 지상 1층의 전면에서 보아 좌측 벽과 뒷면 벽 그리고 내부 엘리베이터 벽체공사, 토지에 대한 옹벽공사 진행되었다"에 대하여 20내지30%의 공사를 하였다고 판단하고 있음과 비교하면 이해

가 될 것으로 생각된다.

3) 다음으로 □□주택건설의 공사 중단 당시 이 사건 건물 중 18층 구조의 좌측 부분은 18층까지 골조공사, 17층 일부 벽면까지 조적공사, 16층 일부까지 미장공사가 되어 있었고, 7층 구조의 우측 부분은 7층까지의 골조 및 조적공사, 지붕 및 옥상공사가 되어 있었으나, 18층 구조의 좌측 부분의 옥상 지붕공사, 17층 일부 및 18층 전체의 조적공사는 되어 있지 않았다고 사실관계는 말하고 있다.

4) 위 □□주택건설의 공사 중단 당시를 다시 보면, 18층을 예정한 1동의 건물이 좌측부분은 18층까지 골조공사가 되어 있고, 우측부분은 7층까지 골조공사와 조적공사가 되어 있다고 기술되어 있는데, 아마도 1동의 건물이지만 옥상이 7층부분과 18층 부분으로 되어 있는 전체모양이 계단형 건물로 보인다. 따라서 이 경우 공사 진척도를 많이 봐 주어도 40% 이상의 공정을 마쳤다고 보기는 어려울 것으로 보인다.

5) 특히 대법원 98다26194 판결에서는, 공사 중단 당시 이 사건 아파트 건물 중 가동은 골조공사와 벽체공사가 완료되고 알루미늄 창문틀도 설치되었으며, 내장공사의 마무리 단계인 초벌도배까지 끝난 상태였고, 나동은 기둥, 벽, 지붕의 골조공사 및 벽체공사가 완료되어 거푸집을 제거한 상태여서, 전체 공정의 70%가 진행된 상태였다고 판단을 하는 것과 비교하면 위 판례(대법원 2004다67691 판결)에서 원고와 □□주택건설이 공사한 것을 다 합쳐도 40%의 공정을 넘었다고 말하기는 어려울 것으로 보인다.

4. 소결

이상의 판례들을 종합해 보면, 일단 대법원은, 공사진척도가 50% 정도에 이르고 처음의 건축주가 특별한 사정으로 미완성 건축물을 제3자에게 양도하여 양수인이 완성하였을 경우는 최초의 건축주에게 소유권이 원시적으로 귀속 된다고 보고 있는 것으로 판단되며, 공정율이 20% - 40% 정도에서 양수하여 완성하면 양수인에게 소유권이 원시적으로 귀속되는 것으로 판단하고 있다고 생각할 수 있는데, 대법원이 이에 대한 기준을 제시하고 있지는 않지만, 미완성 건축물의 경매에서 소유권의 귀속을 판단하는 하나의 준거는 되리라 본다.

[사례용 판례주제 9] 독립된 건물로 볼 수 없는 미완성 건물을 완성한 경우의 소유권 귀속주체

대법원 2005다68783 판결

<판례핵심>

건축공사가 중단되었으며, 아직 사회통념상 독립한 건물이라고 볼 수 있을 정도의 형태와 구조를 갖추지 않은 미완성의 건물을 인도받아 나머지 공사를 한 경우 그 건물의 원시취득자가 누구인가에 대한 판례(대법원 2005다 68783 판결 소유권보존등기말소 청구사건)

<사실관계>

① 피고회사는 서울시 강남구청으로부터 이 사건 대지상에 아파트신축사업계획을 승인받아 위 아파트 신축사업을 진행하는 한편, 원고인 ○○주택보증회사와 주택분양보증계약을 체결하여 피고회사가 부도, 파산 등으로 주택분양계약을 이행할 수 없는 경우에 원고가 주택의 분양이행 또는 납부한 입주금의 환급을 책임지기로 하였다.

② 그런데 피고회사는 2003. 7. 22.경 부도로 공사를 중단하게 되었는데 당시 공사의 정도는 지하 주차장 기초골조공사가 진행 중이었을 뿐, 조적공사는 전혀 진행되지 않고 있었던 상태에서, <u>원고는 위 주택분양보증상의 보증책임을 분양이행의 방법으로 이행하고자 기존의 시공사인 주식회사 ○○중공업으로 하여금 잔여공사를 계속하도록 하여 2004. 5.경 이를 완공하고</u>, 같은 해 강남구청으로부터 사용승인을 받은 사안에서 위 아파트에 대한 원시적인 소유권의 귀속은 누구에게 있는가에 대한 사례이다.

<대법원의 판단>

1. 독립된 건물로 볼 수 없는 미완성 건물의 완성한 경우의 소유권 귀속주체는 건물을 완성한 자이다

 1) 자기의 비용과 노력으로 건물을 신축한 자는 그가 건축허가가 타인의 명의로 된 여부와 관계없이 그 소유권을 원시취득한다(대법원 2000다16350 참조). 따라서 건축주의 사정으로 건축공사가 중단된 미완성의 건물을 인도받아 나머지 공사를 하게 된 경우에는 그 공사의 중단 시점에 이미 사회통념상 독립한 건물이라고 볼 수 있는 정도의 형태와 구조를 갖춘 경우가 아닌 한, 이를 인도받아 자기의 비용과 노력으로 완공한 자가 그 건물의 원시취득자가 될 것이다.

 2) 이러한 법리는 주택분양보증계약에 기하여 수분양자를 위한 주택분양보증인이 된 자가 위 보증채무의 이행으로 분양이행의 방법을 선택함으로써 사업주체로부터 중단된 공사를 이어 받아 자기의 비용과 노력으로 건물을 완공한 경우에도 마찬가지로 적용된다 할 것이다.

 3) 그렇다면 원고에 의하여 완공된 이사건 아파트의 위 중단 당시 공사의 진행정도 등에 비추어 비록 원고가 이 사건 아파트의 건축허가 명의자는 아니지만, 그에 상관없이 원고가 이 사건 아파트 전체에 관한 소유권을 원시취득하였다고 본 조치는 정당하다.

<해설>

1. 사회통념상 독립한 건물이 아니라면 소유권의 귀속 주체를 논할 가치는 없다

위 판례에서 문제된 이 사건 건물은 아직 독립된 건물로 볼 수 없는 미완성의 건물이다. 따라서 독립된 건물로 불 수 있는 경우 양도 또는 양수에 간한 법리는 적용될 여지가 없다. 그래서 판례는 "공사의 중단 시점에 이미 사회통념상 독립한 건물이라고 볼 수 있는 정도의 형태와 구조를 갖춘 경우가 아닌 한, 이를 인도받아 자기의 비용과 노력으로 완공한 자가 그 건물의 원시취득자가 될 것이고,"라고 판시하고 있다.

제3장

아파트 등 집합건물의 경매에서의 관리비의 문제

I. 서설
II. 아파트 등의 관리비에 관한 규정체계
III. 특별승계인에게 승계되는 관리비에 법원의 입장
IV. 기타의 관련문제

제3장 아파트 등 집합건물의 경매에서의 관리비의 문제

Ⅰ. 서설

일반적으로 부동산 경매에서 관리비가 문제되는 경우는 집합건물인 아파트와 오피스텔이 될 것이며, <u>특히 아파트를 입찰 받는 경우 해당 관리사무소를 통하여 전소유자에 의하여 체납된 관리비의 액수를 확인한 다음, 이 중 승계되는 부분에 대하여 미리 염두에 두고 입찰을 준비해야 한다.</u> 만약 이런 준비가 안 될 경우 입찰 후 입주를 할 때 관리주체와의 마찰로 인하여 소송까지 가거나, 아니면 반강제적으로 전소유자가 체납한 관리비를 대신 납부함으로 인한 심리적, 경제적 불편함을 매우 클 수 있으므로, 이런 문제를 미연에 예방하는 차원에서 본서의 주제인 유치권과는 관련성이 없지만, 부동산 경매에서 아파트나 오피스텔에 대하여 입찰을 준비하는 독자들의 안목과 불측의 손해를 막아보자는 차원에서 본장을 마련하게 되었으며, 관련 법률로는 집합건물의 소유 및 관리에 관한 법률(이하 '집합건물법' 이라 칭함)과 주택법이 될 것이다.

다만, 상가·오피스텔은 하나의 집합건물의 구분소유 부분이 업무 또는 숙식으로 이용될 수 있도록 건축된 건물로서 주택법상의 공동주택에 해당하지 않는다(대법원 2002. 9.24. 선고 2001다26118 판결 참조). 따라서 상가·오피스텔은 주택이 아니어서 주택법은 적용되지 아니하고, 집합건물법 제1조, 제2조 제1호에 따라 집합건물서 집합건물법의 적용을 받게 되므로, 그 공용부분의 관리에 관한 사항은 집합건물법에서 규정하는 관리단집회의 결의, 관리규약 등에 의하여 정해진다(아파트 주민들의 분쟁예방을 위한 길잡이, 대전지방법원 간행, P9 참조).

II. 아파트 등의 관리비에 관한 규정체계

1. 집합건물의 소유 및 관리에 관한 법률

- 제17조(공용부분의 부담·수익) 각 공유자는 규약에 달리 정한 바가 없으면 그 지분의 비율에 따라 <u>공용부분의 관리비용과 그 밖의 의무를 부담하며</u> 공용부분에서 생기는 이익을 취득한다.
- 제18조(공용부분에 관하여 발생한 채권의 효력) <u>공유자가 공용부분에 관하여 다른 공유자에 대하여 가지는 채권은 그 특별승계인에 대하여도 행사할 수 있다.</u>
- 제25조(관리인의 권한과 의무) ① 관리인은 다음 각 호의 행위를 할 권한과 의무를 가진다.
    1. 공용부분의 보존·관리 및 변경을 위한 행위
    2. 관리단의 사무 집행을 위한 분담금액과 비용을 각 구분소유자에게 청구·수령하는 행위 및 그 금원을 관리하는 행위
    3. 관리단의 사업 시행과 관련하여 관리단을 대표하여 하는 재판상 또는 재판 외의 행위
    4. 그 밖에 규약에 정하여진 행위

2. 주택법

- 제44조(공동주택관리규약) ① 시·도지사는 공동주택의 입주자 및 사용자를 보호하고 주거생활의 질서를 유지하기 위하여 대통령령으로 정하는 바에 따라 공동주택의 관리 또는 사용에 관하여 준거가 되는 공동주택관리규약(이하 "관리규약"이라 한다)의 준칙을 정하여야 한다.
    ② 입주자와 사용자는 제1항에 따른 관리규약의 준칙을 참조하여 관리규약을 정한다.
    ③ 관리규약은 입주자의 지위를 승계한 자에 대하여도 그 효력이 있다.
- 제45조(관리비) ① <u>제43조제1항에 해당하는 공동주택의 입주자 및 사

용자는 그 공동주택의 유지관리를 위하여 필요한 관리비를 관리주체에게 내야 한다.

② 제1항에 따른 관리비의 내용 등에 필요한 사항은 대통령령으로 정한다.

③ 제1항에 따른 공동주택의 관리주체는 입주자 및 사용자가 납부하는 대통령령으로 정하는 사용료 등을 입주자 및 사용자를 대행하여 그 사용료 등을 받을 자에게 납부 할 수 있다. <신설 2010.4.5>

④ 제1항에 따른 공동주택의 관리주체는 다음 각 호의 내역(항목별 산출내역을 말하며, 세대별 부과내역은 제외한다)을 대통령령으로 정하는 바에 따라 공개하여야 한다.

  1. 제2항에 따른 관리비

  2. 제3항에 따른 사용료 등

  3. 제51조 제1항에 따른 장기수선충당금과 그 적립금액

  4. 그 밖에 대통령령으로 정하는 사항

- 제47조(장기수선계획) ① 다음 각 호의 어느 하나에 해당하는 공동주택을 건설·공급하는 사업주체 또는 리모델링을 하는 자는 대통령령으로 정하는 바에 따라 그 공동주택의 공용부분에 대한 장기수선계획(이하 "장기수선계획"이라 한다)을 수립하여 제29조에 따른 사용검사를 신청할 때에 사용검사권자에게 제출하고, 사용검사권자는 이를 그 공동주택의 관리주체에게 인계하여야 한다.

  1. 300세대 이상의 공동주택

  2. 승강기가 설치된 공동주택

  3. 중앙집중식 난방방식의 공동주택

② 제43조제3항에 따른 입주자대표회의와 관리주체는 장기수선계획을 국토해양부령으로 정하는 바에 따라 조정할 수 있으며, 수립 또는 조정된 장기수선계획에 따라 주요 시설을 교체하거나 보수하여야 한다.

3. 주택법 시행령

- 제58조(관리비등) ①법 제45조에 따른 관리비는 다음 각 호의 비목의 월별금액의 합계액으로 하며, 비목별 세부내역은 별표 5와 같다.
    1. 일반관리비
    2. 청소비
    3. 경비비
    4. 소독비
    5. 승강기유지비
    5의2. 지능형 홈네트워크 설비 유지비(지능형 홈네트워크 설비가 설치된 경우만 해당한다)
    6. 난방비(「주택건설기준 등에 관한 규정」 제37조의 규정에 의하여 난방열량계 등이 설치된 공동주택의 경우에는 난방열량계 등의 계량에 의하여 산정한 난방비를 말한다)
    7. 급탕비
    8. 수선유지비(냉·난방시설의 청소비를 포함한다)
    9. 위탁관리수수료
  ② 관리주체는 다음 각 호의 비용에 대하여는 이를 제1항의 관리비와 구분하여 징수하여야 한다.
    1. 장기수선충당금
    2. 삭제 <2010.7.6>
    3. 제62조제4항 단서에 따른 안전진단 실시비용
  ③ 법 제45조제3항에서 "대통령령으로 정하는 사용료 등"이란 다음 각 호와 같다.
    1. 전기료(공동으로 사용되는 시설의 전기료를 포함한다)
    2. 수도료(공동으로 사용하는 수도료를 포함한다)
    3. 가스사용료
    4. 지역난방 방식인 공동주택의 난방비와 급탕비
    5. 정화조오물수수료

6. 생활폐기물수수료
7. 공동주택단지안의 건물 전체를 대상으로 하는 보험료
8. 입주자대표회의의 운영비
9. 선거관리위원회의 운영경비

④ 관리주체는 인양기 등 공용시설물의 사용료를 당해 시설의 사용자에게 따로 부과 할 수 있다.

⑤ 관리주체는 보수를 요하는 시설(누수되는 시설을 포함한다)이 2세대 이상의 공동사용에 제공되는 것인 경우에는 이를 직접 보수하고, 당해 입주자등에게 그 비용을 따로 부과할 수 있다. <개정 2010.7.6>

⑥ 관리주체는 관리비등을 통합하여 부과하는 때에는 그 수입 및 집행내역을 쉽게 알 수 있도록 정리하여 입주자등에게 알려주어야 한다.

⑦ 관리주체는 관리비등을 입주자대표회의가 지정하는 금융기관(제44조제2항제1호 각 목의 기관을 말한다)에 예치하여 관리하되, 장기수선충당금은 별도의 계좌로 예치·관리하여야 한다. 이 경우 계좌는 법 제55조제4항에 따른 관리사무소장의 직인 외에 입주자대표회의의 회장 인감을 복수로 등록할 수 있다.

⑧ 제1항부터 제5항까지의 규정에 따라 발생한 관리비등을 입주자등에게 부과한 관리주체는 법 제45조제4항에 따라 그 관리비등(제1항제6호·제7호 및 제3항제1호부터 제4호까지는 사용량을, 장기수선충당금은 그 적립요율 및 사용한 금액을 각각 포함한다)을 다음 달 말일까지 국토해양부장관이 지정하는 인터넷 홈페이지에 공개하여야 한다. 잡수입의 경우에도 동일한 방법으로 공개하여야 한다.

⑨ 법 제45조 제4항 제4호에 따라 공개되어야 하는 사항은 주택관리업자의 선정에 관한 입찰공고 및 선정결과의 내용을 말하며, 제8항에도 불구하고 관리주체는 이를 즉시 공개하여야 한다.

⑩ 제9항에 따른 주택관리업자의 선정에 관한 입찰공고 및 선정결과의 내용이 결정되면 입주자대표회의는 이를 즉시 관리주체에게 통지하여야 한다.

Ⅲ. 특별승계인에게 승계되는 관리비에 법원의 입장

1. 대법원의 기본적인 입장(대법원 2001다8677 전원합의체판결요지)

　가. 전소유자의 체납관리비를 양수인에게 승계시키는 관리규약의 효력

　아파트의 관리규약에서 체납관리비 채권 전체에 대하여 입주자의 지위를 승계한 자에 대하여도 행사할 수 있도록 규정하고 있다 하더라도, '관리규약이 구분소유자 이외의 자의 권리를 해하지 못한다.'고 규정하고 있는 집합건물의소유및관리에관한법률(이하 '집합건물법'이라 한다) 제28조 제3항에 비추어 볼 때, 관리규약으로 전 입주자의 체납관리비를 양수인에게 승계시키도록 하는 것은 입주자 이외의 자들과 사이의 권리·의무에 관련된 사항으로서 입주자들의 자치규범인 관리규약 제정의 한계를 벗어나는 것이고, 개인의 기본권을 침해하는 사항은 법률로 특별히 정하지 않는 한 사적 자치의 원칙에 반한다는 점 등을 고려하면, 특별승계인이 그 관리규약을 명시적, 묵시적으로 승인하지 않는 이상 그 효력이 없다고 할 것이며, 집합건물법 제42조 제1항 및 공동주택관리령 제9조 제4항의 각 규정은 공동주택의 입주자들이 공동주택의 관리·사용 등의 사항에 관하여 관리규약으로 정한 내용은 그것이 승계 이전에 제정된 것이라고 하더라도 승계인에 대하여 효력이 있다는 뜻으로서, 관리비와 관련하여서는 승계인도 입주자로서 관리규약에 따른 관리비를 납부하여야 한다는 의미일 뿐, 그 규정으로 인하여 승계인이 전 입주자의 체납관리비까지 승계하게 되는 것으로 해석할 수는 없다.

　나. 전 입주자의 체납관리비 중 공용부분에 관하여는 승계된다.

　다만, 집합건물의 공용부분은 전체 공유자의 이익에 공여하는 것이어서 공동으로 유지·관리해야 하고 그에 대한 적정한 유지·관리를 도모하기 위하여는 소요되는 경비에 대한 공유자 간의 채권은 이를 특히 보장할 필

요가 있어 공유자의 특별승계인에게 그 승계의사의 유무에 관계없이 청구할 수 있도록 집합건물법 제18조에서 특별규정을 두고 있는바, 위 관리규약 중 공용부분 관리비에 관한 부분은 위 규정에 터잡은 것으로서 유효하다고 할 것이므로, 아파트의 특별승계인은 전 입주자의 체납관리비 중 공용부분에 관하여는 이를 승계하여야 한다고 봄이 타당하다.

2. 체납관리비 중 승계되는 공용부분의 관리비의 범위

(1) 그리고 부과된 관리비가 공용부분에 관한 관리비인지 여부는 개개의 관리비 항목의 성질 및 그 구체적 사용내역에 따라 판단되어야 할 것이나, 위와 같은 입법 취지에 비추어 볼 때 여기서 말하는 공용부분 관리비에는 집합건물의 공용부분 그 자체의 직접적인 유지·관리를 위하여 지출되는 비용뿐만 아니라, 전유부분을 포함한 집합건물 전체의 유지·관리를 위해 지출되는 비용 가운데에서도 입주자 전체의 공동의 이익을 위하여 집합건물을 통일적으로 유지·관리해야 할 필요가 있어 이를 일률적으로 지출하지 않으면 안 되는 성격의 비용은 그것이 입주자 각자의 개별적인 이익을 위하여 현실적·구체적으로 귀속되는 부분에 사용되는 비용으로 명확히 구분될 수 있는 것이 아니라면, 모두 이에 포함되는 것으로 봄이 상당하다(대법원 2004다3598,3604 판결).

(2) 그런데 기록에 의하면, 이 사건 상가건물의 관리규약상 관리비 중 일반관리비, 장부기장료, 위탁수수료, 화재보험료, 청소비, 수선유지비 등은 모두 입주자 전체의 공동의 이익을 위하여 집합건물을 통일적으로 유지·관리해야 할 필요에 의해 일률적으로 지출되지 않으면 안 되는 성격의 비용에 해당하는 것으로 인정되고, 그것이 입주자 각자의 개별적인 이익을 위하여 현실적·구체적으로 귀속되는 부분에 사용되는 비용으로 명확히 구분될 수 있는 것이라고 볼 만한 사정을 찾아볼 수 없는 이상 전(전) 구분소유자의 특별승계인인 원고에게 승계되는 공용부분 관리비로 보아야 할 것이다(대법원 2004다3598,3604 판결).

3. 연체료의 승계여부

한편, 관리비 납부를 연체할 경우 부과되는 연체료는 위약벌의 일종이고, 전(前) 구분소유자의 특별승계인이 체납된 공용부분 관리비를 승계한다고 하여 전 구분소유자가 관리비 납부를 연체함으로 인해 이미 발생하게 된 법률효과까지 그대로 승계하는 것은 아니라 할 것이어서, 공용부분 관리비에 대한 연체료는 특별승계인에게 승계되는 공용부분 관리비에 포함되지 않는다(대법원 2004다3598,3604 판결). 따라서 이미 발생한 공용부분에 대한 연체료에 대하여 집합건물의 관리규정에 불구하고 집합건물의 특별승계인에게 승계되는 공용부분의 관리비에 포함되지 않는다(대법원 2005다65821 판결).

4. 공용부분 공용부분의 관리비 항목에 대한 의정부지법의 판단

가. 인정사실

(1) 포천시 신읍동 (지번, 아파트이름, 동호수 생략)호(이하 '이 사건 아파트'라 한다)에 관하여 2006. 11. 20. 같은 해 10. 25. 임의경매로 인한 매각을 원인으로 한 원고 명의의 소유권이전등기가 마쳐진 사실, 이 사건 아파트의 전 소유자는 2004. 8.부터 2006. 10.까지의 관리비 5,355,260원을 납부하지 아니한 사실(피고는 아파트입주자대표회이다).

(2) 피고는 위 체납관리비를 공용부분 관리비(일반관리비, 소독비, 유선방송료, 중앙집중식 난방방식에 의한 난방비, 승강기유지비, 수선유지비, 장기수선충당금, 오물수거비, 화재보험료 등) 4,380,410원과 전유부분 관리비(세대 전기요금, 수도요금, 하수도요금, 급탕비, TV 수신료 등) 974,850원으로 구분하여 원고에게 위 공용부분 관리비의 납부를 요구한 사실

(3) 별지 '관리비 항목의 발생내역' 기재와 같이 위 (2)항의 공용부분 관리비 중 일반관리비는 2,063,850원, 소독비는 30,720원, 유선방송료는 60,610원, 중앙집중식 난방방식에 의한 난방비는 1,432,880원인 사실

[인정 근거] 다툼 없는 사실, 갑 제1, 2, 4호증, 을 제1, 2호증(각 가지 번호 포함)의 각 기재 및 변론 전체의 취지

나. 원고의 주장

이 사건 아파트의 특별승계인인 원고가 전 구분소유자의 체납관리비 중 공용부분에 관하여만 승계할 의무가 있는바, 피고가 청구한 공용부분 관리비 중 일반관리비는 공용부분에도 전용부분에도 속하지 아니하는 관리비이고, 세대별 난방비, 소독비, 유선방송료는 전용부분에서 발생한 관리비이므로, 이 부분에 대하여 특별승계인인 원고가 승계할 의무가 없다.

다. 의정부지법의 판단

(1) 집합건물의 전 구분소유자의 특정승계인에게 승계되는 공용부분 관리비에는 집합건물의 공용부분 그 자체의 직접적인 유지·관리를 위하여 지출되는 비용뿐만 아니라, 전유부분을 포함한 집합건물 전체의 유지·관리를 위해 지출되는 비용 가운데에서도 입주자 전체의 공동의 이익을 위하여 집합건물을 통일적으로 유지·관리해야 할 필요가 있어 이를 일률적으로 지출하지 않으면 안 되는 성격의 비용은 그것이 입주자 각자의 개별적인 이익을 위하여 현실적·구체적으로 귀속되는 부분에 사용되는 비용으로 명확히 구분될 수 있는 것이 아니라면, 모두 이에 포함되는 것으로 봄이 상당하다(대법원 2006. 6. 29. 선고 2004다3598, 3604 판결 참조).

(2) 일반관리비에 관하여 보건대, 변론 전체의 취지에 의하면, 일반관리비는 (이름 생략)아파트 단지를 관리하는 관리소장 이하 관리직원들의 인건비가 대부분을 차지하고, 이외에 사무용품비, 전기안전관리대행수수료, 통신비, 기타 간접관리비용으로 구성되어 있으므로, 집합건물 전체의 유지·관리를 위하여 지출되는 비용으로, 공용부분 관리비라고 봄이 상당하다.

(3) 중앙집중식 난방방식에 의한 세대별 난방비에 관하여 보건대, 비록 (이름 생략)아파트가 중앙집중식 난방방식을 채택하고 있어 난방비가 개별 세대의 사용 여부나 사용량을 불문하고 평형별로 동일 금액이 부과된다 하더라도, <u>난방은 궁극적으로 개별 세대의 이익을 위하여 제공되는 것일 뿐 집합건물 전체의 유지·관리와는 무관하고, 나아가 피고의 관리비 납입 통지서에도 '세대별 난방비'로 표시하고 있으므로, 이는 난방공급방식을 불문하고 전용부분 관리비라 봄이 상당하다.</u>

(4) <u>소독비에 관하여</u> 살피건대, 집합건물의 특성상 일시에 건물 전체를 빠짐없이 소독하여야 그 효과가 있을 뿐만 아니라 이는 어느 특정 세대를 위한 것이 아니라 집합건물 전체의 유지·관리를 위하여 필요한 비용이므로, <u>공용부분 관리비라고 봄이 상당하다.</u>

(5) 유선방송료에 관하여 살피건대, 비록 (이름 생략)아파트 단지의 선로구조상 입주자들이 개별적으로 여러 유선방송업체 중에서 선택하는 것이 곤란하여 아파트단지 전체와 특정 유선방송업체가 일괄적으로 종합계약을 체결한다고 하더라도, 궁극적으로 이는 개별 세대의 이익을 위하여 제공되는 것일 뿐 집합건물 전체의 유지·관리와는 무관하므로, 전용부분 관리비라 봄이 상당하다.

(6) 소결론
따라서 이 사건 아파트의 특별승계인인 원고는 피고에게 전 구분소유자의 체납관리비 중 공용부분 관리비 2,886,920원(피고 주장의 공용부분 관리비 4,380,410원 - 유선방송료 60,610원 - 세대별 난방비 1,432,880원)을 지급할 의무가 있다(의정부지법 2006가단74938 판결).

마. 위 의정부지법에서 공용부분의 관리비로 인정한 부분

의정부 지법에서 전소유자의 체납관리비 중 경매를 통하여 낙찰받은 매수인이 부담해야 하는 공용부분에 대한 관리비의 항목은 <u>일반관리비, 소독비, 승강기유지비, 수선유지비, 장기수선충당금, 오물수거비, 화재보험료</u> 등이다. 따라서 <u>세대 전기요금, 수도요금, 하수도요금, 급탕비, TV 수</u>

신료 등은 전유부분에 대한 관리비로서 매수인이 승계하지 않은 것으로 봤다.

5. 관리비의 항목에 따른 전유부분관리비와 공용부분 관리비의 구별

(1) 위와 같은 법원의 입장에 섰을 때, 어떤 부분이 전유부분의 관리비이고, 공용부분의 관리비인지를 구별하는 문제가 남아있다. 주택법시행령 제58조(관리비등)에 의하여 구별되고 있지만, 사용료 부분에서 전유부분에 한정할 것과 공용부분의 관리비에 포함될 것을 구별하여 규정하고 있지 않고 있으며, 이하의 내용은 법조(2008. 8. 통권 623호)에 게재된 배병일 교수의 체납된 관리비에 대한 연구 중 전유부분관리비와 공용부분 관리비로 구별한 것을 옮겨놓는다.

(2) 결론적으로 세대별 전기요금, 세대별 수도요금, 세대별하수도요금, TV수신료, 유선방송요금, 중앙집중식 난방방식에 의한 세대별 난방비 등은 전유부분 관리비이다. 이러한 전유부분의 관리비는 승계되지 않는다. 다음으로 공용부분 관리비로는 일반관리비(인건비, 상여금, 복리후생비, 판공비, 도서인쇄비, 전기안전관리대행수수료, 통신비, 소모품비, 사무용품비, 기타 제경비 등), 청소비, 정화조 오물수수료 및 생활폐기물 수수료, 소독비, 승강기유지비 및 검사비, 공용부분 난방비, 공용부분 급탕비, 수선유지비, 장기수선충당금, 음식물분리수거비, 먹는물 설비보호제, 제보험료(화재보험료, 산재보험료, 고용보험료), 장부기장료, 위탁수수료 등이다. 이러한 공용부분 관리비는 승계된다. 그렇다면 공용부분 관리비에 해당한다는 입증책임은 특정승계인이 부담한다고 봐야한다.

Ⅳ. 기타의 관련문제

1. 체납된 관리비의 소멸시효의 문제

(1) 민법 제163조 제1호에서 3년의 단기소멸시효에 걸리는 것으로 규정한

'1년 이내의 기간으로 정한 채권'이란 1년 이내의 정기로 지급되는 채권을 말하는 것으로서, 1개월 단위로 지급되는 집합건물의 관리비채권은 이에 해당한다고 할 것이다(대법원 2005다65821 판결).
(2) 그리고 기록에 의하면, 피고가 원고의 직원과 2004. 1.경 체납관리비를 법원의 판결에 의거하여 정리하기로 합의한 사실, 피고가 이 사건 부동산을 취득하기 이전에 전전 소유자의 체납관리비가 존재하는 것을 알았던 사실을 각 인정할 수 있으나, 그것만으로는 피고가 원고에게 소멸시효의 이익을 포기하였다거나 피고의 소멸시효 항변이 신의성실의 원칙에 반하거나 권리남용에 해당한다고 볼 수 없다(대법원 2005다65821 판결).
(3) 다음으로 관리비에 대한 소멸시효의 기산점은 권리를 행사할 수 있는 때로부터 기산해야 하므로, 관리비의 고지일 아니라 납부기일이 되며, 월별로 고지되는 관리비에 대하여 매월분에 대하여 소멸시효의 완성 여부를 판단해야 한다.

2. 점포의 사용, 수익이 없는 단순한 점유만을 하는 경우의 관리비 문제

가. 원심에서 인정한 사실

원심은, 원고가 2001. 11. 6. 피고에게 이 사건 점포를 전대차보증금 800만 원, 월 임료 70만 원(매월 6. 지급), 기간 1년으로 각 약정하여 전대하면서, 특약사항으로 임차인인 원고가 임대인인 주식회사 동승에게 지급하여야 할 임대차 임료 및 <u>시장환경의 유지관리를 위하여 필요한 경비(이하 임대차 임료 및 경비를 합하여 '관리비'라고 표시한다)를 점포 사용자인 피고가 부담하기로 약정한 사실</u>, 피고는 원고에게 전대차보증금을 지급하고 이 사건 점포를 사용하다가 2002. 6. 5.까지의 전대차 임료 및 관리비만 지급하고 <u>전대차기간이 종료되었음에도 출입문을 시정한 채 원단 일부만 보관하면서 이를 명도하지 않고 있는 사실</u> 등을 인정하고 아래와 같이 판단하였다(원고는 전대인이고, 피고는 전차인이다, 대법원 20056다1711 판결).

나. 원심의 판단

전대차기간 종료 이후에는 비록 피고가 이 사건 점포를 점유하더라도 이를 본래의 전대차계약상의 목적에 따라 사용·수익하지 아니하여 실질적인 이득을 얻은 바 없어 부당이득반환의무가 성립하지 않는다는 전제하에, 피고는 원고에게 2002. 6. 6.부터 전대차기간 종료시점인 2002. 11. 5.까지의 전대차 임료 및 관리비 상당의 금원과 그 이후인 2002. 11. 6.부터 이 사건 점포의 명도시까지 관리비 상당의 금원을 지급할 의무가 있다고 판단하였다(대법원 20056다1711 판결).

다. 대법원의 판단

그러나 전대차기간 종료일 이후부터 이 사건 점포를 명도할 때까지 피고가 관리비 상당을 지급할 의무가 있다는 원심의 판단은 수긍하기 어렵다. 전대차기간 종료 후 보증금이 미반환된 상태에서 피고가 이 사건 점포를 사용·수익은 하지 않고 점유만을 계속하고 있는 경우라면, 전대차기간 종료 이후에는 원·피고 사이의 전대차계약상 '관리비를 피고가 부담'하기로 한 특약이 적용되는 것으로 해석하기 어려운 점, 관리비 중 '경비'는 임차인들이 공동으로 부담하는 것으로서 공동전기, 수도료 및 인건비 등 지급의무를 균분 부담하는 성격의 금원이고, 이는 점포의 사용·수익을 전제로 한다고 볼 수 있으므로 피고가 이 사건 점포를 실제로 사용·수익하지 않은 이상 경비지급의무를 부담한다고 보기 어려운 점, 전대차가 종료된 이상 관리비 중 임대차 임료는 원래의 임대차계약상 임차인인 원고가 임대인인 주식회사 동승에게 부담하여야 하는 점, 원심의 판단과 같이 전대차기간 종료 이후에는 피고의 점유로 인한 부당이득반환의무는 성립되지 않을 뿐만 아니라, 전대차기간 종료시점에 피고가 반환받아야 할 보증금이 아직 남아 있음이 분명한 이상 피고의 점유는 불법점유가 아니므로 그 손해배상의무도 부담하지 않는 점 등에 비추어 보면, 전대차기간 종료 후 명도시까지의 관리비는 전대인인 원고가 부담하여야 할 것이다

(대법원 20056다1711 판결).

라. 소결

위 원심과 대법원은 전대차기간이 종료하고 전차인이 보증금을 반환받지 못한 상태에서, 전차인이 전대차목적물을 본래의 용도대로 사용·수익하지 않고 단순히 전차인이 자신의 원단 일부만을 보관하는 목적하에서 목적물을 점유하고 있는 경우, 그 목적물 점유로 인한 차임상당의 부당이득이 발생하지 않는다고 판시한 점을 주목할 필요가 있다. 그리고 대법원은 더 아나가 관리비도 발생하지 않는다고 판시하였는데, 이 판례는 상가임차인들이 꼭 알고 있어야 할 판례라는 생각이 든다.

3. 관리비에 관한 관리단 규약 등이 존재하지 않는 경우의 관리비청구

(1) 집합건물법 제17조는 "각 공유자는 규약에 달리 정함이 없는 한 그 지분의 비율에 따라 공용부분의 관리비용 기타 의무를 부담한다.", 제25조 제1항은 "관리인은 공용부분의 보존·관리 및 변경을 위한 행위와 관리단의 사무의 집행을 위한 분담금액 및 비용을 각 구분소유자에게 청구·수령하는 행위 및 그 금원을 관리하는 행위를 할 권한과 의무를 가진다."라고 규정하고 있는바, 이에 의하면, <u>집합건물법상 관리단인 피고는 관리비징수에 관한 유효한 관리단규약 등이 존재하지 않더라도, 집합건물법 제25조 제1항 등에 따라 적어도 공용부분에 대한 관리비는 이를 그 부담의무자인 구분소유자에 대하여 청구할 수 있다고 봄이 상당하다 할 것이다.</u>

(2) <u>따라서 원심으로서는, 이 사건 각 점포의 전 소유자나 원고 등에게 부과된 관리비 중 어느 부분이 공용부분 관리비에 해당하는지를 더 심리하여 그에 해당하는 관리비는 원고 등이 승계하여 부담하거나 또는 직접 부담한다고 판단하여야 하고, 나아가 원고 등이 이 사건 각 점포의 소유권을 취득한 이후 원고 등에게 부과된 관리비 중 공용부</u>

분 관리비에 해당하지 않는 관리비의 경우에도, 원고 등에게 그 납부의무를 인정할 만한 특별한 사정이 있는지 여부를 살펴보아 그 납부의무 유무를 판단했어야 할 것이다.(대법원 2009다22266,22273 판결)

4. 시장번영회의 의하여 실시된 단전조치의 문제

가. 사실관계

(1) 기록에 의하면, 시장번영회는 ○○포종합시장 내의 상점소유자나 개점자 등으로 구성되어 있고, 그 관리규약에 따르면 3개월 이상 관리비를 연체하는 경우에는 사용자와 소유자에게 동시에 통보하고 미납할 때에는 단수, 단전 등의 불이익조치를 취할 수 있도록 규정하고 있다.

(2) 피해자인 이○권과 박○엽은 부부로서 ○○포종합시장 내 ○○상가 마동 23호, 24호, 25호를 연결하여 의류가게와 세탁소 등을 운영하면서 2000. 5. 무렵부터 관리비를 체납하고 있었고, ○○시와 한전에서는 시장번영회에 대하여 수도료와 전기료 등을 납부하지 아니하면 단수, 단전조치를 취하겠다고 예고하였었다.

(3) 이에 따라 시장번영회에서는 부득이 관리비 고액체납자들로부터 관리비를 효율적으로 징수하기 위하여 2001. 7. 24. 시장번영회 이사회를 열고 관리비의 고액체납자에 대하여 강력한 법적 조치와 함께 단수, 단전 등의 조치를 병행하기로 만장일치로 결의하였다.

(4) 이에 따라 시장번영회 회장인 피고인이 사무국장인 공소외인에게 고액체납자들의 점포에 대하여 단전조치를 하도록 지시하여, 공소외인이 위 상가의 전기단자함을 열고 이○권과 박○엽의 점포에 공급되는 전기를 차단하는 조치를 취하였고, 한편 피고인이 단전조치를 취하기 전에 시장번영회에서 이○권과 박○엽을 상대로 체납관리비의 지급을 구하는 소송을 제기하고 그 채권을 보전하기 위하여 2000. 10. 10. 부동산가압류결정과 2001. 7. 24. 유체동산가압류결정을 받게 되었다.

(5) 그리고 이렇게 되자, 비로소 이○권과 박○엽이 2001. 9. 15. 가압류해 방금으로서 그 청구금액 상당을 창원지방법원 진주지원에 공탁한 것을 알 수 있다(이와 같은 가압류해금은 가압류의 목적물에 갈음하는 것으로 가압류해방금이 공탁되면 그 가압류의 효력이 채무자가 가지는 공탁금회수청구권에 존속하게 되는 것에 불과하여 변제로서의 효력이 없다).

나. 대법원의 판단

(1) 형법 제20조에 정하여진 '사회상규에 위배되지 아니하는 행위'라 함은, 법질서 전체의 정신이나 그 배후에 놓여 있는 사회윤리 내지 사회통념에 비추어 용인될 수 있는 행위를 말하므로, 어떤 행위가 그 행위의 동기나 목적의 정당성, 행위의 수단이나 방법의 상당성, 보호법익과 침해법익과의 법익균형성, 긴급성, 그 행위 외에 다른 수단이나 방법이 없다는 보충성 등의 요건을 갖춘 경우에는 정당행위에 해당한다 할 것이다(대법원 86도1764 판결, 2002도5726 판결 등 참조).

(2) 사정이 이러하다면, 피고인이 단전조치를 하게 된 경위는 단전조치 그 자체를 목적으로 하는 것이 아니고 오로지 시장번영회의 관리규정에 따라 체납된 관리비를 효율적으로 징수하기 위한 제재수단으로서 이사회의 결의에 따라서 적법하게 실시한 것이고, 그와 같은 관리규정의 내용은 시장번영회를 운영하기 위한 효과적인 규제로서 그 구성원들의 권리를 합리적인 범위를 벗어나 과도하게 침해하거나 제한하는 것으로 사회통념상 현저하게 타당성을 잃은 것으로 보이지 아니하며, 피고인이 이○권 등이 연체된 관리비를 시장번영회에 직접 납부하지 아니하고 법원에 공탁하였다는 이유로 단전조치를 지시한 것으로도 보이지 아니하므로 피고인의 행위는 그 동기와 목적, 그 수단과 방법, 그와 같은 조치에 이르게 된 경위 등 여러 가지 사정에 비추어 볼 때, 사회통념상 허용될 만한 정도의 상당성이 있는 위법성이 결여된 행위로서 형법 제20조에 정하여진 정당행위에 해당하는 것으로 볼 여지가 충분하다.

5. 집합건물법 제18조의 특별승계인의 범위의 문제

가. 집합건물법 제18조의 특별승계인에 낙찰자(매수인)의 포함여부

대법원 2001다8677 전원합의체 판결의 기초가 된 사건의 경우도 원고(상고인)는 경매에서 해당 아파트를 경락받아 입주대대표회의를 상대로 관리비부존재확인 소송을 제기한 사건인데, 이 경우에서도 대법원은 집합건물법 제18조의 특별승계인의 범위에 낙찰자(매수인)가 포함되는 것을 전제로 하여 판결을 내놓았으며, 의정부지법 2006가단74938 판결에서도 같은 판결을 제시하였다. 따라서 경매상의 매수인도 집합건물법 제18조의 특별승계인으로 봄이 타당하다.

다만, 창원지법 97나3501 판결에서는, <u>피고가 이 사건 건물을 경락에 의해서 취득하였음은 위에서 인정한 바와 같고 경락에 의한 소유권 취득은 이를 원시취득으로 보아야 할 것이므로</u> 원고 주장의 위 각 규정이 피고에 대하여 적용될 여지가 없다고 할 것이고, 따라서 피고가 자인하고 있는 이 사건 건물의 소유권을 취득한 이후의 관리비를 제외하고, 그 이전의 연체된 관리비를 피고에 대하여 구하는 원고 청구 부분은 이유 없다고 판시하였으나, 독자들은 대법원의 견해에 따라 판단해야 한다.

나. 체납관리비에 대한 중간승계인의 책임

집합건물법상의 특별승계인은 관리규약에 따라 집합건물의 공용부분에 대한 유지·관리에 소요되는 비용의 부담의무를 승계한다는 점에서 채무인수인으로서의 지위를 갖는데, <u>위와 같은 집합건물법의 입법 취지와 채무인수의 법리에 비추어 보면 구분소유권이 순차로 양도된 경우 각 특별승계인들은 이전 구분소유권자들의 채무를 중첩적으로 인수한다고 봄이 상당하므로, 현재 구분소유권을 보유하고 있는 최종 특별승계인뿐만 아니</u>

라 그 이전의 구분소유자들도 구분소유권의 보유 여부와 상관없이 공용부분에 관한 종전 구분소유자들의 체납관리비채무를 부담한다고 보아야 한다(대법원 2006다50420 판결). 따라서 이와 같은 대법원의 입장에 섰을 때, 최종적으로 전 소유자에 의하여 체납된 관리비를 납부한 자는 체납자와 그 중간승계인에게 구상권을 행사할 수 있게 된다.

Ⅳ. 기타의 관련문제   375

[서식례] 기일입찰표, 위임장

(앞면)

기 일 입 찰 표

지방법원 집행관 귀하   입찰기일 :   년   월   일

사건 번호	타경 호	물건 번호	※물건번호가 여러개 있는 경우에는 꼭 기재

입 찰 자	본인	성 명	(인)	전화 번호	
		주민(사업자) 등록번호		법인등록 번 호	
		주 소			
	대리인	성 명	(인)	본인과의 관 계	
		주민등록 번 호		전화번호	−
		주 소			

입찰 가격	천억	백억	십억	억	천만	백만	십만	만	천	백	십	일	원	보증 금액	백억	십억	억	천만	백만	십만	만	천	백	십	일	원

보증의 제공방법	☐ 현금·자기앞수표 ☐ 보증서	보증을 반환 받았습니다. 입찰자 (인)

제3장 아파트 등 집합건물의 경매에서의 관리비의 문제

주의사항.
1. 입찰표는 물건마다 별도의 용지를 사용하십시오, 다만, 일괄입찰시에는 1매의 용지를 사용하십시오.
2. 한 사건에서 입찰물건이 여러개 있고 그 물건들이 개별적으로 입찰에 부쳐진 경우에는 사건번호외에 물건번호를 기재하십시오.
3. 입찰자가 법인인 경우에는 본인의 성명란에 법인의 명칭과 대표자의 지위 및 성명을, 주민등록란에는 입찰자가 개인인 경우에는 주민등록번호를, 법인인 경우에는 사업자등록번호를 기재하고, 대표자의 자격을 증명하는 서면(법인의 등기부 등·초본)을 제출하여야 합니다.
4. 주소는 주민등록상의 주소를, 법인은 등기부상의 본점소재지를 기재하시고, 신분확인상 필요하오니 주민등록증을 꼭 지참하십시오.
5. <u>입찰가격은 수정할 수 없으므로, 수정을 요하는 때에는 새 용지를 사용</u>하십시오.
6. 대리인이 입찰하는 때에는 입찰자란에 본인과 대리인의 인적사항 및 본인과의 관계 등을 모두 기재하는 외에 본인의 <u>위임장(입찰표 뒷면</u> 사용)과 인감증명을 제출하십시오.
7. 위임장, 인감증명 및 자격증명서는 이 입찰표에 첨부하십시오.
8. 일단 제출된 입찰표는 취소, 변경이나 교환이 불가능합니다.
9. 공동으로 입찰하는 경우에는 공동입찰신고서를 입찰표와 함께 제출하되, 입찰표의 본인란에는 "별첨 공동입찰자목록 기재와 같음"이라고 기재한 다음, 입찰표와 공동입찰신고서 사이에는 공동입찰자 전원이 간인 하십시오.
10. 입찰자 본인 또는 대리인 누구나 보증을 반환 받을 수 있습니다.
11. 보증의 제공방법(현금·자기앞수표 또는 보증서)중 하나를 선택하여 ☑표를 기재하십시오.

[서식례] 권리신고 겸 배당요구신청서

권리신고 겸 배당요구신청서

사건번호   타경   부동산강제(임의)경매

채 권 자

채 무 자

소 유 자

　본인은 이 사건 경매절차에서 임대보증금을 우선변제받기 위하여 아래와 같이 권리신고 겸 배당요구를 하오니 매각대금에서 우선배당을 하여 주시기 바랍니다.

아 래

1. 계 약 일 :   .   .   .
2. 계약당사자 : 임대인(소유자)
   　　　　　　 임　차　인
3. 임대차기간 :   .   .   .부터   .   .   .까지(년 간)
4. 임대보증금 : 전세   원
   　　　　　　 보증금   원에 월세
5. 임 차 부 분 : 전부(방   칸), 일부(층 방   칸)
   (※ 뒷면에 임차부분을 특정한 내부구조도를 그려주시기 바랍니다)
6. 주택인도일(입주한 날) :   .   .   .
7. 주민등록전입신고일 :   .   .   .
8. 확 정 일 자 유무 : □ 유(.   .   .), □ 무
9. 전세권(주택임차권)등기 유무 : □ 유(.   .   .), □ 무

첨 부 서 류

1. 임대차계약서 사본   1통

2. 주민등록등본   1통

                        년   월   일

         권리신고 겸 배당요구자   (인)
                      연락처(☎)

지방법원 귀중

[서식례] 유치권 권리 신고서

유 치 권 권 리 신 고 서

사 건 2005타경 16003호 부동산임의경매
채권자 주식회사 ○○은행
채무자 김○○
소유자 김○○

위 당사자 사이에 귀원 부동상임의경매 사건에 관하여 신고인 박○○은 채무자 겸 소유자에게 아파트 화장실 개보수공사, 방수공사(베란다)와 도배, 장판교체 등의 공사대금을 유치권자로서 신고합니다.

유치권 신고내용

1. 신고내역 : 서울특별시 종로구 ○○동 ○○번지 ○○아파트 101-703 화장실 개보수공사, 방수공사(베란다), 거실·방3개에 대한 도배, 장판교체 등의 공사대금
1. 신고금액 : 일금 이천삼백만원(23,000,000원)

첨 부 서 류

1. 공사도급계약서   1통
1. 공사내역서   1통
1. 세금계산서   1통

2005. 6. 10.

위 신고인 박○○
서울특별시 중구 ○○동 ○○번지
전화 :

서울중앙지방법원 경매 5계 귀중

[서식례] 부동산인도명령신청

부동산인도명령신청

신청인(매수인) ○ ○ ○
     ○○시 ○○구 ○○동 000 -00 번지
     전화 :
     우편번호 :

피신청인(점유자) ○ ○ ○
     ○○시 ○○구 ○○동 000 -00 번지
     전화 :
     우편번호 :

신 청 취 지

 ○○지방법원 2010타경 0000호 부동산 임의경매사건에 관하여 피신청인은 신청인에게 별지목록기재의 부동산을 인도하라.
라는 재판을 구합니다.

신 청 이 유

1. 신청인은 ○○지방법원 2010타경 0000호 부동산 임의경매사건의 경매절차에서 별지목록 기재의 부동산에 대하여 매각허가 결정을 받고, 낙찰대금을 완납하여 별지목록 기재의 부동산에 대한 완전한 소유권자입니다.
2. 그런데 피신청인은 ○○지방법원 2010타경 0000호 부동산 임의경매사건에서 경매를 신청한 근저당권자 (주) ○○은행보다 후순위로 전입신고 및 확정일자를 받아서, 사실상 임의경매를 신청한 근저당권자에게 대항할 수 없고, 그 결과 신청인에게도 대항할 수 없는 지위에 있으며, 따라서 피신청인은 별지목록 기재의 부동산에 대하여 점유할 정당한 권원이 없음에도 불구하고 현재까지 점유하며 퇴거를 거부하고 있습니다.
3. 이에 신청인이 피신청인을 찾아가 인도를 거부하는 이유를 물은즉 자신은 본 사건의 임의경매를 신청한 근저당권자보다는 후순위 이지만 별지목록 기재의 부동산의 유익한 시설을 설치하여 유치권을 행사 중이라고 합니다.

그런데 신청인의 근저당권자 (주) ○○은행으로부터 피신청인과 신청외 ○○○(채무자)과 사이에 체결한 임대차계약서를 입수할 수 있었으며, 그 계약서에 기하면 피신청인은 원상회복의 의무를 부담하고 있음이 나타납니다.
4. 그렇다면 피신청인은 별지목록 기재의 부동산에 대하여 유치권을 주장할 수 없으며, 설령 위와 같은 원상회복의무가 없다고 하더라도 피신청인이 시설하였다는 것은 방문을 교체하고, 건물 외벽의 페인트칠을 하는 등 별지목록 기재의 부동산의 객관적 가치의 증가를 가져오는 시설을 전혀 하지 않았기 때문에 피신청인의 주장은 더 이상 고려할 것이 못되므로, 신청인은 신청취지와 같이 귀원에 부동산인도명령을 신청합니다.

입증방법 및 첨부서류

1. 소갑 제 1호증 피신청인의 임대차계약서 사본   1통
2. 소갑 제 2호증 ○○지방법원 2010타경 0000호 부동산
                  임의경매사건 현황조사보고서 사본   1통
3. 부동산등기부등본
4. 송달료납부서

2010 .   .   .

위 신청인   ○ ○ ○   (인)

○○지방법원 귀중

<별지>

부동산의 표시

1. ○○시 ○○구 ○○동 000 -00 번지 대 000㎡
2. 위 지상 철근 콘크리트조 슬래브지붕 1층 주택 000㎡

[서식례] 부동산강제경매신청서

부동산강제경매신청서

수입인지
5,000원

채 권 자 성   명 :
　　　　　주   소 :

채 무 자 성   명 :
　　　　　주   소 :

청 구 금 액

원금　　　　　원 및 이에 대한 : 200　년　월　일부터 다갚을 때까지 연　　% 비율에 의한 금원

경매할 부동산의 표시

별지 목록 기재와 같음

경매의 원인된 채권과 집행할 수 있는 채무명의

채무자는 채권자에게　　　　　법원　　　　　9 가 청구　　사건의 19　년　월　일 선고한 판결(또는　　공증인　작성호 공정증서)의 집행력있는 정본에 기하여 위 청구금액을 변제하여야 할 것이나 이를 이행하지 아니하므로 위 부동산에 대한 강제경매절차를 개시하여 주시기 바랍니다.

첨 부 서 류

1. 집행력있는 정본　　　　　　　　　　　1통
2. 송달증명서　　　　　　　　　　　　　　1통
3. 부동산등기부등본　　　　　　　　　　　1통

2011.　　.　　.

　　　　　　　　　　　　위 채권자　　　　　　　(인)
　　　　　　　　　　　　(전화번호:　　　　　　　　　)

서울중앙지방법원　귀중

[목록 양식]

1. 서울특별시 서초구 서초동 000-00번지
   대 150 ㎡
2. 위 지상
   철근콘크리트조 스라브지붕 주택
   1층 78 ㎡
   2층 56 ㎡

[이해관계인 열람표 양식]

순위	이해관계인	주　　소	성　명
	채권자겸 근저당권자	서울 중구 을지로 2가 10	(주) ○○은행
	채무자 겸 소유자	서울 서초구 서초동 15	○ ○ ○
	가압류권자	서울 마포구 공덕동 200-23	○ ○ ○(주)
	근저당권자	서울 종로구 인사동 25	○ ○ ○

[서식례] 부동산 임의 경매 신청서

부동산 임의 경매 신청서

채권자   삼성상용차 주식회사   (전)051-556-8580
           대표이사 김 명 한   (우)607-050
           대구 달서구 파산동 357-11
송달장소 부산시 동래구 수안동 9-18 4층,
           삼성상용차(주) 부산지점

채무자   홍 해 일(540720-1674814)   (우)701-300
겸소유자 대구 동구 신서동 825-17, 초원빌라 에이동 302호.

1. 청구금액
   금 30,035,480원정 차량매매대금 및
   위 돈에 대하여 1998. 6. 5.부터 다 갚는날까지 연 2할 4푼의 비율에 의한 지연손해금.

경매할 부동산의 표시

별지목록기재와 같습니다.

집행비용
별지내역과 같습니다.

청 구 취 지

1. 위 청구금액의 변제에 충당하기 위하여 별지목록기재의 부동산에 대하여 임의경매 개시결정을 한다.
1. 채권자를 위하여 이를 압류 한다.
라는 재판을 구합니다.

청 구 원 인

1. 채권자는 1997. 7. 9. 채무자 홍해일에게 15톤 덤프트럭 1대를 금

51,500,000원에 판매하면서 계약금 금 200만원 및 인도금 2,200만원, 합계금 2,400만원 중 금 1,000만원에 대하여는 채무자 발행의 약속어음 1매와 현금 14,000,000원을 받았고, 나머지 돈 27,500,000원에 대하여는 1998. 2. 5.부터 매월 금 939,880원씩 36회 분할상환하기로 하였습니다.
2. 채무자는 위 할부금 및 약속어음금에 대하여 이를 담보하기 위하여 채무자 소유인 별지목록기재 부동산에 대하여 1997. 7. 16.에 근저당권 설정계약을 체결하고 1997. 7. 18.자 대구지방법원 본원 등기과 접수 제78187호로 채권최고액 금 45,000,000원의 근저당권 설정등기를 필한 바 있습니다.
3. 그 후 채무자가 채권자에게 양도한 약속어음 금 1,000만원은 1998. 8. 30. 무거래한 이유로 지급거절 되었고, 할부금도 1998. 5. 5.까지의 금 7,46,520원만을 변제하고 나머지 금 20,035,480원에 대하여는 1998. 6. 5.부터 지금까지 변제하지 않고 있어 위 근저당권을 실행하여 위 청구금액을 변제받고자 본 신청을 하오니 채무자 소유의 별지목록기재 부동산에 대하여 경매개시결정을 하여 주시기 바랍니다.

소 명 방 법 및 첨 부 서 류

1. 근저당권 설정계약서 사본　　　　　　　1통
1. 자동차(건설기계)매매계약서 사본　　　　1통
1. 매매대금 입금 실적 현황표　　　　　　　1통
1. 부동산 등기부 등본　　　　　　　　　　 1통
1. 토지대장 등본　　　　　　　　　　　　　1통
1. 건축물관리대장 등본　　　　　　　　　　1통
1. 개별공시지가 확인서　　　　　　　　　　1통
1. 법인등기부 등본　　　　　　　　　　　　1통
1. 별지목록　　　　　　　　　　　　　　　 50통

　　　　　　　　　2000.　3.　23.

　　　　　　　　　　　　위 채권자　삼성상용차 주식회사
　　　　　　　　　　　　대표이사 김 명 한

대구지방법원　귀중

별지목록

1 동의 건물의 표시
 대구 동구 신서동 825-17

전유부분의 건물의 표시
 건물의 번호 : 3 - 302
 구   조 : 철근콘크리트조
 면   적 : 3 층   302 호   63.57 평방미터

대지권의 표시   토지의 표시
 대구 동구 신서동 825-17   대 287 평방미터

대지권의 종류 : 소   유   권

대지권의 비율 : 287 분의 34.57

                              - 이   상 -

채무자   홍 해 일 (540720 - 1674814)

                이 해 관 계 인 표 시

1. 소유자 및   홍 해 일
   근저당권설정자   대구 동구 신서동 825-17, 초원빌라 에이동 302호.
2. 경매신청인   삼성상용차 주식회사
   및 근저당권자   대구 달서구 파산동 357-11
                  송달장소 부산시 동래구 수안동 9-18 4층,
                          삼성상용차(주) 부산지점

3. 압류권자　　　　　　　국
　　　　　　　　　　동대구세무서
4. 압류권자　　　　삼성카드　주식회사
　　　　　　　　서울 중구 을지로1가 87. (대구지점)
5. 근저당권자　　삼성생명보험　주식회사
　　　　　　　　서울시 중구 태평로2가 150. (대구지점)

경 매 비 용 내 역

금	158,200	원	송 달 료
금	50,000	원	감 정 료
금	675,000	원	예 납 금
금	50,000	원	집달관 여비
금	300,000	원	신문 공고료
금	2,400	원	유 찰 료
금	140,000	원	수 수 료
금	5,000	원	인 지 대
금	1,000	원	증 지 대
금	30,000	원	목록 50매 작성
금	4,200	원	등기부 등본대(법인등본)
금	90,000	원	등 록 세
금	18,000	원	교 육 세
금	30,000	원	등록세 대행료
금	30,000	원	제출 대행료

31쪽 견본　　　　　　합 계 금　　1,583,800　　원정.

제3장 아파트 등 집합건물의 경매에서의 관리비의 문제

[서식례] 유치권에 기한 경매신청

유치권에 기한 경매신청

신청인(유치권자) 김 ○ ○
                서울 강남구 삼성동 000-00 번지
                (전화 : 02- 000- 0000)

상대방(제3취득자) 전 ○ ○
                서울 동작구 사당동 000-00번지

채무자(전소유자) 최 ○ ○
                서울 강북구 수유동 000-00번지

※ 경매할 부동산의 표시의 부동산 대하여 채무자의 소유이면 별도로 상대방을 표시할 필요는 없다. 통상 공사대금채권에 기한 경우 상대방을 표시하는 예는 드물 것이다.

1. 경매신청권의 표시
   가. 청구채권
      신청인과 전소유자 간의 경매할 부동산의 표시의 건물에 대한 공사도급계약에 기한 공사대금채권 금 257,360,000원및 2009. 10.15.부터 완제할 때까지의 연 15%에 기한 지연손해금
   나. 유치권
      위 청구채권 표시의 공사대금채권및 지연손해금에 기히여 공사를 완료한 이후부터 신청인의 경매할 부동산의 표시의 건물에대한 점유를 유지함에 기한 유치권(이 부분은 유치권의 존재를 증명하는 판결이 있는 경우는 이의 내요을 기하면 된다).
      ※ 경매신청권의 표시는 청구채권과 유치권으로 나누지 않고 하나의 항목 즉 경매신청권의 표시라는 제목하에 단일한 내용으로 표시해도 무방하다고 해석된다.
2. 경매할 부동산의 표시
   별지목록과 같음

신 청 취 지

별지목록 기재의 부동산에 대한 경매절차를 개시하고 신청인을 위하여 이를 압류한다
라는 재판을 구합니다.

신 청 이 유

1. 신청인은 별지목록기재의 건물에 대하여 채무자와 2009. 6.5.에 신축건물을 완성하는 공사도급계약을 체결하여 2009. 10.15. 경 건물을 완성하여 채무자로부터 지급받지 못한 청구채권 표시의 공사대금채권을 가지고 있으며, 위 건물을 완성한 이후부터 현재까지 유치권 행사중이라는 현수막을 내걸고 적법하게 점유하고 있습니다.

2. 그런데 별지목록기재의 건물을 건축하는 하기 전에 별지목록기재의 건물의 부지에 대하여 채무자는 ○○은행에 대하여 근저당권을 설정하여 주었으며, 그 근저당권에 기하여 일괄경매의 방식으로 토지와 별지목록기재의 건물에 대하여 임의경매가 진행되고, 그 결과 상대방이 2010. 7.20.경 경매대금을 완납하여 토지와 별지목록기재의 건물의 소유권을 취득하였습니다.

3. 하지만 상대방은 신청인이 적법하게 유치권을 행사중이라는 사실을 현장확인 및 법원의 현황조사보고서에 의하여 확인하였음에도 신청인의 공사대금을 변제하고, 별지목록 기재의 건물을 인수해갈 책임이 있음에도 현재까지 이렇다 할 변제행위가 전혀 없습니다. 또한 채무자는 자신의 토지와 별지목록 기재의 건물에 대하여 종전의 과다한 채무 때문에 모두 경매로 소유권을 상실하고 신청인의 공사대금채권을 변제할 자력이 전혀 없는 상태입니다.

4. 따라서 신청인은 민사집행법 제274조에 기하여 귀원이 유치권으로 점유하고 있는 경매할 부동산의 표시에 대하여 신청취지와 같이 경매를 신청합니다.

    ※ 참고로, 경매할 부동산에 대하여 미등기건물의 경우는 건물로서의 실질과 외관을 갖추고, 그의 지번, 구조, 면적 등이 건축허가 또는 건축신고의 내용과 동일하다고 인정되는 경우에는 경매신청이 허용된다(대법원 2004마696 결정 참조). 따라서 이 경우 당사자의 표시에 상대방이 들어갈 여지가 없으며, 미등기건물에 대하여 직권 보존등기가 이루어지고 압류등기가 기입된 후에 경매가 진행된다. 이 경우는 대법원 2004마696 결정을 참조하면 되겠다.

첨 부 서 류

1. 공사도급계약서   사본   1통
2. 세금계산서   사본   1통
3. 부동산등기부등본   2통
4. 부동산 목록   30통

2010. 5. 6.

위 신청인 김 ○ ○

서울중앙법원 귀중

[서식례] 부동산경매예납금 계산기준표

부동산경매예납금 계산기준표

가. 매각수수료계산방식{집행관수수료규칙 제16조, 집행관에게 지급할 부동산 경매수수료의 예납 및 지급에 관한 예규(송민 79-5) 제3조 제1항}
  ○ 경매신청서 표시채권 10만원까지 : 5,000원
  ○ 경매신청서 표시채권 10만원 초과~1,000만원까지 : (경매신청서 표시채권 -10만원)÷100,000×2,000+5,000원
  ○ 경매신청서 표시채권 1,000만원 초과~5,000만원까지 : (경매신청서 표시채권 -1,000만원)÷100,000×1,500+203,000원
  ○ 경매신청서 표시채권 5,000만원 초과~1억 원까지 : (경매신청서 표시채권 -5,000만원)÷100,000×1,000+803,000원
  ○ 경매신청서 표시채권 1억 원 초과~3억 원까지 : (경매신청서 표시채권 -1억 원)÷100,000×500+1,303,000원
  ○ 경매신청서 표시채권 3억 원 초과~5억 원까지 : (경매신청서 표시채권 -3억 원)÷100,000×300+2,303,000원
  ○ 경매신청서 표시채권 5억 원 초과~10억 원까지 : (경매신청서 표시채권 -5억 원)÷100,000×200+2,903,000원
  ○ 경매신청서 표시채권 10억 원 초과 : 3,903,000원
    ※ 초과금액이 10만원에 미달하여도 10만원으로 산정함.
나. 감정료 계산방식{감정료의 산정기준 등에 관한 예규(송일 91-3) 제7조, 제11조, 제19조, 법원공무원여비규칙 제10조 내지 14조}
  ○ 기본감정료 : 감정가액(임료, 사용료 감정의 경우는 시가액)에 따라 『감정평가업자의 보수에 관한 기준』(위 기준 중 법원의 소송평가에 대하여는 할증율을 적용하여 산정하기로 하는 제2조 제3항 제11호는 적용하지 아니한다)이 정한 평가수수료의 금액에 80%를 곱한 금액
  ○ 동일한 감정명령에 의한 시가 등의 총감정료가 20만원 미만인 때에는 20만원으로 하고, 5,000,000원을 초과할 때에는 5,000,000원으로 함.
  ○ 여비는 다음과 같은 기준으로 민사소송비용규칙 소정의 여비정액으로 한다.
    1. 감정가액이 2억원까지는 1인 2회

2. 감정가액이 2억원초과는 2인 2회
다. 현황조사 수수료(집행관수수료규칙 제15조, 제3조 제1항, 제22조 및 법원 공무원여비규칙 제13조 별표2)
- 5만원까지 : 2,000원+여비 등 비용
- 10만원까지 : 2,500원+여비 등 비용
- 25만원까지 : 4,000원+여비 등 비용
- 50만원까지 : 6,000원+여비 등 비용
- 75만원까지 : 8,000원+여비 등 비용
- 100만원까지 : 10,000원+여비 등 비용
- 300만원까지 : 20,000원+여비 등 비용
- 500만원까지 : 30,000원+여비 등 비용
- 500만원 초과 : 40,000원+여비 등 비용

라. 신문공고료 산출방식(민사소송비용법 제10조, 제8조)
- 기본(2필지까지) : 200,000원
- 추가(2필지 초과되는 경우임) : 1필지당 100,000원 추가

마. 유찰수수료{집행관수수료규칙 제17조, 집행관에게 지급할 부동산 경매수수료의 예납 및 지급에 관한 예규(송민 79-5) 제3조 제2항} : 5,000원(1,000원×5회)

바. 송달료계산 : (이해관계인 수+3)×2,960원×10{송달료규칙의 시행에 따른 업무처리요령(재일 87-4) 2004.12.23. 재판예규 제995호}

사. 등록세 : 가액×2/1,000(부동산소재지 구청납부, 지방세법 제131조 제1항 제7호)
    지방교육세 : 등록세액의 20/100(부동산소재지 구청납부, 지방세법 제260조의3 제1항)

아. 인 지 : 5,000원(민사소송등인지법 제9조 제2항 제1호)

자. 증 지 : 2,000원(등기부등·초본등수수료규칙 제5조의2 제2항, 제6조 제3항)

●●●분류표시 : 민사집행 >> 강제집행

부 록

부동산등에 대한 경매절차 처리지침(재민 2004-3)

개정 2010.12.13 재판예규 제1326호

제1장 총 칙

제1조 (목적) 이 예규는 부동산에 대한 강제경매절차와 담보권실행을 위한 경매절차를 정함을 목적으로 한다.

제2조 (용어의 정의) 이 예규에서 사용하는 용어의 정의는 다음과 같다.
1. "보증서"라 함은 민사집행규칙 제64조 제3호, 제70조 제2호의 규정에 따라 은행 등과 지급보증위탁계약을 체결한 문서(경매보증보험증권)를 말한다.
2. "입금증명서"라 함은 법원보관금취급규칙 제9조 제9항에 따라 법원보관금취급규칙의 별지 제3호 서식(법원보관금영수필통지서)이 첨부된 법원보관금취급규칙의 별지 제7-1호 서식을 말한다.
3. "입찰기간등"이라 함은 기간입찰에서의 입찰기간과 매각기일을 말한다.
4. "집행관등"이라 함은 집행관 또는 그 사무원을 말한다.
5. "법원사무관등"이라 함은 법원서기관·법원사무관·법원주사 또는 법원주사보를 말한다.
6. "보증금"이라 함은 지급보증위탁계약에 따라 은행 등이 지급하기로 표시한 금액(보험금액)을 말한다.

제3조 (부동산의 매각방법) ① 부동산은 기일입찰 또는 기간입찰의 방법으로 매각하는 것을 원칙으로 한다.
② 부동산의 호가경매에 관하여 필요한 사항 중 민사집행법과 민사집행규칙에 정하여지지 아니한 사항은 따로 대법원예규로 정한다.

제4조 (선박등에 대한 경매절차에서의 준용) 선박·항공기·자동차·건설기계 및 소형선박에 대한 강제집행절차와 담보권실행을 위한 경매절차에는 그 성질에 어긋나지 아니하는 범위 안에서 제2장 내지 제6장의 규정을 준용한다.

제2장 매각의 준비

제5조 (미등기건물의 조사) ① 미등기건물의 조사명령을 받은 집행관은 채무자 또는 제3자가 보관하는 관계 자료를 열람·복사하거나 제시하게 할 수 있다.
② 집행관은 건물의 지번·구조·면적을 실측하기 위하여 필요한 때에는 감정인, 그 밖에 필요한 사람으로부터 조력을 받을 수 있다.
③ 제1항과 제2항의 조사를 위하여 필요한 비용은 집행비용으로 하며, 집행관이 조사를 마친 때에는 그 비용 내역을 바로 법원에 신고하여야 한다.

제6조 (배당요구의 종기 결정 등) ① 배당요구의 종기는 특별한 사정이 없는 한 배당요구종기결정일부터 2월 이상 3월 이하의 범위 안에서 정하여야 한다.
② 배당요구의 종기는 인터넷 법원경매공고란(www.courtauction.go.kr ; 이하 같다) 또는 법원게시판에 게시하는 방법으로 공고한다.
③ 법 제84조 제2항 후단에 규정된 전세권자 및 채권자에 대한 고지는 기록에 표시된 주소에 등기우편으로 발송하는 방법으로 한다.
④ 배당요구의 종기가 정하여진 때에는 법령에 정하여진 경우(예 : 법 제87조 제3항)나 특별한 사정이 있는 경우(예 : 채무자에 대하여 경매개시결정이 송달되지 아니하는 경우, 감정평가나 현황조사가 예상보다 늦어지는 경우 등)가 아니면 배당요구의 종기를 새로 정하거나 정하여진 종기를 연기하여서는 아니 된다. 이 경우 배당요구의 종기를 연기하는 때에는 배당요구의 종기를 최초의 배당요구종기결정일부터 6월 이후로 연기하여서는 아니 된다.
⑤ 배당요구의 종기를 새로 정하거나 정하여진 종기를 연기한 경우에는 제1항 내지 제3항의 규정을 준용한다. 다만, 이미 배당요구 또는 채권신고를 한 사람에 대하여는 새로 정하여지거나 연기된 배당요구의 종기를 고지할 필요가 없다.

제7조 (매각기일 또는 입찰기간등의 공고) ① 매각기일 또는 입찰기간등의 공고는 법원게시판에 게시하는 방법으로 한다. 이 경우 법원게시판에는 그 매각기일이 지정된 사건목록과 매각기일의 일시·장소 및 업무담당부서만을 게시하고(기간입찰에서는 입찰기간도 게시) 이와 함께 전체 공고사항이 기재된 공고문은 ○○○에서 열람할 수 있다는 취지의 안내문을 붙이고, 그 공고문을 집행과 사무실(그 밖에 적당한 장소를 포함한다. 이하 같다)에 비치하여 열람에 제공하는 방식으로 공고할 수 있다.

② 첫 매각기일 또는 입찰기간등을 공고하는 때에는 제1항의 공고와는 별도로 공고사항의 요지를 신문에 게재하여야 하며, 그 게재방식과 게재절차는 다음의 기준을 따라야 한다.

    가. 기일입찰의 신문공고 내용은 [전산양식 A3356]에 따라, 기간입찰의 신문공고 내용은 전산양식 A3390]에 따라 알아보기 쉽게 작성하여야 한다.

    나. 매각기일 또는 입찰기간등의 공고문은 아파트, 다세대주택, 단독주택, 상가, 대지, 전·답, 임야 등 용도별로 구분하여 작성하고, 감정평가액과 최저매각가격을 함께 표시하여야 하며, 아파트·상가 등의 경우에는 면적란에 등기부상의 면적과 함께 모델명(평형 등)을 표시할 수 있다.

    다. 매각기일 또는 입찰기간등의 공고문에는 그 매각기일에 진행할 사건 중 첫 매각기일 또는 입찰기간등으로 진행되는 사건만을 신문으로 공고하며, 속행사건에 대하여는 인터넷 법원경매공고란에 게시되어 있다는 사실을 밝혀야 한다.

    라. 신문공고비용은 공고비용 총액을 각 부동산이 차지하는 공고지면의 비율에 따라 나누어 각 사건의 경매예납금 중에서 지출하여야 한다.

③ 법원사무관등은 제1항과 제2항에 규정된 절차와는 별도로 공고사항의 요지를 매각기일 또는 입찰기간 개시일의 2주 전까지 인터넷 법원경매공고란에 게시하여야 한다.

제8조 (매각물건명세서의 작성·비치 등) ① 매각물건명세서는 매 매각기일 또는 입찰기간 개시일 1주 전까지 작성하여 그 원본을 경매기록에 가철하여야 하고, 이 경우 다른 문서의 내용을 인용하는 방법(예컨대, 현황조사보고서 기재와 같음)으로 작성하여서는 아니된다.

② 인수 여부가 불분명한 임차권에 관한 주장이 제기된 경우에는 매각물건명세서의 임대차 기재란에 그 임차권의 내용을 적고 비고란에 ○○○가 주장하는 임차권은 존부(또는 대항력 유무)가 불분명함이라고 적는다.
③ 매각물건명세서에는 최저매각가격과 함께 매각목적물의 감정평가액을 표시하여야 한다.
④ 매각물건명세서·현황조사보고서 및 감정평가서의 사본은 일괄 편철하여 매각기일 또는 입찰기간 개시일 1주 전까지 사건별·기일별로 구분한 후 집행과 사무실 등에 비치하여 매수희망자가 손쉽게 열람할 수 있게 하여야 한다. 다만, 임차인의 주민등록 등·초본 중 주민등록번호는 식별할 수 없도록 지운 다음 비치하여야 한다.

제9조 (매각물건명세서의 정정·변경 등) ① 매각물건명세서의 사본을 비치한 이후에 그 기재 내용을 정정·변경하는 경우에 판사는 정정·변경된 부분에 날인하고 비고란에 "200○. ○. ○. 정정·변경"이라고 적는다. 권리관계의 변동이 발생하여 매각물건명세서를 재작성하는 때에는 기존의 매각물건명세서에 "200○. ○. ○.변경전", 재작성된 매각물건면세서에 "200○. ○. ○. 변경 후"라고 적는다.
② 매각물건명세서의 정정·변경이 그 사본을 비치한 이후에 이루어진 경우에 정정·변경된 내용이 매수신청에 영향을 미칠 수 있는 사항(예컨대, 대항력 있는 임차인의 추가)이면 매각기일 또는 입찰기간등을 변경하여야 한다.
③ 매각물건명세서의 정정·변경이 매각물건명세서의 사본을 비치하기 전에 이루어져 당초 통지·공고된 매각기일에 매각을 실시하는 경우에 다음 각호와 같이 처리한다.
  1. 기일입찰에서는 집행관이 매각기일에 매각을 실시하기 전에 그 정정·변경된 내용을 고지한다.
  2. 기간입찰에서는 법원사무관등이 집행과 및 집행관 사무실 게시판에 그 정정·변경된 내용을 게시한다.

제10조 (사건목록 등의 작성) ① 법원사무관등은 매각기일이 지정된 때에는 매각할 사건의 사건번호를 적은 사건목록을 3부 작성하여, 1부는 제7조 제1항의 규정에 따른 공고시에 법원게시판에 게시하고(게시판에 게시하는 사건목록에는 공고일자를 적어야 한다), 1부는 담임법관에게, 나머지 1부는 집행관에게 보내야 한다.

② 법원사무관등은 기간입찰의 공고후 즉시 입찰기간 개시일 전까지 법원보관금 취급점(이하 "취급점"이라고 한다)에 매각물건의 표시 및 매각조건등에 관한 사항을 전송하여야 한다.

제11조 (경매사건기록의 인계) ① 매각기일이 지정되면 법원사무관등은 경매사건기록을 검토하여 매각기일을 여는 데 지장이 없는 사건기록은 매각기일 전날 일괄하여 집행관에게 인계하고 매각기일부(전산양식 A3355)의 기록인수란에 영수인을 받아야 한다. 다만, 기간입찰의 경우 법원사무관등은 입찰기간 개시일 이전에 매각명령의 사본을 집행관에게 송부하고 매각명령 영수증(전산양식 A3343)에 영수인을 받아 기록에 편철한다.
② 법원사무관등은 매각기일이 지정된 사건 중 제1항의 규정에 따라 집행관에게 인계된 사건기록 외의 사건기록은 즉시 담임법관에게 인계하고 그 사유를 보고한 뒤 담임법관의 지시에 따라 처리하여야 한다.

제12조 (매각명령의 확인) 집행관은 법원으로부터 인계받은 기록에 매각명령이 붙어 있는지를 확인한다. 기일입찰의 경우 기록에 매각명령이 붙어 있지 아니한 때에는 법원에 매각절차를 진행할지 여부를 확인하여야 한다.

제13조 (기일입찰에서의 매각사건목록과 매각물건명세서 비치) ① 집행관은 매각기일에 [전산양식 A3357]에 따라 매각사건목록을 작성하여 매각물건명세서·현황조사보고서 및 평가서의 사본과 함께 경매법정, 그 밖에 매각을 실시하는 장소(이하 "경매법정등"이라고 한다)에 비치 또는 게시하여야 한다.
② 제1항의 규정에 따라 비치하는 매각물건명세서·현황조사보고서 및 평가서의 사본은 사건 단위로 분책하여야 한다.

제14조 (입찰표등의 비치) ① 기일입찰의 경우 집행과 사무실과 경매법정등에는 기일입찰표(전산양식 A3360), 매수신청보증봉투(전산양식 A3361), 기일입찰봉투(전산양식 A3362, A3363), 공동입찰신고서(전산양식 A3364), 공동입찰자목록(전산양식 A3365)을 비치하여야 한다.
② 기간입찰의 경우 집행과 및 집행관 사무실에 기간입찰표(전산양식 A3392), 기간입찰봉투(전산양식 A3393, A3394), 법원보관금취급규칙의 별지 제7-1호 서식(입금증명서), 공동입찰신고서(전산양식 A3364), 공동입찰자목록(전산양

식 A3365)을 비치하여야 한다.
③ 기간입찰의 경우 집행과 및 집행관 사무실에 주의사항(전산양식 A3400)과 필요사항을 적은 기간입찰표 견본을 비치하여야 한다.

제15조 (기일입찰에서의 기일입찰표 견본과 주의사항 게시) 기일입찰을 실시함에 있어서는 경매법정등의 후면에 제31조 제2호 내지 제13호의 주의사항을 게시하고, 기일입찰표 기재 장소에 필요사항을 적은 기일입찰표 견본을 비치하여야 한다.

제3장 기간입찰에서의 입찰등

제16조 (매수신청보증) ① 기간입찰에서 매수신청보증의 제공은 입금증명서 또는 보증서에 의한다.
② 기간입찰봉투가 입찰함에 투입된 후에는 매수신청보증의 변경, 취소가 허용되지 않는다.

제17조 (매각기일의 연기) 매각기일의 연기는 허용되지 않는다. 다만, 연기신청이 입찰공고전까지 이루어지고, 특별한 사정이 있는 경우에 한하여 그러하지 아니하다.

제18조 (매수신청) 매수신청은 기간입찰표를 입금증명서 또는 보증서와 함께 기간입찰봉투에 넣어 봉인한 다음 집행관에게 직접 또는 등기우편으로 부치는 방식으로 제출되어야 한다.

제19조 (매수신청인의 자격증명등) ① 매수신청인의 자격 증명은 개인이 입찰하는 경우 주민등록등본, 법인의 대표자등이 입찰하는 경우 법인등기부등본, 법정대리인이 입찰하는 경우 호적등본, 임의대리인이 입찰하는 경우 대리위임장, 인감증명서, 2인 이상이 공동입찰하는 경우 공동입찰신고서 및 공동입찰자목록으로 한다.
② 제1항의 서류등은 기간입찰봉투에 기간입찰표와 함께 넣어 제출되어야 한다.

제20조 (직접 제출) ① 집행관에 대한 직접 제출의 경우에는 입찰기간 중의 평일 09:00부터 12:00까지, 13:00부터 18:00까지 사이에 집행관 사무실에 접수하여야 한다.
② 입찰기간의 개시전 또는 종료 후에 제출된 경우 집행관등은 이를 수령하여서는 안된다.
③ 집행관등은 기간입찰봉투에 매각기일의 기재 여부를 확인하고, 기간입찰봉투의 앞면 여백에 접수일시가 명시된 접수인을 날인한 후 접수번호를 기재한다. 그후 집행관등은 기간입찰 접수부(전산양식 A3395)에 전산등록하고, 기간입찰봉투를 입찰함에 투입한다.
④ 집행관등은 제출자에게 입찰봉투접수증(전산양식 A3396)을 작성하여 교부한다.
⑤ 매수신청인이 제1항의 접수시간 이외에는 기간입찰봉투를 당직근무자에게 제출할 수 있다. 이때 당직근무자는 주민등록증등으로 제출자를 확인한 다음, 기간입찰봉투에 매각기일의 기재 여부, 기간입찰봉투를 봉한 후 소정의 위치에 날인한 여부를 확인한 후 기간입찰봉투 앞면 여백에 제출자의 이름을 기재하고, 접수일시가 명시된 접수인을 날인한 후 문건으로 접수한다.
⑥ 당직근무자는 즉시 제출자에게 접수증(전산양식 A1173)을 교부하고, 다음날 근무시작 전 집행관사무실에 기간입찰봉투를 인계하고 법원재판사무처리규칙의 별지 제2호 서식(문서사송부) 수령인란에 집행관등의 영수인을 받는다.

제21조 (우편 제출) ① 우편 제출의 경우 입찰기간 개시일 00:00시부터 종료일 24:00까지 접수되어야 한다.
② 집행관등은 기간입찰봉투에 매각기일의 기재 여부를 확인하고, 기간입찰봉투의 앞면 여백에 접수일시가 명시된 접수인을 날인한 후 접수번호를 기재한다. 그후 집행관등은 기간입찰접수부에 전산등록하고, 기간입찰봉투를 입찰함에 투입한다.

제22조 (입찰의 철회등) 기간입찰봉투가 입찰함에 투입된 후에는 입찰의 철회, 입찰표의 정정·변경등이 허용되지 않는다.

제23조 (기간입찰봉투등의 흠에 대한 처리) ① 집행관등은 기간입찰봉투와 첨

부서류에 흠이 있는 경우 별지 1, 2 처리기준에 의하여 처리한다.

② 집행관등은 흠이 있는 경우 기간입찰봉투 앞면에 빨간색 펜으로 그 취지를 간략히 표기(기간도과, 밀봉안됨, 매각기일 미기재, 미등기우편, 집행관등이외의 자에 제출등)한 후 입찰함에 투입한다.

제24조 (기간입찰봉투의 보관) ① 집행관은 개찰기일별로 구분하여, 시정장치가 되어 있는 입찰함에 기간입찰봉투를 넣어 보관하여야 한다. 시정장치에는 봉인을 하고, 입찰기간의 종료후에는 투입구도 봉인한다.

② 집행관은 매각기일까지 입찰함의 봉인과 시정상태를 유지하고, 입찰함을 캐비닛식 보관용기에 넣어 보관하여야 한다.

③ 집행관등은 입찰상황이 외부에 알려지지 않도록 주의하여야 한다.

제25조 (경매신청 취하등) ① 경매신청의 취하 또는 경매절차의 취소, 집행정지 등의 서면이 제출된 경우 법원사무관등은 즉시 집행관에게 이를 교부하고, 인터넷 법원경매공고란에 그 사실을 게시하여야 한다.

② 집행관은 제1항에 관한 사건번호, 물건번호, 매각기일등을 집행관 사무실의 게시판에 게시하여야 한다.

제4장 매각기일의 절차

제1절 총칙

제26조 (매각기일의 진행) ① 매각기일은 법원이 정한 매각방법에 따라 집행관이 진행한다.

② 집행관은 그 기일에 실시할 사건의 처리에 필요한 적절한 인원의 집행관등을 미리 경매법정등에 배치하여 매각절차의 진행과 질서유지에 지장이 없도록 하여야 한다.

③ 법원은 매각절차의 감독과 질서유지를 위하여 법원사무관등으로 하여금 경매법정등에 참여하도록 할 수 있다.

제27조 (매각실시방법의 개요 설명) 집행관은 매각기일에 매각절차를 개시하기 전에 매각실시 방법의 개요를 설명하여야 한다.

제2절 기일입찰

제28조 (매수신청보증) 기일입찰에서 매수신청보증의 제공은 현금·자기앞수표 또는 보증서에 의한다.

제29조 (매각실시전 고지) 집행관은 특별매각조건이 있는 때에는 매수신고의 최고 전에 그 내용을 명확하게 고지하여야 한다.

제30조 (매수신청인의 자격 등) ① 집행관은 주민등록증, 그 밖의 신분을 증명하는 서면이나 대리권을 증명하는 서면에 의하여 매수신청인이 본인인지 여부, 행위능력 또는 정당한 대리권이 있는지 여부를 확인함으로써 매수신청인의 자격흠결로 인한 분쟁이 생기지 않도록 하여야 한다.
② 법인이 매수신청을 하는 때에는 제1항의 예에 따라 매수신청을 하는 사람의 자격을 확인하여야 한다.
③ 집행관은 채무자와 재매각절차에서 전의 매수인은 매수신청을 할 수 없음을 알려야 한다.

제31조 (입찰사항·입찰방법 및 주의사항 등의 고지) 집행관은 매각기일에 입찰을 개시하기 전에 참가자들에게 다음 각 호의 사항을 고지하여야 한다.
1. 매각사건의 번호, 사건명, 당사자(채권자, 채무자, 소유자), 매각물건의 개요 및 최저매각가격
2. 일괄매각결정이 있는 사건의 경우에는 일괄매각한다는 취지와 각 물건의 합계액
3. 매각사건목록 및 매각물건명세서의 비치 또는 게시장소
4. 기일입찰표의 기재방법 및 기일입찰표는 입찰표 기재대, 그 밖에 다른 사람이 엿보지 못하는 장소에서 적으라는 것
5. 현금(또는 자기앞수표)에 의한 매수신청보증은 매수신청보증봉투(흰색 작은 봉투)에 넣어 1차로 봉하고 날인한 다음 필요사항을 적은 기일입찰표와 함께 기일입찰봉투(황색 큰 봉투)에 넣어 다시 봉하여 날인한 후 입찰자용 수취증 절취선상에 집행관의 날인을 받고 집행관의 면전에서 입찰자용 수취증을 떼어 내 따로 보관하고 기일입찰봉투를 입찰함에 투입하라는 것, 보증서에 의한 매수신청보증은 보증서를 매수신청보증봉투

(흰색 작은 봉투)에 넣지 않고 기일입찰표와 함께 기일입찰봉투(황색 큰 봉투)에 함께 넣어 봉하여 날인한 후 입찰자용 수취증 절취선상에 집행관의 날인을 받고 집행관의 면전에서 입찰자용 수취증을 떼어 내 따로 보관하고 기일입찰봉투를 입찰함에 투입하라는 것 및 매수신청보증은 법원이 달리 정하지 아니한 이상 최저매각가격의 1/10에 해당하는 금전, 은행법의 규정에 따른 금융기관이 발행한 자기앞수표로서 지급제시기간이 끝나는 날까지 5일 이상의 기간이 남아 있는 것, 은행등이 매수신청을 하려는 사람을 위하여 일정액의 금전을 법원의 최고에 따라 지급한다는 취지의 기한의 정함이 없는 지급보증위탁계약이 매수신청을 하려는 사람과 은행등 사이에 맺어진 사실을 증명하는 문서이어야 한다는 것
6. 기일입찰표의 취소, 변경, 교환은 허용되지 아니한다는 것
7. 입찰자는 같은 물건에 관하여 동시에 다른 입찰자의 대리인이 될 수 없으며, 한 사람이 공동입찰자의 대리인이 되는 경우 외에는 두 사람 이상의 다른 입찰자의 대리인이 될 수 없다는 것 및 이에 위반한 입찰은 무효라는 것
8. 공동입찰을 하는 때에는 기일입찰표에 각자의 지분을 분명하게 표시하여야 한다는 것
9. 입찰을 마감한 후에는 매수신청을 받지 않는다는 것
10. 개찰할 때에는 입찰자가 참석하여야 하며, 참석하지 아니한 경우에는 법원사무관등 상당하다고 인정되는 사람을 대신 참석하게 하고 개찰한다는 것
11. 제34조에 규정된 최고가매수신고인등의 결정절차의 요지
12. 공유자는 집행관이 매각기일을 종결한다는 고지를 하기 전까지 매수신청보증을 제공하고 우선매수신고를 할 수 있으며, 우선매수신고에 따라 차순위매수인으로 간주되는 최고가매수신고인은 매각기일이 종결되기 전까지 그 지위를 포기할 수 있다는 것
13. 최고가매수신고인 및 차순위매수신고인 외의 입찰자에게는 입찰절차의 종료 즉시 매수신청보증을 반환하므로 입찰자용수취증과 주민등록증을 갖고 반환신청 하라는 것
14. 이상의 주의사항을 장내에 게재하여 놓았으므로 잘 읽고 부주의로 인한 불이익을 받지 말라는 것

제32조 (입찰의 시작 및 마감) ① 입찰은 입찰의 개시를 알리는 종을 울린 후 집행관이 입찰표의 제출을 최고하고 입찰마감시각과 개찰시각을 고지함으로써 시작한다.
　② 입찰은 입찰의 마감을 알리는 종을 울린 후 집행관이 이를 선언함으로써 마감한다. 다만, 입찰표의 제출을 최고한 후 1시간이 지나지 아니하면 입찰을 마감하지 못한다.

제33조 (개찰) ① 개찰은 입찰마감시각으로부터 10분 안에 시작하여야 한다.
　② 개찰할 때에 입찰자가 한 사람도 출석하지 아니한 경우에는 법원사무관등 상당하다고 인정되는 사람을 참여하게 한다.
　③ 개찰을 함에 있어서는 입찰자의 면전에서 먼저 기일입찰봉투만 개봉하여 기일입찰표에 의하여 사건번호(필요시에는 물건번호 포함), 입찰목적물, 입찰자의 이름 및 입찰가격을 부른다.
　④ 집행관은 제출된 기일입찰표의 기재에 흠이 있는 경우에 별지 3 처리기준에 의하여 기일입찰표의 유·무효를 판단한다.
　⑤ 현금·자기앞수표로 매수신청보증을 제공한 경우 매수신청보증봉투는 최고의 가격으로 입찰한 사람의 것만 개봉하여 정하여진 보증금액에 해당하는 여부를 확인한다. 매수신청보증이 정하여진 보증금액에 미달하는 경우에는 그 입찰자의 입찰을 무효로 하고, 차순위의 가격으로 입찰한 사람의 매수신청보증을 확인한다.
　⑥ 보증서로 매수신청보증을 제공한 경우 보증서는 최고의 가격으로 입찰한 사람의 것만 정하여진 보증금액에 해당하는 여부를 확인한다. 보증서가 별지 5 무효사유에 해당하는 경우에는 그 입찰자의 입찰을 무효로 하고, 차순위 가격으로 입찰한 사람의 매수신청보증을 확인한다.

제34조 (최고가매수신고인등의 결정) ① 최고의 가격으로 입찰한 사람을 최고가매수신고인으로 한다. 다만, 최고의 가격으로 입찰한 사람이 두 사람 이상일 경우에는 그 입찰자들만을 상대로 추가입찰을 실시한다.
　② 제1항 단서의 경우에는 입찰의 실시에 앞서 기일입찰표의 기재는 최초의 입찰표 기재방식과 같다.
　③ 제1항 단서의 경우에 추가입찰의 자격이 있는 사람 모두가 추가입찰에 응하지 아니하거나 또는 종전 입찰가격보다 낮은 가격으로 입찰한 때에는 그

들 중에서 추첨에 의하여 최고가매수신고인을 정하며, 두 사람 이상이 다시 최고의 가격으로 입찰한 때에는 그들 중에서 추첨에 의하여 최고가매수신고인을 정한다. 이 때 입찰자 중 출석하지 아니한 사람 또는 추첨을 하지 아니한 사람이 있는 경우에는 법원사무관등 상당하다고 인정되는 사람으로 하여금 대신 추첨하게 된다.
④ 최고가매수신고액에서 매수신청보증을 뺀 금액을 넘는 금액으로 매수신고를 한 사람으로서 법 제114조의 규정에 따라 차순위매수신고를 한 사람을 차순위매수신고인으로 한다. 차순위매수신고를 한 사람이 두 사람 이상인 때에는 매수신고가격이 높은 사람을 차순위매수신고인으로 정하고, 신고한 매수가격이 같을 때에는 추첨으로 차순위매수신고인을 정한다.

제35조 (종결) ① 최고가매수신고인을 결정하고 입찰을 종결하는 때에는 집행관은 "○○○호 사건에 관한 최고가매수신고인은 금○○○원으로 응찰한 ○○(주소)에 사는 ○○○(이름)입니다. 차순위매수신고를 할 사람은 신고하십시오"라고 한 후, 차순위매수신고가 있으면 차순위매수신고인을 정하여 "차순위매수신고인은 입찰가격 ○○○원을 신고한 ○○(주소)에 사는 ○○○(이름)입니다"라고 한 다음, "이로써 ○○○호 사건에 관한 입찰절차가 종결되었습니다"라고 고지한다.
② 입찰을 마감할 때까지 허가할 매수가격의 신고가 없는 때에는 집행관은 즉시 매각기일의 마감을 취소하고 같은 방법으로 매수가격을 신고하도록 최고할 수 있다.
③ 매수가격의 신고가 없어 바로 매각기일을 마감하거나 제2항의 최고에 대하여 매수가격의 신고가 없어 매각기일을 최종적으로 종결하는 때에는 사건은 입찰불능으로 처리하고 "○○○호 사건은 입찰자가 없으므로 입찰절차를 종결합니다"라고 고지한다.

제3절 기간입찰

제36조 (입금내역통지) 취급점은 집행관의 요청에 따라 매각기일 전날 입금내역서(전산양식 A3397)를 출력하여 집행관에게 송부하여야 한다.

제37조 (개찰) ① 집행관은 매각기일에 입찰함을 경매법정에 옮긴 후, 입찰자의

면전에서 개함한다. 다만, 개찰할 때에 입찰자가 한 사람도 출석하지 아니한 경우에는 법원사무관등 상당하다고 인정되는 사람을 참여하게 한다.
② 집행관은 개찰하기에 앞서 차순위매수신청인의 자격 및 신청절차를 설명한다. 개찰을 함에 있어서는 입찰자의 면전에서 먼저 기간입찰봉투를 개봉하여 기간입찰표에 의하여 사건번호(필요시에는 물건번호 포함), 입찰목적물, 입찰자의 이름 및 입찰가격을 부른다.
③ 집행관은 기간입찰표의 기재나 첨부서류에 흠이 있는 경우에는 별지 2, 4 처리기준에 의하여 기간입찰표의 유·무효를 판단한다.
④ 매수신청보증은 최고의 가격으로 입찰한 사람의 것만 정하여진 보증금액에 해당하는 여부를 확인한다. 입금증명서상 입금액이 정하여진 보증금액에 미달하거나 보증서가 별지 5 무효사유에 해당하는 경우에는 그 입찰자의 입찰을 무효로 하고, 차순위의 가격으로 입찰한 사람의 매수신청보증을 확인한다.
⑤ 집행관은 제23조에 의하여 입찰에 포함시키지 않는 기간입찰봉투도 개봉하여 그 입찰가액이 최고가 또는 차순위 가액인 경우 부적법 사유를 고지한다.

제38조 (최고가매수신고인등의 결정) ① 최고의 가격으로 입찰한 사람을 최고가매수신고인으로 한다. 다만, 최고의 가격으로 입찰한 사람이 두 사람 이상일 경우에는 그 입찰자들만을 상대로 기일입찰의 방법으로 추가입찰을 실시한다.
② 매각기일에 출석하지 아니한 사람에게는 추가입찰 자격을 부여하지 아니한다. 집행관은 출석한 사람들로 하여금 제1항 단서의 방법으로 입찰하게 하고, 출석한 사람이 1인인 경우 그 사람에 대하여만 추가입찰을 실시한다.
③ 제34조 제3항 및 제4항은 이를 준용한다.

제39조 (종결) ① 제35조 제1항은 이를 준용한다.
② 매수가격의 신고가 없는 경우 집행관은 매각기일을 마감하고, "○○○호 사건은 입찰자가 없으므로 입찰절차를 종결합니다"라고 고지한다.

제5장 입찰절차 종결 후의 처리

제1절 현금·자기앞수표인 매수신청보증의 처리

제40조 (반환절차) ① 입찰절차의종결을 고지한 때에는 최고가매수신고인 및 차순위매수신고인 외의 입찰자로부터 입찰자용 수취증을 교부받아 기일입찰봉투의 연결번호 및 간인과의 일치여부를 대조하고, 아울러주민등록증을 제시받아 보증제출자 본인인지 여부를 확인한 후 그 입찰자에게 매수신청보증을 즉시 반환하고 기일입찰표 하단의 영수증란에서명 또는 날인을 받아 매각조서에 첨부한다.

② 법원이 정한 보증금액을 초과하여 매수신청보증이 제공된 경우 집행관과 법원사무관등은 다음 각 호와 같이 처리한다.

1. 집행관은 매각기일에 즉시 제1항의 규정에 따라 매수신청보증 중 초과금액을 반환하고 기일입찰표 하단 영수증란에 반환한 금액을 기재한다. 그러나 즉시 반환할 수 없는 경우(예컨대, 자기앞수표로 제출되어 즉시 반환할 수 없는 경우)에는 집행기록의 앞면 오른쪽 위에 "초과금반환피요"라고 기재한 부전지를 붙인다.

2. 법원사무관등은 매수인이 매각대금을 납부하지 않아 재매각되거나, 최고가매수신고인, 차순위매수신고인 또는 매수인이 매각대금 납부 전까지 반환을 요구한 때에는 취급점에 매수신청보증 중 초과금액을 분리하도록 분리요청을 전송하여야 한다.

제40조의2 (기간입찰에서의 반환절차) ① 매각기일에 매수신청인이 반환을 요구하는 때에는 집행관은 주민등록증등으로 본인인지 여부를 확인한 후 매수신청인에게 매수신청보증을 즉시 반환하고, 기간입찰표 하단의 보증의 제공방법란에 빨간색 펜등으로 "현금 또는 자기앞수표 제출"이라고 기재한 후 기간입찰표 하단의 영수인란에 서명 또는 날인을 받아 매각기일조서에 첨부한다.

② 매각기일에 매수신청인이 반환을 요구하지 아니한 때에는 집행관은 매각기일 당일 법원보관금취급규칙의 별지 1-4호 서식(법원보관금납부서)을 이용하여 "납부당사자 사용란"에 매수신청인의 이름·주민등록번호 등을 기재한 후 "납부당사자 기명날인란"에 대리인 집행관 ○○○라고 기명날인하고, 이를 제출된 현금 또는 자기앞수표와 함께 보관금 취급점에 제출한다.

제41조 (납부) 집행관은 입찰절차를 종결한 때에는 최고가매수신고인 및 차순위매수신고인이 제출한 매수신청보증을 즉시 취급점에 납부한다.

제2절 입금증명서인 매수신청보증의 처리

제42조 (반환절차) ① 집행관은 입찰절차의 종결 후 즉시 최고가매수신고인과 차순위매수신고인을 제외한 다른 매수신고인의 입금증명서 중 확인란을 기재하여 세입세출외현금출납공무원(이하 출납공무원이라고 한다)에게 송부한다.
② 입금증명서를 제출하지 아니한 사람은 입금증명서를 작성한 후 법원사무관등에게 제출하고, 법원사무관등은 확인란을 기재하여 출납공무원에게 송부한다.
③ 입금증명서가 제출되지 아니한 경우 법원사무관등은 담임법관으로부터 법원보관금취급규칙의 별지 제7호 서식의 법원보관금출급명령서를 발부받아 출납공무원에게 송부한다.
④ 입금증명서에 법원이 정한 보증금액을 초과하여 매수신청보증이 제공된 경우 집행관과 법원사무관등은 제40조제2항의 규정에 따라 매수신청보증 중 초과금액을 처리한다.

제43조 (통지) 집행관은 입찰절차를 종결한 때에는 매각통지서(전산양식 A3398)를 작성하여 취급점에 통지하여야 한다.

제3절 보증서인 매수신청보증의 처리

제44조 (반환절차) ① 최고가매수신고인과 차순위매수신고인을 제외한 다른 매수신고인이 입찰절차 종결후 경매법정에서 보증서의 반환을 신청하는 경우 집행관은 다음 각호와 같이 처리한다.
  1. 기일입찰에서는 신청인으로부터 입찰자용 수취증을 교부받아 기일입찰봉투의 연결번호 및 간인과의 일치 여부를 대조하고 아울러 주민등록증을 제시받아 보증의 제출자 본인인지 여부를 확인한 후 그 입찰자에게 보증서를 즉시 반환하고 기일입찰표 하단의 영수증란에 서명 또는 날인을 받아 매각조서에 첨부한다.
  2. 기간입찰에서는 주민등록증을 제시받아 보증의 제출자 본인인지 여부를

확인한 후 그 입찰자에게 보증서를 즉시 반환하고 기간입찰표 하단의 영수증란에 서명 또는 날인을 받아 매각조서에 첨부한다.
② 최고가매수신고인과 차순위매수신고인을 제외한 다른 매수신고인이 기록이 법원에 송부된 후 보증서의 반환을 신청하는 경우 법원사무관등은 신청인으로부터 주민등록증을 제시받아 보증서의 제출자 본인인지 여부를 확인한 다음, 입찰표 하단의 영수증란에 서명 또는 날인을 받고, 그 입찰자에게 보증서를 반환한다.

제45조 (보증료 환급을 위한 확인) 다음 각호의 경우 입찰자로 하여금 보증료(보험료)의 전부 또는 일부를 환급받을 수 있도록, 기록이 집행관에 있는 때에는 집행관이, 법원에 있는 때에는 법원사무관등이 제출된 보증서 뒷면의 법원 확인란 중 해당 항목에 √ 표시 및 기명날인을 한 다음 원본을 입찰자에게 교부하고, 그 사본을 기록에 편철한다.
  1. 입찰에 참가하지 않은 경우
  2. 매각기일전 경매신청의 취하 또는 경매절차의 취소가 있었던 경우
  3. 별지 5 보증서의 무효사유에 해당하는 경우

제46조 (보증금의 납부최고) ① 법원은 다음 각호의 사유가 발생한 경우 보증금납부최고서(전산양식 A3399)를 작성한 다음 보증서 사본과 함께 보증서를 발급한 은행등에 보증금의 납부를 등기우편으로 최고하고, 그 사본을 작성하여 기록에 편철한다.
  1. 매수인이 대금지급기한까지 그 매각대금 전액을 납입하지 아니하고, 차순위매수신고인에 대한 매각허가결정이 있는 경우
  2. 차순위매수신고인이 없는 상태에서 매수인이 재매각기일 3일전까지 매각대금 전액을 납입하지 아니한 경우
  3. 매각조건불이행으로 매각불허가결정이 확정된 경우
② 매수인이 차액지급신고(전산양식 A3427) 또는 채무인수신고(전산양식 A3428)를 하고, 배당기일에 그 차액을 지급하지 아니하는 경우에 매수인이 납입해야 될 금액이 보증금의 한도내에 있을 때에는 배당기일을 연기하고, 법원은 즉시 보증금납부최고서를 작성한 다음 보증서의 사본과 함께 보증서를 발급한 은행등에 보증금의 납부를 등기우편으로 최고하고, 그 사본을 작성하여 기록에 편철한다.

제47조 (통지) 법원사무관등은 최고가매수신고인이 매각대금을 납입한 때에는 매각통지서(전산양식 A3398)를 작성하여 취급점에 통지하여야 한다.

제48조 (보증금의 반환통지) 은행등의 보증금 납입 후 경매신청의 취하 또는 경매절차의 취소(이중경매사건에서는 후행사건도 취하 또는 취소되어야 한다)가 있는 경우 법원사무관등은 은행등에 보증금의 반환을 통지한다.

제6장 보칙

제49조 (기록인계등) 집행관은 매각절차를 종결한 때에는 최고가매수신고인 및 차순위매수신고인에 대한 정보를 전산으로 입력·전송한 후 사건기록을 정리하여 법원에 보내야 한다.

제50조 (매각허가결정의 공고방법) 매각허가결정은 법원게시판에 게시하는 방법으로 공고하여야 한다.

제51조 (매각불허가결정의 이유 기재) 매각불허가결정에는 불허가의 이유를 적어야 한다.

제52조 (소유권이전등기의 촉탁) ① 매수인이 매각대금을 모두 낸 후 법원사무관등이 매수인 앞으로 소유권이전등기를 촉탁하는 경우 그 등기촉탁서상의 등기원인은 강제경매(임의경매)로 인한 매각으로, 등기원인인 일자는 매각대금을 모두 낸 날로 적어야 한다[기재 예시 : 200○.○.○. 강제경매(임의경매)로 인한 매각].
② 등기촉탁서에는 매각허가결정 등본과 등기촉탁서 부본(등기필증 작성용)을 붙여야 한다.

제52조의2 (등기필증 우편송부신청) ① 매수인은 우편에 의하여 등기필증을 송부받기 위해서는 등기필증 우편송부신청서(전산양식 A3429)를 작성하여 등기촉탁신청서와 함께 법원에 제출하여야 한다.
② 매수인이 수인인 경우에는 매수인 중 1인을 등기필증 수령인으로 지정하고,

나머지 매수인들의 위임장 및 인감증명서를 제출하여야 한다.
③ 법원사무관등은 등기촉탁서 및 그 부본 오른쪽 상단에 "등기필증 우편송부신청"이라는 표시를 하고, 등기촉탁서에 등기필증 송부용 주소안내문, 송달통지서와 우표처리송달부를 첨부한다.
④ 법원사무관등은 등기필증 우편송부신청서, 송달실시기관으로부터 수령한 송달통지서를 기록에 편철하여야 한다.

제53조 (경매기록의 열람·복사) ① 경매절차상의 이해관계인(민사집행법 제90조, 제268조) 외의 사람으로서 경매기록에 대한 열람·복사를 신청할 수 있는 이해관계인의 범위는 다음과 같다.
1. 파산관재인이 집행당사자가 된 경우의 파산자인 채무자와 소유자
2. 최고가매수신고인과 차순위매수신고인, 매수인, 자기가 적법한 최고가매수신고인 또는 차순위매수신고인임을 주장하는 사람으로서 매수신고시 제공한 보증을 찾아가지 아니한 매수신고인
3. 민법·상법, 그 밖의 법률에 의하여 우선변제청구권이 있는 배당요구채권자
4. 대항요건을 구비하지 못한 임차인으로서 현황조사보고서에 표시되어 있는 사람
5. 건물을 매각하는 경우의 그 대지 소유자, 대지를 매각하는 경우의 그 지상 건물 소유자
6. 가압류채권자, 가처분채권자(점유이전금지가처분 채권자를 포함한다)
7. 「부도공공건설임대주택 임차인 보호를 위한 특별법」의 규정에 의하여 부도임대주택의 임차인대표회의 또는 임차인 등으로부터 부도임대주택의 매입을 요청받은 주택매입사업시행자

② 경매기록에 대한 열람·복사를 신청하는 사람은 제1항 각호에 규정된 이해관계인에 해당된다는 사실을 소명하여야 한다. 다만, 이해관계인에 해당한다는 사실이 기록상 분명한 때에는 그러하지 아니하다.
③ 경매기록에 대한 복사청구를 하는 때에는 경매기록 전체에 대한 복사청구를 하여서는 아니되고 경매기록 중 복사할 부분을 특정하여야 한다.

제54조 (등기촉탁서의 송부방법) ①경매절차에서 등기촉탁서를 등기소로 송부하는 때에는 민사소송법에 규정된 송달의 방법으로 하여야 한다. 다만, 청사 내

의 등기과로 송부할 때에는 법원직원에게 하도록 할 수 있으나, 이 경우에도 이해관계인이나 법무사 등에게 촉탁서를 교부하여 송달하도록 하여서는 아니 된다.
② 매수인과 부동산을 담보로 제공 받으려고 하는 사람이 등기촉탁공동신청 및 지정서[전산양식 A3430]를 제출한 때에는 법원사무관등은 피지정자에게 등기촉탁서 및 피지정자임을 증명할 수 있는 확인서[전산양식 A3431]를 교부하고 피지정자로부터 영수증[전산양식A3432]을 제출받는다.
③ 등기과(소)에서 촉탁서를 접수할 때에는 제2항의 피지정자임을 증명할 수 있는 확인서를 제출받는다.

제54조의2 (경매개시결정등기촉탁서 작성시 유의사항) ①부동산가압류채권자가 동일 채권에 기한 집행권원을 얻어 강제경매신청을 한 때에는 법원사무관등은 경매개시결정등기촉탁서 등기목적란에 '강제경매개시결정등기(○번 가압류의 본압류로의 이행)'이라고 기재한다.
② 부동산가압류채권자의 승계인이 강제경매를 신청하는 때에도 제1항의 규정을 준용하되, 괄호 안에 '○번 가압류 채권의 승계'라고 기재한다.

제55조 (매수신고 대리인 명단의 작성) 집행관은 매월 5일까지 전월 1개월간 실시된 매각기일에 매수신청의 대리를 한 사람의 성명, 주민등록번호, 주소, 직업, 본인과의 관계, 본인의 성명, 주민등록번호, 매수신청 대리를 한 횟수 등을 적은 매수신청대리인 명단(전산양식 A3370)을 작성하여 법원에 제출하여야 한다.

제56조 (지배인 등이 타인에게 경매배당금 수령을 위임한 경우 대리권 증명서면) 지배인 또는 이에 준하는 법률상 대리인으로부터 경매배당금 등의 수령을 위임받은 사람은 다음과 같은 서류를 제출하여야 한다.
  1. 위임장
  2. 지배인 등기부등본(또는 법률상대리인의 기재가 있는 법인등기부 초본)
  3. 상업등기법 제11조의 규정에 의하여 발행한 지배인 인감증명서

부 칙

제1조 (시행시기) 이 예규는 2002. 7. 1.부터 시행한다.

제2조 (구 예규의 폐지) 경매절차개선을 위한 사무처리지침(재민 83-5)(재민 84-1), 부동산등의경매지침(재민 84-12), 부동산등에 대한 입찰실시에 관한 처리지침(재민 93-2), 경매·입찰 물건명세서의 작성 및 비치시 유의사항(재민 97-9) 및 경락대금 완납후 소유권이전등기의 촉탁시 유의사항(재민 97-12)을 폐지한다. 다만, 민사집행법 부칙과 민사집행규칙 부칙의 규정에 따라 구민사소송법과 구민사소송규칙이 적용되는 집행사건에 대하여는 위 각 예규(재민 93-2 제2조 제1항 제외)를 적용한다.

부 칙 (2003. 12. 31. 제943호)

이 예규는 2004. 1. 1.부터 시행한다.

부 칙 (2010. 12. 13 제1326호)

이 예규는 2010. 12. 13.부터 시행한다.

[별지 1] 기간입찰봉투에 흠이 있는 경우의 처리기준

번호	흠결사항	처리기준	비고
1	기간입찰봉투(이하 '입찰봉투'라고 한다)가 입찰개시전 제출된 경우	①직접제출 : 접수하지 않는다	입찰기간 개시후 제출하도록 한다.
		②우편제출 : 입찰기간 개시일까지 보관하다가 개시일에 접수	입찰봉투및 기간입찰접수부(이하'접수부'라고 한다)에 그 취지를 부기한다.
2	입찰봉투가 입찰기간 종료후 제출된 경우	①직접제출: 접수하지 않는다.	지체이유를 불문한다.
		②우편제출 : 접수는 하나 개찰에 포함시키지 않는다	지체이유를 불문한다. 입찰봉투및 접수부에 그 취지를 부기한다.
3	입찰봉투가 봉인되지 아니한 경우	①직접제출:봉인하여 제출하도록 한다.	
		②우편제출: 접수는 하나 개찰에 포함시키지 않는다. 다만, 날인만 누락된 경우에는 개찰에 포함시킨다.	입찰봉투 및 접수부에 그 취지를 부기한다.
4	비치된 입찰봉투 이외의 봉투가 사용된 경우	①직접제출:접수하지 않는다.	비치된 입찰봉투를 사용하여 제출하도록 한다.
		②우편제출:개찰에 포함시킨다.	
5	입찰봉투에 매각기일의 기재가 없는 경우	①직접제출: 접수하지 않는다.	매각기일을 기재하여 제출하도록 한다.
		②우편제출: 접수는 하나 개찰에 포함시키지 않는다.	입찰봉투를 개봉하여 매각기일을 확인하여, 입찰봉투에 매각기일을 기재하고, 접수부에 그 취지를 부기한다.
6	입찰봉투가 등기우편이외의 방법으로 송부된 경우	접수는 하나, 개찰에는 포함시키지 않는다.	압찰본투및 접수부에 그 취지를 부기한다.
7	입찰표가 입찰봉투에 넣어지지 않고 우송된 경우	접수는 하나, 개찰에는 포함시키지 않는다.	접수부에 그 취지를 부기한다.

8	입찰봉투가 집행관 이외의 사람을 수취인으로 하여 우송된 경우	접수하고, 그 중 입찰봉투가 봉인된 채로 집행관에게 회부된 경우에 한하여 개찰에 포함시킨다.	
9	집행관등 또는 법원직원이 입찰봉투를 착오로 개찰기일 전에 개봉한 경우	즉시 재봉한 후 개찰에 포함시킨다.	입찰봉투및 접수부에 그 취지를 부기한다.
10	집행관등 이외의 자에게 제출된 경우	접수는 하나, 개찰에는 포함시키지 않는다.	입찰봉투및 접수부에 그 취지를 부기한다.
11	접수인과 기간입찰접수부 등재없이 입찰함에 투입된 경우	개찰에 포함시키지 않는다.	
12	입찰봉투가 법원에 접수되어 집행관등에게 회부된 경우	①법원에 접수된 일시가 입찰기간 내인 경우 개찰에 포함시킨다. ② 법원에 접수된 일시가 입찰기간을 지난 경우 접수는 하나, 개찰에는 포함시키지 않는다.	입찰봉투및 접수부에 그 취지를 부기한다.

[별지 2] 첨부서류 등에 흠이 있는 경우의 처리기준

번호	흠결사항	처리기준	비고
1	입금증명서 또는 보증서, 법인등기부등본, 호적등본, 공동입찰자목록이 같은 입찰봉투에 함께 봉합되지 않고 별도로 제출된 경우	① 직접제출 : 접수하지 않는다.	입찰봉투에 넣어 제출하도록 한다.
		② 우편제출: 접수하고, 개찰에 포함시킨다	클립등으로 입찰봉투에 편철하고, 입찰봉투와 접수부에 그 취지를 부기한다.
2	입금증명서 또는 보증서, 법인등기부등본, 호적등본, 공동입찰자목록이 누락된 경우	개찰에 포함시키지 않는다.	
3	주민등록등·초본, 대표자나 관리인의 자격, 또는 대리인의 권한을 증명하는 서면으로서 관공서에서 작성하는 증명서및 인감증명서는 발행일이 입찰기간 만료일 전 6월을 초과한 경우	개찰에 포함시킨다.	6개월 이내에 발행된 것을 다시 제출하도록 한다.
4	주민등록등본, 대리위임장, 인감증명서가 누락된 경우	본인의 입찰로 개찰에 포함시킨다.	

※ 설립중인 회사인 경우에는 발기인, 대표자, 준비행위 등 소명할 수 있는 자료를 제출하여야 한다.

[별지 3] 기일입찰표의 유·무효처리기준(중요함)

번호	흠결사항	처 리 기 준
1	입찰기일을 적지 아니하거나 잘못 적은 경우	입찰봉투의 기재에 의하여 그 매각기일의 것임을 특정할 수 있으면 개찰에 포함시킨다.
2	사건번호를 적지 아니한 경우	입찰봉투, 매수신청보증봉투, 위임장등 첨부서류의 기재에 의하여 사건번호를 특정할 수 있으면 개찰에 포함시킨다.
3	매각물건이 여러 개인데. 물건번호를 적지 아니한 경우	개찰에서 제외시킨다. 다만, 물건의 지번·의호수 등을 적거나 입찰봉투에 기재되어 있어 매수신청 목적물을 특정할 수 있으면 개찰에 포함시킨다.
4	입찰자 본인 또는 대리인의 이름을 적지 아니한 경우	개찰에서 제외한다. 다만, 고무인·인장등이 선명하여 용이하게 판독할 수 있거나, 대리인의 이름만 기재되어 있으나 위임장·인감증명서에 본인의기재가 있는 경우에는 개찰에 포함시킨다.
5	입찰자의 본인과 대리인의 주소·이름이 함께 적혀 있지만(이름 아래 날인이 있는 경우 포함)위임장이 붙어 있지 아니한 경우	본인의 입찰로 개찰에 포함시킨다.
6	입찰자의 본인의 주소·이름이 적혀 있고 위임장이 붙어있지만, 대리인의 주소·이름이 적혀 있지 않은 경우	본인의 입찰로 개찰에 포함시킨다.
7	위임장이 붙어있고 대리인이 주소·이름이 적혀 있으나 입찰자 본인의 주소·이름이적혀 있지 아니한 경우	위임장의 기재로 보아 본인의 주소·이름을 특정할 수 있으면 개찰에 포함시킨다.
8	한 사건에서 동일인이 본인인 동시에 다른 사람의 대리인이거나, 동일인이 2인 이상의 대리인을 겸하는 경우	쌍방의 입찰에서 제외한다.
9	입찰자 본인 또는 대리인의 주소나 이름이 위임장 기재와 다른 경우	이름이 다른 경우에는 개찰에서 제외한다. 이름이 같고 주소만 다른 경우에는 개찰에 포함시킨다.

10	입찰자가 법인인 경우 대표자의 이름을 적지 아니한 경우(날인만 있는 경우도 포함)	개찰에서 제외한다. 다만, 법인등기부등본으로 그 자리에서 자격을 확인할 수 있거나, 고무인·인장 등이 선명하여 용이하게 판독할 수 있는 경우에는 개찰에 포함시킨다.
11	본인 또는 대리인의 이름 다음에 날인이 없는 경우	본인의 입찰로서 개찰에 포함시킨다.
12	입찰가격의 기재를 정정한 경우	정정인 날인 여부를 불문하고, 개찰에서 제외한다.
13	입찰가격의 기재가 불명확한 경우 (예,5와 8, 7과 9, 0과 6등)	개찰에서 제외한다.
14	보증금액의 기재가 없거나 그 기재된 보증금액이 매수신청보증과 다른 경우	매수신청보증봉투 또는 보증서에 의해 정하여진 매수신청보증 이상의 보증제공이 확인되는 경우에는 개찰에 포함시킨다.
15	보증금액을 정정하고 정정인이 없는 경우	
16	하나의 물건에 대하여 같은 사람이 여러 장의 입찰표를 제출한 경우	입찰표 모두를 개찰에서 제외한다
17	보증의 제공방법에 관하여 기재가 없거나 기간입찰표를 작성·제출한 경우	개찰에 포함시킨다.
18	위임장이 붙어 있으나 위임장이 사문서로서 인감증명서가 붙어있지 아니한 경우, 위임장과 인감증명서의 인영이 틀린 경우	최고가매수신고인 결정전까지 인감증명서를 제출하거나 그 밖에 이에 준하는 확실한 방법으로 위임장의 진정성립을 증명한 때에는 그 입찰자를 최고가매수신고인(차순위매수신고인)으로 결정할 수 있다

[별지 4] 기간입찰표의 유·무효처리기준

번호	흠결사항	처리기준
1	매각기일을 적지 아니하거나 잘못 적은 경우	입찰봉투의 기재에 의하여 그 매각기일의 것임을 특정할 수 있으면 개찰에 포함시킨다.
2	사건 번호를 적지 아니한 경우	입찰봉투, 보증서, 임금증명서등 첨부서류의 기재에 의하여 사건번호를 특정할 수 있으면 개찰에 포함시킨다.
3	매각물건이 여러 개인데 물건번호를 적지 아니한 경우	개찰에서 제외한다. 다만, 물건의 지번·건물의 호수 등을 적거나 보증서, 임금증명서 등 첨부서류의 기재에 의하여 특정할 수 있는 경우, 물건이 1개인 경우, 여러 개의 물건이 일괄매각되는 경우에는 개찰에 포함시킨다.
4	본인 또는 대리인의 이름을 적지 아니한 경우	개찰에서 제외한다. 다만, 고무인·인장 등이 선명하여 용이하게 판독할 수 있거나, 대리인의 이름만 기재되어 있으나 위임장·인감증명서에 본인의 기재가 있는 경우에는 개찰에 포함시킨다.
5	본인과 대리인의 주소·이름이 함께 적혀 있지만(이름아래 날인이 있는 경우 포함)위임장이 붙어 있지 아니한 경우	본인의 입찰로서 개찰에 포함시킨다.
6	본인의 주소·이름이 적혀있고 위임장이 붙어있지만 대리인의 주소·이름이 적혀있지 아니한 경우	본인의 입찰로서 개찰에 포함시킨다.
7	위임장이 붙어있고 대리인의 주소·이름이 적혀있으나 본인의 주소·이름이 적혀 있지 아니한 경우	위임장의 기재로 보아 본인의 주소·이름을 특정할 수 있으면 개찰에 포함시킨다.
8	한 사건에서 동일인이 본인인 동시에 다른 사람의 대리인이거나, 동일인이 2인 이상의 대리인을 겸하는 경우	쌍방의 입찰을 개찰에서 제외한다.
9	입찰자 본인 또는 대리인의 주소나 이름이 위임장 기재와 다른 경우	이름이 다른 경우에는 개찰에서 제외한다. 이름이 같고 주소만 다른 경우에는 개찰에 포함시킨다.

10	입찰자가 법인인 경우 대표자의 이름을 적지 아니한 경우(날인만 있는 경우도 포함)	개찰에서 제외한다. 다만, 법인등기부등본으로 그 자리에서 자격을 확인할 수 있거나, 고무인·인장 등이 선명하여 용이하기 판독할 수 있는 경우에는 개찰에 포함시킨다.
11	본인 또는 대리인의 성명 다음에 날인이 없는 경우	개찰에 포함시킨다.
12	입찰가격의 기재를 정정한 경우	정정인 날인 여부를 불문하고, 개찰에서 제외한다.
13	입찰가격의 기재가 불명확한 경우 (예,5와 8, 7과 9, 0과 6등)	개찰에서 제외한다.
14	보증금액의 기재가 없거나 그 기재된 보증금액이 매수신청보증과 다른 경우	보증서 또는 입금증명서에 의해 정하여진 매수신청보증 이상의 보증제공이 확인되는 경우에는 개찰에 포함시킨다.
15	보증금액을 정정하고 정정인이 없는 경우	
16	동일인이 2개 이상의 입찰봉투를 제출한 경우	입찰봉투에 날인된 접수인을 기준으로 먼저 제출된 것을 유효한 것으로 하여 개찰에 포함시킨다.
17	동일인이 하나의 입찰봉투속에 2개 이상의 입찰표를 제출한 경우	하나의 물건에 대한 여러 장의 입찰표를 제출한 경우에는 개찰에서 제외한다.
18	보증의 제공방법에 관한 기재가 없거나 기일입찰표를 작성·제출한 경우	개찰에 포함시킨다.
19	위임장이 붙어 있으나 위임장이 사문서로서 인감증명서가 붙어 있지 아니한 경우, 위임장과 인감증명서의 인영이 틀린 경우	최고가매수신고인 결정전까지 인감증명서를 제출하거나 그 밖에 이에 준하는 확실한 방법으로 위임장의 진정성립을 증명한 때에는그 입찰자를 최고가매수신고인(차순위매수신고인)으로 결정할 수 있다.
20	매각물건이 여러 개인데 입찰표에는 물건번호를 특정하였으나 보증서에는 물건번호 기제가 누락된 경우	집행법원이 정한 보증금액과 비교하여 당해 매각물건에 관하여 발행된 보증서라는 것이 명백한 경우 개찰에 포함시킨다.
21	입금증명서와 함께 붙어있는 법원보관금 영수필통지서에 보관금종류가 기간입찰 매수신청보증금으로 기재되어 있지 않고 경매예납금 등으로 기재된 경우	개찰에 포함시키고, 집행관은 취급점에 정정통지서(전산양식 A1275)를 작성하여 즉시 통지히고 납입여부를 확인한다

[별지 5] 보증서의 무효사유

번호	무 효 사 유
1	보증서상 보험계약자의 이름과 입찰표상 입찰자 본인의 이름이 불일치하는 경우
2	보험가입금액이 매수신청보증액에 미달하는 경우
3	보증서상의 사건번호와 입찰표상의 사건번호가 불일치하는 경우
4	입찰자가 금융기관 또는 보험회사인 경우에 자기를 지급보증위탁계약의 쌍방 당사자로 하는 보증서를 제출한 경우

● 전국지방법원 관할구역 및 전화번호 현황 ●

1. 서울지방법원

법 원	관 할 구 역	전 화 번 호
중앙지방법원	서울특별시 종로구, 중구, 성북구, 강남구, 서초구, 관악구, 동작구	02-530-1114
남부지방법원	서울특별시 영등포구, 구로구, 금천구, 강서구, 양천구	02-2192-1114
동부지방법원	서울특별시 성동구, 광진구, 강동구, 송파구	02-2204-2114
서부지방법원	서울특별시 마포구, 서대문구, 은평구, 용산구	02-3271-1114
북부지방법원	서울특별시 동대문구, 중랑구, 도봉구, 강북구, 노원구	02-910-3114
의정부지방법원	의정부시, 동두천시, 구리시, 남양주시, 양주시, 연천군, 포천군, 가평군, 강원도 철원군	031-828-0114
고양지방법원	고양시(덕양구·일산구), 파주시	031-920-6114

2. 인천지방법원

법 원	관 할 구 역	전 화 번 호
인천지방법원본원	인천광역시	032-860-1113~4
부천지원	부천시, 김포시	032-320-1114

3. 수원지방법원

법 원	관 할 구 역	전 화 번 호
수원지방법원본원	수원시, 오산시, 용인시, 화성시	031-210-1114~5
안양지원	안양시, 과천시, 의왕시, 군포시	031-8086-1114
성남지원	성남시, 하남시, 광주시	031-737-1114
여주지원	여주군, 이천시, 양평시	031-880-7516~7
평택지원	평택시, 안성시	031-650-3114
안산지원	안성시, 광명시, 시흥시	031-481-1114

4. 춘천지방법원 (강원도)

법 원	관 할 구 역	전 화 번 호
춘천지방법원본원	춘천시, 양구군, 인제군, 홍천군, 화천군	033-259-9000 033-259-9114
강릉지원	강릉시, 동해시, 삼척시	033-640-1000
원주지원	원주시, 횡성군	033-735-4906
속초지원	속초시, 양양군, 고성군	033-638-7622
영월지원	영월군, 평창군, 정선군, 태백시	033-372-1114

5. 대전지방법원 (대전광역시, 충청남도)

법 원	관 할 구 역	전 화 번 호
대전지방법원본원	대전광역시, 금산군, 연기군	042-470-1114
천안지원	천안시, 아산시	041-620-3000
공주지원	공주시, 청양군	041-855-2255
홍성지원	홍성군, 보령시, 예산군, 서천군	041-640-3100
논산지원	논산시, 계용시, 부여군	041-745-2035
서산지원	서산시, 당진군, 태안군	041-660-0600

6. 청주지방법원 (충청북도)

법 원	관 할 구 역	전 화 번 호
청주지방법원본원	청주시, 청원군, 진천군, 괴산군, 보은군 증평군	043-249-7114~5
충주지원	충주시, 음성군	043-841-9114
영동지원	영동군, 옥천군	043-740-4000
제천지원	제천시, 단양군	043-640-2000

7. 제주지방법원

법 원	관 할 구 역	전 화 번 호
제주지방법원	제주시, 서귀포시, 남제주군, 북제주군	064-729-2000

8. 대구지방법원 (대구광역시, 경상북도)

법 원	관 할 구 역	전 화 번 호
대구지방법원본원	대구광역시, 중구, 동구, 남구, 북구, 수성구, 영천시, 경산시, 칠곡군, 청포군	053-757-6600
서부지원	대구광역시 서구, 달서구, 달성군, 성주군, 고령군	053-570-2114
경주지원	경주시	054-770-4300
안동지원	안동시, 영주시, 봉화군	054-850-5090
포항지원	포항시, 울릉군	054-250-3050
김천지원	김천시, 구미시	054-420-2114
상주지원	상주시, 문경시, 예천군	054-530-5500
의성지원	의성군, 군위군, 청송군	054-830-8099
영덕지원	영덕군, 울진군, 영양군	054-730-3000

9. 부산지방법원

법 원	관 할 구 역	전 화 번 호
부산지방법원본원	부산광역시 동구, 서구, 북구, 중구, 진구, 영도구, 사상구, 강서구, 사하구, 동래구, 금정구, 연제구	051-590-1114
동부지원	부산광역시 해운대구, 남구, 수영구, 기장군	051-780-1114

10. 울산지방법원

법 원	관 할 구 역	전 화 번 호
울산지방법원	울산광역시, 양산시	052-228-8000~2

11. 창원지방법원 (경상남도)

법 원	관 할 구 역	전 화 번 호
창원지방법원본원	창원시, 마산시, 진해시, 김해시, 함안군, 의령군	055-039-2000 055-266-2200
진주지원	진주시, 사천시, 하동군, 산청군, 남해군	055-760-3300
통영지원	통영시, 거제시, 고성군	055-640-8500
밀양지원	밀양시, 창녕군	055-320-2500
거창지원	거창군, 함양군, 합천군	055-944-1214
마산시법원		055-222-5463

12. 광주지방법원 (광주광역시, 전라남도)

법 원	관 할 구 역	전 화 번 호
광주지방법원본원	광주광역시, 나주시, 곡성군, 담양군, 장성군, 영광군, 화순군	062-239-1114
목포지원	목포시, 영암군, 무안군, 신안군, 함평군	061-270-6600
순천지원	순천시, 여수시, 광양시, 구례군, 고흥군, 보성군	061-729-5114
장흥지원	장흥군, 강진군	061-863-7351
해남지원	해남군, 진도군, 완도군	061-534-9151

13. 전주지방법원 (전라북도)

법 원	관 할 구 역	전 화 번 호
전주지방법원본원	전주시, 김제시, 완주군, 임실군, 진안군, 무주군	063-259-5400
군산지원	군산시, 익산시	063-450-5000
정읍지원	정읍시, 고창군, 부안군	063-570-1000
남원지원	남원시, 순창군, 장수군	063-620-2700

사항색인

사항색인

【 ㄱ 】

간이변제충당권 ··· 237
강제집행면탈죄 ··· 274
개량비 기타 유익비에 기한 유치권 행사의 경우················ 105
객관적 가치의 증가 ·· 9
건물의 객관적 가치가 증가되었다는 것의 의미················ 10
건물의 미완성 상태에서의 소유권의 귀속의 문제············· 297
건축도급공사에서 수급인의 유치권···································· 177
건축도급공사에서 하수급인의 유치권································ 205
결어: 유치권의 개념요약·· 15
경매, 입찰방해죄 등과 관련된 범죄···································· 273
경매신청권 ·· 232
경매신청권과 간이변제충당권·· 232
경매입찰 방해의 죄 ·· 273
공동점유의 문제 ··· 45
공사내금채권과 목적물 간의 견련성의 핵심······················ 173
공사대금채권은 단기 3년이 소멸시효기간이다·················· 20
공사도급계약에 기한 공사비청구채권과 유치권················ 12
공사도급계약에 기한 공사수급인의 유치권······················· 171
공사비채권의 범위 ·· 14
공용부분 공용부분의 관리비 항목에 대한 의정부지법의 판단············· 364
과실수취권의 인정근거·· 237
과실수취권의 한계·· 241
관리비에 관한 관리단 규약 등이 존재하지 않는 경우의 관리비청구··· 370

428 사항색인

관리비의 항목에 따른 전유부분관리비와 공용부분 관리비의 구별 ······· 367
광주지방법원 (광주광역시, 전라남도) ·································· 424
권리행사와 협박죄 ·· 275
그 건물 또는 토지를 적법하게 점유하고 있어야 한다. ················ 37
그 부동산에 관하여 생긴 채권이 있는 경우 ···························· 5
그리고 그 채권은 변제기이 있어야 한다. ······························ 283
기본적인 기재사항 ··· 267
기재항목의 누락, 잘못된 기재 등에 대한 책임 ······················· 267
기존 건물인 경우의 견련성 ··· 173
기타의 관련문제 ·· 367

【 ㄴ 】

논의의 방향 (채권과 목적물 간의 견련성과 관련하여) ·············· 172
논의의 출발점 ·· 295

【 ㄷ 】

담보력의 상당성 평가 ··· 250
담보로서의 공탁의 가능성 ·· 251
대구지방법원 (대구광역시, 경상북도) ································· 423
대법원의 기본적인 입장 ·· 362
대법원의 판단 ···································· 369, 372
대법원이 인정하는 유익비의 개념 ····································· 116
대전지방법원 (대전광역시, 충청남도) ································· 422

사항색인　429

【 ㅁ 】

매각물건명세서 …………………………………………………… 266
매각물건명세서의 기재사항 …………………………………… 267
매각물건명세서의 작성권자 …………………………………… 266
매각물건명세서의 작성한계 …………………………………… 266
매각물건명세서의 효력 ………………………………………… 267
매각허가결정에 대한 즉시항고 ……………………………… 269
매각허가에 대한 이의신청 …………………………………… 268
목적물의 일부에 대한 점유 …………………………………… 69
문제의 제기 ……………………………………… 172, 173, 241
물건의 점유와 채권과는 관련 있음을 요하지 않는다……… 89
물권, 담보물권 일반의 소멸사유 …………………………… 249
미완성된 건물의 소유권 귀속에 대한 판례와 해설………… 331
민법 제646조(임차인의 부속물매수청구권)의 조문 해석 … 158
민법 제203조의 분석과 이해 …………………………………… 6
민법 제203조의 비용상환청구권의 내용 …………………… 102
민법 제203조의 조문의 내용 …………………………………… 6
민법 제320조의 내용 …………………………………………… 3
민법 제320조의 분석과 이해 ………………………………… 3
민법 제320조의 조문의 분석 ………………………………… 4
민법 제626조 상의 필요비와 유익비의 기본적인 개념 ……… 8
민법 제626조의 분석과 이해 …………………………………… 8
민법 제646조의 임차인의 부속물매수청구권 ……………… 157
민법상의 과실 ………………………………………………… 104
민사집행법 제95조 제5항의 적용 …………………………… 231

【 ㅂ 】

법원의 현황조사명령의 내용 중 유치권에 대한 사항 ······················· 260
법원의 현황조사보고서와 매각물건명세서 ······················· 260
변제기를 판단하는 기준 ······················· 97
보전소송과 본안소송 간의 소송물의 일치여부 ······················· 24
보존행위 중의 유익비 지출에 대한 유치권행사 가능성 ······················· 248
보존행위로서 거주행위와 차임상당의 반환의무 ······················· 247
부동산 경매에서 통상의 필요비를 청구하지 못하는 경우 ······················· 8
부동산등에 대한 경매절차 처리지침(재민 2004-3) ······················· 393
부산지방법원 ······················· 423
부속물과 구별되는 종물 ······················· 167
부합의 법리 ······················· 169
불법행위의 개념과 유치권 ······················· 258

【 ㅅ 】

사기에 의한 권리행사의 예 ······················· 276
사기죄 ······················· 276
사기죄의 의의 ······················· 276
사기죄의 형법상의 규정 ······················· 276
사실관계 ······················· 371
상대방 ······················· 272
상사유치권 ······················· 282
상인간의 상행위로 인하여 채권이 발생해야 한다 ······················· 282
서울지방법원 ······················· 421
선관의무 ······················· 243
성립요건 ······················· 282

소결 ·· 25, 174, 279, 370
수급인인 건설회사가 수취할 수 있는 과실수취권 ································ 241
수원지방법원 ·· 421
수취할 수 있는 과실의 범위 ·· 238
시장번영회의 의하여 실시된 단전조치의 문제································ 371
시효중단 사유로서의 가압류(대판 2006다24568)·가처분 ················ 23
신청권자 ·· 272
신축건물인 경우의 견련성 ·· 172

【 ㅇ 】

아파트 등 집합건물의 경매에서의 관리비의 문제································ 357
아파트 등의 관리비에 관한 규정체계 ·· 358
연체료의 승계여부 ·· 364
완성된 건물의 소유권 귀속에 대한 판례와 해설 ·································· 297
완성된 건축물과 공사대금채권 간의 견련관계 ··· 12
울산지방법원 ·· 423
원고의 주장 ·· 365
원심에서 인정한 사실 ·· 368
원심의 판단 ·· 369
위 의정부지법에서 공용부분의 관리비로 인정한 부분 ···················· 366
유익비의 경우와 유치권 (판례를 통한 유익비의 인정여부 검토) ·············· 115
유치권의 이론과 실무 ·· 3
유치권 배제의 특약이 없어야 한다 ·· 284
유치권 포기의 의시표시의 효력 ·· 100
유치권(留置權)의 개념정립 ·· 3
유치권과의 관련성 ·· 296
유치권에 기한 경매신청의 방식과 첨부서류 ·· 233

유치권에 기한 경매에서의 소멸주의의 채용여부 233
유치권에 대한 민법조문 285
유치권에 의하여는 우선변제를 받을 수 없다 19
유치권은 담보물권으로서 부종성을 가진다 20
유치권은 물권으로서 절대성을 가진다 19
유치권은 법정담보물권이다 17
유치권은 불가분성을 가진다 22
유치권은 수반성을 가진다 21
유치권을 배제하는 특약(합의)이 없어야 한다. 100
유치권의 목적물은 타인의 건물 또는 토지 이어야 한다 26
유치권의 법적 성질 17
유치권의 성립요건 25
유치권의 소멸과 한계 249
유치권의 소멸사유 249
유치권의 인정근거 16
유치권의 진위여부에 대한 판단자료 수집방법 287
유치권의 한계 252
유치권의 항변의 인용에 따른 재판상의 처리 232
유치권의 해결과 투자를 위한 건물소유권 귀속의 문제 295
유치권의 행사와 불법행위의 성립여부 258
유치권의 효력 231
유치권자의 과실수취권 237
유치권자의 민법 제324조 위반행위의 효과 247
유치권자의 비용상환청구권 242
유치권자의 유치물인 주택에 대한 거주행위(보존행위) 247
유치권자의 의무 243
유치권자의 점유의 상실 251
유치권자의 출입금지가처분이 피담보채권에 대한 시효중단여부 23
유치권행사배제약관의 효력 101

유치물의 소유권과 유치권자의 과실수취권과의 관계성·············· 238, 242
유치적 효력 ··· 231
의정부지법의 판단 ··· 365
인도명령에 대한 즉시항고 ·· 273
인도명령에 의한 허위 유치권자의 식별 ··· 272
인도명령의 당사자 ··· 272
인도명령의 의의 ··· 272
인정사실 ··· 364
인천지방법원 ··· 421
임대인의 수선의무의 범위 ·· 112
임차권에 기한 비용상환청구권의 발생근거 ··································· 110
임차권에 기한 유치권 ·· 110
임차인의 부속물매수청구의 대상이 되는 부속물의 요건 ············· 158
임차인의 원상회복 약정과 유치권 ··· 100
임차인의 유익비청구의 대상이 되는 시설의 요건 ························ 117
임차인의 필요비 상환청구권 ·· 111
임차인이 임대인에게 한 가건물 증여의 의사표시 ························ 101
임차인이 주장할 수 있는 유익비의 범위 ··· 11

【 ㅈ 】

자력구제권(자력탈환권)의 내용과 행사방법 ···································· 74
전 입주자의 체납관리비 중 공용부분에 관하여는 승계된다. ········ 362
전국지방법원 관할구역 및 전화번호 현황 ····································· 421
전소유자의 체납관리비를 양수인에게 승계시키는 관리규약의 효력 ····· 362
전주지방법원 (전라북도) ··· 424
점유권에 기한 유치권 ·· 102
점유는 계속되어야 한다 ·· 73

점유물반환청구권(점유회수청구권) ·· 80
점유물보존비 기타 필요비에 기한 유치권 행사의 경우 ···················· 103
점유물이 인도된 경우의 점유적합성 판단기준 ································ 68
점유에 대한 점검은 철두철미하게 ·· 174
점유여부의 적합성을 인정한 판례들 ··· 55
점유의 개념 ··· 55
점유의 승계와 유치권의 주장 ·· 85
점유의 시작과 유지는 적법해야 한다 ·· 87
점유의 적합성이 있어야 한다 ··· 55
점유의 주체는 채권자이어야 한다 ·· 40
점유의 주체와 관련하여 문제되는 사항들 ······································ 54
점유자에 대한 심문에 의한 허위유치권의 판단 ······························ 272
점유자의 비용상환청구권 ·· 102
점포의 사용, 수익이 없는 단순한 점유만을 하는
　　　경우의 관리비 문제 ··· 368
정리 ·· 10
제주지방법원 ·· 423
주거용 임차건물에서의 임차인이 부속한 시설들의 내용 ················· 117
주거침입죄 ·· 277
주거침입죄에 대한 위법성의 조각 ·· 278
주거침입죄와의 관련 판례 ··· 278
주택법 ··· 358
주택법 시행령 ··· 360
직접점유, 간접점유 ·· 40
집합건물법 제18조의 특별승계인에 낙찰자(매수인)의 포함여부 ········ 373
집합건물법 제18조의 특별승계인의 범위의 문제 ···························· 373
집합건물의 소유 및 관리에 관한 법률 ··· 358
집행관의 조사권한 ··· 261
집행관의 현황조사 ··· 261

집행관의 현황조사시 주의의무 ·· 261

【 ㅊ 】

창원지방법원 (경상남도) ··· 424
채권 즉 피담보채권의 성격 ··· 91
채권은 그 건물이나 토지에 관하여 생긴 것이어야 한다 ············ 90
채무자 등에 의한 다른 담보의 제공 ····································· 250
채무자 등의 유치권 소멸청구 ··· 250
채무자에 대한 상행위로 인하여 채무자소유의
　　　물건・유가증권을 점유해야한다 ································· 284
채무자의 동의 없는 사용 등의 금지에서 "채무자"의 범위의 문제 ······ 245
채무자의 동의 없는 사용, 대여, 담보제공의 금지 ·················· 244
채무자의 승낙 없는 유치물의 사용의 예 ······························ 245
채무자의 승낙 없는 임대차의 효력 ····································· 244
청주지방법원 (충청북도) ·· 422
체납관리비 중 승계되는 공용부분의 관리비의 범위 ··············· 363
체납관리비에 대한 중간승계인의 책임 ································ 373
체납된 관리비의 소멸시효의 문제 ······································· 367
최고가매수신고인 결정 후의 유치권신고에 대한 대응 ············ 269
춘천지방법원 (강원도) ··· 422

【 ㅌ 】

타인의 부동산을 적법하게 점유한 자는 ··································· 4
특강 : 주거용건물의 보수・개량 목록 ································· 119
특별승계인에게 승계되는 관리비에 법원의 입장 ···················· 362
판례가 말하는 유익비의 개념 ··· 9

판례가 정의하는 부속물의 개념 ··· 157
피담보채권은 변제기에 있어야 한다 ··· 97
피담보채권의 발생원인으로서의 직접관련성, ···························· 91
피담보채권이 목적물의 반환청구권과 동일한 법률관계나
      사실관계로부터 발생한 경우 ·· 93
필요비의 경우와 유치권 ··· 111
필요비의 근거인 보존과 유익비의 근거인 개량 ························ 7

【 ㅎ 】

허위유치권에 대한 형사적 대응 ··· 273
현황조사명령 ··· 260
현황조사보고서 ··· 261
협박죄 ·· 274
협박죄의 의의 ··· 274
효력 ·· 284

◆ 김재용 변호사 약력   ◆ 강두경 법무사 약력

- 제주제일고등학교 졸업
- 서울대학교 법과대학 사법학과 졸업
- 서울대학교 대학원 법학과 졸업(사회법 전공)
- 제39회 사법시험 합격
- 제29기 사법연수원 수료
- 현 법무법인 여명 구성원변호사
- 현 서울중앙지방법원 파산관재인

◆ 연락처
    서울 서초구 서초동 1702-9
    상림빌딩 5층 법무법인 여명
    tel : 02-595-5205 fax : 02-595-5206
    e-mail : jykim2007@empal.com

- 제주출생
- 제주대학교 법학과 졸업(82학번)
- 제7회 법무사시험 합격
- 제20회 공인중개사 시험 합격
- 종로 박문각 공인중개사학원 부동산경매 강사 역임
- 강남 박문각 공인중개사학원 부동산경매 강사 역임
- 현, 서울 강남구 선능역에서 법무사 업무중.

◆ 문의전화
    010 - 2438 - 1177

    l : ksdookyung@hanmail.net

부동산 경매의 고수를 만들어 주는
부동산 경매와 유치권의 이해

2011年 3月 25日 印刷
2011年 4月 5日 發行

著　者 : 김재용, 강두경
發行處 : 법률정보센타

136-052 서울 성북구 동선동2가 62번지
전화 (02) 953-2112
등록 1993.7.26. NO.1-1554
www.lawbookcenter.co.kr

* 本書의 無斷 複製를 禁합니다.
ISBN 978-89-6376-050-6   定價 : 30,000원